Dr. Raimund Schriek

DU BIST TRADER!

Dr. Raimund
Schriek

DU BIST
TRADER!

Wie du trotz Fiskus, Fast Food und Finanzentertainment erfolgreich wirst

Bibliografische Information der Deutschen Nationalbibliothek
Die Deutsche Nationalbibliothek verzeichnet diese Publikation in der Deutschen Nationalbibliografie; detaillierte bibliografische Daten sind im Internet über dnb.dnb.de abrufbar.

Wir freuen uns auf eure Anregungen und Fragen
info@deutscherwirtschaftsbuchverlag.com

Wichtiger Hinweis
Die im Buch veröffentlichten Empfehlungen wurden von Verfasser und Verlag erarbeitet und geprüft. Der Inhalt dieses Buches beruht ausschließlich auf den persönlichen Erfahrungen des Autors und erhebt keinen wissenschaftlichen Anspruch. Die benutzten Begrifflichkeiten sind wertfrei. Eine Garantie kann dennoch nicht übernommen werden. Ebenso ist die Haftung des Verfassers bzw. des Verlages und seiner Beauftragten für Personen-, Sach- und Vermögensschäden ausgeschlossen.

Originalausgabe
1. Auflage 2025 beim Deutschen Wirtschaftsbuch Verlag
3. unveränderte Auflage

Dieses Buch erschien zuerst 2018 beim FinanzBuch Verlag, einem Imprint der Münchner Verlagsgruppe GmbH, München

Auch wenn eine gendergerechte Sprache wünschenswert ist, gibt es aus Sicht des Verlages bisher keine befriedigende, gut lesbare Lösung. Der leichten Lesbarkeit zuliebe haben wir des Öfteren von der Doppelung männlicher und weiblicher Formen Abstand genommen. Selbstverständlich liegt es uns fern, dadurch einen Teil der Bevölkerung zu diskriminieren.

Redaktion: Marion Reuter
Satz: ZeroSoft, Timisoara
Korrektorat: Sonja Rose
Cover- und Umschlaggestaltung: www.b3k-design.de, Andrea Schneider & diceindustries
Bildnachweis: vegefox.com / Adobe Stock
Druck: Florjancic Tisk d.o.o., Slowenien
Printed in the EU
ISBN Print: 978-3-69066-000-6
ISBN E-Book (PDF): 978-3-69066-001-3
ISBN E-Book (EPUB, Mobi): 978-3-69066-002-0

INHALT

WISSENSCHAFTLICHE AUFSÄTZE

EXKURSE

INTERVIEWS

COACHING-AUFGABEN

Trading

Personal-Trader-Coaching

EINLEITUNG

Der Titel »**Du bist Trader!**« bringt es schon auf den Punkt. Wann sind Sie ein Trader? Was unterscheidet einen Trader von einem Nicht-Trader? Die einfache Antwort darauf ist: »**Es ist Ihre Entscheidung Trader zu sein**«. Dies hat weit reichende Konsequenzen für Ihr Leben. Wenn Sie jetzt denken, dass sich dahinter ein 14-Stunden-Job an Laptop oder Computer verbirgt, liegen Sie falsch. Vielmehr geht es um die Haltung zu sich, gegenüber anderen Menschen und dem Leben im Allgemeinen. Trader machen Dinge, die funktionieren. Trader kümmern sich zeitnah darum, Störungen im Betriebsablauf zu beheben. Trader suchen die Lösung bei sich und wissen, dass es hinter jeder Erkenntnis noch weitere gibt, die zum tieferen Verstehen beitragen. Förderlich sind auch einige weitere Eigenschaften wie Geduld, Mäßigung, wertfreies Wahrnehmen, Aufgeschlossenheit und Begeisterung für persönliche Entwicklung.

Trader zu sein, ist mit verschiedenen Herausforderungen verbunden. Viele vermissen den **sozialen Kontakt**, da sie in der Trading-Praxis auf sich allein gestellt sind. Das liegt z. B. auch an den sehr unterschiedlichen Lebensumständen. So kommt es immer wieder vor, dass z. B. Besucher von Finanzmessen in der orientierungslosen Masse ein Pendant entdecken. Diese Begegnungen bringen selten den lang ersehnten finanziellen Erfolg. Daher sind Glücksgefühle meistens nur von kurzer Dauer. Das ist auch verständlich. Menschen traden nichts anderes als sich selbst. Genau genommen traden sie ihren persönlichen Entwicklungsstand. Dieser zeigt sich dann auch auf dem Konto. Anhand der Kapitalentwicklung kann man erkennen, inwieweit also Menschen bereit sind, sich zu verändern. Der »Trading-Kumpel« hilft kurzfristig die soziale Komponente zu befriedigen, ist aber bedauerlicherweise keine große Hilfe bei der Verwirklichung von Wünschen oder Träumen. Bewusst lasse ich das Wort »Ziele« bei der Aufzählung weg, da diese oft fehlen oder nur in Ansätzen vorhanden sind.

Von Trading-Kultur kann im deutschsprachigen Raum im Gegensatz zum Land der unbegrenzten Möglichkeiten auch in diesem Jahrzehnt noch immer keine Rede sein. Fast schon traurig ist das. Es gibt einfach keine guten Lehrer, die Trading ganzheitlich vermitteln. Kürzlich habe ich gelesen, was einen erfolgreichen

Trader ausmachen soll: **1.** ein Broker mit günstigen Konditionen, **2.** eine Strategie mit gutem Chance-Risiko-Verhältnis und **3.** einen Chart lesen können. Die eigentliche Person, um die es geht, also Sie, der Trader, spielte dabei überhaupt keine Rolle.

Vorbilder sind leider auch Fehlanzeige. Diejenigen, die durch Trading Geld verdienen, bekommen Sie gar nicht zu Gesicht. Sie arbeiten von zu Hause aus. Bis auf wenige Ausnahmen gehören die gefeierten Star-Trader, Finanzexperten oder selbsternannten Börsengurus der Unterhaltungsindustrie an.

Die Weiterbildungsmöglichkeiten in Form von passiven Lernangeboten wie Seminaren, Webinaren oder Vorträgen sind vielfältig. Trading ist aber zuallererst **Selbsterfahrung.** Trading heißt sich auszuprobieren. Trading ist eine faszinierende Mischung **aus Selbstanalyse**, der **praktischen Umsetzung von Trading** und **Selbstmanagement.** Wenn Sie in diesen drei Bereichen trainieren, dann werden Sie erfolgreich und können von sich behaupten: »Ich bin Trader!«

Den Begriffen des Untertitels »**Fiskus, Fast Food** und **Finanzentertainment**« werden beim Trading lediglich Nebenrollen zugedacht. Immer wieder begegnet mir die Frage nach der Versteuerung von Gewinnen, bevor überhaupt ein einziger Cent verdient wurde. Das Thema Steuern ist nebensächlich. Gutverdiener zahlen Steuern. Wer noch nichts erwirtschaftet hat, sollte sich mit Wichtigerem beschäftigen.

Bei **Fast Food** liegt die Betonung vor allem auf dem ersten Teil. Tatsächlich kann es schnell organisiert werden, macht genauso schnell wieder hungrig und setzt sich schnell in Form einer stillen Reserve im Körper ab. Verpackungsmüll ist im Gesamtpaket enthalten, dafür sparen Sie bei den Tabs für die Spülmaschine, da weder Geschirr noch Besteck benötigt werden. Trader sollten sich mit guten, gesunden Nahrungsmitteln unterstützen und sich die Zeit nehmen, Essen selbst frisch zuzubereiten. Eine Nährstoffversorgung durch ausgewogene Ernährung und die Erhaltung der Gesundheit im Allgemeinen sollten für Trader immer Themen sein, da der sprichwörtliche gesunde Geist in einem gesunden Körper wohnt. Beide sind Grundlage für erfolgreiches Trading.

Finanzentertainment ist ein Wort, das ich vor einigen Jahren geprägt habe. Wenn Sie unterhalten werden wollen, gibt es in der Branche für jeden Geldbeutel etwas, von kleinen Zugaben bis zur großen Show. Wenn Sie vorhaben, Geld zu verdienen, setzen Sie stattdessen auf persönliche Entwicklung.

Diese können Sie vorantreiben, indem Sie sich z. B. selbst schulen und die vorgeschlagenen **Coaching-Aufgaben** gründlich bearbeiten (**Trading- und Trader-Coaching**). Nachdem Sie eine Aufgabe zu Ihrer vollsten Zufriedenheit gelöst haben, legen Sie diese ein paar Tage zur Seite und wenden sich dem Thema anschließend aufs Neue zu. Das sollte bestenfalls zu einer Vertiefung führen. Welcher Bereich der wichtigere ist, lässt sich pauschal nicht beantworten. Wenn Sie keinen auf Ihre Persönlichkeit angepassten Trading-Stil entwickelt haben, hilft Ihnen die Beschäftigung mit den psychologischen Themen nicht wirklich weiter. Das wird Ihnen auch nicht gelingen, wenn Sie disziplinlos traden oder überflüssige Fehler machen.

»Du bist Trader!« heißt auch, dass Sie sich den Herausforderungen selbstständig widmen. Sie bekommen in diesem Buch zwar viele wertvolle Werkzeuge an die Hand, allerdings keinen Plan, der suggeriert: »Wenn Sie das alles abgearbeitet haben, dann stellt sich auch bei Ihnen Trading-Erfolg ein.« Das ist ein Versprechen, das Ihnen niemand geben kann. Viele Klienten wünschen sich so etwas wie einen Fahrplan. Den zu entwickeln, ist zwar möglich, hilft aber nicht entscheidend weiter. Trading verlangt mehr von Ihnen als das Abhaken einer Liste.

Wo Sie auf der Trading-Seite sagen können »Das ist richtig oder falsch«, ist es beim Trader-Coaching eine Entwicklung, bei der Sie bestimmen, wie weit und vor allem wie tief Sie sich darauf einlassen. Da geht es um Ihr Leben, Ihren persönlichen Weg, und der ist einschätzbar, aber nicht messbar. Manchmal braucht es einen längeren Weg, einen Umweg oder auch einen sehr bewussten langsamen Gang. Eine Zusammenarbeit mit jemandem, der sich mit den gerade bei Ihnen zeigenden Themen auskennt, kann dabei hilfreich sein.

Sie können auch die sechs **wissenschaftlichen Aufsätze** (graue Seiten) studieren und darüber nachdenken, welche Antworten Sie gegeben hätten. Diese unterscheiden sich in Gestaltung und Schrifttyp vom übrigen Text. Dazu habe ich die Zeitschrift »The Journal of Behavioral Finance Management and Research« erfunden. Ich erwähne das, falls jemand auf den Gedanken kommt, in einer Bibliothek oder online danach zu suchen. Die Daten in »Du bist Trader!« sind **nicht** von anderen Wissenschaftlern begutachtet.

Diese umfassende Datenerhebung ist einmalig für den deutschsprachigen Raum, weil sie nicht unter »Laborbedingungen« entstanden ist. Die in vielen wissenschaftlichen Aufsätzen diskutierten Ergebnisse gehen auf Antworten und Reaktionen von Probanden (oftmals Studierende) zurück, die mit dem Thema

Trading vielfach gar nichts zu tun haben. Die großen Datenmengen von Banken, Brokern und Emittenten enthalten vorwiegend eine blutleere Kundenstatistik wie Alter, Geschlecht, Kontogröße, eingesetzte Anlageprodukte, Haltedauer oder Trade-Anzahl. Diese Zahlen liefern keinen Input, wie deren Kunden ihr Verhalten in finanziellen Entscheidungen nachhaltig verbessern können. Wirksame Trader-Ausbildung kann erst dann auf den Weg gebracht werden, wenn tiefer gehende Fragen gestellt werden und die Persönlichkeit einzelner Trader unter die Lupe genommen wird. Trader sind also bislang auf sich allein gestellt.

Die wissenschaftlichen Aufsätze vertiefen und wiederholen bereits Geschriebenes anhand von Klientendaten. Sie können die grauen Seiten auch überspringen und auf den darauf folgenden weißen Seiten fortfahren.

Die Begriffe Trade, Trader, Trading und Stop-Loss (Stopp zur Verlustbegrenzung) sind mittlerweile eingedeutscht, sie sind Trader-Sprache. Ich verwende bewusst den geschlechtsneutralen Begriff Trader und nicht Trader und Traderin oder TraderIn und freue mich, wenn sich alle Leserinnen und Leser gleichermaßen angesprochen fühlen. Die Coaching-Aufgaben (Personal-Coaching-Aufgabe, Aufgabe Trading) sind bewusst in der Du-Form formuliert. Mir ist wichtig, dass Sie sich angesprochen fühlen, dass die Aufgaben dich also persönlich berühren.

Immer wieder begegnet mir die Frage: »**Was ist ein guter Trade?**« Die Standardantwort der vermeintlich Schlauen lautet: »Ein Trade, der nach Regeln erfolgt.« Das sehe ich anders. Zum einen sind manche Trader ohne Regeln unterwegs, zum anderen gibt es keine guten und schlechten Trades, weil Sie mit jedem Trade etwas begreifen können.

Ich habe dieses Buch geschrieben, weil ich überzeugt davon bin, dass jeder Mensch erfolgreich traden lernen kann. »Du bist Trader!« soll Sie bei Ihrem Lernprozess unterstützen.

Wer ständig glücklich sein möchte, muss sich oft verändern.

- Konfuzius, chinesischer Philosoph

1 GELD PERSÖNLICH NEHMEN

1.1 Erzählen Sie Ihre Geldgeschichte

Geld berührt und wer es einmal in den Händen hatte, will meistens mehr davon. Dieses Gefühl war zu Zeiten der Goldgräber vermutlich noch ausgeprägter, weil das Edelmetall etwas Ursprüngliches hatte. Gold war wertvoll, anfassbar und verbreitete Glanz. Daneben war es die Belohnung für harte Schürfarbeiten. Gold war ein Zahlungsmittel, mit dem deren Besitzer achtsam umging. Mit Geld verhält es sich oft anders. Geld ist für viele nicht einfach Geld. Da wird unterschieden in verdientes, geerbtes, geklautes, gefundenes, vom Fiskus zurückbezahltes, und meistens liegt es verstreut in Keksdosen, Hosentaschen, auf unterschiedlichen Konten oder ist gebunden in Wertpapieren auf Depotbanken anzutreffen.

Viele von Ihnen hatten bestimmt noch ein Sparbuch oder haben ihr Geld in Fonds angelegt. Früher gab es z. B. die sogenannten Tafelpapiere, bei denen jährlich ein Coupon abgeschnitten wurde und eine Gutschrift auf dem Konto einbrachte. Geburtstags- und Weihnachtsgeld bekam man in einem Umschlag zugesteckt. Geld war oft noch sichtbar und anfassbar.

Das hat sich grundlegend geändert. Sparcard, Online-Banking und Apps zum Sparen haben den gleichen Nutzen, fühlen sich aber ganz anders an.

Erinnern Sie sich noch an Ihre erste Berührung mit Geld? Die folgenden umfangreichen Coaching-Fragen beleuchten Ihre Beziehung zu Geld.

- Was hat dich mit Geld in Berührung gebracht?
- Wer hat dich mit Geld in Berührung gebracht?
- Was verbindest du mit deinem ersten Geld?
- Weißt du, was du gefühlt hast?
- Wie alt warst du?
- Hast du deinen ersten Kontakt mit Geld bewusst wahrgenommen?
- War es ein Geschenk oder musstest du etwas dafür tun?
- Dein erstes selbst verdientes Geld:
  - Hast du freiwillig dafür gearbeitet?
  - Oder war es mit Zwängen, Erwartungen und/oder Wünschen Dritter behaftet?
- Was hast du mit deinem ersten verdienten Geld gemacht?

Personal-Trader-Coaching: *Wie ist Deine Beziehung zu Geld? Weitere Aufgabe in Kapitel 1.1.*

Sind Sie leicht an Geld gekommen oder mussten Sie etwas dafür tun, wie z. B. Rasenmähen, Autowaschen oder Einkaufen? Konnten Sie frei über Geldgeschenke verfügen, indem man Sie z. B. alles in Süßigkeiten umwandeln ließ? Wurde ein vorhandener Geschäftssinn unterstützt, so dass man Sie ungehindert sämtliche Ahoj-Brause in Ihrem Kiez aufkaufen ließ, die Sie dann in der Schule für das Doppelte vom Kaufpreis anbieten konnten? Oder war es vielmehr so, dass Sie sich den Regeln Ihrer Eltern und den Konventionen Ihrer Großeltern beugen mussten? Die ersten Erlebnisse mit Geld waren für viele ernüchternd. Die Freiheit, die das Zahlungsmittel an sich mit sich bringt, wurde oft durch Erwartungen, Wünsche und gezielte Anweisungen beeinträchtigt.

Viele verbinden Geld bis heute mit einem bestimmten Familienmitglied. Wenn Ihre Bezugsperson ein Sparfuchs war, könnte es sein, dass Sie bis heute finanzielle Risiken meiden. Das Geld fließen zu lassen, auszugeben, umzuwandeln oder Handel zu betreiben, wurde sehr oft frühzeitig unterbunden. Diese Entwicklung ist vermutlich auch den Spätfolgen der Weltkriegsereignisse in Mitteleuropa zuzuschreiben. So hat sich ein Volk von Sparern und Anlegern entwickelt, über das sich bis heute Bausparkassen und Lebensversicherer freuen. Verstehen Sie mich bitte richtig. Das meiste davon war sinnvoll. Die Frage stellt sich, ob es heutzutage bessere und verlässlichere Möglichkeiten gibt, Geld zu vermehren und gleichzeitig das ängstliche Verhalten abzulegen.

Abb. 1.1: Geldkoffer: Was machen Sie mit 500 Euro, 50 000 Euro oder 500 000 Euro?

Stellen Sie sich vor, Sie könnten zwischen drei Geldkoffern mit Beträgen von 500 Euro, 50 000 Euro oder 500 000 Euro wählen. Die meisten würden sich für den Koffer mit dem höchsten Betrag entscheiden. Bemerkenswert ist, dass viele mit dem höchsten Geldbetrag überhaupt nichts anfangen können. Auf meine Frage »Was machen Sie mit dem Geldbetrag?« erhalte ich vielfach Antworten wie Investieren, Immobilie-Kaufen oder Verschenken. Das könnte darauf hindeuten, dass viele von uns alles haben und vielleicht sogar im Überfluss leben. In diesen Antworten steckt auch die Erkenntnis, dass Herzenswünsche und Bezüge zu großen Geldbeträgen fehlen. Bei 50 000 Euro sind die Wünsche klarer und die Inspiration ist größer. Das Geldkoffergeschenk mit 500 Euro fließt direkt in ein Wellnesswochenende, einen Schwedischkurs, Konzertkarten oder ein Fest, das für die besten Freunde ausgerichtet wird.

Haben Sie sich schon einmal Gedanken darüber gemacht, ob Sie im Laufe Ihres Lebens durch Finanzgeschäfte reicher geworden sind? Werfen Sie doch einmal einen Blick auf Ihre persönliche Geldgeschichte. Dabei sollten Sie unbedingt zwei Rechnungen aufmachen und die Ergebnisse von Geldanlage und Trading unterscheiden.

Mit der folgenden Coaching-Aufgabe sollten Sie etwas länger beschäftigt sein. Das Ergebnis ist aus verschiedenen Gründen wichtig: **1.** Sie machen sich bewusst, was Sie in Bezug auf Geld alles schon erlebt haben. **2.** Sie bilanzieren. **3.** Sie werden feststellen, dass Sie unterschiedliche Erfolge als Anleger und Trader haben, sofern Sie beides verwirklichen.

- Sammele alle Fakten, die mit deiner persönlichen Geldgeschichte zu tun haben. Skizziere die Zeiten, in denen du Anleger und/oder Trader warst. Erstelle ein Diagramm, in dem du auf der x-Achse die Zeit (Jahreszahlen) und auf der Y-Achse die Kapitalentwicklung (Euro) einträgst.
- Wie viel hast du verdient, wie viel hast du verloren (als Anleger/Trader)?
- Trage auch deine Totalverluste, Banken- oder Brokerwechsel ein und schreibe die Gründe dazu.

Personal-Trader-Coaching: *Wie ist deine persönliche Geldgeschichte? Weitere Aufgabe in Kapitel 1.3.*

1.2 Trader sind die gegenwärtigen Anleger

Kaufen und dann erst mal abwarten, das ist die Vorgehensweise von Anlegern. Die Buy-and-hold-Strategie vermittelt zwar eine gewisse Unbedarftheit, doch hatte man sich ja beraten lassen oder sogar selbstständig informiert, bevor man in die Anlage investierte. Selbst wenn es mal schlecht lief, war es doch nur eine Frage der Zeit (manchmal auch sehr langer) bis sich die Investition lohnte. Zwischendurch setzte man auf das Prinzip Hoffnung oder wie der Rheinländer sagt »Et kütt wie et kütt – et hätt noch immer jod jejangen.«

Wenn Sie heute Geld anlegen, z. B. weil Sie zu viel davon haben, sollten Sie sich die Risiken von langfristigen Investitionen bewusst machen. Lebensversicherungen basieren übrigens auch auf den Prinzipien der Geldanlage. Meine tiefe Überzeugung ist, dass man bei einer **Riester-** oder **Rürup-Rente** Verluste fest einplanen kann. Sparen Sie auch aufgrund von Steuerersparnisversprechen? Bedenken Sie, dass Sie Ihr Kapital dadurch langfristig binden und Ihnen bei großen Veränderungen der Märkte nur die Rolle als Zuschauer bleibt. Versprechen vom Staat (»Die Rente ist sicher«, **Norbert Sebastian Blüm**) und großen Organisationen, z. B. aus der Versicherungsbranche, sollten Sie immer mit Vorsicht genießen. Ihr Genuss wird sich in Grenzen halten. Allein Ihr Glaube an eine positive Wertentwicklung wird Sie nicht glücklicher machen. Der Staat kontrolliert Sie durch die »R«-Renten, kann so Geldflüsse besser steuern und am langen Ende handelt er nach der schwäbischen Maxime: »Was interessiert mich mein Geschwätz von gestern?« Der Fiskus wird zulangen, vermutlich wird am langen Ende besteuert. Bescheuert, oder?

Vorzusorgen kann auch zu Lasten von **Selbst**verantwortung und **Selbst**bewusstsein gehen. Die Betonung bei Vorsorge liegt ohnehin auf dem Wort **Sorge**. Sollten Sie sich tatsächlich sorgen, finden Sie die Gründe dafür.

Bei der Geldanlage kann es vorkommen, dass Sie über Jahre keinen finanziellen Nutzen haben. Das liegt auch an der Vorgehensweise von Anlegern, die passiv sind. Hohe Kontoschwankungen werden als normal angesehen. Abbildung 1.2 zeigt einen 10-Jahres-Chart vom DAX-Future (Juli 2006 bis Juli 2016). Anleger, die Anfang 2007 den FDAX kauften, hatten in den nächsten fünf Jahren wenige Gelegenheiten, ihre Position im Gewinn aufzulösen (graue Fläche). Erst seit dem Jahr 2013 war die Position dauerhaft im Gewinn.

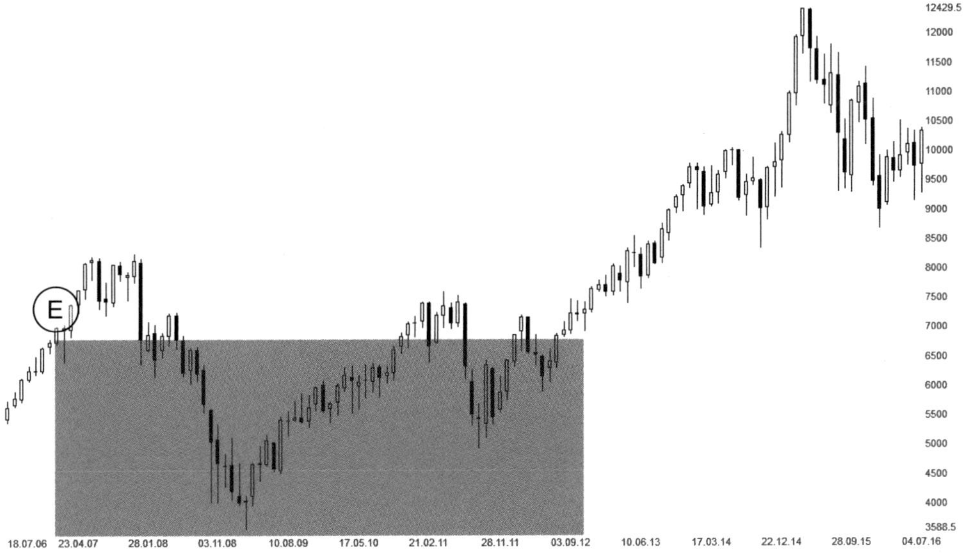

Abb. 1.2: FDAX: 10-Jahres-Chart, Juli 2006 bis Juli 2016, Kerze = 1 Monat; E = Einstieg, Kreis mit weißem Hintergrund = long

Geldanlage und langfristiges Trading sind aufgrund der Haltedauer von Positionen vergleichbar. Wenn Sie im Grunde Ihres Wesens ein Anleger sind, sollten Sie das auch bleiben. Zeitgemäße Geldanlage heißt aber, dass Sie lernen, langfristig zu traden. Die Vorgehensweise unterscheidet sich kaum. Trader bestimmen Gewinnziele und legen ihr Risiko fest. Sie versuchen herauszufinden, wann sich Trends umkehren. Dazu verwenden sie z. B. einen oder mehrere gleitende Durchschnitte (38, 100 oder 200), Trendlinien oder Trendkanäle.

Abbildung 1.3 zeigt ebenfalls einen 10-Jahres-Chart vom FDAX. Trader würden im Zeitraum von 2007 bis 2012 möglicherweise drei Trades durchführen. Sie sind jeweils mit E für Einstieg und A für Ausstieg gekennzeichnet. Bei den weißen Kreisen handelt es sich um Long-, bei grauen um Short-Positionen. Stopps könnten z. B. auf der Höhe des letzten Ausstiegs, Hochs oder Tiefs liegen. Einstiege könnten aufgrund von Widerständen, Unterstützungen, des Bruchs von Trendlinien oder sich kreuzender gleitender Durchschnitten erfolgen.

Die Ergebnisse für die drei langfristigen Trades: **1. Trade long:** 0 Punkte, **2. Trade short:** +1 500 Punkte, **3. Trade long:** +1 500 Punkte (Gesamtergebnis: +3 000 Punkte). Selbst wenn langfristig orientierte Trader den Short-Trade auslassen (Anleger fühlen sich vielfach bei Investitionen auf steigende Kurse besser), ist das Ergebnis noch immer beeindruckend und stellt das des Anlegers in den Schatten (+1 500 Punkte gegenüber 0 Punkten).

Abb. 1.3: FDAX: 10-Jahres-Chart, Juli 2006 bis Juli 2016, Kerze = 1 Monat; E = Einstieg, A = Ausstieg, Kreis mit weißem Hintergrund = long, grau = short

Sehen Sie sich den Chart des DAX-Futures an: starke Aufwärts- und Abwärtsbewegungen vielfach um mehrere 100 Punkte innerhalb weniger Tage. Das Risiko beim Investieren ist aus meiner Sicht größer als beim langfristigen Trading. Mit ihrem Geld geben viele Investoren auch ihre Verantwortung an Banken oder Finanzdienstleister ab. Die Folge können unerwünschte finanzielle Achterbahnfahrten sein. Investoren berauben sich der Möglichkeit, an jeder Marktphase zu partizipieren. Im Gegensatz dazu setzen Trader auf fallende oder steigende Kurse, weil sie aktuelle Marktsituationen berücksichtigen.

Anleger sind sich ihrer Probleme meistens gar nicht bewusst. Das Wort Problem habe ich an vielen Stellen aus meinem Wortschatz entfernt und durch die Worte Herausforderung oder Lernaufgabe ersetzt. An dieser Stelle handelt es sich tatsächlich um Probleme, die bei Anlegern aufgrund ihrer langen Haltedauer von Positionen entstehen.

- **Erstes Anlegerproblem: mit Geldanlage aufgewachsen**
  Geldanlage wurde jahrzehntelang propagiert. Unsere Vorfahren haben bereits Werte ins Depot gelegt und lange gehalten. Auf diese Weise haben wir es auch gelernt und im Prinzip ist es vonseiten des Staates genau so gewünscht.

- **Zweites Anlegerproblem: gegen ein Unternehmen traden (short gehen)**
  Jahrzehntelang bedeutete Geldanlage auf steigende Kurse zu setzen. Das hat sich geändert, seitdem es mit Hebelprodukten möglich ist, langfristig an fallenden Kursen teilzuhaben. Die Bedenken, auf der Short-Seite investiert zu sein, sind oft mit Gedanken verbunden wie: »Ich kann doch nicht auf den Misserfolg eines Unternehmens setzen.« Ich wohne an der Nordsee und da gibt es Hoch- und Niedrigwasser. Beides ist wichtig für das sensible Ökosystem. Viele Vögel z. B. spekulieren auf Niedrigwasser, weil die dann frei liegenden Wattflächen zu ihrer Nahrungsgrundlage werden. Die Flora und Fauna der Küsten- und Meeresbewohner lebt angepasst an diesen besonderen Lebensraum.
  An den Finanzmärkten ist es ähnlich. Letztlich können Sie bei auflaufendem (steigende Kurse) und ablaufendem Wasser (fallende Kurse) erfolgreich sein. Wer dennoch Bauchschmerzen hat, auf fallende Kurse eines Unternehmens zu spekulieren, der kann sein Geld auch mit Währungen, Rohstoffen, Industrie- oder Edelmetallen auf der Short-Seite verdienen.

- **Drittes Anlegerproblem: verliebt in die Position**
  Fühlen Sie sich da angesprochen? In Stuttgart werden Daimler-Aktien gekauft, in München sind es die von BMW und der Wolfsburger legt sich Volkswagen ins Depot. In der Regel halten Privatanleger an diesen Investments zu lange fest, auch wenn sie sich bei genauerer Betrachtung als Verlustbringer erweisen könnten. Anleger haben ein »gesundes« Selbstbewusstsein, schließlich meinen sie, dass Aktien schon immer Erträge abge-

worfen haben und sie unabhängig von einer Wirtschafts-, Staaten- oder Eurokrise irgendwann schon wieder steigen werden.

- **Viertes Anlegerproblem: das Risiko (Volatilität) unterschätzen**
  Anleger sollten bei hoher Volatilität schnelle Kauf- oder Verkaufsentscheidungen fällen. Wenn es noch vor wenigen Jahren hieß: »Hin und her macht Taschen leer«, könnte genau diese Vorgehensweise ein probates Mittel sein, um Vermögen aufzubauen. Anleger sind heutzutage durch entsprechende Anlageprodukte in der vorteilhaften Lage, an steigenden und fallenden Kursen teilhaben zu können – einzig sie tun es (noch) nicht.

- **Fünftes Anlegerproblem: der Dispositionseffekt**
  Fest steht auch, dass Anleger Gewinnerpositionen zu früh verkaufen und an Verlierern zu lange festhalten und das, obwohl Finanzinformationen heutzutage leichter zugänglich sind als jemals zuvor (Printmedien, E-Newsletter, Internet, TV-Sender). »Trader stehen nicht zur Disposition« beleuchtet das Thema umfassend (vgl. Kap. 4.2).

Seit vielen Jahren setze ich mich mit Geldanlage und Trading auseinander. Ich war ein sehr guter Anleger und zunächst dachte ich, Trading gelingt mir genauso. Doch weit gefehlt: Trading verlangt sehr viel mehr. Trader müssen bewusster mit ihrem Geld umgehen. Sie handeln selbstständig und sind aktiver, weil sie die Märkte aufmerksamer verfolgen. Day-Trader haben den Vorteil, Übernachtrisiken zu vermeiden. Das sind einige Gründe, warum Trader für mich derzeit die besseren Anleger sind. Dabei stellt sich für mich keine Grundsatzfrage, ob Geldanlage oder Trading der richtige Weg ist. Vielmehr ist es die Frage, was gerade jetzt geschickter ist, wenn Sie Geld unterbringen müssen. Vielleicht sind Sie auch heute mit einem langfristigen Investment gut beraten? Niemand weiß das.

Trading ist eine zukunftsträchtige Investition

Wie Sie in Abbildung 1.4 sehen, ist aktiver Handel selbst mit kleinem Risiko ertragreicher als eine Geldanlage.

Wenn Sie täglich nur 0,1 Prozent von einem Startkapital von 10 000 Euro erwirtschaften, ergibt sich für Trader Folgendes: Nach einem Jahr verfügen Sie über 12 400 Euro (10 000 Euro plus 2 400 Euro). Im zweiten Jahr verdienen Sie 2 976 Euro (12,40 Euro pro Arbeitstag). Nach drei Jahren haben Sie bereits einen Gewinn von 9 066 Euro. Einfachheitshalber liegen der Berechnung

240 Arbeitstage ohne Zinseszins zugrunde. Die zu erwirtschaftenden Beträge von 0,1 Prozent pro Tag sind über das Jahr gesehen konstant, also 10,00 Euro, 12,40 Euro und 15,38 Euro.

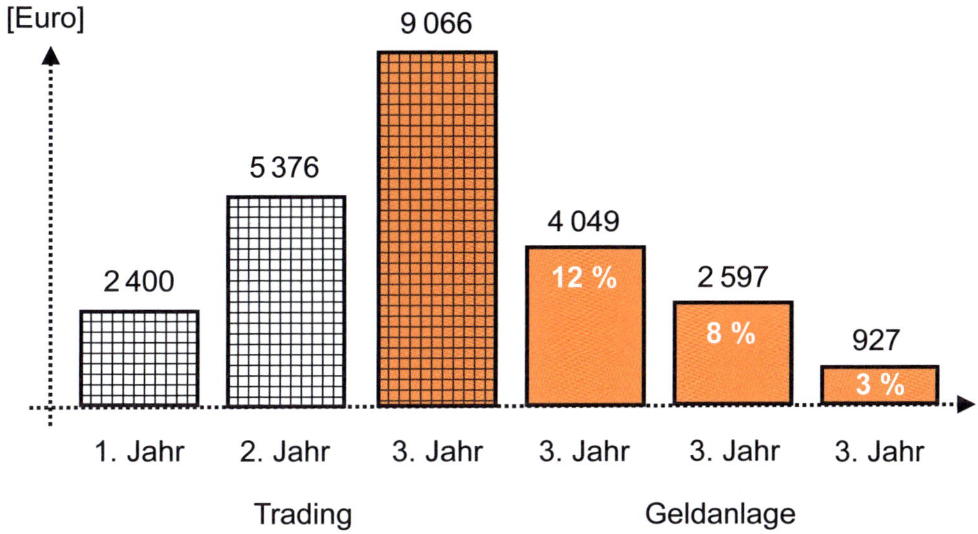

Abb. 1.4: Geldanlage und Trading: Vergleich der Erträge nach ein, zwei und drei Jahren Trading (0,1 Prozent vom Gesamtkapital pro Tag) und Geldanlage über drei Jahre bei 3, 8 und 12 Prozent; Anfangskapital war jeweils 10 000 Euro

Geldanlagen bei angenommenen 3, 8 oder 12 Prozent führen bestenfalls zu ca. 4 000 Euro Gewinn. Dabei ist keine Zinseszinsberechnung eingeflossen.

Vorteile von Trading

In Tabelle 1.1 finden Sie die Eigenschaften von Geldanlage und Trading gegenübergestellt.

	Geldanlage	**Trading**
Verhalten	passiv	aktiv, verantwortungsvoll
Position	long, in der Regel	long/short
Zeitfenster	langfristig	Day-Trading, kurz-, mittel- und langfristig
Drawdown-Phasen	evtl. länger	eher kürzer
Kapital	gebunden	kurzfristig verfügbar

Tab. 1.1: Geldanlage und Trading: Eigenschaften

Der vielleicht größte Vorteil von Trading gegenüber der Geldanlage ist, dass Trader auch kurzfristig über ihr Geld verfügen und so mehrjährige Aussitzphasen vermeiden. Im Gegensatz zu Anlegern nutzen Trader die Bewegungen der Märkte. Sie setzen je nach Marktlage auf steigende oder fallende Kurse. Sie passen sich der Marktsituation an und werden aktiv, wenn sich die Trendrichtung ändert.

Trading können Sie in jedem Zeitfenster betreiben: Day-Trading, kurz-, mittel- und langfristig. Folgende Überlegungen sprechen für Day-Trading:

1. Sie setzen Ihr Kapital einem geringen Risiko aus (kurze Zeit im Markt).

2. Sie tragen kein Übernachtrisiko.

3. Sie haben das Kapital ständig bei der Hand.

4. Sie müssen sich nur während der Handelszeit mit Ihrem Kapital beschäftigen.

Die ersten beiden Punkte sind selbsterklärend. Je kürzer die Zeit, in der Sie Ihr Kapital einem Risiko aussetzen, umso besser für Sie. Vielleicht sagen Sie berechtigterweise: »Das Übernachtrisiko gab es doch schon immer.« Dafür bekommen Sie vollste Zustimmung, doch sind die Zeiten andere. Der als Spekulant auftretende Schriftsteller **André Bartholomew Kostolany** tat damals gut daran, Aktien zu kaufen, langfristig zu halten und sich über Gewinne zu freuen. Die Frage, um die es geht, ist aber: »Was ist **jetzt** angemessen, Geldanlage oder Trading?«

Die Zeiten sind schnelllebig, die Entwicklung verläuft in vielen Lebensbereichen rasant. Vor nicht allzu langer Zeit war es üblich, Briefe zu schreiben, zu frankieren und zur Post zu bringen. Im günstigsten Fall befand sich die Nachricht am folgenden Tag in den Händen des Empfängers. Den Antwortbrief hatte man wahrscheinlich zwei Tage später vorliegen. Heutzutage schreiben wir E-Mails und erwarten fünf Minuten später eine Antwort. Die Finanzmärkte reagieren in diesen Zeiten mehr denn je auf Informationen, die teilweise noch nicht einmal veröffentlicht sind. Wenn Sie vor 10, 20 oder 30 Jahren Geld angelegt haben, ist das ganz wunderbar. Wenn Sie es heute machen müssen, weil Sie zu viel haben, z. B. durch eine Erbschaft oder die Auszahlung einer Lebensversicherung, sollten Sie sich der Risiken von langfristiger Anlage bewusst sein.

Stellen Sie sich vor, Ihr Lieblingsnachtisch steht vor Ihnen. Sie können ihn sehen, riechen, anfassen und auch schmecken, wenn Sie beherzt zugreifen. Danach stellen Sie sich vor, wie er sich weiter und weiter von Ihnen entfernt und schließlich in den Keller gebracht wird. Schluss mit lecker und mit etwas Glück meldet sich Ihr fünfter Sinn, der den Nachtisch aus dem Keller rufen hört »Bitte rette mich!« Was ich damit sagen will: Wenn Sie den Bezug verlieren, räumlich oder zeitlich, erinnern Sie sich nur noch an Grießflammerie, Panna cotta, Tiramisu oder Vanilleeis mit heißen Himbeeren. Möglicherweise haben Sie nur noch eine Vorstellung davon, die Realität schmeckt nämlich oft ganz anders (zumindest die finanzielle). Essen Sie den Grießpudding, wenn er noch warm ist, die Panna cotta, solange die Konsistenz stimmt, das Tiramisu gekühlt und das Eis bevor es gänzlich geschmolzen ist. **So schmeckt Trading.**

Andernfalls verlieren Sie den Bezug zum krönenden Nachtisch, möglicherweise wird er irgendwann auch ungenießbar und Sie merken es gar nicht. Geldanlage war früher, heute sollten Sie darüber nachdenken, selbstverantwortlich zu handeln, im wahrsten Sinn des Worts: **Traden Sie.**

The Journal of Behavioral Finance Management and Research 1, 2017, 26-27

Sind Sie Anleger, Trader oder beides?

ZUSAMMENFASSUNG

Wer Transaktionen plant, sollte sich zunächst mit den Fragen »Sind Sie Trader oder Anleger?« und »Wie viel Erfahrung haben Sie als Trader?« befassen. Die meisten kennen den Unterschied zwischen Geldanlage und Trading. Fast 60 Prozent der Befragten betreiben beides. Ungefähr 90 Prozent schätzen sich als Trading-Anfänger ein.

Keywords: Anleger, Trader

MATERIAL UND METHODEN

In dieser Studie finden Sie die Antworten von 81 Teilnehmern einer Webinar-Reihe aus dem Jahr 2016. Der Buchstabe n steht jeweils für die Anzahl der Befragten.

ERGEBNISSE UND DISKUSSION

Die Herangehensweise an Trading und Geldanlage ist in vielen Punkten unterschiedlich. Lediglich 3 Prozent der Befragten sind sich dieser Tatsache nicht bewusst (Abb. 1.5). Jeweils ca. 20 Prozent der Befragten sehen sich als Trader oder Anleger.

Die verbleibenden fast 60 Prozent betreiben sowohl Geldanlage als auch Trading. Eine Frage, ob die finanziellen Ergebnisse vergleichbar sind, sollte sich anschließen. Falls das nicht der Fall sein sollte, müsste jeder für sich prüfen, warum an beiden Vorgehensweisen festgehalten wird.

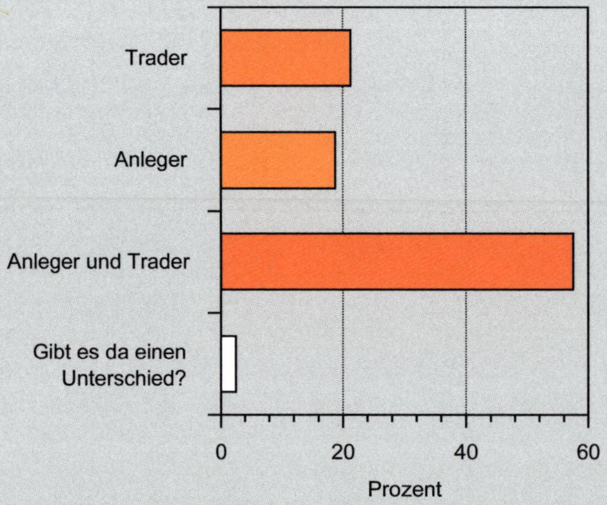

Abb. 1.5:
Sind Sie Trader oder Anleger?, n = 81

Wenn ich in den vergangenen Jahren auf Veranstaltungen die Frage »Bitte geben Sie Ihre Erfahrung als Trader an« mit den Antwortmöglichkeiten Anfänger, Fortgeschrittener oder professioneller Trader gestellt habe, waren vor allem Fortgeschrittene anwesend. Das passte so gar nicht zur Antwort auf die Frage nach dem finanziellen Erfolg.

Viele fühlten sich allein durch die jahrelange Beschäftigung mit Trading-Themen fortgeschritten, auch wenn sich das nicht unbedingt durch ihre Kapitalentwicklung belegen ließ. Daher habe ich die Antworten ergänzt: professionelle Trader (ich lebe vom Trading) und Fortgeschrittene (mindestens drei Jahre hintereinander ein positives Jahresergebnis). Das führte dazu, dass viele realisierten, dass sie im Grunde Anfänger sind. So ordneten sich 87 Prozent der Befragten als Anfänger und 13 Prozent als Fortgeschrittene ein (Abb. 1.6).

Diese selbst vorgenommene »Rückstufung« könnte auch nach sich ziehen, dass Trader ihrem Spieltrieb Grenzen setzen und die Trading-Praxis möglicherweise demütiger und somit gewissenhafter und strategischer angehen.

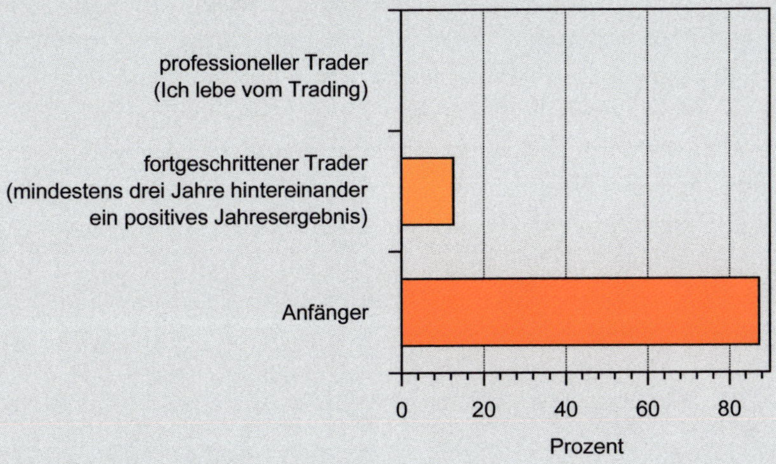

Abb. 1.6: Bitte geben Sie Ihre Erfahrung als Trader an ..., n = 81

SCHLUSSFOLGERUNG

Das Nutzen vielfältiger Trading-Angebote, wie z. B. der Besuch von Messen, Seminaren oder Vorträgen, hilft kaum weiter, um den Status »Trading-Anfänger« loszuwerden. Bücher, Online-Publikationen und Newsletter machen vielleicht schlauer, beflügeln die Finanzen aber nur in Ausnahmefällen. Diejenigen, die sich als Anleger und Trader sehen, sollten wahrnehmen, dass sie für eine erfolgreiche Trading-Praxis ein höheres Risikobewusstsein (Stoppsetzung) entwickeln müssen.

1.3 Vom Trading verführt

Ein Konto eröffnen, in wenigen Sekunden kapitalisieren und schon könnten Sie traden. Das klingt doch einfach, oder? »Trader werden ist nicht schwer, es zu bleiben dagegen sehr.« Wer früher investierte, musste in eine Bank gehen, einen Bankberater anrufen oder ein Telefax senden. Online-Broker gab es nicht. Im Gegensatz dazu können Sie heute alles selbstständig von fast überall erledigen. Ortsunabhängig zu arbeiten, ist ein starkes Argument für Trading.

Daneben meinen Anfänger, dass sie sich durch Trading von regelmäßiger Arbeit, dem Angestelltendasein und chronischem Geldmangel befreien können. Diese sogenannten **Weg-von-Motivationen** sind Gründe, warum Trader sich zu Workaholics entwickeln. Da kann es vorkommen, dass das vormittags Verdiente am Nachmittag in die Märkte zurückfließt und mit der Schlussglocke in den USA der Trading-Tag auf einem unglücklichen Höhepunkt endet. Weg-von-Motivationen bewirken meistens eine Verstärkung der Zustände, aus denen man sich befreien wollte. Das Verhindern oder Umgehen einer Lernaufgabe gelingt genauso wenig, wie z. B. einen Mangel an Wertschätzung durch das Verändern von äußeren Umständen zu beheben. Wenn eine ihrer Antworten auf die folgende Coaching-Aufgabe das Thema Freiheit berührt, prüfen Sie zunächst, wie Sie zu diesem Gefühl in Ihrer jetzigen Lebenssituation gelangen können, bevor Sie sich voll und ganz aufs Trading einlassen.

- ...
- ...

Personal-Trader-Coaching: *Was treibt dich an? Weitere Aufgabe in Kapitel 1.3.*

Ganz anders verhält es sich mit den **Hin-zu-Motivationen.** Sie sind auf etwas gerichtet, z. B. traden lernen, den Tag selbstbestimmt gestalten oder Geld verdienen (was etwas ganz anderes ist als nicht mehr wenig Geld haben zu wollen). Trading wirkt auf den ersten Blick wie ein leichtes, lebendiges Abenteuer. Wie auch bei Reisen in fremde Welten, sollten Sie sich vorbereiten. Die Frage nach der wahrhaftigen Motivation ist wesentlich. Trader müssen eine Klarheit darüber bekommen, ansonsten werden sie in der Trading-Praxis immer wieder in Situationen geraten, in denen das Geldverdienen eine untergeordnete Rolle spielt. Geist und Seele sind Taktgeber von persönlicher Entwicklung, die oberste Priorität hat. Machen Sie sich also bewusst, worum es für Sie beim Traden wirklich geht.

Die Frage nach der Motivation führt vorrangig zu zwei Antworten: »Geld verdienen« regt mehr als 80 Prozent der Befragten an, weitere 50 Prozent suchen eine Herausforderung oder wollen etwas lernen (Abb. 1.7). Die weiteren Antworten spielen eine untergeordnete Rolle, wenn man sich einen Überblick über die Gruppe der Trader verschaffen will.

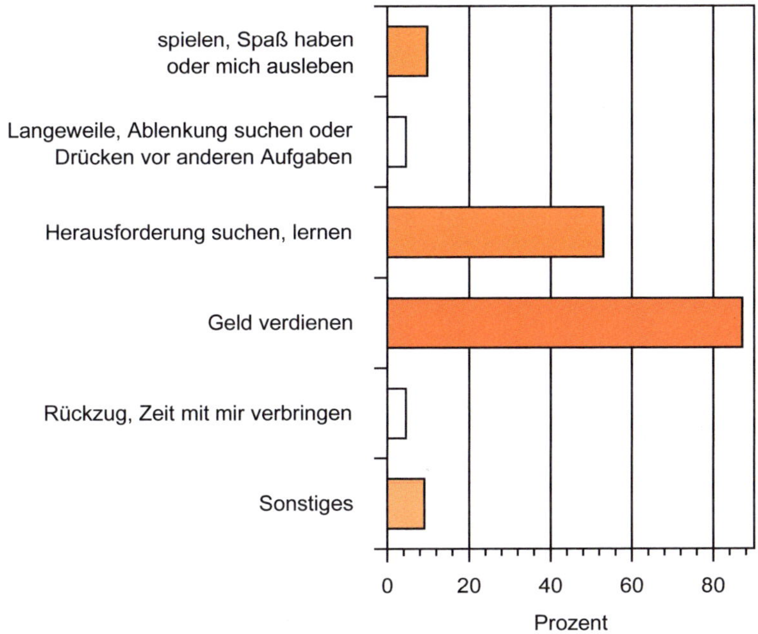

Abb. 1.7: Meine Trading-Motivation ist ..., Mehrfachnennungen möglich, n = 132 Befragte

Wenn ich die Frage »Wer von Ihnen tradet tatsächlich wegen des Geldes?« in einem Vortrag stelle, strecken 80 Prozent ihre Hände hoch. Auf meine direkte Nachfrage »Verdienen Sie denn auch Geld?« verbleibt ein kleiner Rest mit einem Schmunzeln im Gesicht, der tatsächlich weiß, wie sich finanzieller Erfolg anfühlt.

Ihr Verhältnis zum Geld sollten Sie sich ohnehin genauer anschauen. Die Herkunft von Geld ist bedeutsam, weil der Umgang damit auch davon abhängt, wie es erworben wurde oder wie es zu Ihnen gelangt ist. Bestenfalls traden Sie mit selbstverdientem Geld. Damit gehen die meisten besonders achtsam um. Vielleicht finden Sie Trading sogar verführerisch, weil man auf einfache Art und Weise zu messbaren Ergebnissen kommen kann?

- Woher hast du das Geld, mit dem du tradest?
- Welche Bedeutung hat Geld in deinem Leben?
- Wie verändert sich dein Leben, wenn du ab heute 50 oder 100 Prozent mehr Geld zur Verfügung hast?
- Wo im Körper spürst du, wenn du Geld verlierst (Geldanlage/Trading)?
- Worin empfindest du deinen größten persönlichen Mangel (emotional, psychisch, mental, physisch)?

Personal-Trader-Coaching: *Welchen Bezug hast du zu Geld? Weitere Aufgabe in Kapitel 1.5.*

Bedenken Sie, dass beim Traden neben Ihrem Kapital immer auch Teile Ihrer Aufmerksamkeit in der Position und im Markt gebunden sind. Ein positives Trading-Ergebnis und ein Erkenntnisgewinn sind der bestmögliche Deal für Sie. Nehmen Sie sich immer auch die Zeit zu schauen, was Sie während eines Trades wahrnehmen und wie Sie sich fühlen. Beim Trading spielt die emotionale Entwicklung eine sehr bedeutende Rolle. Emotionen, die im normalen Leben unterdrückt werden, können sich ungebremst in der Trading-Praxis zeigen.

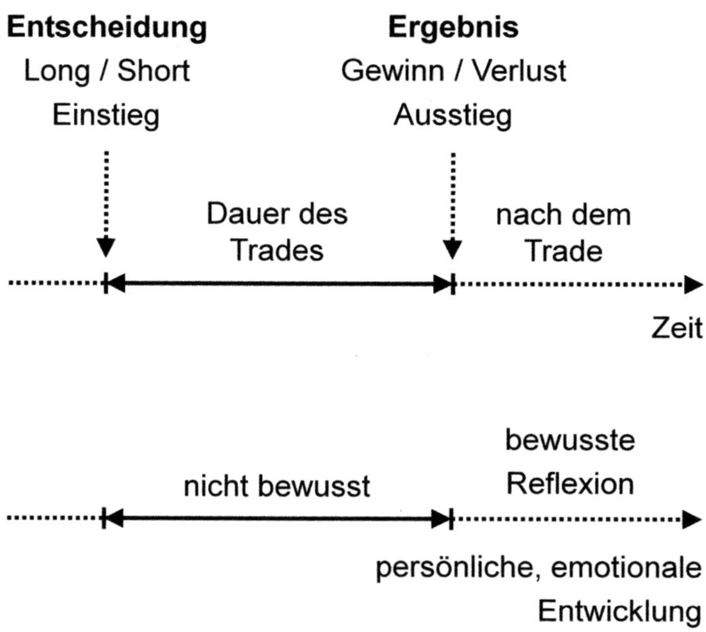

Abb. 1.8: Trading: einfache praktische Umsetzung gekoppelt an persönliche Entwicklung

Je besser Sie sich kennenlernen, umso weniger Überraschungen werden Sie in der Trading-Praxis erleben. Daher gehört es für Trader dazu, sich ständig zu reflektieren, um zu einem bewussten Leben zu gelangen. Das Auseinandersetzen mit den zentralen Fragen »Wo komme ich her? «, »Wer bin ich jetzt?« und »Worin bestehen meine Lernaufgaben?« werden Sie auch im normalen Leben glücklicher, freier und selbstbewusster machen.

1.4 Nachdem sich Eizelle und Sperma gefunden haben

In einem Körper zu leben, ist ein Entwicklungsprozess. Modelle geben oft keine umfassenden Antworten auf wichtige Fragen wie z. B. »Welchen Einfluss haben die ersten Monate im Bauch der Mutter auf das weitere Leben? Was bringen Menschen mit, was entwickeln sie mit den Jahren? Wie stark wirkt das Umfeld auf die Entwicklung, vor allem in den ersten Lebensjahren, in denen sich Persönlichkeitsmerkmale ausbilden?«

Es geht darum, Erfahrungen zu machen und zu spüren, wie sich das Menschsein anfühlt. Trading ist eine Möglichkeit, umfangreiche Erfahrungen zu sammeln, weil man viel über sich selbst herausfinden kann. Die Trading-Ergebnisse und der Umgang damit haben die Wirkung eines »Spiegels der Wahrheit«.

Neben Modellen, die darstellen wie Menschsein oder Menschwerden stattfindet, gibt es auch verschiedene **Trader-Modelle**, wie z. B. »Der rationale (*Homo oeconomicus*) und der irrationale Trader« In einem anderen Modell werden der emotionale, der intuitive und der rationale Trader unterschieden. Vielleicht auch: »der Clevere« (erfahren, mit Strategie), »der Coole« (stressaushaltend, rational), »der Nervöse« (stressanfällig, irrational) und »der Naive« (unerfahren, ohne Strategie).

Sie fragen sich vielleicht, worin der Vorteil liegt, sich in einem **Trader-Typ** wiederzuerkennen? Haben Sie denn schon Anhaltspunkte gewonnen durch Ihre Art und Weise zu traden? Wichtig ist es, nicht in ein Schubladendenken zu geraten, was Ihnen ein Gefühl von Sicherheit vermittelt. Sich einzuordnen befriedigt das Bedürfnis nach Zugehörigkeit, könnte allerdings Ihre Entwicklung eher verhindern. Letztlich geht es darum, sich bewusst wahrnehmen zu können.

Entwicklung

Menschliche Entwicklung geschieht durch das Annehmen verschiedener Aufgaben (A_1, A_2, A_3 … A_n). Diese finden auf unterschiedlichen Ebenen statt (E_1, E_2, E_3 … E_n).

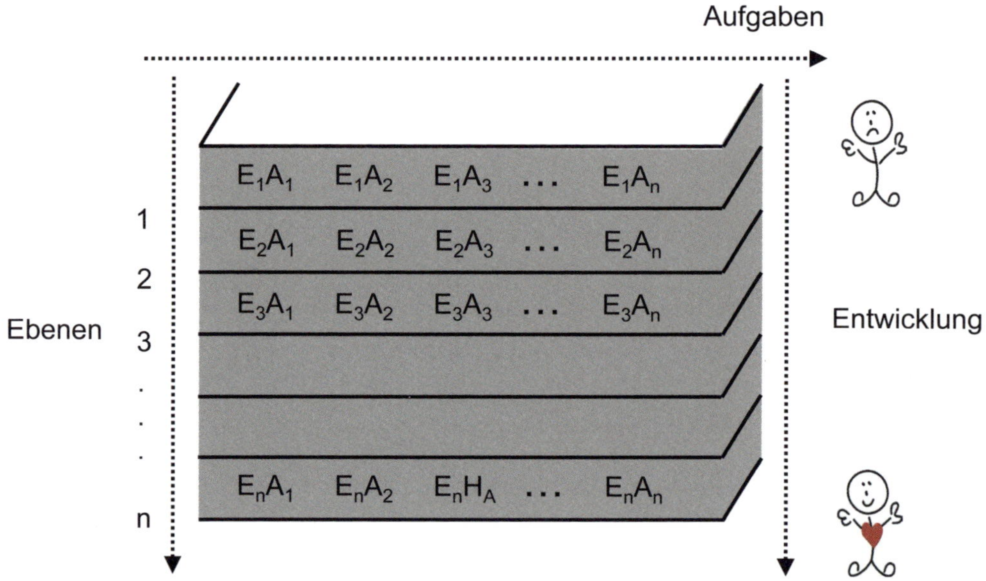

Abb. 1.9: Entwicklung: Aufgaben auf unterschiedlichen Ebenen

In der Ebene E_1 begegnen Ihnen verschiedene Herausforderungen, die auch auf E_2, E_3 und weiteren Ebenen vorkommen können. Die Umstände auf den unterschiedlichen Ebenen sind oft andere. Sie können davon ausgehen, dass sich ein Thema so lange zeigt, bis Sie eine für Ihre Seele zufriedenstellende Lösung herbeigeführt haben. Das Lösen von Aufgaben fördert Ihre Entwicklung und führt zu einem immer tieferen Verständnis und zu einem friedlichen Seelenzustand. Das Annehmen von Aufgaben verkürzt den Entwicklungsprozess, weil jedes Sich-Wehren zu einer weiteren Runde unter gleichen, meist jedoch unter verschärften Bedingungen führt. Nach meiner Erfahrung geht es bei vielen Menschen um wenige große, ständig wiederkehrende Lernaufgaben. Dabei ist es oft kaum zu bemerken, dass ein Thema mit jeder Auseinandersetzung um ein weiteres Stück gelöst wurde. Diese kleinen, aber wichtigen Veränderungen wahrzunehmen, fühlt sich für die meisten von uns eher wie eine anstrengende Wiederholung an. Aber: »Kleinvieh macht auch Mist!«

Beispiel: Auch wenn das Setzen eines Stopps sehr weit von einer großen Lernaufgabe entfernt ist, so stellt es doch für viele eine Herausforderung dar.

Das bloße Setzen eines Stopps in der Trading-Praxis ist ein motorisch leicht umzusetzender Vorgang. Sie machen sich mit den Möglichkeiten vertraut, und mit wenigen Klicks ist Ihre Position gesichert (E_1). Vielleicht stellen Sie fest, dass Sie weiterhin ständig ausgestoppt werden. Sie haben zwar die Notwendigkeit erkannt, Ihr Risiko zu begrenzen, haben aber kein Gefühl dazu (E_2). Statt dem eigentlichen Ziel, Ihre Verluste zu begrenzen, näherzukommen, beweisen Sie sich selbst, dass die Stoppsetzung nicht sinnvoll ist. Sie haben Ihre Stopps vermutlich so nahe am Einstieg gesetzt, dass Sie fest mit Verlusten rechnen können. Auf der nächsten Ebene (E_3) lernen Sie, dass es wichtig ist, die Bewegungen des Marktes bei der Stoppsetzung einzubeziehen. Sie verstehen, dass ein Stopp erst dann seinen Zweck erfüllt, wenn Sie ihn an einer Stelle platzieren, die dem Trade Luft zum Atmen gibt. Sie haben bis jetzt schon einiges zur Stoppsetzung gelernt: die unterschiedlichen Stopparten, die Umsetzung auf der Handelsplattform und dass Sie den Stopp an den Markt anpassen sollten.

Trotzdem werden Sie Verluste machen, die Sie schmerzen. Sie stellen fest, dass es da offensichtlich noch mehr zu lernen gibt. Auf dieser Ebene geht es darum, dass Sie zunächst einmal Ihren Schmerz wahrnehmen und akzeptieren, dass er zu Ihnen gehört (E_4). Möglicherweise stellen Sie fest, dass Sie in Kontakt mit einem Gefühl, einem Gedanken oder auch einer früheren Situation oder Handlungsweise kommen. Auf einer weiteren Ebene (E_5) nehmen Sie wahr, dass der Umgang mit Ihrer Grenze schon lange ein im Hintergrund schwelendes Thema ist. Die Möglichkeiten, warum das »Nein«-Sagen oder »Bis hierher und nicht weiter« oder »Danach wird es mir zu viel, weil es mich zu viel kostet« Ihnen schwerfallen, sind vielfältig. So könnte es z. B. sein, dass Ihnen als Kind keine Grenzen gesetzt wurden, weil Ihre Eltern keine Kraft dazu hatten oder beruflich stark eingespannt waren. Der Grund könnte aber auch darin liegen, dass Sie ständig kontrolliert wurden. Wenn Sie das Setzen eines Stopps als Kontrolle empfinden, werden Sie in Ihrem Inneren einen Widerstand dagegen spüren. Das führt dann zu einer Stoppsetzung, wie für die Ebene E_1 beschrieben. Sie begrenzen dann zwar Ihr Risiko, doch steckt in jedem Stopp eine Portion Trotz. Sie sehen, dass die Gründe, warum Sie etwas halbherzig oder wenig durchdacht tun, viel tiefer liegen können. Die Aufgabe von Tradern ist es, dahin zu gucken, wo die »wahren« Gründe liegen, und notwendige Veränderungen einzuleiten. Sonst kann es kostspielig werden.

Lebensgesetze

Persönliche Entwicklung findet immer eingebettet in ein größeres Ganzes statt. Da haben vor allem die Lebensgesetze ein starkes Gewicht. Diese werden vielerorts auch Schöpfungsgesetze, Schicksalsgesetze oder universelle Gesetzmäßigkeiten genannt. Genauso wenig wie Sie ein physikalisches Gesetz, wie z. B. die Schwerkraft, umgehen können, ist es möglich, Lebensgesetze zu umgehen. Verschiedene Schriftsteller haben sich diesem Thema in besonderer Weise gewidmet. Trader sollten sich allein schon deshalb damit auseinandersetzen, weil sie übergeordnet wirken (vgl. Dahlke 2009; van Helsing, Holey 2004). Wer sie berücksichtigt, wird seinen Vorteil daraus ziehen; wer sie missachtet, könnte auch auf die Nase fallen.

Im Folgenden finden Sie eine kurze Erläuterung verschiedener Lebensgesetze:

1. Das **Gesetz von Ursache und Wirkung** (Karma). Bei diesem Gesetz geht es um kosmische Gerechtigkeit. Dazu gehört auch, dass wir uns mit den Folgen von Ursachen auseinandersetzen, die wir in der Vergangenheit selbst in Bewegung gebracht haben. Das kann heißen, dass unbezahlte Rechnungen ausgeglichen werden. Wer allzu gerne beim Traden verliert oder trotz Strategie durch ungünstige Zufälle erheblichen finanziellen Schaden nimmt, sollte sich auf Spurensuche begeben.

2. Das **Gesetz der Polarität:** Dabei geht es um Gegensätze oder Gegensatzpaare, wie z. B. männlich/weiblich oder positiv/negativ. Gerade im Trading gibt es Polarität, z. B. long/short, Bulle/Bär oder Gewinner/Verlierer. Es ist unwahrscheinlich, dass Sie nur gewinnen, vermutlich machen Sie auch Erfahrungen als Verlierer. Diese sind wichtig, um die Erfahrung von Polarität zu machen.

3. Das **Gesetz der Schwingung** (oder Resonanz) spielt auch für Trader eine große Rolle. Woher kommt es, dass Sie sich überhaupt für Trading interessieren?

4. Das **Gesetz des Rhythmus:** Rhythmus hat mit Wiederholung und Zyklen zu tun. Davon haben die Finanzmärkte viel zu bieten. Viele Trader beschäftigen sich mit Bewegungen, Trends, Rhythmen und Zyklen. Die meisten vermutlich mit dem Ziel, Positionen auf der richtigen Seite des Marktes einzugehen und mögliche Kursziele zu bestimmen. Wiederholungen in der

Trading-Praxis können auch auf nicht verstandene Lernaufgaben hinweisen.

5. Das **Gesetz der Analogie** stößt im Prinzip ins gleiche Horn: Im Makrokosmos herrschen die gleichen Gesetze wie im Mikrokosmos. Der amerikanische Buchhalter **Ralph Nelson Elliott** entschlüsselte die Struktur von Kursbewegungen, die sich in einer rhythmischen Abfolge von Wellen entwickeln (**Elliott-Wellen**). Obwohl die Elliott-Wellen-Theorie zeitunabhängig ist, funktioniert sie bei mittel- und langfristigen Analysen besser als z. B. beim Intraday-Trading (Prechter, Frost 2004). Diese Beobachtung wurde durch die Erkenntnisse der Chaosforschung untermauert. Der polnisch-französische Mathematiker **Benoît Mandelbrot** formulierte das Prinzip der Selbstähnlichkeit als Ordnungsstruktur des Kosmos. Die Struktur des Makrokosmos spiegelt sich fraktal im Mikrokosmos wider, wird dort allerdings teilweise von chaotischen Strukturen überlagert.

6. Dem **Gesetz der Mentalität** liegt die Kraft des Denkens zugrunde. Dinge, Ereignisse und Wörter entstehen im Denken. Die Gedanken sind dabei neutral. Erst aus dem Beweggrund Ihres Denkens entsteht die Wertung. So liegt es an Ihnen, was Sie denken (wertfreie, glückliche oder traurige Gedanken). Die Stärke und das Bewusstsein Ihres Denkens hängen ausschließlich von Ihnen ab. Einige Menschen können kraft ihrer Gedanken Metall biegen, andere Menschen heilen und wieder andere können durch Gedanken Dinge zerstören.

Exkurs

Wie Energiefelder wirken

Seit vielen Jahren beschäftige ich mich mit Themen wie Energiefeldern, Systemaufstellung oder auch Reinkarnation. Wie sind wir mit anderen verbunden? Was beeinflusst unsere Gefühle, Gedanken oder unser Verhalten?

Menschen leben, um sich zu entwickeln. Essen, laufen und sprechen lernen, so fängt alles an. Die Aufgaben werden im Laufe des Lebens vielfältiger, so dass weitere Fähigkeiten entwickelt werden. Woher kommt es, dass Menschen unterschiedliche Lernaufgaben haben? Welchen Einfluss haben dabei die unterschiedlichen sozialen Umfelder? Was tragen die viel beschworenen Gene, die wir als Geschenk von unseren Eltern mitbekommen haben, zu unserer Entwicklung bei?

Meine Erfahrung ist, dass vor allem drei Energiefelder bedeutsam sind: **1. das persönliche Feld, 2. das systemische Familienfeld** und **3. weitere Felder**, zu denen ich **Gruppenfelder**, **Ortsfelder** und **Störfelder** zähle.

Abb. 1.10: Persönliches Feld

Das **persönliche Feld** ist in Abbildung 1.10 dargestellt. Die gestrichelten Rechtecke stehen als Symbol für zwei unterschiedliche Sichtweisen:

1. Die Rechtecke links können für **frühkindliche Erfahrungen** stehen, zu denen der bewusste Zugang fehlt. Diese spielen im weiteren Leben immer wieder eine Rolle. Die Figur mit Herz zeigt den Trader im Jetzt. Das Rechteck rechts davon steht für einen späteren Zeitraum.

2. Die Rechtecke können jeweils auch ein **früheres Leben** abbilden (links vom Trader), das rechts vom Trader kann für ein weiteres nach dem jetzigen stehen.

Letztlich ist es egal, was die Rechtecke für Sie bedeuten. Viel wichtiger ist, dass Sie Ihre Lernaufgaben erkennen und annehmen (Abb. 1.11).

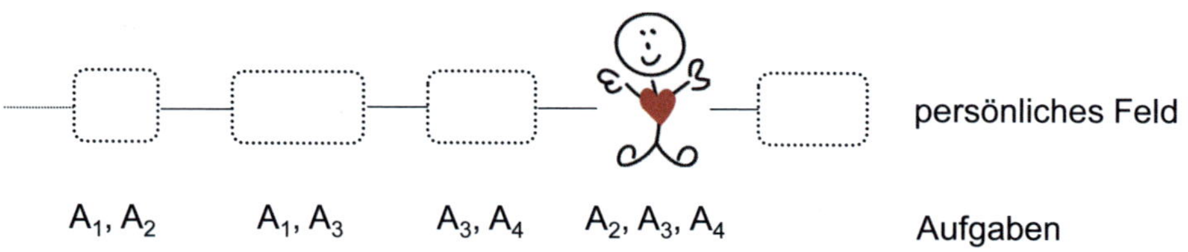

Abb. 1.11: Persönliches Feld mit Aufgaben A_1, A_2, A_3 und A_4

Als Ergänzung zu Abbildung 1.10 sehen Sie die Aufgaben A_1, A_2, A_3 und A_4 eingefügt, die sich aus Erfahrungen in früheren Zeiten ergeben (frühkindlich, frühere Leben).

Aus dem ersten Zeitraum haben sich die Lernaufgaben A_1 und A_2 entwickelt, im nächsten spielte wieder die Aufgabe A_1 eine Rolle. Eine weitere Aufgabe ist dazugekommen (A_3). Die Aufgabe A_1 konnte in dieser Zeit gelöst werden, zumindest zeigt sie sich bis jetzt nicht wieder. Anschließend spielten die Aufgaben A_3 und A_4 eine Rolle. Der Trader (jetzt) widmet sich den Aufgaben A_2, A_3 und A_4. Die Aufgabe A_3 braucht offensichtlich besondere Aufmerksamkeit, da sie in mehreren Zeiträumen hintereinander vorkommt. Vielleicht handelt es sich um eine tiefe Verletzung oder die Reichweite der Aufgabe zeigt sich erst nach und nach. Möglicherweise ist es eine Frage der Zeit, bis das Thema bewusst angegangen werden kann.

Eine Möglichkeit besteht immer darin, Aufgaben mit dem Lebenspartner, der Familie und dem sozialen Umfeld zu bearbeiten. Wenn die Aufgaben nicht gelöst werden, wiederholen sich diese Situationen, Vorgehensweisen, Sprüche oder auch Wortgefechte. Die Beteiligten sind meistens nicht unbedingt glücklich darüber, nehmen es aber in ihren Alltag auf, und so wird es zur »Normalität«. Der Gegenentwurf dazu ist, sich bewusst zu verändern.

Beispiel 1: Angenommen bei der Aufgabe A_3 geht es um Vertrauen. Im normalen Leben könnte sich das Thema so zeigen, dass das Vertrauen zwischen dem Trader und dem Lebenspartner fehlt. Zweitrangig ist übrigens, ob der Mangel an Vertrauen vom Trader oder vom Lebenspartner ausgeht. Sätze wie »Auf dich ist kein Verlass.«, »Du schaffst das sowieso nicht!« oder »Du kannst einfach nicht mit Geld umgehen« ermüden. Vielleicht hat der Trader diese Sätze so oft gehört, dass er sie nicht mehr ertragen kann. Sie wirken dennoch, auch wenn der Trader abschaltet, sich stur stellt oder sich räumlich abgrenzt. Der Ärger ist gegenwärtig.

Wer von Ihnen schon mal in einem Zustand von Ärger getradet hat, weiß, dass sich dieser in der Trading-Praxis vielfach noch verstärkt. Grundlage für erfolgreiches Trading ist ein ausbalancierter Zustand. Im Gegensatz zum normalen Leben müssen Trader ihre offenen Baustellen sofort angehen, damit diese neben dem emotionalen Schaden nicht auch noch finanziellen anrichten. Trading-Anfänger geraten auch deshalb an ihre Grenzen, weil sie der Trading-Praxis mehr Aufmerksamkeit schenken als z. B. den durch Trading-Ergebnisse hervorgerufenen Gefühlen wie Wut, Panik oder Depression. Trader sollten bewusst mit ihren Themen umgehen, ansonsten werden sie durch ihr Trading-Verhalten möglicherweise immer wieder an die gleichen ungelösten Stellen gelangen.

Beispiel 2: Stellen Sie sich vor, die Aufgabe A_4 hat damit zu tun, dass Sie sich als Kind von ihren Eltern verraten gefühlt haben (dabei spielt es übrigens keine Rolle, ob es tatsächlich so war). Die Folge könnte sein, dass Sie sich so lange in Situationen begeben, in denen Sie dieses Gefühl empfinden, bis sie den Hintergrund geklärt haben. Dazu muss man erst einmal dahin kommen, die Aufgabe wahrzunehmen. Verrat kann sich beim Trading auf verschiedene Weisen zeigen. Wer z. B. mit einem zwielichtigen Broker Geschäfte macht, muss sich nicht wundern, bei der Ausführung einzelner Trades über den Tisch gezogen zu werden. Im schlimmsten Fall macht sich der Broker mit Ihrem gesamten Geld aus dem Staub. Natürlich ist es der Broker, der sich unaufrichtig verhält, dennoch sind Sie es, der diesen Broker gewählt hat. Ich habe einige Klienten, die zu bequem sind, ihren Broker zu wechseln, obwohl sie wissen, dass 1. keine ausreichende Sicherheit für ihr Geld besteht, 2. Marketmaker-Kurse unabhängig von Xetra- oder Reuterskursen stellen dürfen und 3. ihr Geld auf Konten liegt, die weder von denen anderer Kunden noch vom Unternehmen getrennt sind.

Im Beispiel 1 könnte das ein klärendes Gespräch mit dem Lebenspartner sein. Beim zweiten Beispiel hilft vermutlich schon, die Hintergründe für das Gefühl von »sich verraten fühlen« zu beleuchten und anschließend, das Kleingedruckte im Vertrag mit dem Broker zu lesen und diesen zu wechseln. Es hilft nicht, zu meckern oder Ihr Schicksal zu beklagen. Sie müssen Ihre Aufgaben angehen. Wenn Sie versuchen, diese zu umgehen, lauern sie schon an der nächsten Ecke ...

Menschen, die Situationen nicht bewerten oder projizieren, sondern sich auf die sich zeigenden Themen einlassen, haben möglicherweise ein glücklicheres, selbstbestimmteres und verantwortungsbewussteres Leben. Sie erkennen frühzeitig, worum es geht, und führen Lösungen herbei.

Neben dem persönlichen Feld gibt es das **systemische Familienfeld**, das auch eine starke Wirkung auf den Einzelnen hat. Im Familienfeld sind zahlreiche Lernaufgaben vorhanden, die ich in Abbildung 1.12 aus Gründen der Übersichtlichkeit weggelassen habe. Dabei kann es sein, dass weitere Aufgaben A_5, A_6 dazukommen, die vielleicht schon seit Generationen eine Rolle spielen, und für die Familie Lösungen herbeisehnt, was sich meistens auf einer anderen, vielleicht unbewussten körperlichen Ebene abspielt. Man bringt Ursache und Wirkung möglicherweise nicht zusammen. Es kommt aber auch vor, dass es im Familienfeld um bereits aus dem persönlichen Feld bekannte oder auch gelöste Aufgaben geht.

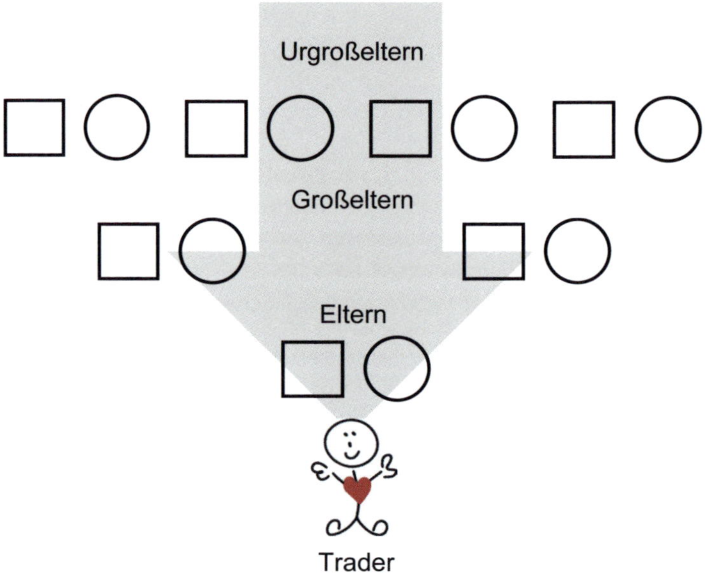

Abb. 1.12: Systemisches Familienfeld; Kreis = Frau, Quadrat = Mann

In Familien wiederholt sich vieles generationenübergreifend, z. B. Verhaltensweisen, Ereignisse oder auch Krankheiten. Solange die einzelnen Familienmitglieder diese akzeptieren, herrscht Ruhe im System. Wenn sich einzelne oder mehrere Familienmitglieder nicht mehr mit den Gegebenheiten abfinden, bringen sie Unruhe in das eingeübte »Spiel«. Die ersten Schritte zu machen, um mal hinter den Vorhang oder unter den Teppich zu sehen, werden von anderen Gruppenmitgliedern mit Argwohn, Sorge oder Unverständnis wahrgenommen. Denn wenn sich einer bewegt, kommt das gesamte System in Bewegung. Daher lässt man gerne alles beim Alten. Schließlich möchte man auch dazugehören, so wie die anderen sein, geliebt werden oder nicht auffallen.

Stellen Sie sich vor, Sie stehen zu fünft im Kreis und halten sich an den Händen. Sobald eine Person ihre Position verändert, z. B. nach hinten zieht, um den Kreis zu vergrößern, braucht sie Kraft. Wenn die anderen vier keine Lust zu dieser Bewegung oder sogar Angst davor haben, werden sie sich wehren. Auch das kostet Kraft. Vielleicht verlieren die vier ihren sicheren Stand oder es fällt ihnen schwer, sich auf die ungewohnte Situation einzulassen. Das führt oft dazu, dass die Person, die sich erstmalig einem Thema widmet oder eine bislang unbekannte Qualität in ein Familiensystem bringt, sich den Ärger der anderen zumutet. Das kann z. B. auch durch Trading sein. Diese Erfahrung haben viele meiner Klienten gemacht. Zum virtuellen Trading ist im Familiensystem kein überliefertes theoretisches Wissen vorhanden, geschweige denn praktische Umsetzung. Die Erfahrungen fehlen schlichtweg und die damit verbundenen Veränderungen können Ängste hervorrufen.

Das Thema Trading in einer Familie salonfähig zu machen, kann an die Substanz des Traders gehen. Das Verhältnis der bewahrenden Kräfte zu denen, die für Veränderung stehen, ist dabei bedeutsam. Legt man sich mit der gesamten Familie an, mit dem Risiko angegriffen, möglicherweise auch ausgestoßen zu werden? Diese Entscheidung ist schwierig, weil sie auf »frei, das heißt allein« hinauslaufen könnte.

Es ist übrigens nicht unbedingt nur der mangelnde Wille, sich zu verändern. Oft ist es auch eine Frage von Kraft und Lebensalter. Da niemand weiß, wie alt er wird, sollte jede Veränderung, die Strukturen aufbricht und Krankheiten verringert als Bereicherung empfunden werden. Das betrifft auch zeitgemäßes Verhalten in finanziellen Angelegenheiten. Dafür braucht es Offenheit und Mut.

Feldwirkung

Der britische Naturwissenschaftler **Rupert Sheldrake** bezeichnet soziale und kulturelle Felder mit dem Begriff **morphogenetische Felder**. Sie wirken bei Lebewesen (Mensch, Tier, Pflanze), geben Form und Struktur, sind Ursache für Veränderungen, Entwicklungen und Selbstheilung. Vor allem das **Verhalten** wird über morphogenetische Felder beeinflusst, z. B. die Organisation innerhalb von Gruppen. Wie schaffen es Hunderte von Vögeln, gemeinsam zu fliegen ohne nennenswerte Zwischenfälle? Wie können Tausende von Fischen in einem Schwarm bei hoher Geschwindigkeit den Aufbau halten? Woher wissen selbst einzelne Insekten, wohin sie das Baumaterial zum Aufbau eines Termitenhügels schaffen sollen?

Menschen sind ebenso wie Tiere über unterschiedlich starke **Gruppenfelder** miteinander verbunden. Die Mitglieder der Gruppe können auf alle Informationen des Feldes zurückgreifen und das Feld beeinflussen. Die Kommunikation funktioniert auch über große Entfernungen. Die gesamte Energie eines solchen Feldes setzt sich aus den Beiträgen der einzelnen Mitglieder zusammen. Gruppenfelder tragen zur Entwicklung von sozialen Fähigkeiten bei.

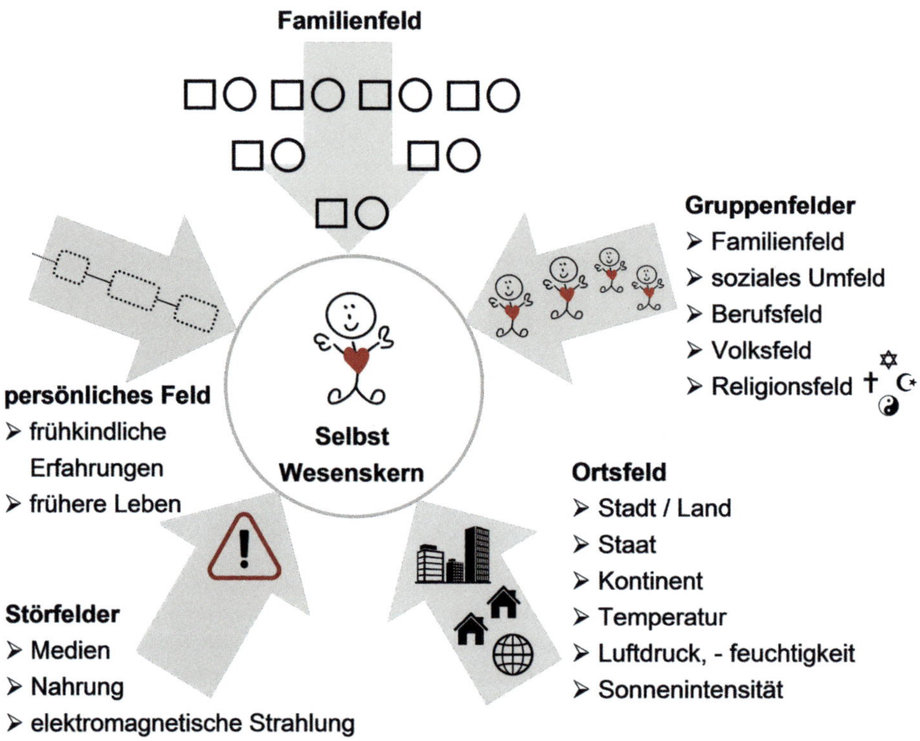

Abb. 1.13: Einflüsse, die auf Menschen wirken: Kreis = Frau, Quadrat = Mann

Das systemische Familienfeld gehört zu den kleinen Gruppenfeldern. Ein größeres Feld ist z. B. das **Berufsfeld**. Noch große Felder sind **Volks-** und **Religionsfelder**. Die Verbindung zwischen Volksfeldern kann über eine gemeinsame Sprache hergestellt werden, so dass noch größere Felder (aus mehreren Völkern) entstehen. Die Herausforderung bei Religionsfeldern besteht in der Ausschließlichkeit. Daher haben Religionsfelder klare Grenzen. Sie können nicht gleichzeitig Buddhist, Christ, Jude und Moslem sein.

Wer Trading mit seiner Religion oder seiner tiefsten Überzeugung nicht vereinbaren kann, sollte sein Geld auf eine andere Weise verdienen, weil Reibungsverluste und schmerzhafte Erfahrungen vorprogrammiert sind. Manchen in Deutschland lebenden Klienten habe ich auch geraten, ihr Trading ins europäische Ausland zu verlagern, z. B. in die Schweiz oder nach Skandinavien. Damit setzen Sie sich anderen **Ortsfeld**energien aus. Die Aufgaben aus dem persönlichen Feld bestehen weiter, die Wirkung von Familien-, Volks- und Ortsfeld werden abgeschwächt. Trader, die eine Sensibilität für die Wirkung von Orten haben, werden schnell feststellen, dass sie trotz vermeintlicher gleicher Vorgehensweise in Abhängigkeit vom Ort zu unterschiedlichen Ergebnissen gelangen.

Trader sollten auch prüfen, ob **Störfelder** ihre Trading-Ergebnisse beeinträchtigen. Der Einfluss der allgegenwärtigen Medien, ungesunde, nährstoffarme Nahrung und elektromagnetische Strahlung werden von den meisten als gegeben hingenommen. Weniger ist mehr.

Literatur

Dahlke, R.: Die Schicksalsgesetze: Spielregeln fürs Leben: Resonanz – Polarität – Bewusstsein. Goldmann Arkana 2009

Helsing, J. van.; Holey, J. U.: Der Dritte Weltkrieg. Einhundert Seher schildern in ihren Visionen die Ereignisse der kommenden Jahre. Amadeus 2004

Prechter, R.; Frost, A. J.: Das Elliott-Wellen-Prinzip: Schlüssel für Gewinne am Markt. FinanzBuch 2003

1.5 Spieglein, Spieglein an der Wand

Der Trader hatte einen wunderbaren Spiegel. Wenn er vor diesen trat und sich darin beschaute, sprach er: »Spieglein, Spieglein an der Wand, wer ist der beste Trader im ganzen Land?« So antwortete der Spiegel: »Derjenige, der lernt, regelmäßig trainiert und sich persönlich entwickelt, ist ein Trader.« Da war er zufrieden, denn er wusste, dass der Spiegel die Wahrheit sagte.

Diese Worte sind nicht der Beginn eines Trader-Märchens, vielmehr machen sie deutlich, worum es beim Trading geht. Die meisten von Ihnen haben bestimmt den Originaltext der Königin im Kopf, die es auf einen Vergleich mit Schneewittchen anlegt. Der Spiegel der Trader antwortet wertfrei, da gibt es kein »gut, besser oder am besten« oder »tausend mal schöner«.

Das Glitzern der Finanzmärkte zieht ohnehin viele unbedarfte Anfänger an. Konten mit Gebührengutschriften, einmaligem Bonus oder sonstigen Versprechen werden schnell eröffnet und Sekunden später kapitalisiert. Und dann? Spätestens jetzt sollten Sie eine erste grobe Selbsteinschätzung vornehmen.

1. Haben Sie überhaupt ein auf Ihre Persönlichkeit abgestimmtes Trading?

2. Sind Sie sicher im Umgang mit der Handelsplattform?

3. Verstehen Sie das Produkt, das Sie handeln?

4. Gehen Sie Risiken ein, die in gesundem Verhältnis zu Ihrer Kontogröße stehen?

Wenn Sie viermal mit »ja« antworten, dann auf zum zweiten Teil der Selbsteinschätzung.

Die größte Herausforderung von Anfängern ist der Umgang mit den **Trading-Ergebnissen.** Deren Bewertung hat neben einer rationalen Komponente (Gewinn/Verlust in Euro) eine weitere, die mit Gefühlen verbunden ist. Gefühle, wie z. B. Befriedigung oder Erleichterung bei Gewinn oder auch Angst, Trauer oder Wut bei Verlust, verlangen Anfängern, aber auch Fortgeschrittenen und auch professionellen Tradern einiges ab. Umso wichtiger ist es, regelmäßig zu trainieren und vielfältige Erfahrungen zu sammeln. Wer lernt, seine Gefühle **wahrzunehmen, anzunehmen** und **damit umzugehen**, ist auf einem guten Weg.

Zurück zum Spiegel der Wahrheit: »Derjenige, der lernt, regelmäßig trainiert und sich persönlich entwickelt, ist ein Trader.« In diesen Worten liegt der *Casus knacksus*.

Wenn Sie an einem Bach stehen, gibt es verschiedene Möglichkeiten, trockenen Fußes auf die andere Seite zu gelangen. Die wahrscheinlich schnellste und einfachste ist es, über das Wasser zu springen. Was beeinflusst Ihre Entscheidung, es mit einem Sprung zu versuchen? Ihre **Erfahrungen** mit Sprüngen, Ihre **momentane körperliche und geistige Verfassung**, eine **realistische Einschätzung** der Breite des Baches, die Beschaffenheit der gegenüberliegenden Uferseite und vieles mehr.

Wenn Sie von Kindesbeinen an mit Freude über Bäche gesprungen sind, greifen Sie auf einen großen Erfahrungsschatz zurück, der Ihnen innerhalb von Sekundenbruchteilen mitteilt, ob Sie einen Sprung wagen können.

Vielleicht haben Sie jeden Bach leicht überwunden? Oder Sie haben erfahren, wie es sich anfühlt, das Wasser zwar hinter sich zu lassen, aber am anderen Ufer im Morast gelandet zu sein? Beim nächsten Sprung waren Sie sicher umsichtiger. Stabilität beim Landen verringert auch das Verletzungsrisiko. Möglich, dass Sie ins Wasser getappt sind, weil Sie sich überschätzt haben, auch das werden Sie sich merken und beim nächsten Mal berücksichtigen.

Der Bezug zum Trading ist einfach. Beim Trading geht es auch darum, vielfältige **Erfahrungen** zu sammeln. **Regelmäßiges Training** ist eine Voraussetzung. Das ist dann möglich, wenn Sie sich den Finanzmärkten spielerisch **und** risikobewusst nähern, z. B. Demo- oder Live-Trading mit Mini- oder Mikro-Lots machen. Das ist Ihnen zu langweilig? Sie finden es spannender, langfristig zu verlieren nach dem Motto »Ob long, ob short, das Geld ist fort«? Gut, dann legen Sie dieses Buch zur Seite und befragen den nächsten Spiegel: »Spieglein, Spieglein an der Wand, wer ist der beste Trader im ganzen Land?« So antwortete der Spiegel: »Derjenige, der lernt, regelmäßig trainiert und sich persönlich entwickelt, ist ein Trader.«

Trader müssen die Frage »Wer sind Sie jetzt?« beantworten können. Jeder muss wissen, wo er steht. Haben Sie auffällige Verhaltensmuster? Treffen Sie Ihre Entscheidungen bewusst oder intuitiv? Haben Sie einen guten Kontakt zu sich selbst? Wie steht es um Ihre Beziehungen zu Ihren Partner beruflich wie privat? Sobald Trader akzeptieren, dass sie letztlich sich selbst traden und dieses sich auch in den Trading-Ergebnissen spiegelt, ist eine wichtige Erkenntnis gereift.

Wenn Sie sich noch nicht so viel mit Ihren Gefühlen, Gedanken und Persönlichkeitsmerkmalen auseinandergesetzt haben, fragen Sie sich einmal »In welcher Verfassung sollte ich auf keinen Fall traden?« oder »Gibt es für mich einen Trading-freundlichen, sich gut anfühlenden Zustand?« Aus meiner Erfahrung kann ich mit einem klaren »Ja, den gibt es« antworten. In diesem Zustand machen Trader das Richtige.

1.5.1 Fünf Persönlichkeitsmerkmale

Menschen bilden in den ersten Lebensjahren Persönlichkeitsmerkmale aus, um zu überleben. Inwieweit diese später die Voraussetzung erfüllen, um erfolgreich zu traden, steht auf einem ganz anderen Blatt. Verhaltensweisen, die in frühester Jugend nützlich waren, könnten aufs Trading bezogen finanziell tödlich sein. Tod heißt in diesem Fall z. B. ein überaus großer Verlust-Trade, der zu einer starken Einschränkung Ihrer Kaufkraft führt und schlimmstenfalls Ihr Konto erledigt.

Die Geschichte der Persönlichkeitspsychologie haben verschiedene Personen mitgeprägt, allen voran **Wilhelm Reich**, der Begründer der Körperpsychotherapie. Daneben waren die Beiträge von **Alexander Lowen** bedeutsam. Der Reich-Schüler entwickelte die Bioenergetische Analyse (Bioenergetik). **Erich Fromm** hat sich u. a. mit seinem Werk »Die Furcht vor der Freiheit« zum Thema Persönlichkeitsstruktur verwirklicht. **Ron Kurtz** entwickelte die Hakomi-Methode, aufbauend auf den Grundlagen von Reich und Lowen. Hakomi bedeutet in der Sprache der Hopi-Indianer »Der, der du bist.« oder in der Frageform »Wer bist du?« Bei der Hakomi-Methode geht es um die Erforschung der Selbstorganisation. Zu guter Letzt könnte es nützlich sein, sich mit **Fritz Riemanns** »Grundformen der Angst« auseinanderzusetzen.

Persönlichkeit (wenn nicht schon mit der Geburt vorhanden) entsteht vor allem in den ersten Lebensjahren im Kontakt mit der engsten Bezugsperson. In der Regel ist das die Mutter. In manchen Fällen auch der Vater, die Großeltern und selten auch Nichtfamilienmitglieder, z. B. wenn ein Säugling adoptiert wird oder im Heim aufwächst. Das Baby braucht die Unterstützung der Bezugsperson, da es sonst nicht überleben kann. Unterstützung kann z. B. Essen geben, kuscheln oder auch helfen sein, wenn sich der Säugling in eine verzwickte, körperliche Lage gebracht hat. Die einzige Möglichkeit des Babys, auf sich aufmerksam zu machen, ist über die Stimme. Wenn der Säugling Hunger hat, meldet er sich. Die Mutter entscheidet, ob sie darauf regiert. Möglich, dass sie meint, dass das Baby genug bekommen hat, sie ein wenig Ruhe braucht oder beschäftigt ist und daher nicht reagiert. Der Säugling regelt seine Lautstärke nach Bedarf. Kann sein, dass die Mutter bei lauteren Tönen reagiert, kann auch sein, dass sie genervt ist und unbeeindruckt von der erhöhten Dezibelzahl das Baby schreien lässt. Der Säugling entwickelt eine Strategie, wie er das bekommen kann, was er braucht oder wünscht. Die Mutter hat ihrerseits die Möglichkeit, auf das Baby zu reagieren. Baby und Mutter haben Kontakt, sie kommunizieren, wenn auch noch nicht über die Sprache, dafür steht der gestrichelte Doppelpfeil in Abbildung 1.14. Gestrichelt deshalb, weil Säugling und Mutter das Miteinander zunächst ausprobieren, da sie bis dahin keine Erfahrung haben, zumindest fehlt sie dem Baby. Die Mutter könnte ja auch schon weitere Kinder geboren haben.

Abb. 1.14: Strategieentwicklung

Das Baby wächst heran, wird zum Kleinkind und hat durch die frühkindlichen Erfahrungen bereits erste Strategien entwickelt, wie es das Gewünschte erreicht.

Wichtig zu bemerken, dass sich die zwei nicht auf Augenhöhe begegnen können, weil das Kind in einem Abhängigkeitsverhältnis steht. Allerdings hat es irgendwann den Dreh raus, welche Strategie situationsabhängig den größten Erfolg zur Bedürfnisbefriedigung bringen sollte. Jedes Kind hat eine Standardstrategie, manchmal auch noch weitere. Letztlich entwickelt sich ein Austausch oder auch ein Ringen um das Ergebnis mit der Bezugsperson, später auch mit anderen Personen.

Beispiel: Stellen Sie sich vor, Sie sind fünf Jahre alt und gehen in den Kindergarten. Manche Spielzeuge sind vielfach, andere seltener und dann gibt es auch welche, die sind nur einmal vorhanden, z. B. der Bagger. Angenommen, der Bagger ist Ihr Lieblingsspielzeug und Ihr Glück hängt davon ab, ob Sie ihn ergattern können. »Was tun Sie, um den Bagger zu bekommen?«

Wann immer ich die Frage im Seminar gestellt habe, habe ich viele unterschiedliche Antworten bekommen. Kinder probieren verschiedene Vorgehensweisen aus. Sie bleiben bei der Möglichkeit hängen, mit der sie ihr Ziel erreichen. Der Erfolg verstärkt sich, wenn die angewendete Strategie immer wieder zum gewünschten Ergebnis führt. Das stärkste Kind könnte z. B. an den Bagger kommen, indem es den anderen eins auf die Zwölf haut. Alle anderen müssen sich schon etwas Besonderes einfallen lassen. Ein Kind bringt vielleicht Bestechungsmittel (Süßigkeiten oder andere Spielzeuge) mit, ein anderes beschwört das soziale Verhalten oder redet den Bagger schlecht. Natürlich können auch Erwachsene einbezogen werden, indem man die Eltern bittet, 15 Minuten früher zum Kindergarten gebracht zu werden oder man intensiviert den Kontakt zur Kindergärtnerin.

Das Interessante ist, dass die meisten Seminarteilnehmer ein bestimmtes Vorgehen bevorzugten. Wer seine Strategie ständig erfolgreich anwendete, nutzte diese Vorgehensweise im Lauf des Lebens auch in anderen Situationen zu seinem Vorteil.

Vielleicht kommt eines Tages ein stärkeres Kind an »Ihren« Bagger, das zugezogen ist, oder eines, das geschickter vorgeht. Dann muss die bis dahin erfolgreiche Strategie verändert oder angepasst werden. Wichtig ist wahrzunehmen, dass Ihre Strategie auch von Ihrem Gegenüber abhängt. Sie müssen also auch lernen, flexibel zu reagieren, vor allem wenn sich die Ausgangssituation verändert (was bei den Finanzmärkten ständig gegeben ist).

Kinder werden älter, kommen in die Schule, machen als Jugendliche erste Erfahrungen in der Liebe, mit Genussmitteln und werden schließlich erwachsen. Sie werden in vielen Situationen gefordert und entwickeln unabhängig von Schule, Ausbildungs- oder Arbeitsplatz Strategien, die sie situationsabhängig einsetzen. Das, was zum Erfolg führt, wird immer wieder angewendet, oft auch weiterentwickelt. Andere Vorgehensweisen, die nicht zum gewünschten Ergebnis geführt haben, werden verworfen. In Abbildung 1.15 sehen Sie auf der linken Seite die Entwicklung vom Säugling zum Erwachsenen und rechts die Bezugsperson oder den Ort, an dem Strategien eingesetzt werden. Der Doppelpfeil wird immer dicker, weil sich die Persönlichkeit zunehmend verfestigt. Das ist oft auch von einem eingeschränkten Spektrum an Reaktionen begleitet. Wenn Sie als Mensch erfolgreich sind, egal ob in der Familie, im Beruf oder in der Freizeit, wissen Sie was funktioniert und was nicht.

Und irgendwann kommt Ihnen der Gedanke, Geld durch Trading zu verdienen. Da haben Sie es nicht mit einem Menschen als Gegenüber zu tun, mit dem Sie sprechen oder den Sie durch Gestik und Mimik erreichen können. Das ist ein entscheidender Unterschied zu vielen Ihnen bekannten Situationen. Die Kommunikation ist einseitig, was Sie nicht zuletzt am Pfeil in der Abbildung 1.15 erkennen können. Der Pfeil ist dick gezeichnet, weil in der Regel das in anderen Lebenssituationen Erprobte nicht funktioniert, zumindest nicht eins zu eins übertragbar ist. Was auch immer Sie vor Ihrem Monitor veranstalten, die Finanzmärkte lassen sich nicht beeindrucken. Sie steigen und fallen, und um Geld zu verdienen, haben Sie eine einzige Möglichkeit: Sie passen sich an.

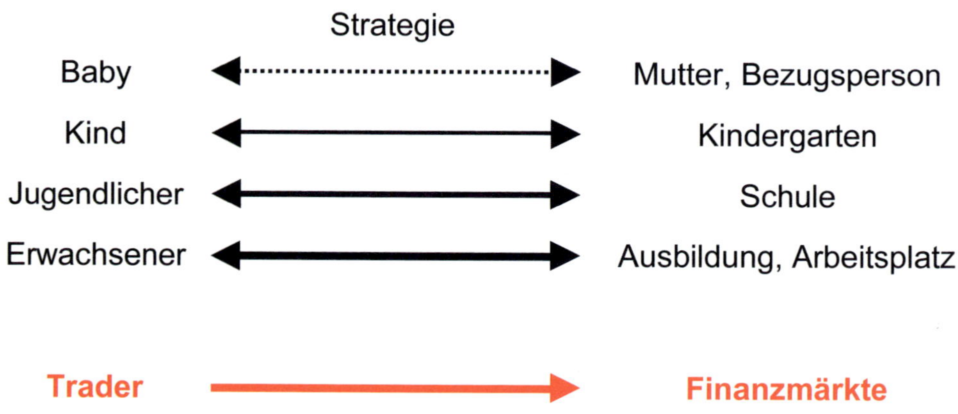

Abb. 1.15: Lebensstrategien: Doppelpfeile zeigen Kommunikation von beiden Seiten ausgehend an; die Stärke der Pfeile steht für sich verfestigende Strategien

Bitte lesen Sie erst weiter, wenn Sie den letzten Absatz und die Abbildung vollumfänglich begriffen haben.

Ich gehe davon aus, dass Sie keine Verständnisprobleme haben. Mit »vollumfänglich begreifen« meine ich, dass Sie den Absatz und die Abbildung verstehen und Gefühl dazu bekommen. Der Satz »Fasse bitte nicht auf die heiße Herdplatte« ist leicht verständlich. Dummerweise hören wir den Satz »Fassen Sie auf die heiße Herdplatte«. Die Geschichte mit der Herdplatte wird erst dann zu einer Erfahrung, wenn Sie auf die Herdplatte gefasst haben. Erst danach ist ein Körpergefühl mit dieser Erfahrung verbunden. Mir ist wichtig, dass Sie das Gelesene über die Verstandesebene hinaus verinnerlichen.

Wer nur eine Lebensstrategie anwendet, wird selten den erwünschten Erfolg haben. Das ist vor allem für diejenigen schwierig, die es gewohnt sind, anderen zu sagen, wo es lang geht, ob als Familienmanager oder in der Mitarbeiterführung.

Beim Trading geraten Sie immer wieder an Grenzen, die Sofort-Reaktionen nach sich ziehen. Das können persönliche und auch finanzielle Herausforderungen sein. Wer lernt, dass Erfahrungen und Verhaltensweisen aus anderen Lebensbereichen nur begrenzt weiterhelfen, ist einen entscheidenden Schritt weiter. Die Finanzmärkte sind der beste nur vorstellbare Lehrer dafür.

Im Prinzip müssen Sie sich als Trader einen vergleichbaren Entwicklungsweg erlauben, nicht unbedingt bezogen auf die eingesetzte Zeit, bestimmt aber auf einzelne Phasen. Dabei kann es von großem Vorteil sein, sich in die Welt eines Kleinkindes zu versetzen und die Finanzmärkte durch Ausprobieren kennenzulernen. Der Kleinkind-Trader beobachtet verschiedene Märkte. Anschließend spielt er mit wenigen Märkten oder tradet eine Strategie auf einer Demo-Handelsplattform, bis er herausgefunden hat, was ihm besonders gut gefällt. Mittlerweile ist aus dem Kind ein Jugendlicher geworden. Die Lust wächst, sich mit einem Markt oder einer auf die persönlichen Bedürfnisse zugeschnittenen Strategie auseinanderzusetzen. Nach einer achtsamen und intensiven Kennenlernphase, in der er vieles über sein Gegenüber herausfindet, bieten sich Möglichkeiten auf ein gutes, oft auch längeres Miteinander. Die Stichworte für den jugendlichen Trader sind Märkte entdecken, Strategien testen oder entwickeln, Tagebuch führen, die Handelsplattform kennenlernen und auf Demo traden. Trading ist ein praktischer Entwicklungsprozess. Nach einer weiteren Zeit des Entdeckens und Ausprobierens kommt das Erwachsenenalter fast wie von selbst, vor allem, wenn er sich Zeit für die einzelnen Entwicklungsschritte genommen hat. Mit dem Erwachsenenalter beginnt für viele auch der Ernst des Lebens. Erwachsene Trader greifen auf das zurück, was sie entwickelt oder womit sie sich entwickelt haben. Selbsterarbeitetes Vertrauen sollte dann auch durch die vielfältigen Experimente und Erfahrungen vorhanden sein. Die weiteren Schritte sind regelmäßiges Training (Live-Trading), Risiko- und Money-Management.

Diese Entwicklungsschritte **muss** ein Trader in einer für ihn angemessenen Zeit gehen, bis das Erlernte in den Zellen angekommen ist. Im Prinzip durchlaufen Sie alle Phasen vom Baby bis zum Erwachsenen ein weiteres Mal. Sie fangen also bei Null an. Niemand springt aus der Pampers, Latzhose oder zerrissenen Jeans direkt in den Anzug. Sie können es versuchen, es klappt nicht (Abb. 1.16).

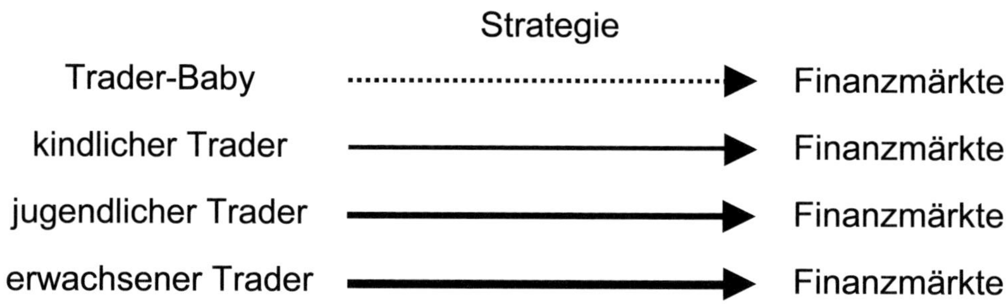

Abb. 1.16: Trader-Entwicklung: die Stärke der Pfeile steht für sich verfestigende Strategien

Inwieweit Sie also Geld verdienen, hängt stark davon ab, wie Sie sich an den Finanzmärkten verhalten. Wenn Sie z. B. erfahrener Manager, Großkotz oder übermäßig erfolgreich auf Ihrer Stirn stehen haben, werden die Herausforderungen größer als bei einem unbefangenen Anfänger. Genauso wie Sie beim Laufenlernen zunächst immer wieder durch Ihre Windel gepuffert sanft auf dem Hosenboden gelandet sind, sollten Sie sich auch Zeit nehmen, Ihr Trading zu entwickeln.

Die Frage, wo Sie aktuell stehen und wie Sie das Trading angehen, ist immer auch eine Frage der eigenen Persönlichkeit. Anhand der folgenden Tabelle haben Sie die Möglichkeit, Ihre Persönlichkeitsmerkmale zu reflektieren. Diese bilden sich in den ersten sechs Lebensjahren aus und sind grundlegend für Ihr Fühlen, Denken und Handeln im späteren Leben.

Die Namen der Phasen (taktil, oral, anal, ödipal) spielen für die weitere Beschreibung keine Rolle (Spalte 1). Die Persönlichkeitsmerkmale werden schizoid, oral, psychopathisch, masochistisch und rigide genannt (Spalte 5). Das am stärksten ausgebildete Persönlichkeitsmerkmal ist oft auch am Körperbau ablesbar (Spalte 3).

Phase	Verletzung Konflikt	Körper	Kontakt	Persönlichkeits-merkmal
taktil 1. LJ	ungewollt abgelehnt	kontrahiert, gespalten	Lebensgefahr	schizoid
oral 1. – 2. LJ	unterversorgt	hungernd, kindlich, sehnig	Symbiose	oral
anal 2. – 3. LJ	manipuliert	übermächtig, drohend	Kampf	psychopathisch P-1
anal 3. – 4. LJ	verführt	flexibel, elegant	Kampf, Verführung	psychopathisch P-2
anal 3. – 4. LJ	unterdrückt	gedämmt, schwer	Macht, Ohnmacht	masochistisch
ödipal 4. – 6. LJ	übersehen	athletisch, gespannt	Leistung	rigide/phallisch
ödipal 4. – 6. LJ	sexuell ignoriert	verführerisch, geteilt	Konkurrenz	rigide/hysterisch

Tab. 1.2: Persönlichkeitsmerkmale: Phasen der Entstehung, die zugrunde liegende Verletzung/Konflikt, wie sich die Verletzung im Körper zeigt und was Kontakt bedeutet; LJ = Lebensjahr; www.voss-institut.de

In der Spalte 2 lesen Sie die vom Baby/Kleinkind im Kontakt mit der Bezugsperson empfundene Verletzung (Konflikt), die dazu führen kann, dass sich das dazugehörige Persönlichkeitsmerkmal stärker ausbildet. Im Grunde genommen führt dieses Erleben dazu, wie man im Laufe des Lebens mit sich und anderen in Kontakt tritt.

Die Verletzung, der Konflikt und was Kontakt bedeutet

Der Konflikt des **Schizoiden** besteht darin, sich ungewollt oder abgelehnt zu fühlen, als entscheidendes Thema, an dem es wachsen kann. Kontakt wird als gefährlich empfunden. Rückzug dagegen ist für das Schizoide mit einem guten Gefühl verbunden, führt allerdings auch zur Verstärkung des Persönlichkeitsmerkmals. Dass es für das **Orale** nie genug ist (Liebe, Nahrung, Aufmerksamkeit, ...) äußert sich gerne in symbiotischem Verhalten. Immer fühlt es sich unterversorgt. Wer in der nächsten Phase »stecken bleibt«, entwickelt vor allem **psychopathische** Persönlichkeitsmerkmale. Der zugrunde liegende Konflikt äußert sich in kämpferischer oder verführerischer Wortwahl und Verhalten. Das Psychopathische lebt in Superlativen: das Beste, das Schönste, das Erfolgreichste, ... Unterschieden werden P-1- und P-2-Typen durch den zugrunde liegenden Konflikt: das manipulierte (»Mama wünscht sich, dass du ...«) und das verführte Kind. Darin liegen übrigens die Gründe, warum das Psychopathische auf Manipulation und Verführung als Hilfs- und Ausdrucksmittel zurückgreift. Eine stark ausgeprägte **masochistische** Persönlichkeit entwickelt sich durch das Gefühl von Unterdrückung, was oft mit einem Sich-ausgeliefert-Fühlen verbunden ist. Das Masochistische drückt sich über passive Aggressivität aus. Schließlich noch das **Rigide** (das übersehene Kind), was sich über das Thema Leistung (»Ich leiste was, dann bin ich auch wer«) bemerkbar macht. Die weibliche Variante des Rigiden, das Hysterische, soll im weiteren Verlauf keine Rolle spielen, weil es sich sehr selten an den Finanzmärkten auslebt.

Die Beschäftigung mit Persönlichkeitsmerkmalen als ein Weg bringt es mit sich, sich und andere besser verstehen zu können. Wenn Sie daraufhin Ihr Verhalten und Ihre Kommunikation typgerecht anpassen, werden Sie andere leichter erreichen.

Wie Sie Ihre Persönlichkeitsmerkmale aufspüren

Von Mensch zu Mensch ist die Verteilung der Persönlichkeitsmerkmale unterschiedlich ausgeprägt. Damit hat jeder ein bestimmtes Spektrum an Reaktionsmöglichkeiten, auf das zurückgegriffen werden kann. Situationsbedingt werden letztlich alle Persönlichkeitsmerkmale gebraucht, um Aufgaben anzugehen und erfolgreich zu lösen. Flexibilität bedeutet, die gesamte Partitur von Reaktionen spielen zu können.

Die Tabelle 1.3 zeigt für die unterschiedlichen Persönlichkeitsmerkmale typische Verhaltensweisen, Gedanken oder auch Glaubenssätze.

		trifft zu
habe Angst vor der Zukunft	S	
mache alles verkehrt, bin ein hoffnungsloser Fall	M	
werde es allen zeigen	P	
muss etwas leisten	R	
kann niemandem vertrauen, mir selbst am wenigsten	S	
bekomme niemals, was ich brauche	O	
muss überlegen sein	P	

		trifft zu
darf nicht aufgeben	P	
verdiene es, gedemütigt zu werden	M	
bekomme nie genug	O	
bin der Stärkste	P	
die Welt ist ein feindseliger Ort	S	
Leben ohne Aktion ist langweilig	R	
darf mein »Nein« nicht zeigen	M	
brauche Hilfe	O	
muss beweisen, dass ich etwas Besonderes bin	P	
bin auf andere angewiesen	O	
Leben ist ein Kampf	P	
muss etwas tun	R	

Tab. 1.3: Persönlichkeitsmerkmale aufspüren: S = schizoid, O = oral, P = psychopathisch, M = masochistisch, R = rigide

In der Trading-Praxis kann ständiges Wiederholen eines bestimmten Verhaltens unangenehme finanzielle Folgen haben (vgl. auch Kapitel 3.1). Das ist dann meistens auf »starke« Persönlichkeiten zurückzuführen. Diese sollten begreifen, dass beim Trading zunächst alle Anfänger sind.

An den Finanzmärkten tummeln sich unter den Tradern vor allem das Schizoide, das Rigide und das Psychopathische. Anlegerverhalten dagegen ist durch das Masochistische gekennzeichnet oder auch durch das Geld besitzende Rigide vertreten.

Der **schizoide Typ** bringt vieles mit, was einen Trader ausmacht. Strategisches Vorgehen, gepaart mit fantasievoller Vorstellungskraft führt dazu, das »Schizos« sich die Zeit nehmen, die die Entwicklung einer Strategie braucht. Sie begeistern sich für Zahlen, Statistiken und alles, was messbar ist. Vielleicht übertreiben sie sogar, indem sie versuchen, eine Strategie zu optimieren. Der schizoide Anteil ist ein Allrounder, der situationsbedingt nach einem festen Regelwerk tradet. Fliehen (Position verkleinern oder auflösen, Risiko erniedrigen), kämpfen (Position vergrößern, Risiko erhöhen) und auch sich tot zu stellen, also gar nicht zu reagieren, alles ist möglich. Die »Schizos« sind in der Regel geduldige Zeitgenossen, die sich vom Treiben der Finanzmärkte nicht beeindrucken lassen. Trading bedeutet für sie das Fenster zur Umwelt. Sie sitzen gerne allein zu Hause vor dem Computer, weil sie den Kontakt zu Menschen scheuen.

Orale Typen sind selten an den Finanzmärkten anzutreffen. In der Regel ist ihnen Geld nicht so wichtig. Daher sind sie in Berufen tätig, die selbstloses soziales Mitwirken erfordern. Wenn Sie sich ans Thema Trading heranwagen, steht ihnen oft ihre Entscheidungsschwäche im Weg. Von Vorteil ist ihre Reaktion zu fliehen. In Situationen, die gegen sie laufen, bauen sie Positionen ab oder lösen sie auf. Möglicherweise beobachten sie auch die Märkte, ohne zu traden. Meistens warten sie sehr lange, bevor sie einen Trade eingehen, und traden eher wenig. Darüber hinaus vertreten manche die Meinung, dass sich Traden nicht mit ihrer Haltung zum Leben und ihrem Beruf vereinbaren lässt.

Der **psychopathische Typ** ist darauf aus, einen Husarenritt nach dem anderen zu bringen. Seine waghalsige Art zu traden liegt vor allem an seinem ausgeprägten Hang zu kämpfen. Kampf bedeutet nichts anderes, als sich gegen den Markt zu stellen, koste es, was es wolle. Beim »Psychopathen« spielt das Geldverdienen eine untergeordnete Rolle. Im Vordergrund steht das Motto: »Ich bin dagegen« oder »Ich zeige allen, dass ich der Größte bin«. Die Märkte sind ein unangenehmer Gegner und überrollen den psychopathischen Typ regelmäßig, was ihn nur noch mehr anstachelt. Kämpfen äußert sich im Nachkaufen oder auch im Stoppversetzen, um der gefühlten Niederlage des Ausgestopptwerdens zu entgehen. Manchmal zeigt sich auch die trotzige passive Variante, in der der psychopathische Typ Verluste aussitzt. Begegnen Sie einem psychopathischen Trader, glauben Sie ihm höchstens ein Zehntel seiner von Glanz und Gloria geprägten Geschichten.

»Trader oder Anleger?« ist beim **masochistischen Typ** eine berechtigte Frage. Sich tot zu stellen, also Situationen auszusitzen, ist an der Tagesordnung. Von daher kann ein Mensch, der das »Maso«-Verhalten bevorzugt, eigentlich nicht zu den Tradern gezählt werden. Der masochistische Typ kauft auch gerne nach, allerdings aus Bequemlichkeit, ganz anders als beim nicht verlieren könnenden »Psychopathen«. Der »Maso« macht wenige Trades, er verkörpert die klassische Buy-and-hold-Strategie, vielleicht begeistert er sich auch für Sparpläne ...

Rigide Typen kämpfen auch gern. Da ähneln sie den »Psychopathen«. Sie definieren sich allerdings auch über Leistung. Das kann mit einem Zu-viel-Traden einhergehen. Meistens behält das Rigide aber das Finanzielle im Auge und schafft es, Gewinne zielgerichtet laufen zu lassen und Verluste zu begrenzen. Das Verhalten rigider Typen kann durch eine beachtliche Härte sich und/oder anderen gegenüber gekennzeichnet sein. Daneben sind sie perfektionistisch veranlagt, was sie am Ende zu einer ausgefeilten Strategie führen sollte.

Für Sie als Trader ist es wichtig, dass Sie situationsbedingt unterschiedliche Rollen spielen können. Es geht darum, das zu tun, was angemessen ist. Klar, niemand hat ein ausbalanciertes Verhältnis von schizoiden, oralen, psychopathischen, masochistischen und rigiden Anteilen. Dennoch sollte jeder in der Lage sein, seine Umwelt auch mal zu überraschen. Sobald Sie ein »typisch ...« hören oder »Von dir war nichts anderes zu erwarten«, fehlt auch die Lebendigkeit in Ihren Reaktionen.

Typen-Transformation

Nicht-transformierte Körper sind in ihren Mustern gefangen. Transformierte sind lebendig, frei und voller Energie. Das ist zwar kein Dauerzustand, von Zeit zu Zeit aber möglich. Der Unterschied lässt sich folgendermaßen beschreiben: **Nicht-transformierte Körpertypen wollen vielleicht etwas, aber sie können nicht – transformierte Körpertypen dagegen können, aber sie müssen nicht.**

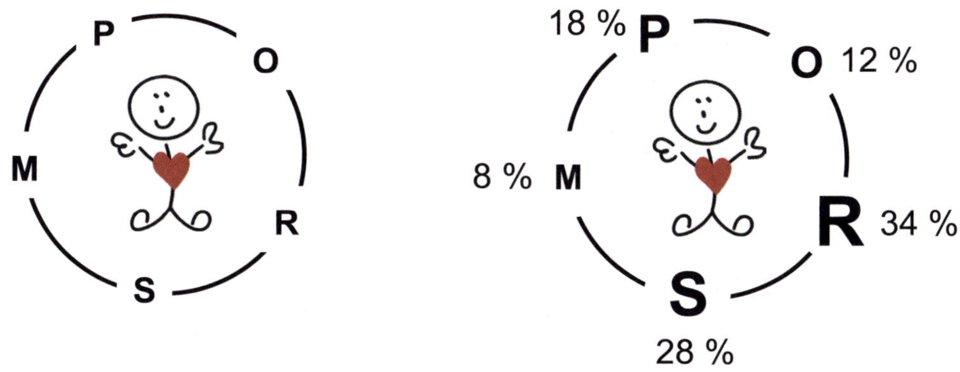

Abb. 1.17: Persönlichkeitsmerkmale (links) und Kompass der Persönlichkeitsmerkmale (rechts): S = schizoid, O = oral, P = psychopathisch, M = masochistisch, R = Rigide

Transformation hat dann begonnen, wenn Sie die Möglichkeit haben, Rollen zu wechseln, und Reaktionen nicht mehr mechanisch sind: Sie entscheiden sich bewusst für ein bestimmtes Verhalten.

Der Kompass (Abb. 1.17) kann Sie dabei unterstützen, Ihr Verhalten einzuordnen, Reaktionen beim Trading einzuschätzen und aufzuzeigen, wo Ihre Stärken und Schwächen liegen.

Wenn Sie sich anhand der beschriebenen Typen, der Beispielfragen und Ihres Trading-Verhaltens (vgl. Kap. 3.1) noch nicht einordnen können, dann machen Sie einen umfassenden Körpertypentest (Bäurle 2002). Im Buch gibt es zwar keinen Bezug zum Trading, aber Sie wissen ja bereits, dass Sie nichts anderes traden als sich selbst.

Ihr Persönlichkeitsspektrum hat vor allem die Wirkung eines Schutzwalls. Das für Sie typische Verhalten **schützt** Sie vor Ihrer Umwelt (graue Fläche, Abb. 1.18), stellt also die Grenze zu anderen dar. Gleichzeitig **nähren** Sie Ihre Persönlichkeit durch ein gutes Umfeld. Das Umfeld unterstützt Sie in Ihrer Entwicklung (vgl. Kap. 7.3). Zeitlebens ist es möglich, sich zu verändern und zu lernen. Die Trading-Praxis wird Sie aufgrund wertfreier Antworten der Finanzmärkte immer wieder an persönliche Grenzen bringen.

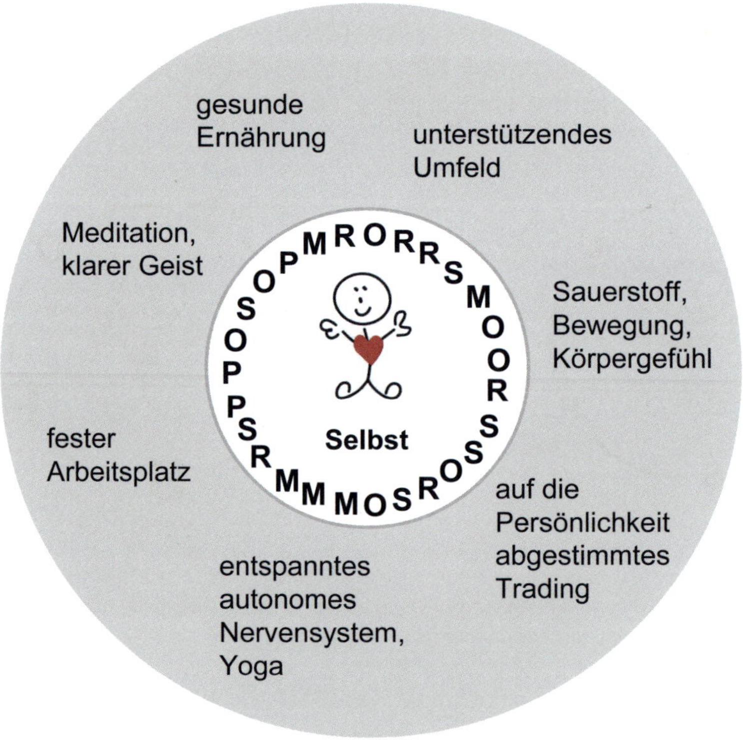

Abb. 1.18: Persönlichkeitsspektrum: Schutz vor und Nahrung durch die Umwelt

Literatur

Bäurle, R.: Körpertypen: vom Typentraum zum Traumtypen. Simon & Leutner 2012

Dietrich, R.: Das Labyrinth der fünf Charakterstrukturen: Dargestellt an Themen wie Beziehung, Beruf, Geld, Sexualität, Glaube und Liebe. Dietrich 1999

Fromm, E.: Die Furcht vor der Freiheit. dtv 1993

Kurtz, R.: Körperzentrierte Psychotherapie. Synthesis 1985

Lowen, A.: Freude: Die Hingabe an den Körper und das Leben. Goldmann 1993

Lowen, A.; Lowen, L.: Bioenergetik für jeden: Das vollständige Übungshandbuch. Kirchheim 2003

Reich, W.: Charakteranalyse. Fischer 1975

Riemann, F.: Grundformen der Angst. Reinhardt 2006

The Journal of Behavioral Finance Management and Research 2, 2017, 56-63

Spektrum und Ausprägung von Persönlichkeitsmerkmalen bestimmen über persönlichen und finanziellen Erfolg

ZUSAMMENFASSUNG

Unterschiedliche Persönlichkeitsmerkmale (schizoid, oral, psychopathisch, masochistisch, rigide) erlauben es, auf Situationen, Herausforderungen, Fragestellungen und in der Kommunikation jeweils angemessen zu antworten. Die Ausprägung von Persönlichkeitsmerkmalen spielt dabei eine große Rolle. Umso intensiver ein Persönlichkeitsanteil ist, desto starrer, stereotyper und einschätzbarer wird eine Person. Trading allerdings verlangt ein hohes Maß an Beweglichkeit. Daher ist es empfehlenswert, sich zu einer ausbalancierten Persönlichkeit zu entwickeln.

Viele der Befragten haben eine große Portion Anleger-Gen in sich, was sich u. a. beim Entscheidungsprozess, ob und in welche Marktrichtung eine Position eröffnet wird, als nachteilig herausstellen kann. Trading spielt sich für viele nur im Kopf ab, da Denk- und Planungsprozesse bestimmend sind. Daneben ist loszulassen und der Herde zu folgen schwierig, meist fehlt auch Bauchgefühl (Körpergefühl). Der Wunsch nach Kontrolle ist bei vielen ausgeprägt, die vorhandenen Möglichkeiten, das Trading zu kontrollieren, werden nicht ansatzweise ausgeschöpft. Viele Befragte geben an, genug Geld zu haben. Dass sie dennoch traden, ist wohl auf andere Gründe zurückzuführen. Unter den Tradern sind auch viele zu finden, die sich gern zurückziehen. Das fördert einerseits die Trading-Praxis, andererseits verstärkt es schizoides Verhalten. Über 50 Prozent geben an, mit einer Stoppkursstrategie zu arbeiten. Bleibt die Frage, warum es dann so viele Verlierer gibt.

Keywords: Persönlichkeitsmerkmale, schizoid, oral, psychopathisch, masochistisch, rigide, Trader, Anleger, Kontrolle, Sicherheit, Harmonie

MATERIAL UND METHODEN

In dieser Studie finden Sie vorwiegend die Daten von 94 Trader-Coaching-Klienten aus den Jahren 2012 bis 2017 erläutert. Der Buchstabe n steht jeweils für die Anzahl der Befragten.

ERGEBNISSE UND DISKUSSION

Beim Trader-Coaching geht es u. a. darum, dass Trader einen Spiegel vorgesetzt bekommen und lernen, sich selbst wahrzunehmen und ihr typisches Verhalten zu erkennen, um möglicherweise andere Verhaltensweisen dazuzulernen, also das Spektrum an Reaktionsmöglichkeiten zu erweitern. Der Blick in einen tatsächlichen Spiegel wird oft vermieden. Letztlich helfen Trader-Coach und Märkte als Feedbackgeber, die persönliche Entwicklung zu unterstützen.

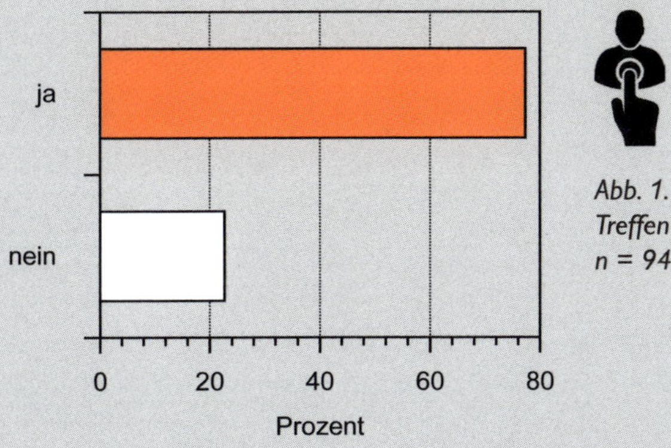

Abb. 1.19:
Treffen Sie Ihre Trading-Entscheidungen allein?, n = 94

77 Prozent fällen ihre Trading-Entscheidungen selbstständig (Abb. 1.19). Trader sollten diese ausnahmslos ohne den Einfluss Dritter fällen. Die Gründe, warum der Meinung sogenannter Experten eine größere Bedeutung eingeräumt wird, sind unterschiedlich. Manche abonnieren mehrere Newsletter und traden in die Marktrichtung, die von der Mehrheit der Herausgeber vertreten wird. Beim Thema Trading-Entscheidungen könnten sich psychopathische Anteile als nützlich erweisen. Das Psychopathische an sich ist beratungsresistent, weil es in letzter Konsequenz ohnehin alles besser weiß. Die Entscheidung anderer zu übernehmen, findet man vor allem beim oralen (»Experte, hilf mir, ich kann mich nicht entscheiden«) und beim masochistischen Persönlichkeitsmerkmal, das die Verantwortung gerne an andere abgibt und ohnehin meistens das Langfristige bevorzugt. Das Schizoide und Rigide treffen selbstständige Trading-Entscheidungen. Vorgekautes ist für den »Schizo« schwer verdaulich, weil er sich auf seine ausgeklügelte, getestete Strategie verlässt.

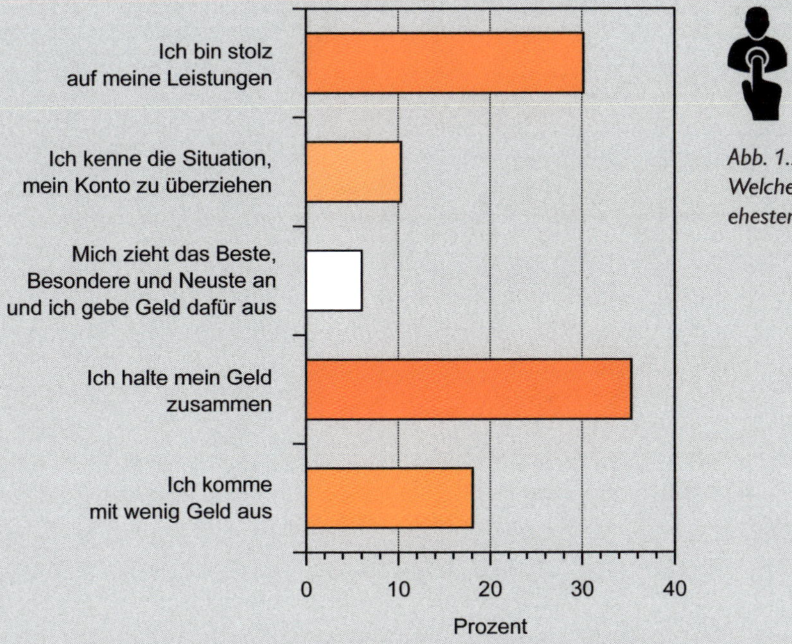

Abb. 1.20:
Welche Aussage trifft am ehesten auf Sie zu?, n = 94

In Abbildung 1.20 sehen Sie als Top-Antwort »Ich halte mein Geld zusammen«. Das ist interessanterweise das bevorzugte Verhalten des masochistischen Persönlichkeitsmerkmals, des Anlegers. Daher steht für jeden Trader die Frage im Raum »Inwieweit bin ich tatsächlich ein Trader?« Vielleicht schlummern doch in vielen Anlegerherzen? Unter Berücksichtigung der Annahme, dass es keinen Unterschied zwischen innerer Überzeugung und äußerem Verhalten gibt, legt diese Antwort nahe, sich vor allem mit der Stoppsetzung und der Haltedauer von Positionen im Verlust auseinanderzusetzen.

30 Prozent gaben an, stolz auf ihre Leistungen zu sein (rigides Persönlichkeitsmerkmal). Leistung wird gerade im deutschsprachigen Raum oftmals als eine besondere Qualität angesehen. Was aber bedeutet Leistung in Bezug auf die Trading-Praxis? Sind es die messbaren finanziellen Ergebnisse (Gewinn/Verlust)? Sind es die Stunden, die mit dem Thema Trading verbracht werden? Geht es vielleicht sogar um die Anzahl der durchgeführten Trades? Oder sind es die Wachstumsprozesse, die durch jeden Trade angeregt werden? Trading und Leistung ist ein komplexes Thema. Sicherlich ist es die Mischung aus Bilanz und Erkenntnisgewinn, die Tradern auch für andere Lebenssituationen Vorteile bringt. Was auch immer das Gegenteil von Leistung ist, Trader kommen aus einem Zustand innerer Ruhe bisweilen weiter. Bemerkenswert ist auch die Tatsache, dass fast ein Fünftel der Befragten angab, mit wenig Geld auszukommen. Das ist beim Trading eine zweischneidige Angelegenheit. Sicherlich kann man mit fast jeder Kontogröße erfolgreich sein. Wenn aber das Anfangskapital in Bezug auf das erforderliche Risiko einer Position (marktabhängig) zu niedrig ist, könnte diese vermeintlich positive Eigenschaft dazu führen, Stopps zu eng zu setzen und so stetig Geld zu verlieren. Andererseits könnte diese Eigenschaft auch dazu führen, dass Konten unzureichend kapitalisiert werden, obwohl genügend Geld vorhanden ist.

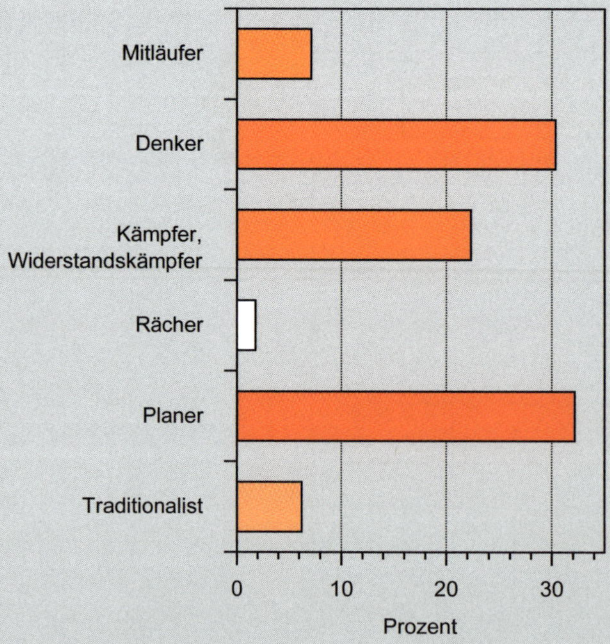

Abb. 1.21: Welcher Begriff trifft am ehesten auf Sie zu?, n = 94

Die Abbildung 1.21 spiegelt auch das von mir seit Jahren beobachtete Spektrum in Trading-Seminaren wider, an denen in der Regel Menschen mit stark ausgeprägten rigiden, schizoiden und auch psychopathischen Persönlichkeitsmerkmalen teilnehmen. Orale (Mitläufer) und masochistische (Traditionalist) Typen sind selten dabei.

Denken und Planen sind Eigenschaften, die vor allem die »Schizos« und die »Rigiden« ausleben (insgesamt 62 Prozent). Kämpfen, gegen Widerstände angehen, die Gegenseite, die antizyklische Position einnehmen, das ist das Wesen des Psychopathischen. Dazu kann auch das Rächen gezählt werden, weil es eng mit dem Thema Kämpfen verbunden ist. Somit haben fast 25 Prozent Kampf auf ihre Fahne geschrieben, was sich beim Traden meist als kostspielig herausstellt. Nachkaufen im Verlust vergrößert das Risiko, ist allerdings für das Psychopathische an der Tagesordnung, weil es nicht aufgibt, selbst, wenn der Kampf verloren ist.

Wie in Abbildung 1.20 ist auch in Abbildung 1.22 die Antwort mit dem höchsten Prozentsatz auf das Masochistische zurückzuführen. Auch wenn es geläufig ist, jeden Cent dreimal umzudrehen, sollte doch unter dem Strich im deutschsprachigen Raum genügend Geld vorhanden sein. Dieses Verhalten könnte historische Gründe haben, womöglich entspringt es auch einem Wertekatalog? Ebenfalls mit höheren Prozentsätzen folgen das Rigide (»Ich kann gut Geld einnehmen und vermehren«, 30 Prozent) und das Schizoide (»Meine Kontaktfreude hält sich in Grenzen«, 24 Prozent). Festzuhalten ist, dass Trader mit geringem Kontaktbedürfnis sich oft besser auf das Trading fokussieren können (Abb. 1.22).

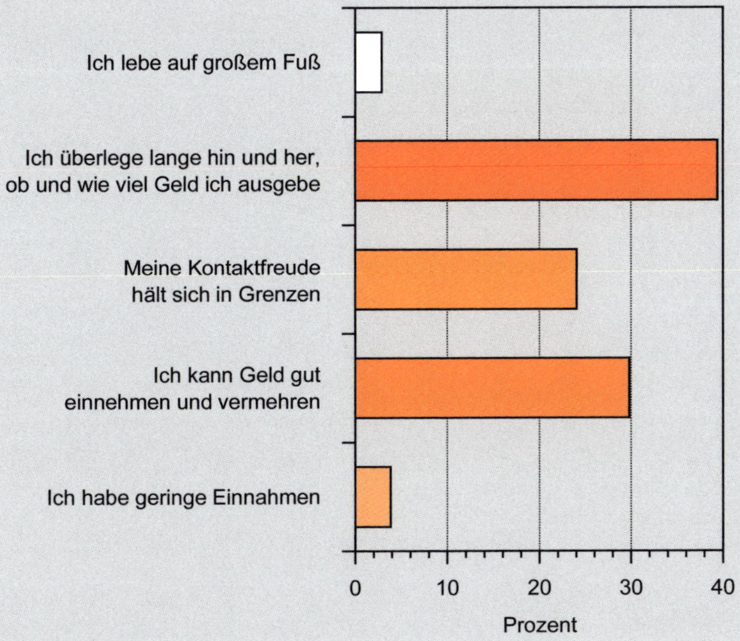

Abb. 1.22: Welche Aussage trifft am ehesten auf Sie zu?, n = 94

Bei den in Abbildung 1.23 gezeigten Ergebnissen könnte man meinen, dass sich unter den Tradern ein sehr hoher Prozentsatz von »Psychopathen« befindet. Den Antworten »Mir fällt es schwer, zu vergeben« und »Mir fällt schwer, der Herde zu folgen« liegt das psychopathische Persönlichkeitsmerkmal zugrunde. Fest steht, dass Vergeben auch mit Loslassen verbunden ist. Das fällt den meisten schwer. Trader sollten lernen, Verlust-Trades abzuhaken und zu akzeptieren, dass letztlich der Markt entscheidet, ob Trades Gewinner oder Verlierer werden. Weiterhin geht es darum, sich selbst für offensichtliche Fehler in der praktischen Umsetzung, aber auch Wahrnehmungsfehlern zu vergeben. Überdies halten viele an erst gar nicht durchgeführten Trades fest. Gerade Anfänger beschäftigen sich gerne mit ihren »hätte ich ..., wäre«-Ergebnissen und geraten so möglicherweise in einen unterschwellig wirkenden Dauerleidenszustand. Auch wenn es vielen schwerfällt, der Herde zu folgen, ist es für Anfänger zunächst der Weg des geringeren Widerstandes. An bereits sichtbaren Bewegungen oder Trends teilzuhaben, ist bedeutend einfacher, als die Punkte im Markt aufzuspüren, an denen es zu Gegenbewegungen kommen kann.

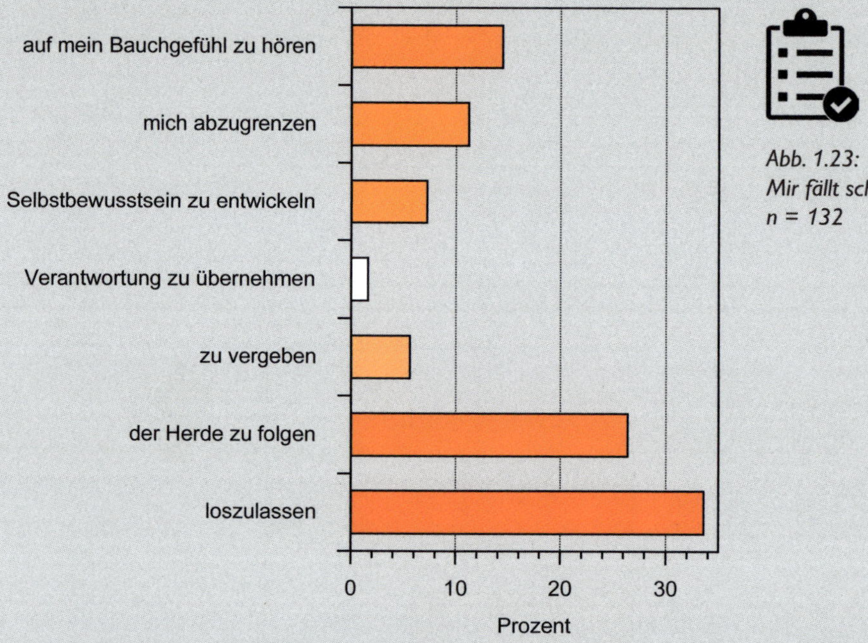

Abb. 1.23: Mir fällt schwer ..., n = 132

Kontrolle, Sicherheit und Harmonie scheinen überdies eine große Rolle zu spielen. 37 Prozent der Befragten finden es wichtig, Kontrolle zu haben (Abb. 1.24).

Kontrollieren können Trader erst dann, wenn sie ihre Hausaufgaben gemacht haben. Das hieße, ein Trading-Plan, der Risiko und Ziele regelt, und eine Strategie wären ausgearbeitet. Daneben führten sie regelmäßig Tagebuch. Diese Kontrollmöglichkeiten werden von wenigen ausschöpft: Keine 34 Prozent führen Trading-Tagebuch, 45 Prozent haben keine Strategie, weitere 41 Prozent halten sich selten oder nur meistens an ihre Strategie. Trading-Pläne sind oft überhaupt nicht vorhanden.

In Abbildung 1.25 sind die Antworten auf »Was trifft am ehesten auf Sie zu?« dargestellt. Wenn man die Top-Antwort (50 Prozent) beleuchtet, könnte man sich schon die Frage stellen: »Wozu traden Sie, wenn Sie doch fleißig sind und dann auch noch gut verdienen?« Traden aus finanzieller Not, scheint bei den wenigsten ein Thema zu sein, da offensichtlich auch ein Sinn für angemessenes Ausgeben vorhanden ist. Mehr als 30 Prozent geben ungerne Geld aus. Wenn man das in Bezug zu den in der Regel erzielten Trading-Ergebnissen setzt, ist das eine unglaubliche Antwort. Geld beim Traden zu verlieren, ist nichts anderes als Geld auszugeben.

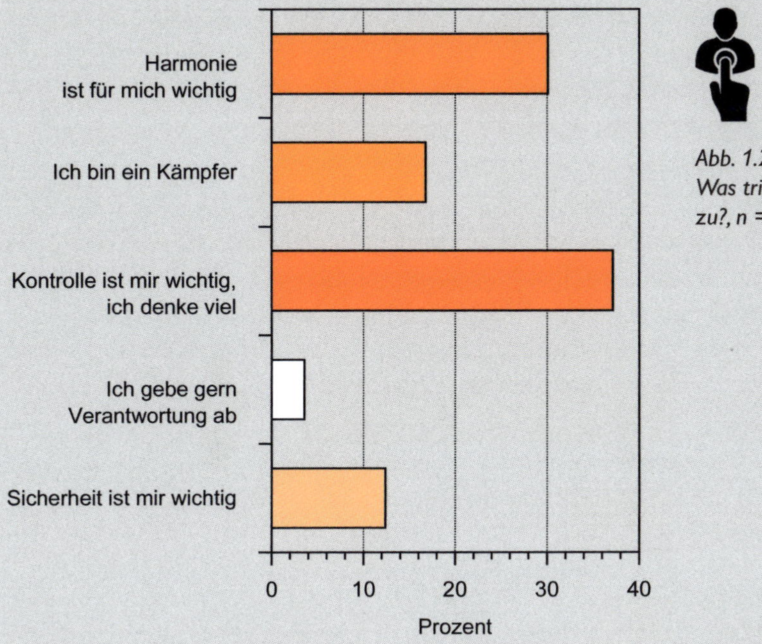

Abb. 1.24: Was trifft am ehesten auf Sie zu?, n = 94

Geldausgeben wird bei vielen mit dem Kauf einer Ware gleichgesetzt. Geld wird auch für Kunst- und Musik-Genuss, für Aus- und Weiterbildungen, für Erholung, persönliche Entwicklung u. v. a. ausgegeben. Beim unbedarften, unstrukturierten Trading geht es zunächst darum, sich auszuprobieren und Erfahrungen zu machen. Die Antwortmöglichkeit »Sie geben ungerne Geld aus« impliziert auch wieder eine gewisse Anlegermentalität.

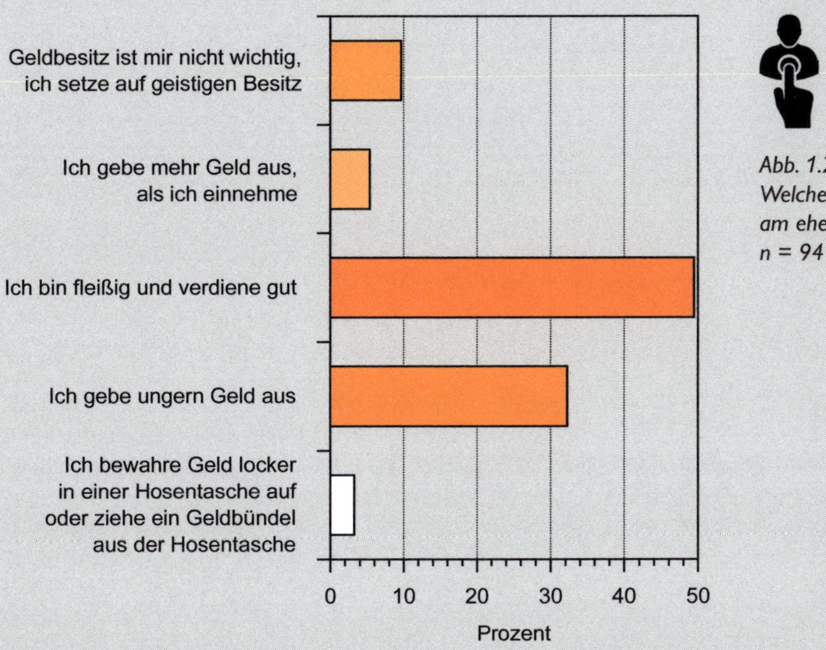

Abb. 1.25: Welche Aussage trifft am ehesten auf Sie zu?, n = 94

Wer tradet, steckt in einem ständigen Dilemma der zwei Reaktionsmöglichkeiten, auf steigende oder fallende Märkte zu setzen. Trader ohne Strategie unterliegen also immer einem gewissen Entscheidungsdruck. Letztlich geht es um das Abwägen von Vor- und Nachteilen oder auch Wahrscheinlichkeiten. Bei der Entscheidung für oder gegen eine Richtung kommen viele in Bedrängnis. Fast 40 Prozent der Befragten sind harmoniebedürftig, was Entscheidungsverhalten schwierig macht (Abb. 1.26). Trading wird erst dann harmonisch, wenn Trader eine Strategie entwickelt haben und deren Erwartungswert kennen. Dann steht der disziplinierten Umsetzung nichts im Weg, vor allem, weil Vertrauen in die Strategie vorhanden sein sollte. 35 Prozent der Befragten ziehen sich gerne zurück. Das ist ohnehin für Trader unabdingbar, da die Trading-Praxis selbstständig, in entspannter Ruhe ohne den Einfluss Dritter durchgeführt werden sollte.

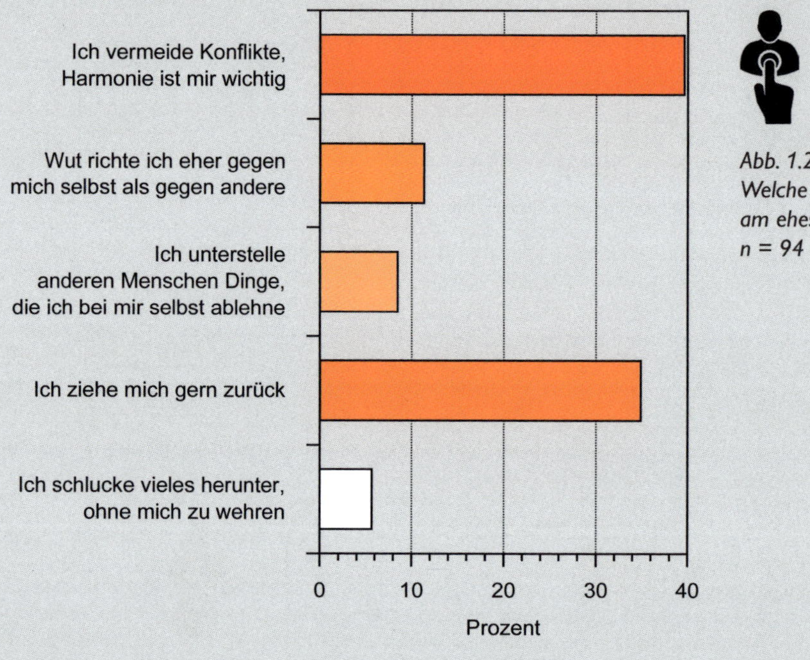

Abb. 1.26: Welche Aussage trifft am ehesten auf Sie zu?, n = 94

»Wie gehen Sie mit Verlusten um?« ist eine zentrale Frage, die sich Trader regelmäßig stellen sollten (Abb. 1.27).

Finanzieller Verlust schmerzt und ist beim Traden eine unvermeidliche Begleiterscheinung. Daher ist es für Trader geboten, den Umgang mit Verlust zu üben. Stopps erlauben es zwar, Verluste zu begrenzen, dennoch entstehen sie. Die Antwortmöglichkeit »Ich habe eine Stoppkursstrategie« hätte vermutlich mit der Ergänzung »und ich halte mich auch daran« zu einem anderen Ergebnis geführt. Wenn sich tatsächlich 55 Prozent an ihre Stoppkurse halten und weitere 18 Prozent angeben, sie realisieren ihre Verluste konsequent, sollten dann nicht mehr Trader auf der Gewinnerseite stehen? Andererseits ist es auch möglich, dass viele Trader keine Gewinnziele vorgegeben haben, frei nach dem Motto »Gewinne laufen lassen und Verluste begrenzen«.

Bitte lesen Sie erst weiter, wenn Sie vollumfänglich verstanden haben, dass »Gewinne laufen lassen und Verluste begrenzen« Trader langfristig mittellos machen wird.

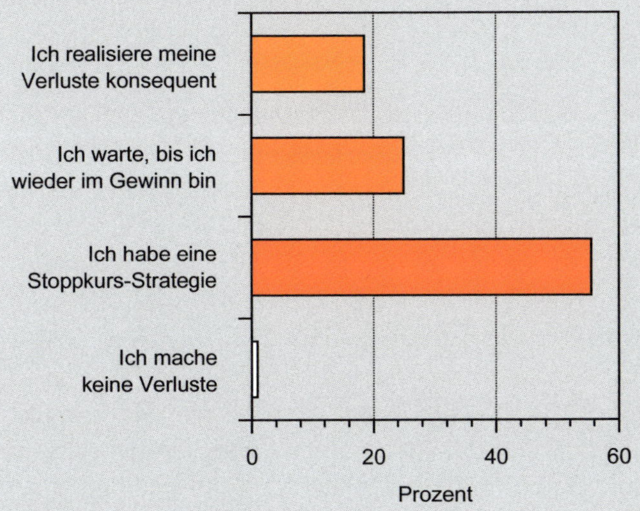

Abb. 1.27:
Wie gehen Sie mit Verlusten um?, n = 94

Die Antwortmöglichkeit »Ich warte, bis ich wieder im Gewinn bin« erinnert an diejenigen, die die Aktie der Deutschen Telekom AG seit der Jahrtausendwende im Depot halten. Gelegentlich werde ich gefragt: »Ich habe ... für ... Euro gekauft. Wird der Wert irgendwann wieder meinen Einstiegspreis haben?« Vieles ist eine Frage der Zeit. Wenn Sie 25 Jahre alt sind, tritt das mit einer höheren Wahrscheinlichkeit ein, als wenn Sie 78 Jahre alt sind. »Ich warte bis ich wieder im Gewinn bin« ist eine Verlierer-Strategie, weil das konkrete Ziel fehlt. Im Gewinn ist man auch, wenn wenige Cents über dem Einstiegskurs verkauft wird. Mir ist klar, dass es eine Frage von Positionsgröße und Strategie ist, ob man auch mit Gewinnen von wenigen Cents viel Geld verdienen kann. Die Zeit, die Trader mit Hoffen und Bangen verbringen, ist meistens sinnvoller angelegt, wenn die Position aufgelöst und das verbliebene Geld gewinnbringend eingesetzt wird.

SCHLUSSFOLGERUNG

Ausgewogene Persönlichkeiten sollten beim Trading große Vorteile haben, weil Trading flexible Reaktionen und bewusstes Wahrnehmen voraussetzt. Trader sollten eine Strategie entwickeln, die auch dabei hilft, den als unangenehm empfundenen Entscheidungsprozess »long oder short?« zu vermeiden. Gleichzeitig sollte durch eine persönlich entwickelte Strategie das Vertrauen in die praktische Umsetzung steigen und der Einfluss Dritter verringert werden. Etliche Trader müssen sich auch mit ihrem einstudierten Anleger-Verhalten auseinandersetzen, das in der Trading-Praxis hinderlich ist. Trading ist ein aktives Auseinandersetzen mit sich und den Märkten. Von daher ist es auch wesentlich, dass Denk- und Planungsprozesse in angemessenem Verhältnis zum Live-Trading stehen. Anfänger könnten profitieren, wenn sie zunächst lernen, der Herde zu folgen, selbst wenn sie dafür innere Widerstände überwinden müssten.

1.5.2 Typen sind Mangelware

Eine weitere Möglichkeit zur Selbsteinschätzung ist der Persönlichkeitstest »Myers-Briggs-Typenindikator« (MBTI), der in den Bereichen Coaching, Berufs- und Partnerberatung und vor allem im Personalwesen eingesetzt wird. Der Indikator wurde von den Amerikanerinnen **Katharine Briggs** und **Isabel Myers** auf der Grundlage der Theorie der psychologischen Typen des Schweizer Psychoanalytikers **Carl Gustav Jung** entwickelt. Briggs und Myers gründeten das »Center for Applications of Psychological Type«, das Persönlichkeitseinschätzung kommerziell anbietet (www.capt.org, www.myersbriggs.org). Der erste MBTI wurde 1962 in den USA veröffentlicht, wo er bis heute der am weitesten verbreitete Persönlichkeitstest ist. Bekannt wurde der MBTI allerdings erst in den 1980er-Jahren durch Veröffentlichungen des amerikanischen Psychologen **David West Keirsey** (www.keirsey.com).

MBTI-Testergebnisse werden in Form einer Kombination aus vier Buchstaben dargestellt. Die Buchstaben sind auf die entsprechenden englischsprachigen Begriffe zurückzuführen: extraversion (E), introversion (I), intuition (N), sensing (S), thinking (T), feeling (F), perception (P) und judgement (J).

Grundsätzlich lassen sich die Bewusstseinsprozesse beschreibenden **psychischen Funktionen** (Wahrnehmung und Entscheidung) und **Einstellungen** (zur Umwelt und zum Leben) unterscheiden. Menschen können sich auf die Außenwelt ausrichten oder ihrer Innenwelt zuwenden. Sie können offene (Wahrnehmung) oder vorgefasste (Urteil) Einstellungen haben. Durch die Kombinationsmöglichkeiten dieser Funktions- und Einstellungsausprägungen erhält man 16 unterschiedliche Typen.

Wahrnehmungsfunktion (S/N)

Sie beschreibt die Informationsaufnahme (Auswahl der Information, Aufnahme, Ordnung der gesammelten Informationen), die entweder über die fünf Sinne oder intuitiv über den sogenannten sechsten Sinn erfolgt. Die **Sinneswahrnehmung** (S) erfolgt detailorientiert. Konkrete nachprüfbare Informationen spielen eine Rolle. Daneben ist eine Analyse von Daten möglich. Die **intuitive Wahrnehmung** (N) geht über konkret wahrnehmbare Tatsachen hinaus. Sie ist überblickorientiert. Informationen werden aus dem Bauch heraus bezogen oder gespürt.

Entscheidungsfunktion (T/F)

Diese Funktion beschreibt, wie Entscheidungen getroffen werden. Die zwei Möglichkeiten sind: Denken oder Fühlen. Objektive Maßstäbe werden bei Entscheidungen durch **Denken** (T) angelegt. Da sind Logik, Rationalität und Konsequenz gefragt. Objektive Wertesysteme, z. B. Gesetze, spielen eine Rolle.

Wenn **Gefühle** (F) die Entscheidungsgrundlage bilden, sind persönliche Wertesysteme, z. B. Moral, bedeutsam. Die Entscheidungen sind dann abhängig von den beteiligten Personen und Situationen. Schätzungen zufolge sind zwei Drittel der Männer »Denker« und zwei Drittel der Frauen »Fühler«.

Lebenseinstellung (J/P)

Der vierte Buchstabe beschreibt, wie sich Menschen im Leben verhalten und mit ihrer Umwelt auseinandersetzen. **Wahrnehmer** (P) sind offen für neue Eindrücke, überdenken Entscheidungen und Pläne bei neuen Informationen. **Urteilende** (J) entscheiden bereits, bevor ihnen alle Informationen vorliegen. Sie halten an einmal getroffenen Entscheidungen fest. Urteilende handeln systematisch und setzen Pläne diszipliniert um. Sie haben eine stärkere Neigung zum Dominieren und Kontrollieren.

Einstellung zur Umwelt (E/I)

Die Einstellung zur Umwelt und zu anderen ist davon geprägt, wie wir sie sehen und erleben. Bereits sehr früh lässt sich unterschiedliches Verhalten in Bezug auf die Umwelt feststellen. Das Interesse eines Kindes kann durch Greifen nach Dingen, Untersuchen und Kontaktsuche auf die Außenwelt gerichtet sein (**extrovertiert**, E). Möglich ist auch, dass es stärker mit sich selbst beschäftigt ist und vordergründig das innere Erleben bedeutsam ist (**introvertiert**, I).

Der MBTI-Test besteht aus 36 Fragen mit jeweils zwei Antwortmöglichkeiten. Das Testergebnis erhalten Sie in Form einer Buchstabenkombination, der dazugehörigen Typbezeichnung und einem erläuternden Text (www.philognosie.net).

Der MBTI kann dazu beitragen, dass Sie Ihre **Motivation** und **Wachstumsbereiche** erkennen. Daneben können Sie lernen, Ihr Verhalten und das anderer zu verstehen.

Literatur

Attems R.; Heimel F.: Typologie des Managers. Redline 2003
Stahl M.; Alt M.: So bin ich eben! Erkenne dich selbst und andere. Ellert & Richter 2016

The Journal of Behavioral Finance Management and Research 3, 2017, 66-73

Introvertierte Männer fühlen die Details der Märkte

ZUSAMMENFASSUNG

Der Myers-Briggs-Typenindikator (MBTI) ist ein Persönlichkeitstest, der seit über 50 Jahren erfolgreich eingesetzt und konstant weiterentwickelt wird. Das Ergebnis eines MBTI-Tests ist eine vierbuchstabige Kombination. Zwei Buchstaben sind auf psychische Funktionen (Wahrnehmung und Entscheidung), die beiden anderen auf Einstellungen (zur Umwelt und zum Leben) zurückzuführen. Trader sollten sich ihrer Fähigkeiten bewusst werden, um eine Vorgehensweise zu entwickeln, die ihrer Persönlichkeit möglichst nahe kommt. Wenn sich Trader uneingeschränkt in ihr Verhalten einfühlen können, führt das bestenfalls zu einer wie von selbst laufenden erfolgreichen Trading-Praxis. Geldverdienen und Persönlichkeitsentwicklung sollten dann Hand in Hand gehen. Aus den Ergebnissen von MBTI-Tests lassen sich persönliche Vorlieben und Herausforderungen ablesen. Die Trading-Praxis befriedigt unterschiedliche Bedürfnisse, z. B. Trading mit einer Strategie, Gelegenheits-Trading oder Persönlichkeitsentwicklung, was aber von Typ zu Typ unterschiedlich ist.

Keywords: Myers-Briggs-Typenindikator, psychische Funktion, Einstellung, SF-Typen, ST-Typen, NF-Typen, NT-Typen, präziser Analytiker, zuverlässiger Bewahrer, Strategie, Gelegenheits-Trading, Persönlichkeitsentwicklung

MATERIAL UND METHODEN

80 männliche Trader-Coaching-Klienten haben im Zeitraum von 2012 bis 2017 einen MBTI-Test unter www.philognosie.net durchgeführt. Der Buchstabe n steht jeweils für die Anzahl der Befragten.

ERGEBNISSE UND DISKUSSION

80 Prozent der Teilnehmer waren Introvertierte, was weit über dem angenommenen Bevölkerungsschnitt von jeweils 50 Prozent Extra- und Introvertierten liegt. Bemerkenswert war auch, dass 64 Prozent »Fühler« waren. In der Bevölkerung sind durchschnittlich ein Drittel der Männer »Fühler« (Abb. 1.28).

Die Gegensatzpaare ergänzen einander. Menschen besitzen die Fähigkeit, jeweils beide Ausprägungen anzuwenden, entwickeln aber eine Vorliebe für eine von beiden, durch deren bevorzugte Anwendung sie noch vertrauter und sicherer wird.

Menschen, die z. B. eine N-Funktion (Informationsaufnahme über den sechsten Sinn, überblickorientiert) bevorzugen, aber durch die Umwelt gezwungen werden, besonders ihre S-Funktion (Informationsaufnahme über Sinneswahrnehmung, detailorientiert) anzuwenden, werden auf lange Sicht unglücklich. Für Trader kann das bedeuten, dass sie davon genervt sind, sehr genau nach einer Strategie zu arbeiten und sich gewissenhaft an Ein- und Ausstiege zu halten. Auch nach Jahren werden sie noch Fehler machen, die bei Tradern mit bevorzugter S-Funktion nicht passieren. Das führt dummerweise dazu, dass sie die Stärken der N-Funktion nicht nutzen können. S-Typen, die nach eingehender Datenanalyse zu einer Entscheidung gelangen, werden sich von ihrem Gespür nicht beeinflussen lassen, auch wenn sie einen anderen Schluss nahelegt. Andererseits verlassen sich NTypen auf ihr Gespür, selbst wenn die Tatsachen dagegensprechen.

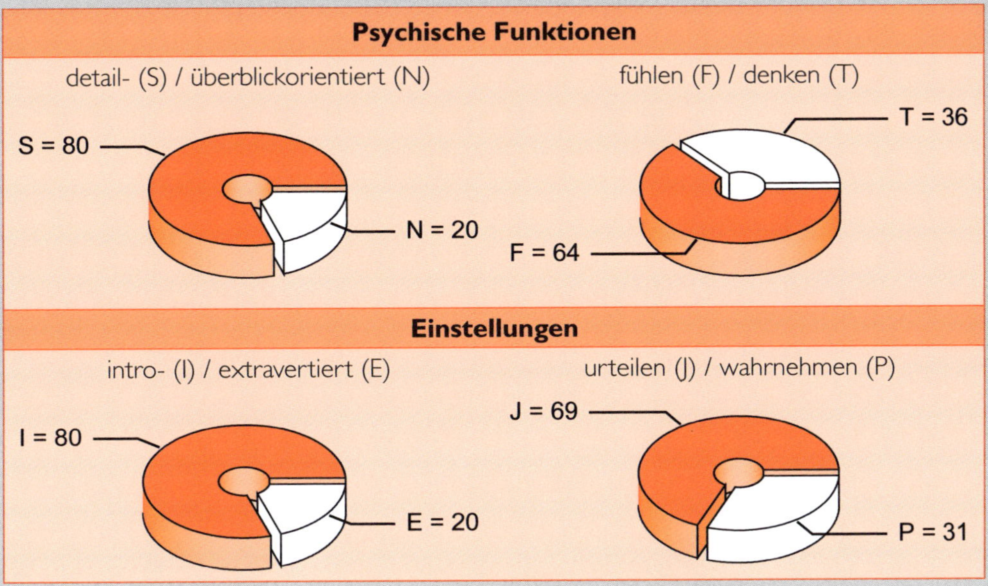

Abb. 1.28: Myers-Briggs-Typenindikator: Psychische Funktionen und Einstellungsfunktionen in Prozent, n = 80

Die psychischen Funktionen und Einstellungen bestimmen letztlich, wie die Trading-Praxis durchgeführt wird und welche Ziele durch Trading verfolgt werden.

S-Eigenschaft (detailorientiert)

Finanzportale und moderne Handelssoftware sind das Schlaraffenland für faktenorientierte Trader. Informationen können analysiert und eingeordnet werden. Die Entwicklung und Umsetzung einer Strategie ist für S-Typen ein Selbstläufer, weil sie sich in der Aufgabe wiederfinden. Eine große Gefahr ist die Überoptimierung der persönlichen Strategie durch den ständigen Drang, etwas zu verbessern. Hilfreich kann es sein, den Zugang zu Informationen zu beschränken, da auch die Überbewertung von Informationen im Raum steht. S-Typen fühlen sich bei einer konstanten Versorgung mit Informationen sicher, was in Realität einer Pseudosicherheit entspricht. Informationsjunkie ist eine passende Beschreibung bei einer stark ausgeprägten S-Eigenschaft.

N-Eigenschaft (überblickorientiert)

Trader, die sich auf ihr Gespür verlassen, laufen Gefahr, ohne eine Strategie unterwegs zu sein. Messbare Ergebnisse, Fakten oder das Einhalten von Regeln sind mit dem Ausleben intuitiver Wahrnehmung schwer vereinbar. N-Trader-Typen setzen möglicherweise aufgrund ihrer Intuition zu viel auf eine Karte. Daneben besteht die Gefahr, dass die Intuition auch mal nicht aufgeht. Diejenigen, die vorhaben, Trading professionell zu betreiben, sollten sich bewusst sein, dass sie sich möglicherweise durch das Traden von Gelegenheiten nicht ernähren können. Gefährlich kann es sein, dass das Gespür zwar richtig, der Zeitrahmen (also, wann etwas eintritt) nicht eindeutig wahrnehmbar ist. Der Begriff »realistischer Träumer« umschreibt das Verhalten treffend. Letztlich braucht der N-Typ Struktur, gegen die er sich allerdings auch nach Kräften wehrt.

T-Eigenschaft (denken)

Denkern kann es zum Verhängnis werden, dass sie Zusammenhänge sehen oder sich ausdenken, wo gar keine sind. Die Bewegungen der Finanzmärkte sind unbegreiflich. Zur Erklärung halten im Nachhinein verfügbare Informationen her, um logische Zusammenhänge zu erzeugen. Berichterstattung über die Finanzmärkte, die als Finanzentertainment eingeordnet werden kann, ist an sich überflüssig. T-Typen liefern sie allerdings das Futter für ihre Entscheidungen. Sie sollten eher lernen, ihre Gefühle wahrzunehmen. Daneben ist es zweckmäßig, Marktgefühl (Bewegung, Rhythmus) zu entwickeln und sich nicht nur auf die überzeugend klingenden Geschichten auf Plattformen, im Radio oder Fernsehen zu verlassen.

F-Eigenschaft (fühlen)

Trader, die sich nur auf ihr Gefühl verlassen, müssen sich und ihr Konto schützen. Sie brauchen eine Strategie, einen Plan (Risiko, Ziele) und Money-Management zum langfristigen Kapitalaufbau. F-Typen müssen Strukturen schaffen, innerhalb derer Grenzen sie ihre Gefühle einbringen können. Jahrelange Erfahrung kann möglicherweise die Grundlage sein, auch mit Gefühl (ohne Struktur) viel Geld zu verdienen. Anfängern ist das in der Regel nicht vergönnt. F-Typen sollten ihr Trading messbar machen, um dem Trading den »Gambling«-Faktor zu nehmen.

E-Eigenschaft (extravertiert)

Extravertierte Typen haben sehr viel ihrer Aufmerksamkeit nach außen gerichtet. Für Trader besteht die Gefahr, durch das Glitzern von Informationen oder Märkten geblendet zu werden. Die Folge kann das Eingehen nicht zu Ende gedachter Trades sein. Viel extravertierte Energie kann auch mit sprunghaftem Verhalten verbunden sein. Eine erarbeitete oder angepasste Strategie ist für E-Typen von Vorteil. Extravertierte brauchen das konkret Anfassbare und Erlebbare. Das aber kann Trading nur begrenzt bieten. Die Finanzmärkte sind kein Sparrings- oder Kommunikationspartner.

I-Eigenschaft (introvertiert)

Trader mit einem hohen Maß an Introvertiertheit nähern sich den Finanzmärkten wie auch allem anderen besonnen. Die Gefahren liegen weniger in der Trading-Praxis selbst, vielmehr ist es die Vereinsamung, die Trading mit sich bringt. Soziale Kontakte sind oft Mangelware. Manchen kommt das Traden auch gerade recht, um einen berechtigten Rückzugsgrund zu haben. Die Folge kann auch eine Entwicklungsstagnation sein, weil wenig Austausch vorhanden ist.

P-Eigenschaft (wahrnehmen)

P-Typen sind lange in der Phase der Informationssammlung beschäftigt und schieben Entscheidungen gerne auf die lange Bank. Letztlich schaffen Entscheidungen auch Struktur, wodurch sich

P-Typen eingeschränkt fühlen. Durch ihre große Offenheit lassen sie sich immer wieder von ihren Vorhaben ablenken. Das Ziel, sich zu entwickeln, steht wahrscheinlich über der Anwendung einer Trading-Strategie. Wenn diese nicht ohnehin fehlt, ist das Gefühl von »Regeln sind da, um gebrochen zu werden« für P-Typen wichtiger als finanziell erfolgreich zu sein. Ziel für die sehr offenen Wahrnehmer könnte es sein, ihrer Freiheit typgerecht Grenzen zu setzen und Struktur zu geben (Plan, Strategie, Tagebuch).

J-Eigenschaft (urteilen)

Mit der J-Eigenschaft besteht ein großes Bedürfnis nach Ordnung, Struktur, Sicherheit und Kontrolle. J-Typen fehlt es an Offenheit, neue Erkenntnisse oder veränderte Situationen einzubeziehen. J-Typen haben als Trader große Aussicht auf Erfolg, wenn sie eine Strategie mit positivem Erwartungswert anwenden. Die Kraft in der Urteilsfunktion liegt darin, einen einmal eingeschlagenen erfolgreichen Weg weitergehen zu können, ohne anderen Verlockungen zu widerstehen, wie z. B. dem Handel weiterer Strategien oder Märkte. Nachteilig könnte allenfalls eine selbst gesetzte Grenze in der persönlichen Entwicklung sein, da für J-Typen »safety first« gilt.

In Abbildung 1.29 ist jeweils eine Eigenschaft der sich zu 100 Prozent ergänzenden Gegensatzpaare dargestellt. Die Gruppe der Trader wurde mit zwei Berufsgruppen verglichen, bei denen auch ein hohes Maß an Selbstständigkeit, Übersicht, Interesse an Details und Verantwortung gefragt ist (Fitnesscenter-Manager, Zahnmedizinstudierende).

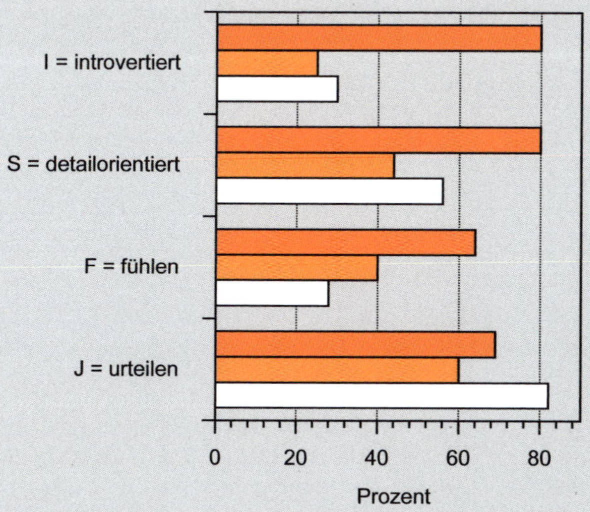

Abb. 1.29: Myers-Briggs-Typenindikator: Wahrnehmungs- und Beurteilungsfunktionen in Prozent, Trader (dunkelorange Balken, n = 80), Fitnesscenter-Manager (hellorange Balken, n = 81) und Zahnmedizinstudierende (weiße Balken, n = 117)

Der Titel »Introvertierte Männer fühlen die Details der Märkte« spiegelt sich in den Ergebnissen wieder. Der Vergleich mit anderen Berufsgruppen belegt, dass die Zahl der Introvertierten unter den Tradern mit 80 Prozent besonders hoch ist, da die Trading-Praxis offensichtlich wenig extravertiertes Verhalten erfordert. Woher kommt dieser vergleichsweise so hohe Prozentsatz (Fitnesscenter-Manager: 25 Prozent, Zahnmedizinstudierende: 30 Prozent)?

Die Gründe liegen vermutlich im für viele gar nicht bewussten Nebeneffekt von Trading, der Persönlichkeitsentwicklung, die es frei Haus dazu gibt. Persönlichkeitsentwicklung ist sicherlich auch durch den Besuch von Seminaren, Therapiesitzungen oder durch Gespräche mit vertrauten Menschen möglich. Durch meine Arbeit mit Klienten weiß ich, dass viele einen Weg scheuen, bei dem sie andere einbeziehen müssen. Der tiefe innere Wunsch nach Entwicklung ist allerdings in jedem vorhanden. So werden stattdessen die Finanzmärkte »beauftragt«. Dass die Finanzmärkte mit ihren klaren Antworten (Gewinn, Verlust) Trader letztlich weiterentwickeln, ist zunächst wenigen bewusst.

So gesehen helfen sie Tradern, ihre Persönlichkeit wahrzunehmen und sich durch angemessenes Verhalten erfolgreich an die Märkte anpassen zu können. Trader stellen eine Frage (gehen eine Position ein) und bekommen eine Antwort (Trading-Ergebnis bei Schließen der Position). Trading-Ergebnisse führen dazu, dass sich Trader zwangsläufig mit den dadurch entstehenden Gefühle und Gedanken beschäftigen.

Daneben zieht Trading offensichtlich eine Vielzahl fühlender Männer an. Warum eigentlich? Letztlich sollte Trading doch einem durchdachten Plan folgen. Das kann als weiterer Beleg dafür gewertet werden, dass Trading die persönliche Entwicklung unterstützt. Trading ist die Möglichkeit für Männer, sich mit ihren Gefühlen zu beschäftigen. Der Umgang mit Trading-Ergebnissen führt ohnehin zu einem intensiveren Gefühlsleben. Unter Umständen werden Gefühle verstärkt oder es zeigen sich bislang noch nicht wahrgenommene.

Die Orientierung an Details ist für Trader offensichtlich wichtig, was auch im Vergleich mit anderen Gruppen an den wesentlich ausgeprägteren Unterschieden zwischen N- und S-Eigenschaft abgelesen werden kann.

In gewisser Weise sind die Bevorzugungen bereits in die Wiege gelegt, zumindest die der vier psychischen Funktionen (S/N, T/F). In den ersten Lebensjahren entwickeln Menschen ihre Vorliebe für eine der vier Funktionen. Ein S-Kind beobachtet genau und merkt sich Details. Die N-Funktion bevorzugende Kinder nehmen Stimmungen auf, reagieren stark auf Gemütsverfassungen der Menschen drumherum. T-Kinder äußern ihre Meinung, stellen Fragen und teilen der Umwelt ihre Schlüsse mit. Kinder mit starker F-Funktion drücken bevorzugt ihre Gefühle aus und kommentieren ihre Erlebnisse in persönlichen Worten.

Die dominierende Funktion wird Hauptfunktion genannt. Sie steuert Menschen und bestimmt die Grundzüge ihres Verhaltens. Bei Menschen mit einer E-Einstellung wirkt die Hauptfunktion nach außen und wird im Umgang mit der Umwelt eingesetzt. I wirkt nach Innen und ist bestimmend für die Auseinandersetzung mit sich selbst.

Die Hilfsfunktion ist der zweite psychische Prozess, der im Laufe der Entwicklung ausgebildet wird. Ist die Hauptfunktion eine wahrnehmende Funktion (S oder N), dann muss die Hilfsfunktion eine Entscheidungsfunktion (T oder F) sein. Beide Funktionen stehen immer an zweiter und dritter Stelle in der Buchstabenkombination des Typs.

Bei den drei in Tabelle 1.4 wiedergegebenen Berufsgruppen waren überdurchschnittlich viele NF-Typen. Der Schnitt in der Bevölkerung liegt bei ca. 10 Prozent. Daneben konnte unter den Tradern ein Prozentsatz von 46,2 mit SF-Kombination festgestellt werden. In beiden anderen Gruppen waren die Werte ca. dreimal (Fitnesscenter-Manager) bzw. 6,5-mal (Zahnmedizinstudierende) geringer. Auffällig war auch, dass der Gegentyp (NT-Typ) mit lediglich 2,6 Prozent vorhanden war. Abgesehen davon, dass in den beiden anderen Berufsgruppen NT-Typen öfter als SF-Typen vorkommen, war das Verhältnis in der Gruppe der Trader umgekehrt, mit einem Verhältnis von 1 zu 18 (NT zu SF). Aufgrund dieser Besonderheit folgt eine kurze Erläuterung zum SF-Typ.

Funktion	Trader	Fitnesscenter-Manager	Zahnmedizinstudierende
ST	33,8	28,4	49,0
SF	46,2	16,0	7,1
NT	2,6	32,1	22,8
NF	17,4	23,5	21,1

Tab. 1.4: Myers-Briggs-Typenindikator: Vergleich der Kerntypen (ST, SF, NT, NF): männliche Trader (n = 80), Fitnesscenter-Manager (n = 81) und männliche Zahnmedizinstudierende (n = 117), Angabe in Prozent

Zweifelsohne verlangt Trading auch Managerqualitäten. Eine Studie an Führungskräften zeigte, dass der STJ-Manager (extra- und introvertiert mit fast 45 Prozent) der am häufigsten vorkommende MBTI-Typ war. Damit verbunden ist das Bild eines »Machers«, eines analytischen, fakten- und datenorientierten Entscheiders. Das Schlusslicht dieser Untersuchung waren die SF-Typen (Margerison, Lewis 1981). Umso überraschender war, dass in der Gruppe der Trader 46,2 Prozent SF-Manager waren.

Wie auch ST-Typen sind SF-Typen in ihrer Informationsaufnahme auf Fakten ausgerichtet. SF-Typen fühlen sich eher Menschen als Aufgaben verpflichtet. Ihre Stärke besteht auch darin, sich in andere hineinzuversetzen, was beim Trading hilfreich sein kann, da die Bewegungen der Märkte auf die Marktteilnehmer zurückzuführen sind. Eine Schwäche von SF-Typen ist der Umgang mit Konflikten, da ein ausgeprägtes Harmoniebedürfnis besteht. »Long oder short zu gehen« ist letztlich auch ein Konflikt. Eine Position zu verkleinern, vergrößern oder aufzulösen ebenfalls. Trading mit der Familie zu vereinbaren könnte auch als Konflikt eingestuft werden. Die Aufgabe von SF-Typen ist es, Lösungen zu finden und zu akzeptieren, dass das Leben widersprüchlich ist und Entscheidungen immer auch eine zweite Seite haben.

ISTJ präziser Analytiker n = 22 % = 27,5	ISFJ zuverlässiger Bewahrer n = 23 % = 28,8	INFJ besonnener Lehrer n = 2 % = 2,5	INTJ intuitiver Denker n = 1 % = 1,3
ISTP praktischer Forscher n = 2 % = 2,5	ISFP loyaler Idealist n = 6 % = 7,4	INFP nachdenklicher Idealist n = 7 % = 8,7	INTP Theoretiker n = 1 % = 1,3
ESTP Praktiker n = 1 % = 1,3	ESFP Troubleshooter n = 3 % = 3,8	ENFP Menschenkenner n = 5 % = 6,2	ENTP ideenreicher Initiator n = 0 % = 0,0
ESTJ Organisator n = 2 % = 2,5	ESFJ Vermittler n = 5 % = 6,2	ENFJ Optimist n = 0 % = 0,0	ENTJ erfolgreicher Führer n = 0 % = 0,0

Tab. 1.5: Myers-Briggs-Typenindikator: Verteilung der 16 Typen in der Gruppe der männlichen Trader, n = 80

In der Gruppe der Trader hatten 56 Prozent die Kombinationen ISTJ (präziser Analytiker, n = 22) und ISFJ (zuverlässiger Bewahrer, n = 23). Die Ergebnisse der 80 Teilnehmer sind in Tabelle 1.5 wiedergegeben.

ISTJ (präziser Analytiker)

Aufgrund seiner Introvertiertheit kann der ISTJ-Typ verschlossen und unzugänglich wirken. Der J-Anteil verstärkt das Bedürfnis des ST-Typs nach Sicherheit, Regeln, Klarheit und Harmonie. ISTJ-Typen halten sich an getroffene Vereinbarungen und Verpflichtungen. Umso wichtiger, dass sie eine getestete Strategie mit positivem Erwartungswert haben. Das Thema richtige Stoppsetzung sollte aufmerksam verfolgt werden. Sich übermäßig verpflichtet zu fühlen, kann dazu führen, dass ISTJ-Typen an etwas festhalten, was finanziell arm machen kann. Darunter verstehe ich z. B. Stopps, die nach festen Regeln ohne Marktbezug gesetzt werden. Stoppsetzung sollte immer an einer Markteigenschaft, z. B. der Schwankungsbreite des Marktes, festgemacht werden. Ein Fünf-Punkte-Stopp ist bei einer Tagesschwankung von 100 Punkten anders einzuordnen als bei einer Schwankung von lediglich 40 Punkten. Herausforderungen von ISTJ-Tradern könnten sich so zeigen, dass sie starrköpfig an ihren Sichtweisen (Strategien) festhalten, ohne Anregungen von außen anzunehmen, um ihre Situation nachhaltig zu verbessern. In gewisser Weise ist der ISTJ-Typ ein Eigenbrötler, für den Kontrolle an erster Stelle steht. Tagebuch schreiben sollte sich daher von selbst verstehen, weil sie in Statistikführen aufgehen. Wichtig für ISTJ-Trader ist, dass sie aus den Einträgen im Trading-Tagebuch die entsprechenden Schlüsse ziehen, um ihr Trading weiterzuentwickeln.

ISFJ (zuverlässiger Bewahrer)

Der ISFJ-Trader ist dem ISTJ-Trader ähnlich. Beide unterscheiden sich durch den bereits beschriebenen ST- und SF-Anteil.

SCHLUSSFOLGERUNG

Die Herangehensweise an das Thema Trading ist nahezu vorbestimmt. Vielleicht stellen Sie fest, dass Ihre Vorgehensweise Ihrer Persönlichkeit sehr nahekommt. Dann sollten Sie prüfen, ob Sie mit Trading auch das erreichen, was Sie sich vorgenommen haben.

Ihre Trading-Ergebnisse machen Ihr Innerstes im Außen sichtbar. Streng genommen gibt es keinen Unterschied zwischen Ihrem Inneren (Gefühle, Gedanken, Überzeugungen) und den nach außen sichtbaren Ergebnissen, die Sie durch Ihr Trading erzeugen.

Finanzielle Ziele sind planbar, wenn Trader auf eine Strategie zurückgreifen. Gelegenheits-Trading bringt immer mal wieder Geld in die Kasse. Möglicherweise können erfahrene Trader auch davon leben. Aus Freude an persönlicher Entwicklung zu traden ist zeitgemäß. Die Tendenz ist steigend, eine Herausforderung in der Trading-Praxis zu suchen, unabhängig davon, ob die Entwicklung bewusst oder unbewusst eingeleitet wird.

Selbst wenn Sie immer wieder hören, dass man eine Strategie braucht, um seine Schäfchen ins Trockene zu bringen, gibt es eben auch diejenigen, deren Persönlichkeit nach Gelegenheits-Trading verlangt. Vermutlich ist es dann besser, zu sich selbst zu stehen, als sich am Gerede anderer zu orientieren (auch, wenn dieses sinnvoll klingen sollte). Sie wissen am besten, welcher der richtige Weg für Sie ist.

Selbstbewusstsein, Selbstvertrauen und ein starkes Selbstwertgefühl können Sie mit jedem einzelnen der 16 MBTI-Typen erlangen, wenn Sie Ihre Fähigkeiten ausschöpfen und Ihre Entscheidungen typgerecht sind. Letztlich ist jeder Trader ein Manager, finanziell und auch persönlich.

LITERATUR

Attems, R.; Heimel, F.: Typologie des Managers. Redline 2003

Bents, R.; Blank, R.: Typisch Mensch: Einführung in die Typentheorie. Beltz Test 1995

Knippschild, K.: Untersuchungen zum Persönlichkeitstyp von Zahnmedizinstudierenden an der Universität Münster. Dissertation, Universität Münster 2009

Margerison, C. J.; Lewis R.: Mapping managerial styles. International Journal of Manpower 2, 1981, 2–24

Schmid, D.: Zusammenhang von Persönlichkeit, Führungsverhalten und Erfolg von Fitnesscentermanagern. Dissertation, Universität Göttingen 2000

1.5.3 Top-Team in Bestbesetzung mit neun Rollen

Eine weitere Möglichkeit, wie Sie etwas über sich erfahren können, ist der Belbin-Test, benannt nach **Raymond Meredith Belbin.** In den 1970er-Jahren untersuchte er die Auswirkungen von Teamzusammensetzungen mit unterschiedlichen Persönlichkeitstypen auf die Teamleistung. Seine Annahme war, dass das Persönlichkeitsprofil eines Menschen auf unterschiedlich stark ausgeprägten Eigenschaften beruht. Belbin erarbeitete einen Fragenkatalog zur Selbsteinschätzung und ließ die Angaben der Teilnehmer durch außenstehende Beobachter ergänzen, um so zu einem Teamrollenprofil jedes einzelnen Teilnehmers zu gelangen. Er stellte fest, dass Teams dann effektiv sind, wenn sie aus einer Vielzahl unterschiedlicher Persönlichkeits- und Rollentypen bestehen. Unausgewogene Zusammensetzungen dagegen schwächen, wobei das Fehlen einer Teamrolle nicht notwendigerweise schadet. Es gibt Teamrollen, die je nach Situation oder Aufgabenstellung für den Erfolg wichtiger sind als andere. Die Grenzen zwischen den jeweiligen Rollen sind fließend. Die Beschäftigung mit den Stärken und Schwächen Ihres persönlichen Teamrollenprofils kann Ihrer Entwicklung förderlich sein, weil Sie ein höheres Bewusstsein erlangen (www.belbin.de).

Belbin erkannte zunächst **acht Teamrollen.** Dass daraus 1981 entwickelte Modell ergänzte er später noch um eine **neunte Rolle**, die des Spezialisten. Drei Arten von Rollen werden unterschieden: die **handlung**sorientierten (**Macher, Umsetzer** und **Perfektionist**), die **kommunikation**sorientierten (**Koordinator, Teamarbeiter** und **Wegbereiter**) und die **wissen**sorientierten (**Erfinder, Beobachter** und **Spezialist**).

Äußere und innere Teams: Was Belbin für Gruppen, also äußere Teams beschreibt, gilt auch für das innere Team von Menschen. Wer vor einer Herausforderung steht, greift auf Erfahrungen, einen persönlichen Werkzeugkasten, wiederholt angewendete Fähigkeiten oder auch innere Berater zurück, um eine angemessene Antwort oder Lösung zu finden. Wenige Menschen sind sich bewusst, dass sie im Prinzip ein inneres Team nutzen, in dem die gleichen Rollen vergeben werden wie in einem äußeren Team.

Vor ca. 15 Jahren habe ich viel von der Therapeutin **Carole Hunou** gelernt, mit der ich an meinen inneren Bildern gearbeitet habe. In unserer Innenwelt finden sich die Themen, an die uns die äußere Welt ständig erinnert. Letztlich gibt es keinen Unterschied zwischen innen und außen. Das zu begreifen hat für Trader eine besondere Tragweite. Wer erst einmal verinnerlicht hat, dass das, was im

Außen geschieht, lediglich ein Abbild des Inneren ist, der erkennt dann auch einen Zusammenhang von persönlicher Entwicklung und finanziellem Erfolg.

Teamrolle	Rollenbeitrag	Eigenschaften	zulässige Schwächen
Macher	fordert Kollegen heraus, übernimmt Verantwortung, arbeitet	dynamisch, steht ständig unter Druck, konzentriert sich auf Wesentliches	angespannt, bringt Unruhe ins Team, wird von Nicht-Teammitgliedern als arrogant empfunden
Umsetzer	setzt wirkungsvoll und systematisch Pläne in die Tat um, arbeitet an Strukturen	zuverlässig, diszipliniert, konservativ, effektiv	hat Probleme, neue Lösungsvorschläge zu integrieren, starrköpfig
Perfektionist	sorgt für die Einhaltung von Vorgaben, sichert optimale Ergebnisse, vermeidet Fehler	pflichtbewusst, zuverlässig, pünktlich, gewissenhaft, vertrauenswürdig	vermeidet zu delegieren, überängstlich, wird als Kontrollfreak und Pedant empfunden
Koordinator	stimmt Arbeitsprozesse ab, setzt Ziele, delegiert Aufgaben, kontrolliert Ziel- und Zeitvorgaben	selbstsicher, entschlusskräftig, vertrauensvoll, kommunikativ	delegiert auch persönliche Aufgaben, kann als manipulierend empfunden werden
Teamarbeiter	verbessert die Kommunikation und das Miteinander im Team	diplomatisch, minimiert Reibungsverluste, kooperativ, kommunikativ	überlässt anderen Teammitgliedern die Entscheidungen, unentschlossen
Wegbereiter	entwickelt Kontakte und erschließt Quellen außerhalb des Teams, findet Lösungen	begeisterungsfähig, extrovertiert, kommunikativ	verliert das Wesentliche aus den Augen, überoptimistisch
Erfinder	bringt neue Impulse und Strategien ein, sucht alternative Lösungen	kreativ, fantasievoll, denkt unkonventionell, introvertiert	lebt in seiner eigenen Welt, schwierig zu erreichen
Beobachter	untersucht Vorschläge auf Machbarkeit	rational, realistisch, strategisch, kritisch, distanziert, introvertiert	wird als unmotiviert und herablassend empfunden, verliert Interesse vollständig nach ablehnenden Worten
Spezialist	steuert Fachwissen bei, gleicht Informationsdefizite aus	selbstbezogen, engagiert, auf Technisches /Fachliches ausgerichtet	verliert sich in technischen Details

Tab. 1.6: Teamrollen nach Belbin: Rollenbeitrag, Eigenschaften und zulässige Schwächen

Literatur

Belbin, R. M.: Management Teams: Why they succeed or fail. Routledge 2010

Dick, van R.; West, M. A.: Teamwork, Teamdiagnose, Teamentwicklung. Hogrefe 2013

Katzenbach, J. R.; Smith D. K.: The Wisdom of Teams: Creating the High-Performance Organisation. Harvard Business Review Press 2015

The Journal of Behavioral Finance Management and Research 4, 2017, 77-81

»Macher« und »Umsetzer« traden übermäßig: Entwickeln Sie auch Wissens- und Kommunikationsorientierte Rollen für ausbalanciertes Trading

ZUSAMMENFASSUNG

Der Belbin-Test wurde für Teams entwickelt, die dann erfolgreich sein sollten, wenn neun Teamrollen besetzt sind. Die Ergebnisse von Belbin-Tests bilden auch das innere Team ab, das Menschen beim Lösen von Aufgaben zur Verfügung steht. Belbin unterscheidet in seinem Modell handlungs-, kommunikations- und wissensorientierte Rollen. Die Umfrageergebnisse zeigen, dass bei Tradern handlungsorientierte Rollen überdurchschnittlich ausgeprägt waren. Aktivität durch übermäßiges Trading kostet Trader nachweislich Geld. Die technischen Möglichkeiten, wie z. B. der direkte Marktzugang, den Online-Broker ihren Kunden anbieten, verstärkt das nicht ausbalancierte Verhältnis von Handlung, Kommunikation und Wissen.

Keywords: Belbin-Modell, Belbin-Test, Teamrolle, inneres Team, Macher, Umsetzer, Perfektionist, Koordinator, Teamarbeiter, Wegbereiter, Erfinder, Beobachter, Spezialist

MATERIAL UND METHODEN

65 Trader-Coaching-Klienten haben den Belbin-Test in den Jahren 2012 bis 2017 durchgeführt. Der Buchstabe n steht jeweils für die Anzahl der Befragten. Der Test bestand aus sieben Fragen mit jeweils neun Antwortmöglichkeiten. Pro Aufgabe wurden zehn Punkte auf die zutreffenden Aussagen verteilt. Die Auswertung führte zu einer Verteilung der Punkte auf neun unterschiedliche Rollen, so dass ein Verteilungsprofil entstand. Jeweils drei Rollen waren handlungs-, kommunikations- und wissensorientiert. Die Namen der Teamrollen und deren Orientierung sind in Tabelle 1.7 wiedergegeben.

Orientierung	Teamrolle
Handlung	Macher, Umsetzer, Perfektionist
Kommunikation	Koordinator, Teamarbeiter, Wegbereiter
Wissen	Erfinder, Beobachter, Spezialist

Tab. 1.7: Orientierung der Teamrollen nach Belbin

ERGEBNISSE UND DISKUSSION

In Abbildung 1.30 ist das Verhältnis von handlungs-, kommunikations- und wissensorientierten Rollen in absoluten Zahlen (100 Prozent = 3 500 Punkte) wiedergegeben (n =50).

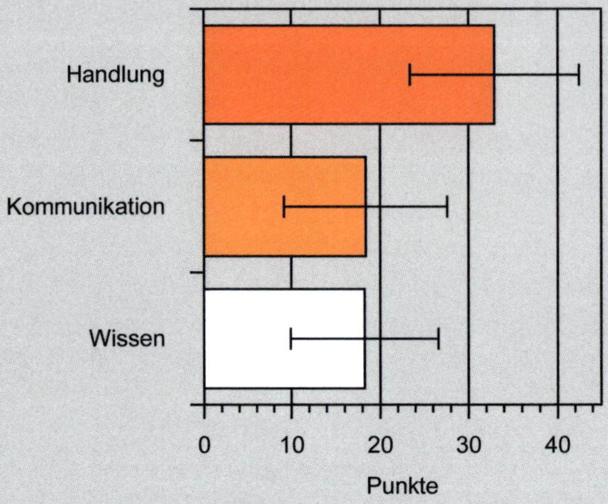

Abb. 1.30:
Belbin-Test: Verhältnis von handlungs-, kommunikations- und wissensorientierten Rollen in durchschnittlicher Punktzahl, Gesamtpunktzahl pro Teilnehmer = 70; n = 50

Die handlungsorientierten Teamrollen (Macher, Umsetzer und Perfektionist) wiesen einen durchschnittlichen Wert von 33,1 ± 9,6 Punkten auf, was einem Anteil von 47 Prozent bezogen auf die vergebene Gesamtpunktzahl (70) entspricht: Tun, tun und nochmals tun. Die Frage, ob Aktionismus beim Trading angesagt ist, lässt sich leicht beantworten. Bekannt ist, dass im Allgemeinen zu viel getradet wird. Das kostet Zeit, beansprucht die Nerven und ist in der Regel mit finanziellen Einbußen verbunden, wie der Finanzwissenschaftler Barber und seine Kollegen (2009) in einer über mehrere Jahre angelegten Studie zeigten. Privatanleger verloren durch Trading jährlich 2,2 Prozent vom Bruttoinlandsprodukt. Das waren 2,8 Prozent vom gesamten persönlichen Einkommen oder 85 Prozent der Gesamtausgaben für Kleidung und Schuhe (32 Milliarden US Dollar innerhalb von vier Jahren). Die Verluste waren vor allem auf Trading (27 Prozent), Kommissionen (32 Prozent) und Steuern (34 Prozent) zurückzuführen. Der Finanzwissenschaftler Odean (1999) wies in einer Studie nach, dass es vor allem die Kunden von Online-Brokern sind, die durch übermäßiges Trading auffallen und sich um ihr verdientes Geld bringen. Die Möglichkeit, ständig in Aktion zu sein, spielt den ohnehin handlungsorientierten Teamrollen in die Karten. Online-Broker könnten dazu beitragen, die kommunikations- und wissensorientierten Rollen von Tradern durch entsprechende Angebote zu fördern. Der Kontoeröffnungsprozess und damit der direkte Zugang könnte durch das Abfragen von Wissen oder in Form eines Online-Bewerbungsgespräches verschärft werden.

Auf die kommunikationsorientierten Rollen (Koordinator, Teamarbeiter, Wegbereiter) entfielen im Schnitt 18,5 ± 9,2 Punkte (26 Prozent). Die weiteren Teamrollen (Erfinder, Beobachter und Spezialist) waren mit 18,4 ± 8,4 Punkten (26 Prozent) vertreten.

Erfolgreiche Teams sind ausgewogen in Bezug auf Handlung, Kommunikation und Wissen besetzt. Das sollte umso mehr bei inneren Teams gegeben sein, damit richtige Entscheidungen getroffen werden.

Abbildung 1.31 zeigt die Verhältnisse von handlungs-, wissens- und kommunikationsorientierten Rollen, wobei jeweils nur die Teamrolle mit dem Top-Wert berücksichtigt wurde. Dabei kam es mehrfach vor, dass zwei Teamrollen die höchste Punktzahl aufwiesen. Beide wurden berücksichtigt. Von den 65 Befragten hatten 77 Prozent den Höchstwert bei einer handlungsorientierten Rolle. Bei 18 Prozent war es eine kommunikationsorientierte, bei lediglich 5 Prozent eine wissensorientierte Rolle.

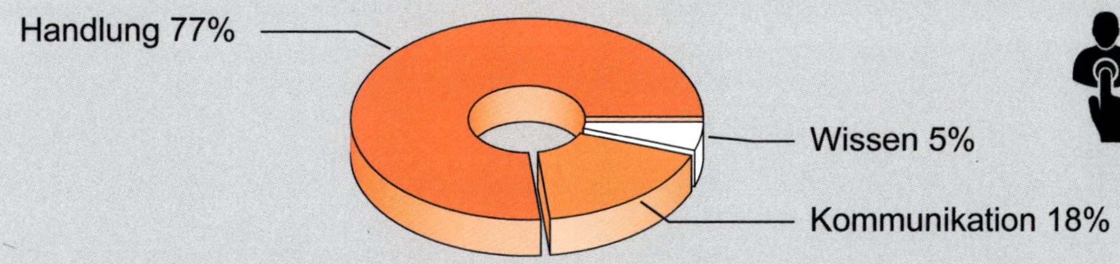

Abb. 1.31: Belbin-Test: Verhältnis der Rollen mit höchster Punktzahl nach Handlungs-, Kommunikations- und Wissensorientierung, n = 65

In Abbildung 1.32 sehen Sie eine Aufschlüsselung nach der Teamrolle mit der jeweils höchsten Punktzahl.

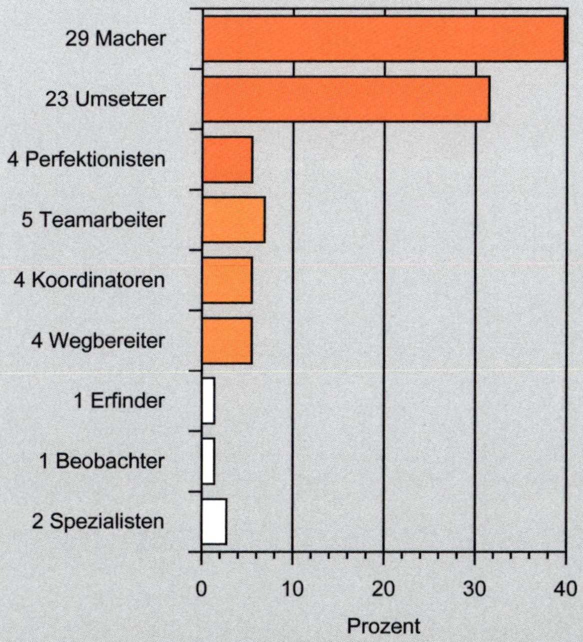

Abb. 1.32:
Belbin-Test: Teamrollenverteilung: Handlung (dunkelorange), Kommunikation (hellorange) und Wissen (weiß), Zahl vor dem Teamrollennamen: Häufigkeit, n = 65

Die Schwächen der beiden Rollen, »Macher« und »Umsetzer«, die bei 71 Prozent der Befragten vorherrschenden, werden im Folgenden in Bezug auf die Trading-Praxis erläutert.

Die Teamrolle des Machers entspricht einem dynamischen, energiegeladenen, ständig unter Druck stehenden Menschen. Der Macher sollte in Bezug aufs Trading in seine Schranken gewiesen werden. Natürlich ist Trading mit aktiver, praktischer Arbeit verbunden, dennoch kommt es auf ein maßvolles Vorgehen an, vor allem in Bezug auf die Anzahl von Trades. Der Macher ist stark leistungsorientiert. In gewisser Weise geben sich bei dieser Rolle die rigiden und psychopathischen Persönlichkeitsmerkmale die Hand. Der Macher steht auf Wettbewerb und fordert andere gerne heraus. Sollte der Macher allerdings den Markt als Gegenspieler empfinden, könnte es dazu führen, dass er sich aufreibt. Übermäßiges Traden könnte dabei zu größeren Einbußen führen. Ein überaktiver Macher braucht andere Teamrollen zum Ausgleich. Die Rolle des Beobachters bietet sich »als wahrer Freund« an. Auch die ständige innere Unruhe könnte mit einem zu häufigen Traden einhergehen, da Lösungen oft im Außen gesucht werden.

Weitere Schwächen der Teamrolle liegen darin, dass sie gerne einmal etwas übersieht, weil sie sich auf das vermeintlich Wesentliche konzentriert und schnelle Entscheidungen herbeiführt. Die gesamte Trading-Praxis sollte aber immer achtsam durchgeführt werden. Für Macher wirken die Rollen des Beobachters und des Spezialisten als optimale Unterstützer.

Der Umsetzer arbeitet viel an Strukturen, vor allem im Außen. Trading-Plan, -Strategie und -Tagebuch sind vermutlich als strukturgebende Hilfsmittel vorhanden. Womöglich ist nicht alles Gold, was glänzt, weil sich der Umsetzer durch sein teilweise starrköpfiges Verhalten in Bedrängnis bringt. Die Rolle des Umsetzers braucht andere Teamrollen als Unterstützer, damit seine Ergebnisse nicht stagnieren oder sich sogar verschlechtern. Die Teamrollen Erfinder, Beobachter oder Teamarbeiter sind hilfreich.

Der Umsetzer muss lernen, dass er nur dann weiterkommt, wenn er sein über eine lange Zeit einstudiertes Verhalten an sich verändernde Verhältnisse anpasst. Daher sollte er seine erarbeitete Strategie regelmäßig prüfen, hinterfragen und auch neue Erkenntnisse oder bessere Lösungen einfließen lassen. Die größte Stärke, etwas umzusetzen, könnte sich gleichzeitig als größte Schwäche erweisen.

Wenn der Umsetzer z. B. diszipliniert Stopps setzt und mit Gewinnzielen arbeitet, muss er immer wieder mal prüfen, ob die Regeln den erwünschten Erfolg bringen. Eine Anpassung auf der Gewinn- oder Verlustseite um zwei oder drei Punkte führt manchmal zu einer erheblich besseren Kapitalentwicklung.

Das ist vor allem dann unerlässlich, wenn Risiko und Ziel nicht aus einer Markteigenschaft wie z. B. der Schwankungsbreite abgeleitet wurden.

Menschen beherrschen drei Teamrollen perfekt, drei weitere Rollen können sie im Bedarfsfall aktivieren, die restlichen füllen sie nicht aus (Müller 2004). Trader, die ihr Verteilungsprofil kennen und sich in den Testergebnissen wiedererkennen, haben Vorteile beim Herangehen und Lösen von Aufgaben. Sie wissen um ihre starken und schwachen Rollen und können so typgerechte Antworten geben.

SCHLUSSFOLGERUNG

In der Trading-Praxis werden viele unterschiedliche Fähigkeiten gebraucht. Ausgewogene Verhältnisse von Handlungs-, Kommunikations- und Wissensrollen sollten bei speziellen Fragestellungen, Aufgaben oder Herausforderungen zu guten Lösungen beitragen. Trader sollten daran arbeiten, Übergewichtungen abzubauen, und stattdessen auf Entwicklung setzen. Trader, die unerwartet an ihre Grenzen geraten oder das Gefühl haben, sich selbst im Weg zu stehen, sollten weitere Teamrollen aktivieren.

Weniger Aktivität (machen, umsetzen) und stattdessen durchdachte Aktionen könnten zu besseren Trading-Ergebnissen führen. Welche Rollen für Trader die wichtigsten sind, lässt sich nicht pauschal beantworten. Trader, die sich z. B. nicht trauen, Trades in der Praxis umzusetzen, könnten weniger »Perfektionist« und »Beobachter« vertragen, stattdessen sind Umsetzer-Qualitäten gefragt.

LITERATUR

Barber, B. M. *et al.*: Just how much do individual investors lose by trading? The Review of Financial Studies 22, 2009, 609–632

Müller, M.: Tradingerfolg aus dem Zustand innerer Klarheit und Balance. Traders' 4, 2004, 12–20

Odean, T.: Do investors trade too much? American Economic Review 89, 1999, 1279–1298

1.6 Finanzmärkte als Trading- und Trader-Coach

Der innere Schweinehund ist ein Entwicklungshemmer. In der Ecke im Plüschsessel sitzend, die Fernbedienung in der Hand, sich durch die Medien berieseln lassen und eine gewisse Selbstzufriedenheit ausstrahlen, das sind schlechte Voraussetzungen, um langfristig auf der Gewinnerseite zu stehen.

Abb. 1.33: Innerer Schweinehund; ©Stefan Frädrich, »Günter, der innere Schweinehund«, 20. Auflage, Offenbach, GABAL Verlag

Mit der Gewinnerseite ist nicht ausschließlich finanzieller Erfolg gemeint. Der Schweinehund ist bequem, Sportschuhe haben eher symbolischen Charakter. Ernährung spielt eine Rolle, vor allem wenn es darum geht, die Bauchspeckfalten zu halten. Softdrinks oder Pizza erfreuen den Schweinehund, bringen ihn aber beim Verfolgen finanzieller Ziele (falls überhaupt vorhanden) nicht weiter. Wenn der innere Schweinehund beim Traden das Ruder übernimmt, haben Sie schon vor dem ersten Trade verloren (Abb. 1.33).

- …
- …

Personal-Trader-Coaching: *Worin bestehen deine größten Herausforderungen beim Trading? Weitere Aufgabe in Kapitel 2.2.1.*

Sie sollten grundsätzlich entscheiden, ob Sie sich auf bewusstes und auf Ihre Persönlichkeit abgestimmtes Trading einlassen können. Das setzt voraus, dass Sie bereit sind: **1.** die Handelssoftware fehlerfrei zu bedienen, **2.** sich auf die Finanzmärkte einzulassen und **3.** Ihre Trading-Ergebnisse zu Ihrem persönlichen Wachstum zu nutzen. Dann besteht die Möglichkeit, Geld zu verdienen.

Die Finanzmärkte sind Trading- und Trader-Coach zugleich. Sie fordern von Ihnen, dass Sie ein Trading entwickeln, das zu Ihnen passt. Solange sich in Ihrer Trading-Praxis Fehler einschleichen, bekommen Sie diese schonungslos aufgezeigt. Dann liegt es an Ihnen, schnell zu lernen, Ihr Verhalten zu ändern, Ihre Vorgehensweise (Strategie) zu überdenken und sich in einen Zustand geistiger Klarheit zu versetzen, um langfristig zu einem Gewinner zu werden. Die Trading-Ergebnisse werden Sie ohnehin ermuntern, sich mit Ihrer Persönlichkeit auseinanderzusetzen. Insofern vergeben die Finanzmärkte auch Coaching-Aufgaben.

Trader, die das Couch-Potato-Dasein hinter sich lassen wollen, sollten in verschiedenen Bereichen an sich arbeiten: emotional, gedanklich, physiologisch, physisch, spirituell und systemisch (Abb. 1.34).

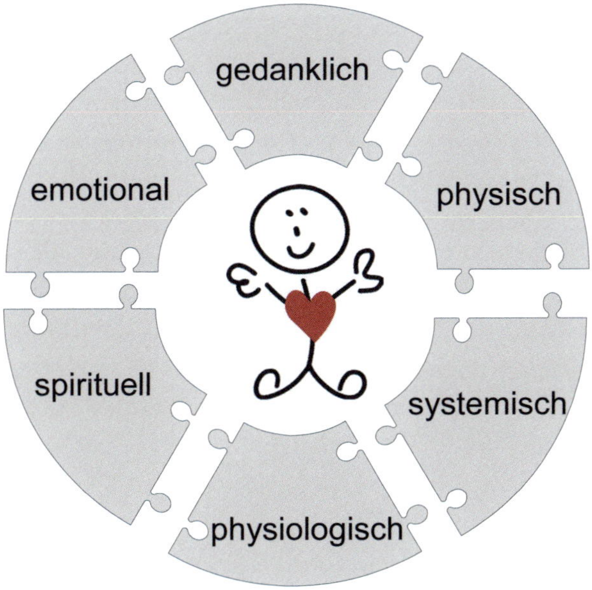

Abb. 1.34: Trader: ganzheitliche Entwicklung

Nachhaltige (ganzheitliche) Entwicklung findet statt, wenn alle Bereiche ihren Raum bekommen und sich das Leben fließend anfühlt. Puzzeln Sie doch mal.

Zwei mal drei macht vier, widewidewitt und drei macht neune,
ich mach mir die Welt, widewide wie sie mir gefällt. […]
Dreimal drei macht sechs, widewide wer will's von mir lernen?

- Astrid Lindgren, schwedische Schriftstellerin, durch Pippilotta Viktualia Rollgardina Pfefferminz Efraimstochter Langstrumpf

2 RISIKEN BEGRENZEN UND ZIELE ERREICHEN

Kein Marktteilnehmer ist wie ein anderer. Das zeigt sich auch in der Trading-Praxis. Unterschiedliche Lebensumstände führen allein dazu, dass die verfügbaren Zeitfenster andere sind. Trader sollten sich zunächst fragen, ob ihre Lebensumstände Trading überhaupt zulassen. Daran schließt sich an, ob in den freien Zeiten Trading überhaupt möglich ist (geöffneter Markt, hohe Umsätze ...).

Erst danach geht es um die Fragen »Wer bin ich?« und »Wie gelange ich zu einem auf meine Persönlichkeit abgestimmten Trading?«

- Lebensumstände/Zeit zu traden
- Persönlichkeit/auf die Persönlichkeit abgestimmtes Trading
- Lebenserfahrung/Trading-Erfahrung
- Kapital
- Markt
- Risiko
- Ziele

Abb. 2.1: Wo sich Trader unterscheiden. Ursprünglich Seminarinhalt, www.freiraumstrategen.com.

Erfahrungen können Trader nur mit entsprechendem Kapital sammeln. Wie viel sollte es denn mindestens sein? Da ist es sinnvoll, in Anfänger, fortgeschrittener oder professioneller Trader zu unterscheiden. Anfänger sollten mit kleinen Konten Erfahrungen sammeln. Wer über ein Risikokapital von 5 000 Euro verfügt, kann ein Konto auch mit 5 x 1 000 Euro oder 10 x 500 Euro befüllen. Anfänger brauchen Möglichkeiten, Erfahrungen zu sammeln. Wenn Sie Ihr Geld aufteilen, ist es wahrscheinlicher, dass ein Teil des Geldes überlebt und das Samenkorn für weiteres Wachstum ist. Anfänger müssen letztlich entscheiden, ob sie z. B. mit einer, fünf oder zehn Eintrittskarten starten. Dieses Vorgehen bedeutet nicht zwangsläufig, dass ich davon überzeugt bin, dass Trader mehrere Eintrittskarten benötigen. Da kommen dann Persönlichkeit und Lebenserfahrung ins Spiel.

Ich hatte schon einige Zeit getradet, da habe ich Verschiedenes ausprobiert, z. B. auch mit einem Kapital von etwas mehr als 470 Euro zu traden. Das war ein auf dem Konto verbliebener Betrag. Mein Ziel war es, daraus 4 000 Euro zu machen, was mir auch nach einigen Wochen gelang. Nur an einem einzigen Tag hatte ich weniger als mein Startkapital. Mehrere Erfahrungen aus diesem Experiment sind mir im Gedächtnis geblieben und haben bis heute Spuren hinterlassen:

1. Es ist möglich, aus wenig (Kapital) viel zu machen. Konzentration, Geduld und Achtsamkeit sind dabei die größten Unterstützer. Es kommt nicht darauf an, wie viel Sie haben, sondern ob sie den Wert zu schätzen wissen.

2. Jedes Mal wenn ich die Möglichkeit bekam, die Kontraktzahl zu erhöhen, habe ich es getan. Die Folge war immer, dass der nächste Trade ein Verlust war und ich dadurch wieder einen Kontrakt weniger handeln konnte. Was mit einem Kontrakt klappt, muss noch lange nicht mit einem zweiten oder weiteren funktionieren. Das Bewusstsein muss sich an die größeren Anforderungen (Wert der gehebelten Position, Risiko) anpassen. Diese Zeit sollten sich Trader geben.

3. Wer von Ihnen ebenfalls Anpassungsschwierigkeiten wahrgenommen hat, muss nicht zwingend die Kontraktzahl erhöhen. Trader können sich auch den erwirtschafteten Betrag auszahlen und die Startbedingungen beibehalten.

4. Als ich mein Ziel erreicht hatte, begann das Kapital wie ein Schneemann in der Frühlingssonne zu schmelzen. Das Bewusstsein braucht einen Fahrplan, nicht unbedingt einen auf Jahre ausgerichteten, in jedem Fall aber für jetzt, morgen und übermorgen. Erreichte Ziele führen auch dazu, dass Sie

einen Gang zurückschalten. Vielleicht erinnern Sie sich, dass der FC Bayern München vor einigen Jahren das Ziel hatte, das Finale »dahoam« in der Champions League im Jahr 2013 zu erreichen. Von Gewinnen war nicht die Rede. Das hat dann auch der FC Chelsea übernommen.

2.1 Entwickeln Sie Risikobewusstsein

Risiken tragen alle Marktteilnehmer, unabhängig davon, ob sie Anfänger, fortgeschrittene oder professionelle Trader sind. Das Risikobewusstsein ist allerdings unterschiedlich stark ausgeprägt. Risiko im Allgemeinen lässt sich z. B. folgendermaßen beschreiben:

1. Risiko (von arabisch rizq, der von Gottes Gnade oder Geschick abhängige Lebensunterhalt) ist die kalkulierte Prognose eines möglichen Schadens bzw. Verlustes im negativen Fall (Gefahr) oder eines möglichen Nutzens bzw. Gewinns im positiven Fall (Chance). Was als Schaden oder Nutzen aufgefasst wird, hängt von Wertvorstellungen ab. [...] Ein Risiko ist die Wahrscheinlichkeit des Eintretens eines negativen Ereignisses (mathematisch) oder die Wahrscheinlichkeit des Eintretens eines negativen Ereignisses multipliziert mit dem finanziellen Ausmaß (BWL). [...] Das Antonym zu »Risiko« ist »Sicherheit« (www.fremdwort.de).

2. Risiko ist die Kombination der Wahrscheinlichkeit eines Ereignisses und deren Konsequenz.

3. Risiko kann als Streuung von Zielgrößen um einen Mittelwert aufgefasst werden (Volatilität = Schwankungsbreite).

Letztlich haben alle Beschreibungen einen Bezug zum Trading. In erster Linie bedeutsam sind die Bereiche Statistik und Rechnen mit Wahrscheinlichkeiten. Bei der Stoppsetzung sollten Sie die Schwankungsbreite eines Marktes berücksichtigen. Trader bezahlen mit ihrem Risiko, wenn Stopps innerhalb des natürlichen Rauschens eines Marktes gelegt werden, weil sie dann garantiert ausgestoppt werden.

Weitere Risiken, die Trader mehr oder weniger beeinflussen oder sogar kontrollieren können, sind in der Tabelle 2.1 wiedergegeben.

Arten von Risiko (Beispiele)	Einfluss	Risikokontrolle
Broker	nein	Augen auf bei der Partnerwahl
Risiko des Anlageproduktes	nein	
Emittentenrisiko	nein	Augen auf bei der Partnerwahl
Währungsrisiko	nein	
Marktrisiko	nein	
Risiko von offenen Positionen	ja	Regeln zur Verlustbegrenzung
Übernachtrisiko	nein	Positionsgröße
Ihre Persönlichkeit	ja	Persönlichkeitsentwicklung

Tab. 2.1: Arten von Risiko: Möglichkeiten zur Einflussnahme und Risikokontrolle

Trader brauchen einen **Broker**, ein **Anlageprodukt** (z. B. Aktie, Future, Hebelzertifikat) und tragen selbstverständlich auch das den **Markt kennzeichnende Risiko** (Schwankungsbreite, Einfluss von Nachrichten). **Währungsrisiken** dagegen können Sie umgehen, wenn Sie in Ihrer Landeswährung handeln. Die mit dem Broker, dem Emittenten, der Auswahl von Markt und Anlageprodukt verbundenen Risiken können Sie nicht beeinflussen. Selbstverständlich wählen Sie diese selbst aus.

Traden Sie möglichst **Anlageprodukte**, die Sie verstehen. Das gilt insbesondere für **derivative Finanzinstrumente** (kurz: **Derivate**). Bei diesen gefällt es mir, wenn sich die Kursentwicklung des Derivates eins zu eins zum Basiswert verhält. Solche Basiswerte können z. B. Aktien, Anleihen, Rohstoffe, Währungen oder Edelmetalle sein. Zu den Derivaten zählen z. B. **Hebelzertifikate** (Knock-out-Produkte) und **CFDs** (Contracts for Difference).

Bei **Knock-out-Produkten** ist zu beachten, dass sie eine Grenze haben, bei der das Hebelzertifikat (Knock-out-Schwelle) wertlos wird. Bei Erreichen dieses Kurses verlieren Sie Ihren gesamten Einsatz. Eine Nachschusspflicht besteht nicht. Die Stoppsetzung können Sie vereinfachen, wenn Sie Produkte wählen, bei denen die Knock-out-Schwelle Ihrem Stoppkurs entspricht.

Auch **CFDs** sind an sich transparente Produkte, wenn Sie keinen Marketmaker als Gegner haben. Sollten Sie den CFD-Handel bevorzugen, finden Sie einen Broker, der seine Kurse an Reuters oder XETRA bindet. Daneben sollte der Broker auch in bewegten Marktphasen Preise innerhalb festgelegter Handelsspannen garantieren. Aktuell häufen sich die Zeichen, dass CFD-Trading auf bestimmte Hebel limitiert, möglicherweise sogar verboten werden könnte. Die Impulse hierzu kommen aus dem europäischen Ausland.

Der transparenteste Handel ist über die **Futures-Märkte** möglich (www.eurex.com). Futures sind Terminkontrakte. Diese werden üblicherweise auf Marge erworben. Der Käufer bezahlt nicht den vollen Wert des Futures, sondern hinterlegt lediglich eine Sicherheitsleistung. Weltweit gibt es zu jeder Zeit immer nur einen Kurs für einen Futures-Kontrakt. Das können selbst Aktien nicht bieten, die je nach Börse unterschiedliche Spreads und Preise haben.

Hebelprodukte (z. B. Futures, Hebelzertifikate, CFDs) haben zwei große Vorteile gegenüber einem Direktinvestment: Sie können **1.** mit geringerem Kapitaleinsatz dieselben Ergebnisse erzielen und **2.** an steigenden und fallenden Kursen teilhaben. Hebelprodukte an sich sind **nicht** mit höheren Risiken behaftet, wie vielfach behauptet wird. Sie ermöglichen es gerade Marktteilnehmern mit kleinem Geldbeutel, am großen Spiel teilzuhaben.

Stellen Sie sich vor, Sie stecken 1 000 Euro in ein Direktinvestment, z. B. eine Aktie. Steigt dieses um 5 Prozent, gewinnen Sie 50 Euro. Fällt die Aktie um 10 Prozent, verlieren Sie 100 Euro. Kaufen Sie stattdessen ein Anlageprodukt mit einem Hebel von 10, benötigen Sie ein Zehntel vom Kapital, um dieselben Ergebnisse zu erzielen. Statt der erforderlichen 100 Euro setzen viele Anfänger die vorhandenen 1 000 Euro ein. Fünf- und zehnprozentige Kursänderungen führen dann z. B. beim CFD-Handel zu einem Gewinn von 500 Euro und einem Verlust von 1 000 Euro. Damit bestehen beste Aussichten, in der Statistik bei der Gruppe zu landen, in der sich über 90 Prozent der Anfänger zu Hause fühlen: die Gruppe der Verlierer.

Trader, die vom schnellen Geld träumen und ihren Hebel von 10 auf 50 ändern, lernen meistens die ungemütliche Seite der Hebelwirkung kennen. Dieses Verhalten können Sie mit einem Hobbysportler vergleichen, der es auf zehn Liegestützen bringt. Selbst wenn er sich für den nächsten Tag die 50 als Ziel vornimmt, wird er es vermutlich nicht schaffen und nach kurzer Zeit platt am Boden liegen.

Das **Risiko einer offenen Position** ist zumindest im Day-Trading weitestgehend kontrollierbar. Grundlegend dafür ist der Einsatz von Stopps zur Verlustbegrenzung. Bei geöffneten Märkten und hohen Umsätzen besteht unter normalen Bedingungen ein geringes Restrisiko, dass Stop-Loss und tatsächlicher Verkaufskurs weit voneinander entfernt liegen. Vor allem Anfänger sollten berücksichtigen, dass sich die Risiken aller offenen Positionen summieren.

Das **Übernachtrisiko** wird von den meisten Tradern einfach so hingenommen. Das ist erstaunlich, weil dieses Risiko am wenigsten einschätzbar ist. Wenn z. B. der DAX eine Eröffnungslücke von 250 Punkten aufweist, kann das für Sie sehr teuer werden. Ohne Stoppsetzung verringert sich z. B. der Wert einer Mini-DAX-Position um 1250 Euro (250 Punkte x 5 Euro). Das Übernachtrisiko kann auch durch Stopps zur Verlustbegrenzung nicht beherrscht werden. Wenn der Kurs den Stoppkurs erreicht, wird die Stop-Loss-Order zu einer Market-Order, so dass die Position zum nächstmöglichen Kurs aufgelöst wird. Der sollte dann nahe am Eröffnungskurs liegen, selbst wenn Sie einen 100-Punkte-Stopp verwendet haben. Gegen das Risiko von Kurslücken ist kein Kraut gewachsen, außer Sie sehen von Übernachtpositionen ab.

Ein wichtiger Zusammenhang besteht zwischen **Risiko** und **Haltedauer**. Je länger Sie eine Position halten, umso größer ist Ihr Risiko. Bei der Stoppsetzung sollten Sie unbedingt den Einfluss der Schwankungsbreite des Marktes berücksichtigen.

Vor allem für Anfänger hilfreiche sogenannte **Börsenweisheiten** und **Regeln zum Thema Risiko:**

1. Vergrößern Sie Positionen nur im Gewinn.

2. »Gewinne laufen lassen bis ..., Verluste begrenzen.« (vgl. Kap. 3.1).

3. »The Trend is your Friend.« Ob der Trend zukünftig zu Ihrem Freundeskreis gehören wird, hängt auch von Ihrer Persönlichkeit ab. Nicht jedem liegt es, einem Trend zu folgen. Das Besondere an der Trendfolge ist, dass Sie lediglich eine günstige Gelegenheit finden müssen, bei der Sie auf den Zug aufspringen (Rücksetzer, kurzfristige Seitwärtsbewegung). Beim Traden mit dem Trend gehen Sie den Weg des geringeren Widerstands: Sie kaufen, wenn der Markt steigt, oder verkaufen, wenn der Markt fällt. Gewinne nehmen Sie mit, wenn sich die Trendrichtung ändert. Trendfolgestrategien sind leicht umzusetzen.

Jeden einzelnen Euro, das freie und in Depotwerten auf Ihren Konten gebundene Kapital sollten Sie uneingeschränkt als **Risikokapital** ansehen. Das ist unabhängig davon, ob es sich bei Ihren Wertpapieren um sogenannte spekulative Investments oder vermeintlich sichere Aktien handelt. Im Gegensatz zu materiellen Werten wie Häusern, Autos, Kunst, Kleidung oder Lebensmitteln haben Sie auf Ihr Risikokapital nicht zu jeder Zeit Zugriff.

2.2 Risiken sind im Paket inbegriffen

2.2.1 Pläne sind persönlich

Der **Trading-Plan** sollte Antworten auf die verschiedenen **W**-Fragen enthalten: **Wann** haben Sie Zeit, **was** und **wie** traden Sie? **Welchen** Markt handeln Sie, **welches** Anlageprodukt setzen Sie ein? Traden Sie Gelegenheiten, haben Sie ein Trading-System auf Ihre Bedürfnisse angepasst oder nach einer von Ihnen entwickelten Strategie? Sind Sie Day-, kurz-, mittel- oder langfristig orientierter Positions-Trader? **Wie viel** Risiko vertragen Sie? Schließlich geht es auch darum festzulegen, **wohin** die Reise gehen soll (Ziel).

▸ Meine Trading-Zeit	Tag(e): ....., Uhrzeit: von ..... bis .....
▸ Mein Markt	....
▸ Meine Trade-Dauer	.... Tage, Wochen, Monate
▸ Mein Trading	.... mit Strategie
	.... intuitiv
▸ Mein Anlageprodukt	....
▸ Mein Kapital	.... €
▸ Mein Risiko	.... € max. Drawdown
	.... € pro Trade
▸ Meine Ziele	.... € im Jahr
	.... € im Monat
	.... € in der Woche

Aufgabe Trading*: Was in deinem Trading-Plan eine Rolle spielt. Ursprünglich Seminarunterlagen, www.freiraumstrategen.com. Weitere Aufgabe in Kapitel 2.2.2.*

Mindestkapital

Sie können mit fast jedem Kapital traden. Wie Sie bereits wissen, habe ich aus 470 Euro 4 000 Euro gemacht. Die Frage, die Sie sich bei niedriger Kapitalisierung zwangsläufig stellen müssen, lautet: »Welchen **Markt** und welches **Anlageprodukt** kann ich mir leisten?« An dieser Stelle kommt das Risiko ins Spiel. Wenn Sie bei hoher Volatilität keinen sinnvollen Stopp (außerhalb der Schwankungsbreite) setzen können, müssen Sie sich einen anderen Markt suchen.

Daneben sollten Ihre Trading-Ergebnisse und die unvermeidlichen weiteren Kosten, wie z. B. die Broker- und Börsengebühren, in einem gesunden Verhältnis zueinander stehen. Bei Gebühren von z. B. 6 Euro und Gewinnzielen von 10,50 Euro ist das nicht gegeben.

Knock-out-Produkte können Sie auch mit kleinem Geld handeln. Futures-Handel kommt mit niedriger Kapitalisierung vermutlich nicht in Frage, weil Sie das Geld für die Sicherheitsleistung aufbringen müssen. Der Trader **Tobias Heitkötter** sieht für den Handel mit Futures ein erforderliches Mindestkapital bestehend aus der Margin und dem doppelten Betrag des persönlichen Drawdowns.

Kontoeröffnungsbetrag hat Ankerwirkung

Viele Trader ankern an dem Geldbetrag, den sie bei der Kontoeröffnung eingezahlt haben. Diese Zahl ist an sich unbedeutend. Es ist einerlei, ob 1 000 Euro, 2 000 Euro oder 10 000 Euro auf Ihrem Konto liegen, wenn Sie beabsichtigen, eine Position mit einem Kapitaleinsatz von 500 Euro und einem Risiko von 100 Euro einzugehen.

Fast jeder weiß auch noch nach Jahren, wie viel Geld einst eingezahlt wurde. Dafür gibt es mindestens zwei Gründe:

1. Diejenigen, die vergleichsweise wenig Geld haben, schrauben an der Summe bis zur Kontoeröffnung lange herum. Oftmals findet ein innerer Dialog statt, ob es denn 2 500 Euro oder doch eher 5 000 Euro sein sollten. Interessanterweise gibt es meistens auch keinen Betrag dazwischen. Ungünstig kann es sich auswirken, wenn man bis dahin schon das eine oder andere über eine vermeintlich notwendige Mindestsumme gelesen hat.

2. Meistens werden runde Beträge wie 1 000 Euro, 10 000 Euro oder 20 000 Euro eingezahlt. Das ist wenig hilfreich, da diese Beträge Ankerwirkung haben.

Stellen Sie sich vor, Sie zahlen 10 000 Euro auf ein Konto ein und beginnen mit dem Trading. Sie sind zunächst erfolgreich. Ihr Kapital legt im einstelligen Prozentbereich zu. Nach nur wenigen Trades haben Sie bereits die ersten 1 000 Euro verdient (Abb. 2.2).

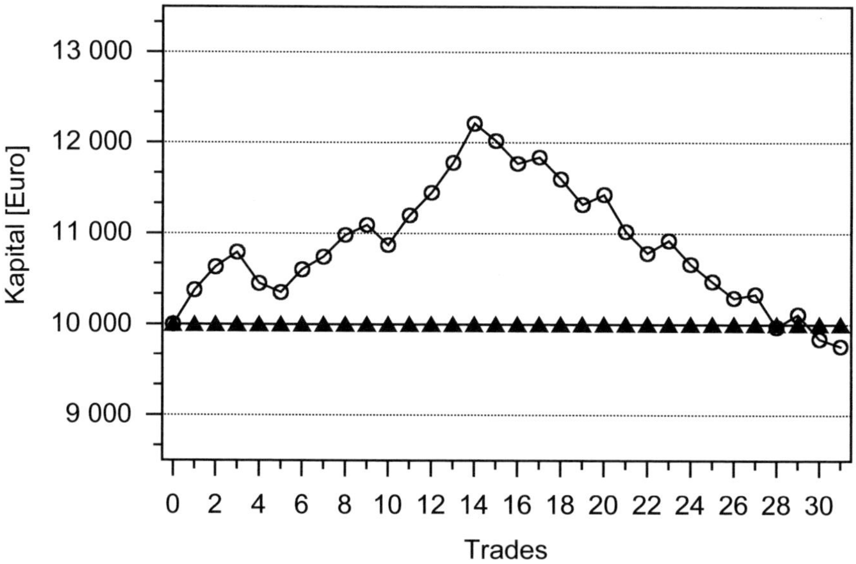

Abb. 2.2: Ankerwirkung eines Kontoöffnungsbetrags (Dreiecke) von 10 000 Euro: Kreise = Kapitalentwicklung

Dieser Betrag wird häufig ins Verhältnis zur eingezahlten Summe gesetzt, was an sich zu nichts führt. Die Kaufkraft von 1 000 Euro ändert sich auch nicht, wenn Sie aus 20 000 Euro mit denselben Trades 21 000 Euro gemacht hätten. Daneben brennt sich der Wert vom Startkapital in Ihrem Gehirn ein. So haben Sie noch immer die 10 000 Euro auf dem Schirm. Das ist ungefähr so, als wenn Sie 1 000 Höhenmeter hinter sich gelassen haben, aber anstatt die Aussicht zu genießen, Ihren Gefühlen, Gedanken und Erlebnissen in dem kleinen Dorf im Tal nachhängen, von dem aus Sie Ihre Reise angetreten haben. Erfreuen Sie sich stattdessen lieber an der Aussicht.

Weitere Trades führen Sie in Richtung 12 500 Euro. Das könnte ein lohnenswerter Zeitpunkt sein, mal in sich zu gehen. »Warum?« fragen Sie berechtigterweise. Es gibt keinen Grund, warum Sie das gerade jetzt tun sollten, abgesehen von der Tatsache, dass Sie Ihren Verdienst von fast 25 Prozent wertschätzen.

Das gelingt Ihnen nur dann, wenn Sie nicht am ursprünglich eingezahlten Betrag von 10 000 Euro festhängen (ankern). Wichtig ist, den Kontostand von aktuell ungefähr 12 500 Euro wertfrei wahrzunehmen und vor allem zu verinnerlichen. Solange Sie die 10 000 Euro in Ihrem Blickfeld haben, werden Sie diesen Geldbetrag ganz sicher auf Ihrem Kontoauszug wiedersehen. Diese Summe ist bei der ersten Verlustserie Ihr unbewusstes Ziel. Von daher sollten Sie sich weniger mit Ihrem Kontoeröffnungsbetrag befassen und stattdessen regelmäßig den aktuellen Wert Ihres Kapitals in Ihrem Inneren anpassen.

Die weitere Kontoentwicklung der in Abbildung 2.2 wiedergegebenen Trades verläuft negativ. Viele empfinden einen Rückfall auf das ursprünglich eingezahlte Geld zwar als ärgerlich, kommunizieren das Ergebnis mit sich selbst aber folgendermaßen: »Bis jetzt ist ja noch gar nichts passiert, ich habe ja noch nichts verloren« – ein gewaltiger Trugschluss. Ich formuliere es mal in klaren, vielleicht etwas harten Worten: Sie haben Zeit verschwendet, weil Sie Ihr bereits verdientes Geld nicht geschützt haben. Daneben sind Sie finanziell dort angekommen, von wo Sie losgelaufen sind, und körperlich haben Sie auch Federn gelassen, weil Sie Cortisol oder Adrenalin durch Ihre Blutbahnen gejagt haben. Vielleicht hat auch Ihr Geist gelitten, weil Sie Ihren inneren Zustand an die Kapitalentwicklung gekoppelt haben. Dementsprechend mies fühlen Sie sich jetzt. Und zu guter Letzt hat vermutlich auch noch Ihr Umfeld die Ausläufer Ihres finanziellen Misserfolgs zu spüren bekommen. Ehrlich gesagt: »Das macht doch so keinen Sinn!«

Die Aufgabe, die Day-Trader täglich, die anderen in ihrem Trading-Rhythmus, erledigen müssen, ist eine innere Anpassung auf den aktuellen Kontostand. Durch ständiges bewusstes Anpassen dieser Zahl, lassen Sie auch die Vergangenheit hinter sich. Weitere Möglichkeiten sind: Anstatt einer runden Summe wie 5 000 Euro zahlen Sie 4 623,56 Euro als Erstbetrag auf Ihr Konto ein. Diese Zahl wirkt zwar auch wie ein Anker, allerdings ist dieser eher schwach und wirkt irgendwie verschwommen. Sie könnten auch immer mal wieder Geldbeträge in unterschiedlicher Höhe auf Ihrem Trading-Konto ein- oder auszahlen.

Maximaler persönlicher Drawdown

Auf die Frage »Haben Sie einen maximalen Drawdown für Ihr Konto festgelegt?« antworten erschreckenderweise 42 Prozent, dass sie nicht wissen, was man unter einem Drawdown versteht. Weitere 22 Prozent sind sich nicht klar darüber, wozu ein Drawdown notwendig ist (Abb. 2.3).

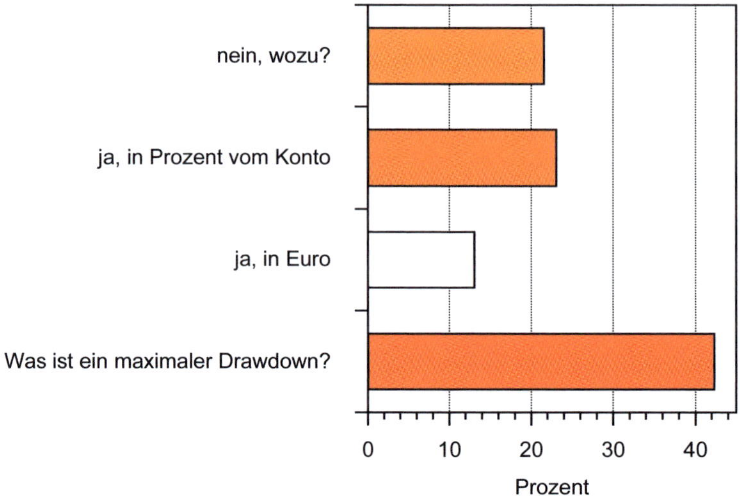

Abb. 2.3: Haben Sie einen maximalen Drawdown für Ihr Konto festgelegt?, n = 132 Befragte

Kaum mehr als ein Drittel der Befragten gab an, einen Drawdown für ihr Konto festgelegt zu haben. Schützen Sie Ihr Kapital, indem Sie einen **persönlichen maximalen Drawdown** festlegen. Dieser Satz ist eher als eine Aufforderung zu verstehen, weniger als eine Empfehlung.

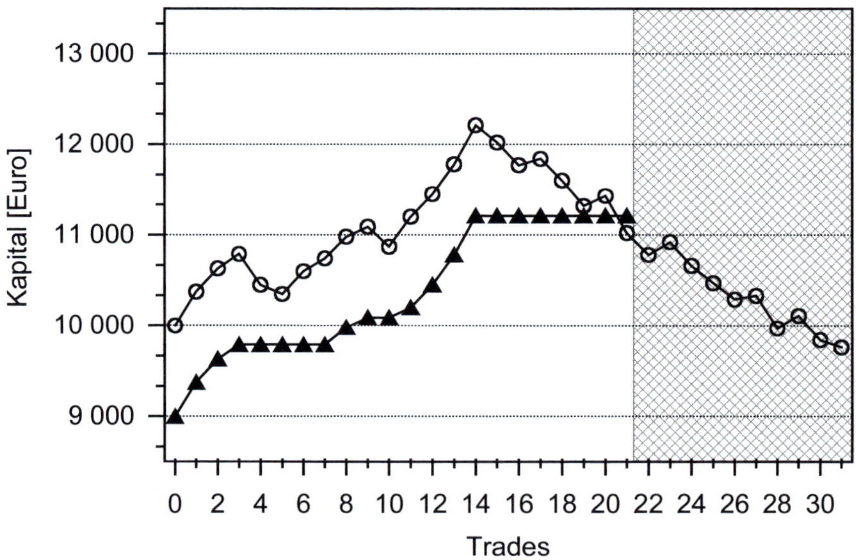

Abb. 2.4: Kapitalschutz eines Kontoeröffnungsbetrags von 10 000 Euro durch einen Drawdown von 1 000 Euro: Dreiecke = Drawdown-Entwicklung, Kreise = Kapitalentwicklung, grau schraffierte Fläche = Trades, die nicht mehr durchgeführt wurden

Ein Drawdown verhält sich im weiteren Sinn wie ein nachlaufender Stopp (Trailing-Stop), nur dass in diesem Fall nicht der einzelne Trade, sondern das Konto geschützt wird. Bei negativer Kapitalentwicklung haben Sie ausgehend vom letzten Kapitalhoch den Betrag des Drawdown als Puffer. Wird dieser unterschritten, sollten Sie das Traden zeitweilig einstellen. Der Drawdown ist eine so wichtige Zahl, dass Sie ihn in Ihrer Kapitalkurve eintragen sollten (Abb. 2.4).

Beim Vergleich der Abbildungen 2.2 und 2.4 sehen Sie bis zum 21. Trade dieselbe Kapitalentwicklung. Einziger Unterschied ist, dass der Trader in Abbildung 2.4 sein Konto mit einem Drawdown-Betrag von 1 000 Euro geschützt hat. Dadurch war er angehalten, bei ca. 11 000 Euro das Trading vorerst einzustellen. Die negative Kontoentwicklung wurde durch dieses Mittel begrenzt, die Trades 22 bis 31 (schraffierte Fläche) wurden nicht mehr durchgeführt.

In der Abbildung 2.5 sehen Sie den Unterschied zwischen einem zehnprozentigen und einem absoluten Drawdown von 1 000 Euro. In diesem speziellen Fall entspricht das ebenfalls 10 Prozent, weil 10 000 Euro eingezahlt wurden. Bei einem prozentualen Drawdown vergrößert sich dieser Betrag bei einer positiven Kapitalentwicklung.

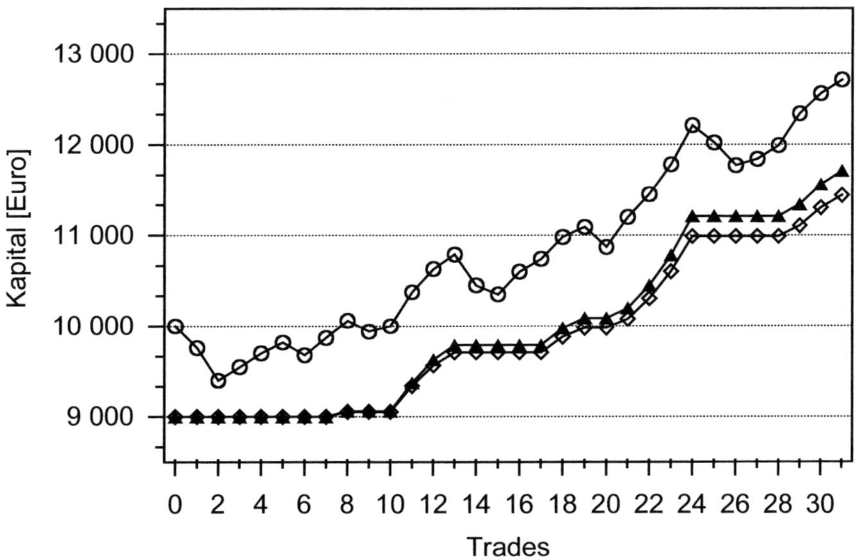

Abb. 2.5: Kapitalschutz eines Kontoeröffnungsbetrags von 10 000 Euro durch einen zehnprozentigen Drawdown (Rauten) und einen Drawdown von 1 000 Euro (Dreiecke): Kreise = Kapitalentwicklung

Der Betrag des ursprünglich eingezahlten Kapitals hinterlässt auch Spuren, wenn die Ergebnisse zunächst nicht so ausfallen wie erwartet (Abb. 2.6). Trader, die bereits nach acht Trades fast 10 Prozent ihres Kapitals verloren haben, bündeln erfahrungsgemäß sämtliche Kräfte, um **1.** die negative Entwicklung zu durchbrechen und **2.** schnellstmöglich den Betrag des Startkapitals auf dem Kontoauszug zu sehen. Damit einher geht oft ein erheblicher mentaler Kraftaufwand, der bei vielen sogar zum gewünschten Ergebnis führt. Danach aber wird es brenzlig. Einerseits übernehmen sich viele Trader bei dieser Aktion, andererseits ist ihnen nicht bewusst, dass sie nach Erreichen der 10 000 Euro kein weiteres Ziel festgelegt haben.

Oftmals schließt sich eine negative Kontoentwicklung mit größerer Dynamik an. In gewisser Weise hatte der Einstiegsanker von 10 000 Euro die Wirkung eines Widerstandes. Um diese Tatsache zu veranschaulichen, habe ich die Dreiecke bewusst abwärtsgerichtet dargestellt. Derlei Kontoentwicklungen können bei vielen Anfängern ausgemacht werden.

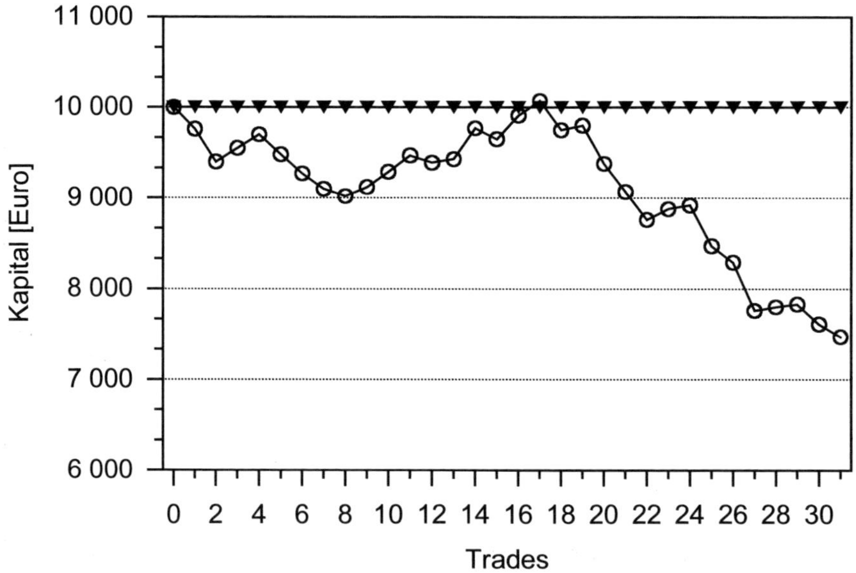

Abb. 2.6: Anker und Abstoßwirkung eines Kontoöffnungsbetrags (Dreiecke) von 10 000 Euro: Kreise = Kapitalentwicklung

Für den Fall einer negativen Kontoentwicklung ist es substanziell, einen Drawdown festgelegt zu haben. In der folgenden Abbildung sehen Sie, wie sich ein Drawdown von 1 000 Euro auswirkt. Die durch die grau schraffierte Fläche unterlegten Trades konnten vermieden werden.

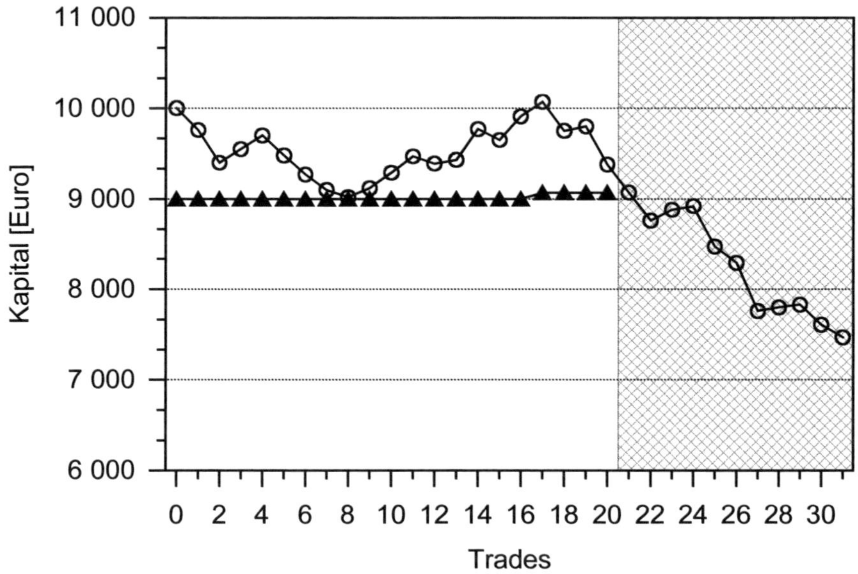

Abb. 2.7: Kapitalschutz eines Kontoeröffnungsbetrags von 10 000 Euro durch einen Drawdown von 1 000 Euro: Dreiecke = Drawdown-Entwicklung, Kreise = Kapitalentwicklung, grau schraffierte Fläche = Trades, die nicht mehr durchgeführt wurden

Trader, die sich im Vorfeld keine Gedanken über ihren maximalen Drawdown gemacht haben, werden über kurz oder lang ihr gesamtes Kapital verlieren. Die Beschäftigung mit dem persönlichen Drawdown (natürlich auch mit persönlichen Zielen) ist eine oft vernachlässigte Aufgabe. Immer wieder erlebe ich in Seminaren die Situation, dass Teilnehmer keine Vorstellung von ihrem Drawdown haben oder kurzerhand irgendwelche Zahlen ohne Bezug nennen. Der Drawdown ist einer persönlichen Grenze vergleichbar und sollte ein für Sie fühlbarer Betrag sein. Wie hoch darf ein Verlust bei Ihnen sein, bevor Sie es nicht mehr aushalten können und innerlich zu toben beginnen? Schon bei einem Verlust von 1 000 Euro, 2 000 Euro, 5 000 Euro oder erst bei 8 000 Euro, wenn Ihr Startkapital 10 000 Euro betrug?

Strategischer Drawdown

Der **strategische Drawdown** wird berechnet und aus tatsächlichen Trades abgeleitet, die bestenfalls nach einer klaren Strategie erfolgt sind. Unerheblich ist, ob es sich um Live-, Demo- oder aus Backtests erzeugte Trades handelt. Wesentlich ist, dass Sie Ihre Trades im Tagebuch vermerken. Bei einer statistisch relevanten Anzahl können Sie Ihre Ergebnisse nach bestimmten Regeln filtern, bis Sie zu einem für Sie stimmigen Drawdown gelangen. Der Trader **Tobias Heitkötter** regt an, den strategischen Drawdown auf die Hälfte bis maximal zwei Drittel des Wertes vom persönlichen Drawdown festzulegen. Somit sollte gewährleistet sein, dass Sie entspannt traden können, selbst wenn Sie zu Beginn Ihrer Trading-Karriere mit Echtgeld in eine Drawdown-Phase geraten.

2.2.2 Besser mit Strategie

Trading-Strategien gibt es unendlich viele. Daher erfahren Sie in diesem Kapitel einiges Grundsätzliches, was Sie bei der Strategieentwicklung berücksichtigen können. Ich glaube, dass Anfänger eine Strategie brauchen, um ihre Überlebenschancen in finanzieller Hinsicht nachhaltig zu steigern.

Klare Regeln zu haben und einzuhalten, machen die Trading-Praxis messbar. Eine sinnvolle ist z. B., mit der Positionseröffnung einen Stopp zur Risikobegrenzung und ein Gewinnziel einzugeben. Die meisten meiner Klienten entwickeln Trading-Strategien und haben durch das wiederholte Anwenden einen Trainingseffekt. Trotzdem gibt es immer wieder Gründe, warum auch erfolgreiche Trader von ihren Trading-Strategien abweichen. Nicht immer erkennen sie, woher das kommt. Wenn es Ihnen auch so gehen sollte, fragen Sie sich, warum Sie sich nicht an Ihre Regeln halten.

- Du glaubst, es besser zu wissen (selbst wenn du die Regeln aufgestellt hast).
- Dir fehlt das Vertrauen in (deine) Regeln.
- Du hast ein Autoritätsproblem (mit deinem Vater oder deiner Mutter).
- Du willst beweisen, dass Trading nicht funktioniert.
- Du suchst eine Abkürzung.
- Du brauchst eine Projektionsfläche.
- Du bist Mittelmaß gewohnt.
- Du findest es langweilig, dich an Regeln zu halten.
- Du bist ein intuitiver Mensch.
- …

Personal-Trader-Coaching: *Woher kommt es, dass du dich nicht an (deine) Regeln hältst? Weitere Aufgabe in Kapitel 2.3.*

Viele Menschen sind im normalen Leben Mittelmaß gewohnt. Sie leben nach dem Motto »Irgendwie komme ich damit schon durch«. Das gelingt aber weder im Spitzensport noch beim Trading. Regeln werden als Spaßbremsen empfunden. Wer sich an Regeln hält, gilt möglicherweise auch als spießig. Beim Trading führt das Vernachlässigen von Regeln fast zwangsläufig zu unterschiedlich intensiven Gefühlen.

Die Mehrheit meiner Klienten behauptet zu Beginn unserer Zusammenarbeit, dass sie nach einer Strategie handelt. Dem ist meistens nicht so. Nur weil sie auf der Höhe des letzten Hochs eine Long-Position eingehen, ist es noch lange keine Strategie. Ebenso wenig reicht es aus zu sagen: »Ich steige nach einem Abverkauf, einem doppelten Boden oder erst dann ein, wenn ein Basiswert innerhalb von fünf Tagen mehr als zehn Prozent verloren hat.« Trader müssen spezifizieren, was sie unter einem Abverkauf verstehen, wann es sich um einen doppelten Boden handelt und zu welchem Zeitpunkt mit welchem Ordertyp der Einstieg erfolgen soll. Die Argumente müssen unmissverständlich erfüllt sein. Dazu sollten sie mit Zahlen belegt werden. Wie viel Volumen kennzeichnet einen Abverkauf? In welcher Zeit muss er erfolgen, damit diese Eigenschaft erfüllt ist? Spielt es eine Rolle, wann am Tag oder an welchem Wochentag der Abverkauf erfolgt? Wie viel Prozent Rendite ist anschließend durchschnittlich zu erwarten? Diese und die Klärung weiterer Fragen führen dazu, dass Trader ein klares Bild für ihre Einstiegsgründe bekommen.

Trading-Strategien machen die Praxis **messbar**. Dafür brauchen Händler **klare Regeln**. Diese sollten bestenfalls in normalen Märkten regelmäßig anwendbar sein. Normal ist z. B. auf die Umsätze oder die Volatilität bezogen. Trader sollten ihre **Strategie umfassend beschreiben** (schriftlich, mindestens fünf DIN A4-Seiten), so dass sie auch ein Nicht-Trader verstehen und handeln könnte. Bei der Beschreibung könnten Sie sich z. B. auch zu Ihren Handelszeiten äußern, den Gründen, warum Sie in bestimmten Fällen ein Signal nicht handeln, wie Sie den Trend bestimmen und mit welchem Ordertyp Sie Positionen eingehen oder schließen. Die Liste ließe sich beliebig ergänzen. Der Sinn dieses Kapitels liegt darin zu begreifen, was eine Strategie ausmacht. Bestenfalls entwickeln Sie ein System, das in verschiedenen Märkten funktioniert. Trader, die ein System auf ihre Bedürfnisse angepasst haben, sich auf eine vorgegebene Strategie eingelassen oder ihre persönliche entwickelt haben, gehören in der Regel zu den erfolgreichen. Sie verdienen konstant Geld. Bis es so weit war, haben manche Jahre daran gearbeitet.

- **Meine Trading-Zeiten**
- **Meine Grundeinstellungen**
  - Markt
  - Chart (Tick, Range, Zeit)
  - Technische Indikatoren (Trendfolger, Oszillatoren)
- **Meine Einstiegsregeln:** wie genau? messbar!
  - **Long:** welcher Order-Typ?, Ziel (Euro), Stopp (Euro)
  - **Short:** welcher Order-Typ?, Ziel (Euro), Stopp (Euro)
- **Meine Ausstiegsregeln:** wie genau? messbar!
  - **Long:** welcher Order-Typ?, Ziel (Euro), Stopp (Euro)
  - **Short:** welcher Order-Typ?, Ziel (Euro), Stopp (Euro)
- **Meine möglichen Trading-Ergebnisse:**
  - Gewinnziel erreicht
  - Teilgewinn, Break-even, Teilverlust durch Stoppanpassung (Gründe für die Anpassung: **1.** Deine Regeln, **2.** Ende deiner Handelszeit, **3.** Ende der festgelegten Haltedauer deines Trades)
  - Verlust (ausgestoppt)
- **Beschreibe deine Strategie mit mindestens fünf DIN-A4-Seiten Text.**
- **Wie testest du deine Trading-Strategie?**
  - ...
  - ...

Aufgabe Trading*: Erfüllt deine Strategie die Eigenschaften einer Trading-Strategie? Ursprünglich Seminarunterlagen, www.freiraumstrategen.com. Weitere Aufgabe in Kapitel 2.2.3.*

Immer wieder kommt es vor, dass Anfänger sich nicht die Zeit nehmen, zunächst einmal ein Gefühl für einen Markt zu bekommen und diesen zu beobachten. Die Herangehensweise, sich eine bestimmte Anzahl Punkte als Gewinnziel auszudenken und sich vorzunehmen, diese z. B. aus dem FDAX »herauszuschneiden«, ist selten von nachhaltigem Erfolg gekrönt. Entscheidend ist, was Ihnen ein Markt geben kann. Dazu müssen Trader den Markt zunächst kennenlernen. Stellen Sie sich vor, Sie führen zehn Trades aus. Ohne einen Bezug zum Markt legen Sie ein 15-Punkte-Gewinnziel und einen Stop-Loss von 7 Punkten fest (Tab. 2.2). Das Ergebnis fällt positiv aus: Vier Gewinn-Trades bringen 60 Punkte, die sechs Verlierer kosten 42 Punkte (6 x 7 Punkte).

Trade	Ziel erreicht/ausgestoppt [Punkte]	Weitere Beobachtungen
1	15	25 Punkte wären möglich gewesen
2	15	23 Punkte wären möglich gewesen
3	–7	bei –9 Punkten hat der Markt gedreht
4	15	21 Punkte wären möglich gewesen
5	–7	bei –10 Punkten hat der Markt gedreht
6	–7	bei –12 Punkten hat der Markt gedreht
7	–7	bei –9 Punkten hat der Markt gedreht
8	–7	bei –8 Punkten hat der Markt gedreht
9	–7	bei –11 Punkten hat der Markt gedreht
10	15	21 Punkte wären möglich gewesen

Tab. 2.2: Markt kennenlernen: Trades, Trading-Ergebnis, weitere Beobachtungen

Eine von vielen Aufgaben in der Kennenlernphase eines Marktes ist es, das **beste Verhältnis von Gewinnziel zu Stopp** zu finden.

Möglicherweise erzielen Sie mit einem 5-Punkte-Stopp bessere Ergebnisse, weil Sie 6 x 2 Punkte weniger verlieren. Wichtig ist dann natürlich, dass die Gewinn-Trades Bestand haben. Andererseits könnten Sie auch mit einem Stopp von 13 Punkten zu mehr Rendite gelangen, da aus den bisherigen Verlust-Trades Teilverluste, Break-even-Trades, Teilgewinne oder sogar 15-Punkte-Gewinn-Trades entstehen könnten. Die gewonnenen Informationen könnten auch dazu führen, am 7-Punkte-Stopp festzuhalten und stattdessen das Gewinnziel auf 20 Punkte anzupassen. Das Verhältnis von Gewinnern zu Verlierern bleibt dasselbe. Die Rendite allerdings steigt von 18 Punkten auf 38 Punkte. Diese Beobachtungen können Sie nutzen, wenn Sie regelmäßig jeden Demo- und Live-Trade ins Trading-Tagebuch in die Spalte »Beschreibung des Trades« eintragen (Kap. 2.2.3). Noch schneller erhalten Sie messbare Ergebnisse, wenn Sie bereits vergangene Trades einbeziehen (Backtest).

Anfänger verwenden gerne viele verschiedene **Technische Indikatoren**, ohne sich ernsthaft mit den Unterschieden von **Trendfolgern** und **Oszillatoren** (zeigen Trendwechsel an) auseinanderzusetzen. Jeder in einer Trading-Strategie verwendete Indikator sollte eine klare Aufgabe haben. Die meisten erfolgreichen Trader kommen mit wenigen Indikatoren aus. Sie verwenden z. B. einen zur **Trendbestimmung** (gleitender Durchschnitt, Bollinger-Bänder oder Moving Average Convergence Divergence, MACD) und einen weiteren zur **Einschätzung der Volatilität** (Average Daily Range, ADR oder Average True Range, ATR). Daneben kann es auch weiterhelfen, Informationen eines Marktes sichtbar zu machen, die nicht aus dem Chart abgelesen werden können, wie z. B. das Volumen.

Einen Markt kennenzulernen, heißt auch, seine tiefere Struktur oder Wiederholungen aufzuspüren. In Abbildung 2.8 sehen Sie oben einen 10-Minuten-Chart vom FDAX, in der Mitte den dazugehörigen Volumen-Chart und unten den Verlauf der Volatilität.

Sie können leicht erkennen, dass

1. die Volatilität zur Markteröffnung in Deutschland (1) immer besonders hoch ist. Wenn Sie vorhaben, in diesen Zeiten zu handeln, sollten Sie das bei Ihrer Stoppsetzung berücksichtigen.

2. Ein weiterer Volatilitätspeak ist ab 15.30 Uhr mit der Markteröffnung in den USA zu beobachten (2). Dieser ist schwächer als der vom Vormittag, dennoch scheint auch der Handelsbeginn in den USA einen Einfluss auf den FDAX zu haben.

3. Die Volatilität ist mittags deutlich geringer und nach 17.30 Uhr können Tagestiefwerte beobachtet werden.

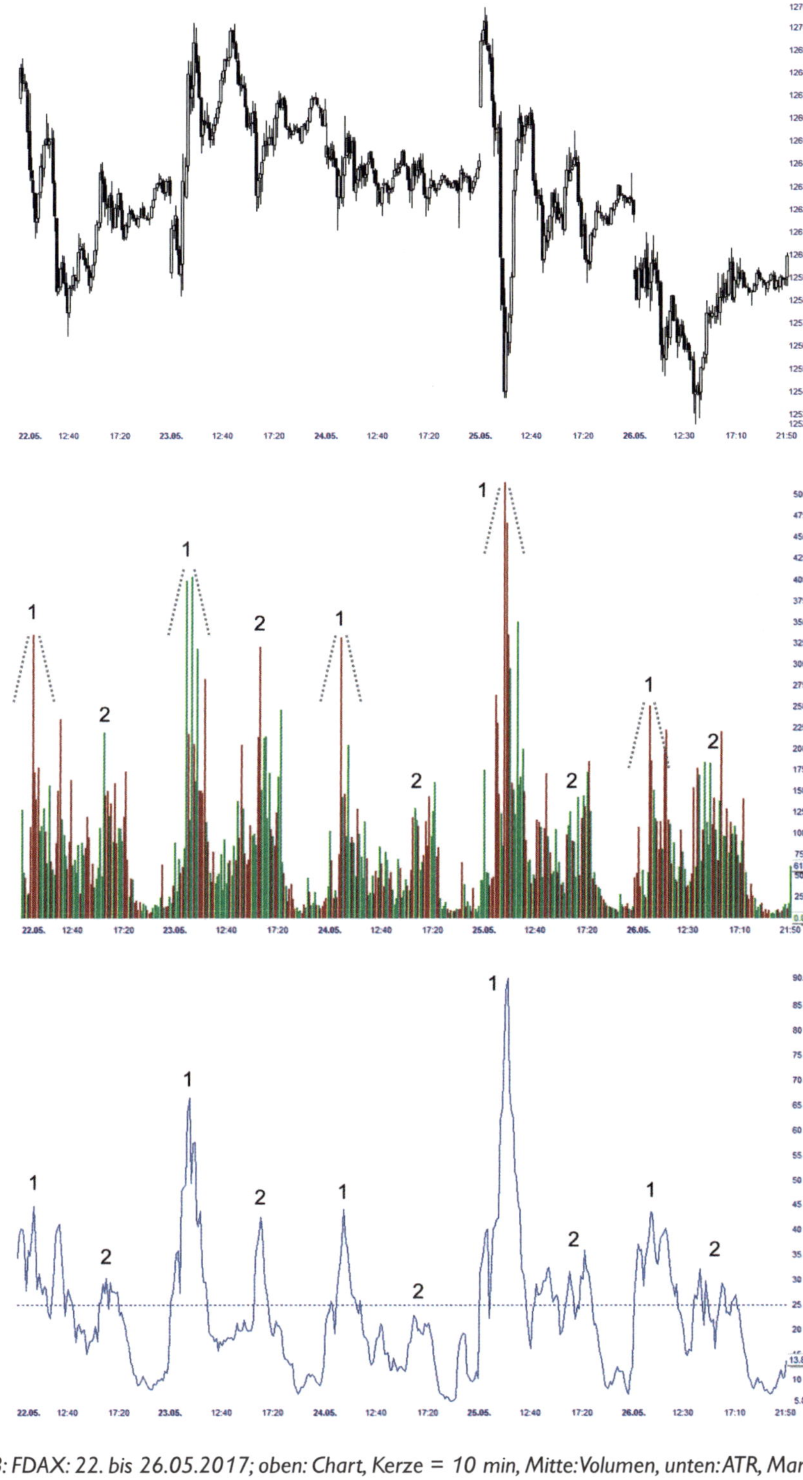

Abb. 2.8: FDAX: 22. bis 26.05.2017; oben: Chart, Kerze = 10 min, Mitte: Volumen, unten: ATR, Markteröffnung: 1 = Deutschland, 2 = USA

Im Volatilitätschart spiegelt sich auch der natürliche Tagesablauf von Händlern wieder. Bei Anfängern ist immer wieder festzustellen, dass sie bei der Umsetzung von Signalen gerade darauf nicht achten. So kann es ihnen bei der Verwendung von zeitbasierten Charts entgehen, dass sich wenige Händler am Umsatz beteiligen oder der Markt bereits geschlossen hat.

Wenn Sie Positionen über mehrere Tage halten, sollten Sie die ATR bei der Stoppsetzung berücksichtigen. Dafür könnten Sie z. B. die Volatilitätswerte auf der Basis von Tages-Charts als Grundlage nehmen (Tab. 2.3).

Zeit	min. ATR-Wert	max. ATR-Wert
10 min	5,8	90,6
60 min	25,0	143,0
1 Tag	202,0	284,2

Tab. 2.3: FDAX: 22. bis 26.05.2017; minimale und maximale Werte der Average True Range (ATR) im 10-Minuten, 60-Minuten- und Tages-Chart

Interview

mit Mario Steinrücken

Mario Steinrücken ist Bankkaufmann und hat verschiedene Prüfungen zum Wertpapierhändler abgelegt. Er hat viele Jahre an den Börsen in Stuttgart und Frankfurt als Skontroführer gearbeitet, Eigenhandel betrieben und Handelssysteme entwickelt. Bei der Euwax war er für deutsche Nebenwerte und ETFs, auf dem Frankfurter Parkett für inländische Aktien zuständig. Mario Steinrücken ist Vollblut-Börsianer, Trader, Coach, Finanzmarkt-Journalist und betreibt erfolgreich einen YouTube-Kanal (www.steinrueckenakademie.de).

Raimund Schriek: *Herr Steinrücken, Sie haben verschiedene Prüfungen zum Börsenhändler abgelegt und viele Jahre an den Börsen in Stuttgart und Frankfurt gearbeitet. Welche Vorteile hatten Sie als Börsenhändler gegenüber privaten Tradern?*

Mario Steinrücken: *Der größte Vorteil war wahrscheinlich der, dass ich mein Hobby zum Beruf machen konnte und so viel Zeit mit dem Trading verbracht habe. Daher rate ich jedem Trading-Neuling, zuerst ein paar tausend Trades auf einem Demokonto einzugehen, bevor man echtes Geld im Markt riskiert. Wenn man es schafft, auf einem*

Realtime-Demokonto nach 1 000 Trades im Plus zu sein, stehen die Chancen wesentlich besser, auch im realen Markt bestehen zu können.

Als angestellter Börsenhändler konnte ich mit echtem Geld meine Erfahrungen sammeln, ohne aber mein eigenes Geld riskieren zu müssen. Ein weiterer Vorteil war der, dass wir die Kurse zum Teil noch selbst berechnen mussten. Dadurch habe ich das gelernt, worüber in den wenigsten Trading-Büchern geschrieben wird – Kursrechnen. Durch den Orderfluss habe ich ein gutes Marktgefühl bekommen. Dann ist da natürlich auch noch das Thema Trading-Kapital, Ordergebühren und sonstige Kosten, die mit dem Trading einhergehen. Während meines Studiums habe ich in Stuttgart an der Börse als Praktikant gearbeitet. Als Student hätte ich es mir nicht leisten können, ein solide kapitalisiertes Trading-Konto zu eröffnen. Durch die hohe Anzahl an Trades hatten wir sehr günstige Transaktionskosten – aber mittlerweile haben ja auch die normalen Retail-Trader sehr gute Konditionen.

Auch um die Ausstattung meines Arbeitsplatzes mit Bloomberg, Reuters & Co. musste ich mir keine Gedanken machen. Allerdings habe ich während meiner Jahre an der Börse immer wieder feststellen dürfen, dass auch die meisten »Big Boys« nur mit Wasser kochen. Für den Anfang bedarf es keiner teuren Ausstattung – ein einfacher Chart mit Echtzeitdaten kostet heute auch nicht mehr die Welt.

Raimund Schriek: *Im Fernsehen sieht der Handel auf dem Parkett nach einer sehr entspannten Beschäftigung aus. Was waren Ihre Aufgaben? Wurde Ihre Arbeit kontrolliert?*

Mario Steinrücken: *Wertpapierhandel zählt in der Tat nicht zu den spannendsten Jobs – da kenne ich Berufe, die wesentlich mehr Action bringen. Es kommt natürlich auch immer wieder zu sehr hektischen Marktphasen – da ist z. B. die Bankenkrise 2008 zu nennen oder auch Spezialsituationen in Einzelaktien, wie 2008 der kurzfristige Anstieg bei VW-Stammaktien über die 1 000-Euro-Marke im Zusammenhang mit der Porscheübernahme. Diese waren aber die Ausnahme.*

Der Parketthandel, wie er vor dem Xetra-Zeitalter war, ist so gut wie ausgestorben. Wir haben auf dem Parkett immer gescherzt, nur noch die Statisten für die Besuchergruppen zu sein. 99 Prozent aller Aufträge werden vollautomatisch abgewickelt. Der »Skontroführer« (der gemeinhin als Börsenmakler bezeichnet wird), muss eigentlich nur noch bei illiquiden Aktien einspringen und die eingehenden Kauf- und Verkauforders bearbeiten. Da die meisten Orders über elektronische Börsen gehandelt werden, ist natürlich auch die Courtage der Börsenmakler sehr stark zurückgegangen. Aus diesem Grund musste das Geschäftsmodell ausgebaut werden, um mit eigenen aufgebauten Positionen Geld zu verdienen. Dies war auch meine Chance, mich weiterzuentwickeln. Jeder Händler wurde mit einem bestimmten Tagesverlustlimit ausgestattet. Innerhalb dieser Risikovorgabe konnten wir uns relativ frei bewegen und unsere eigenen Trading-Ideen umsetzen. Kontrolliert wurde natürlich die Ausführung der Kundenorders. Da hat die unabhängige Handelsüberwachung der Börse ein ganz genaues Auge auf die Korrektheit der Ausführungen. Unsere eingegangenen Positionen wurden von unserer Risikomanagementabteilung überwacht, so dass kein Trade aus dem Ruder laufen konnte. Wurde das Tagesverlustlimit erreicht, rief der Risikomanager direkt an, um den Händler zur Auflösung seiner Positionen anzuhalten.

Raimund Schriek: *Später haben Sie eine Zeit lang Eigenhandel für einen Finanzdienstleister nach einer vorgegebenen Strategie betrieben. Was sind Ihre Erfahrungen?*

Mario Steinrücken: *Das Nachhandeln einer vorgegebenen Strategie ist so eine Sache – das geht in der Regel nicht gut! Jeder Händler ist anders gestrickt und jeder Händler sollte seinen eigenen Weg finden. Meiner Meinung nach kann man nicht nachhaltig erfolgreich eine Strategie handeln, die man nicht auf seine Persönlichkeit abgestimmt hat. Ich persönlich war überhaupt nicht erfolgreich mit einer sehr kurzfristigen Scalping-Strategie, bei der man sich zwei bis drei Ticks aus dem Markt »geschnippelt« hat. Ich schaue mir eher den größeren Marktkontext an und suche die Stellen, an denen eine etwas länger anhaltende Bewegung zu erwarten ist.*

An der Börse kann man mit den unterschiedlichsten Strategien erfolgreich sein – sie müssen nur zu einem passen. Um die richtige Strategie zu finden, sollte man sich von den Standard-Chartformationen, wie z. B. der Schulter-Kopf-Schulter-Formation, fernhalten. Als Erstes sollte man sich damit beschäftigen, wie der Markt und seine Teilnehmer ticken. Wo werden größere Positionen auf- oder abgebaut, wo ist der Markt in einem Gleichgewicht? Daher ist es wichtig, sich Szenarien für den Markt zu erstellen und immer wieder zu prüfen, ob ein Szenario noch Bestand hat. Man muss sich immer fragen, ob gerade die Bullen oder die Bären am längeren Hebel sitzen und im Vorteil sind. Wenn man den Marktkontext versteht, ergeben sich die Strategien von ganz allein.

2.2.3 Ihr Tagebuch merkt sich alles

Viele haben weder eine Strategie noch ein auf ihre Persönlichkeit abgestimmtes Trading. Finanziell erfolgreich zu sein, ist damit auf unbestimmte Zeit verschoben. Ein Trading-Tagebuch zu führen, darauf legen viele keinen Wert. Woher kommt das eigentlich? Aus meiner Erfahrung liegt es daran, dass Trading mehr oder weniger als ein Zeitvertreib angesehen wird. Was fehlt, ist **die Entscheidung, ein finanziell erfolgreicher Trader zu sein.**

Das Tagebuch ist ein unersetzliches Hilfsmittel, mit dem Sie Ihren Weg nachzeichnen, sich kontrollieren und erfolgreich selbst managen. Wenn Sie Ihre Beobachtungen nicht aufschreiben, gehen diese womöglich ganz verloren. Darüber hinaus sind die eingetragenen Trades Grundlage für die Berechnung Ihres strategischen Drawdowns (vgl. Kap. 2.2.1). Die folgenden drei Tabellen sollten nebeneinander als elektronisches Dokument geführt werden. Handschriftliche Tagebücher sind für die persönliche Entwicklung wahrscheinlich noch wertvoller, erlauben es allerdings nicht, Trades nach bestimmten Regeln zu filtern oder Keywords zu finden.

TRADING-TAGEBUCH								
Einstieg								
Datum	Symbol / Basiswert	Stücke Kontrakte [Zahl]	Long / Short	Zeit	Preis [Euro]	Stopp [Kurs]	Risiko [Euro]	Gewinn-Ziel [Kurs]

TRADING-TAGEBUCH					
Ausstieg			Ergebnis		
Datum	Zeit	Preis [Euro]	Gewinn / Verlust [Punkte / Pips]	Gewinn / Verlust [Euro]	Gebühren [Euro]

TRADING-TAGEBUCH	
Kommentare	
Beschreibung des Trades	Verbesserungen

Tab. 2.4: Das Trading-Tagebuch

Um das Gefühl für einen Markt zu bekommen, sollten Sie den Verlauf jedes einzelnen Trades beschreiben. Die Kommentarspalten sind die entscheidenden, weil sie zu Ihrer Entwicklung und der Ihres Trading in besonderem Maße beitragen können.

TRADING-TAGEBUCH
Kommentare
Beschreibung des Trades
gut gelaufen / direkt in den Stopp / Gewinn

»**gut gelaufen**«, klingt wie ein schöner Spaziergang im Sonnenschein. Heißt gut, dass das Ziel erreicht wurde? War überhaupt ein Ziel vorhanden? Wie lange dauerte der Trade? Welche Gefühle oder Gedanken hatten Sie?

»**direkt in den Stopp**«: Welcher Stopp ist gemeint, der zur Gewinnsicherung oder zur Verlustbegrenzung? Wie hat sich das angefühlt? Bedeutet direkt, dass Sie innerhalb von Sekunden ausgestoppt wurden?

»**Gewinn**«: Abgesehen von der Information nicht Break-even oder Verlust, ist mit diesem Tagebuch-Eintrag keine Aussage verbunden. Wurde das Gewinnziel erreicht? Haben Sie eingegriffen, weil Sie es nicht mehr aushalten konnten, die Position also frühzeitig geschlossen, möglicherweise sogar mit sehr kleinem Gewinn?

Beschreibung des Trades
Ich habe keinen Stopp und kein Ziel festgelegt, was man natürlich immer machen sollte. Der Vorteil bei diesem Produkt ist, dass ich mit einem Abschlag eingestiegen bin. Die Laufzeit ist bis zum 14.12. dieses Jahres. Sollte sich das Zertifikat positiv entwickeln, werde ich die Position vorzeitig auflösen.

Was drückt diese Beschreibung aus? In der Spalte Verbesserungen könnte stehen, dass sich der Trader grundsätzliche Gedanken über seine persönlichen und finanziellen Grenzen (Stopp) und Ziele machen sollte. Wie viel Prozent machte der Abschlag aus? Wie sieht eine positive Entwicklung für das Zertifikat aus? 5 Cent, 10 Cent oder 50 Cent im Gewinn? Mit welchem Ordertyp wird die Position aufgelöst?

Beschreibung des Trades
52 Wochen hoch, MACD, Kursanstieg weiter

Das sind Fakten, mit denen Tagebuchschreiber möglicherweise im Moment etwas anfangen, vielleicht auch noch in der nächsten Woche. Wie sieht es in einem Jahr damit aus? Möglicherweise beschreiben diese Worte Einstiegsgründe, einen Trade-Verlauf jedenfalls nicht.

Beschreibung des Trades
Volkswagen steigt, heute Entscheidung des Richters in USA über Entschädigung, Spekulation auf positiven Ausgang. VW-Aktie wird positiv von Focus Money eingeschätzt. Kräftiger Anstieg. Trailing-Stop. Bei Rücksetzer ausgestoppt.

Was ist unter »Volkswagen steigt« zu verstehen? Ist die Aktie über Wochen, gestern oder in den letzten Stunden gestiegen? Selbst wenn die bevorstehende Entscheidung der Aktie Schwung verleihen sollte, wo lag das Gewinnziel? Wie hoch war der erwartete Betrag in Euro? Warum wurde ein Trailing-Stop verwendet? Wie hoch war das Risiko? Wann ereignete sich der Rücksetzer? Worauf war der Rücksetzer zurückzuführen? Wieso unterfüttert der Trader seine Entscheidung mit einer zweiten unbedeutenden Meinung, anstatt sich an Fakten zu halten? Diese Liste könnte ich sehr lange fortsetzen

Tagebuch zu schreiben, ist sicherlich eine sehr persönliche Angelegenheit. Dennoch sollte der Trade-Verlauf so beschrieben werden, dass Sie sich auch Jahre später noch ein Bild vom Trade und den Sie beschäftigenden Gedanken und Gefühlen machen können. Das Tagebuch wird dazu beitragen, dass Sie und Ihr Trading sich langfristig verändern.

Wenn Sie einen Schreibstil entwickeln, bei dem Sie einen begrenzten **Wortschatz** verwenden, können Sie Ihre Trades nach verwendeten Keywords filtern. Daher sollten Sie genau überlegen, wie Sie vergleichbare Situationen beschreiben. Aussagen wie »Die Position wurde fast ausgestoppt«, »… drehte kurz vor dem Stopp«, » …wechselte doch noch mal die Richtung« bedeuten für Sie vielleicht dasselbe. Diese Aussagekraft haben auch Textbausteine wie »Noch einen Cent, dann hätte es mich erwischt« oder »Das ging gerade noch mal gut«. Möglicherweise sind auch **Bezüge zu anderen Trades** wenig hilfreich (»wie gestern«, »Das kenne ich doch schon«, »genau wie bei der Daimler-Aktie«). Daher lohnt es sich zu überlegen, wie Sie Charts grundsätzlich beschreiben.

Im Folgenden finden Sie drei unterschiedliche Beschreibungen für denselben Trade von **1.** einem Trading-Anfänger, **2.** einem Trader, der Vertrauen in seine Strategie hat und **3.** einem Trader, der auf seine Strategie vertraut und das Tagebuch nachhaltig nutzt. Der Trade erfolgte nach einer getesteten Strategie.

1. Anfänger erleben die Trading-Praxis intensiver als fortgeschrittene oder professionelle Trader. Bis sie Vertrauen ins Trading oder die entwickelte Strategie haben, spielen ihre Gefühle und Gedanken eine mehr oder weniger große Rolle bei der praktischen Umsetzung. So kann es auch vorkommen, dass das Kopfkino Trading-Entscheidungen beeinflusst. Mentale Stärke und Klarheit entwickeln sich erst mit der Zeit.

Beschreibung des Trades (Trading-Anfänger)
Endlich zeigte sich ein mögliches Signal am Monitor. Am liebsten würde ich sofort einsteigen. Ich platziere meine Stop-Sell-Order am unteren Bollinger-Band. Leider nicht eingestoppt. Mist. Dann wieder nicht. Oh Mann, den Stopp habe ich sieben (!!) Mal angepasst, bis ich endlich im Markt war. Ich hasse es zu warten. Was für ein Glück, der Markt läuft wenigstens in die richtige Richtung. Wow, nach kurzer Zeit ist der Stopp schon verdient. Super. Dann hat es nicht lange gedauert und das Ziel war schon erreicht. Das Warten vor einem Trade macht mich mürbe. Während des Trades bin ich so aufgeregt.

2. Trader, die auf ihre Strategie vertrauen, beschreiben eher die Fakten des Trades. Die Texte sind kürzer und weniger emotional.

Beschreibung des Trades (erfahrener Trader, der auf seine Strategie vertraut)
Als sich ein mögliches Short-Signal zeigte, wurde eine Stop-Sell-Order auf das untere Bollinger-Band gelegt. Die Stop-Sell-Order wurde sieben Bars auf die Höhe des unteren Bollinger-Bandes angepasst, bis der Einstieg erfolgte. Der Markt lief in meine Richtung. Der Stopp wurde auf Break-even nachgezogen, weil der Stopp verdient war. Kurze Zeit später wurde mein Ziel erreicht.

3. Ein Trade kann mit wenigen Worten komplett beschrieben werden. Außerdem kann der Text durch die Verwendung von Abkürzungen wie SSO (Stop-Sell-Order), BB (Bollinger-Bänder) und BE (Break-even) vereinfacht werden.

Beschreibung des Trades (Trader, der sein Tagebuch nutzt)
Einstieg mit einer SSO. Order wurde sieben Bars am unteren BB angepasst, dann Einstieg. Markt lief in meine Richtung, Stopp auf BE, weil Stopp verdient, vier Minuten später Ziel erreicht.

Ergebnisse filtern

Das Trading-Tagebuch ist Ihr wichtigstes Finanzbuch. In Tabelle 2.4 sind die Ergebnisse von 19 FDAX-Trades wiedergegeben.

TRADING-TAGEBUCH					
		Einstieg	Ausstieg		
Datum	Long / Short	Zeit	Zeit	Gewinn / Verlust [Punkte]	Gewinn / Verlust [Euro]
Mo	Short	9.21	10.13	19,0	475,0
Di	Long	9.12	9.29	-12,5	–312,5
Di	Short	9.44	10.01	19,0	475,0
Mi	Short	9.18	9.33	17,0	425,0
Mi	Long	10.09	10.42	3,0	75,0
Do	Short	9.23	9.28	–14,0	–350,0
Do	Long	9.14	9.33	–13,0	–325,0
Do	Long	10.08	10.26	–4,5	–112,5
Mo	Short	10.12	10.17	–13,5	–337,5
Mo	Long	10.25	10.31	20,5	512,5
Di	Long	9.18	9.29	20,5	512,5
Di	Short	9.43	9.50	–13,5	–337,5
Di	Short	10.18	10.21	–13,5	–337,5
Mi	Long	9.14	9.27	23,0	575,0
Mi	Short	10.16	10.39	–15,5	–387,5
Mi	Long	10.55	11.17	–15,5	–387,5
Do	Long	9.04	9.28	0,0	0,0
Do	Short	9.54	10.31	–15,5	–387,5
Do	Long	10.56	11.30	–8,0	–200,0

Tab. 2.4: Trading-Tagebuch mit 19 Trades: Gewinn/Verlust bezogen auf einen FDAX-Kontrakt

Trading-Tagebücher werden dann interessant, wenn Sie auf Ihre Trades unterschiedliche Filter anwenden. So können Sie herausfinden, ob eine Strategie zu Ihrem Drawdown passt. Dabei ist es unerheblich, ob die aufgeführten Trades auf Live- oder Demo-Trading zurückzuführen sind. Sie können auch durch einen Backtest Ihrer Strategie zu weiteren Daten gelangen. Grundlage für statistische Auswertungen sollten mindestens 250 Trades sein.

Trades	**Zahl**	**max. DD [Euro]**	**Gewinn / Verlust [Euro]**
alle	19	1 362,5	–425,0
der 1. eines Tages	8	687,5	987,5
der 1. eines Tages und ein 2., wenn der 1. ein Verlust war	11	1 012,5	1 650,0
alle Long	10	587,5	337,5
alle Short	9	2 137,5	–762,5
alle Montags	3	337,5	650,0
Wochenziel: 1 x Risiko	4	337,5	1 162,5

Tab. 2.5: Trading-Tagebuch: Die Trades aus Tabelle 2.4 wurden nach unterschiedlichen Regeln gefiltert; max. DD = maximaler Drawdown

Selbst bei nur 19 Trades können Sie schon erkennen, wie unterschiedlich die Werte für den maximalen Drawdown (337,50 Euro bis 2 137,50 Euro) und die finanziellen Ergebnisse waren. Verluste von 762,5 Euro bis hin zu Gewinnen von 1 650 Euro konnten durch verschiedene Filter-Regeln erzielt werden. Wenn Sie sich für ein erfolgreiches Day-Trading-System interessieren, finden Sie z. B. unter www.freiraumstrategen.com weitere Informationen.

- …
- …

Aufgabe Trading: *Warum dein Trading-Tagebuch dein wichtigstes Finanzbuch ist. Weitere Aufgabe in Kapitel 2.4.*

The Journal of Behavioral Finance Management and Research 5, 2017, 113-121

Begrenzung des Trading-Risikos durch perfekte Umsetzung einer Strategie und gründliche Dokumentation der Trades im Tagebuch

ZUSAMMENFASSUNG

Viele Trader halten sich nicht an ihre Trading-Strategie. 45 Prozent haben überhaupt keine. 82 Prozent der Befragten wissen zwar, was sich hinter dem Chance-Risiko-Verhältnis (CRV) verbirgt, dennoch berechnet es nicht einmal jeder Zweite. Bemerkenswert ist auch, dass den Begriff Profitfaktor gerade einmal 46 Prozent erklären können. Bei der Trefferquote scheiden sich die Geister: Fast 90 Prozent können sie berechnen, gerade einmal 19 Prozent wissen, dass sie keinen Einfluss auf diese nehmen können. Auffällig ist auch, dass Einstiege öfter und vermutlich auch gründlicher geplant werden als Ausstiege. Immerhin 54 Prozent verwenden Stopps zur Verlustbegrenzung und Gewinnsicherung. Eine Aussage über die eingegangenen Risiken ist diesbezüglich nicht abzuleiten.

Gerade einmal 20 Prozent realisieren ihre Verluste gewissenhaft. Weitere ca. 25 Prozent warten, bis sie wieder im Gewinn sind, ein eher für Anleger typisches Verhalten. Viele Trader haben keine Kenntnis darüber, wie sich der von ihnen gehandelte Markt verhält, nachdem sie ausgestoppt wurden. Das ist einerseits erfreulich, weil es zeigt, dass der Trade auch innerlich abgeschlossen wurde. Andererseits könnte das Wissen über die Intensität der Bewegungen eines Marktes helfen, weitere Trades mit Bedacht zu planen. Das ist vor allem dann nötig, wenn kein Trading-Tagebuch geführt wird.

Keywords: Trading-Tagebuch, Trading-Strategie, Risikofreude, Gewinnsicherung, Verlustbegrenzung, Chance-Risiko-Verhältnis, Trefferquote, Profitfaktor

MATERIAL UND METHODEN

In dieser Studie finden Sie vorwiegend die Daten von 78 Trader-Coaching-Klienten aus den Jahren 2012 bis 2016 erläutert. Der Buchstabe n steht jeweils für die Anzahl der Befragten.

ERGEBNISSE UND DISKUSSION

Die Risikofreude der Befragten lag durchschnittlich bei 6,4 (Skala von Null bis Zehn). Unter der Annahme, dass es sich beim Trading-Kapital ohnehin um Risikokapital handelt, auf das man auch verzichten könnte, ist der Wert nicht übermäßig hoch. Das gilt erst recht, wenn man berücksichtigt, dass etliche eine »Alles oder Nichts«-Strategie verfolgen und ihre Position wie ein großes Roulette-Jeton betrachten. Die Strategie dabei ist, dass der Verlust des gesamten Kapitals eingeplant wird. Diese Art Trading kann z. B. mit Knock-out-Produkten umgesetzt werden.

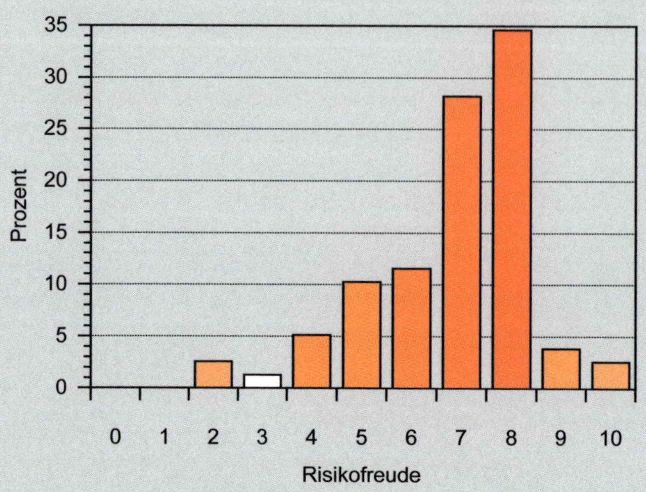

Abb. 2.9:
Wie hoch ist Ihre Risikofreude bei Finanzentscheidungen auf einer Skala von 0 bis 10?, n = 78

Grundschulwissen reicht schon aus, das kleine Einmaleins und ein bisschen Prozentrechnen, um Zahlen wie z. B. das Chance-Risiko-Verhältnis, die Trefferquote und den Profitfaktor zu berechnen (Abb. 2.10).

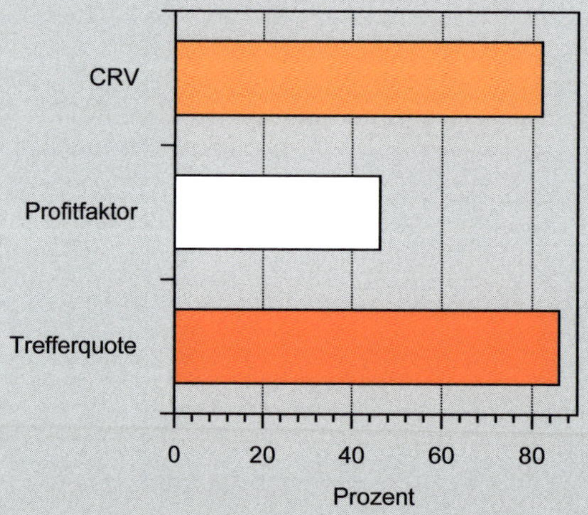

Abb. 2.10:
Können Sie die folgenden Begriffe erklären?, n = 78

Wer bei der Trade-Planung berücksichtigt, dass das Ziel weiter vom Einstieg entfernt liegt als der Stopp, macht bei einer ausgeglichenen Trefferquote (das Verhältnis der Gewinn- zu den Verlust-Trades) einen guten Schnitt. Das Ergebnis sollte auch nach Abzug der weiteren Kosten positiv sein. Die Formeln zur Berechnung von Trefferquote und Profitfaktor sehen Sie in Abbildung 2.11.

$$\text{Trefferquote} = \frac{\text{Zahl der Gewinn-Trades}}{\text{Zahl der Verlust-Trades}}$$

$$\text{Profitfaktor} = \frac{\text{Zahl der Gewinn-Trades}}{\text{Zahl der Verlust-Trades}} \times \frac{\text{ø Gewinn}}{\text{ø Verlust}}$$

Abb. 2.11: Formeln von Trefferquote und Profitfaktor

Sicherlich gibt es auch erfolgreiche Strategien mit herausragender Trefferquote bei höheren durchschnittlichen Verlusten gegenüber niedrigeren durchschnittlichen Gewinnen. Diese sind meistens für Anfänger ungeeignet.

Bemerkenswert ist, dass 90 Prozent der Befragten die Trefferquote berechnen können, allerdings teilweise eine merkwürdige Sichtweise auf deren Aussagekraft haben. Die Ergebnisse auf die Frage »Wenn ich mir genug Zeit nehme, kann ich meine Trefferquote steigern« sind nicht abgebildet. 37 Prozent meinten, dass sie das noch testen müssten, 15 Prozent antworteten mit »stimmt genau« und weitere 30 Prozent kreuzten »wahrscheinlich« an. Noch nicht einmal jeder Fünfte wusste: »Darauf habe ich wenig Einfluss.« Die Trefferquote für sich genommen hat keine große Aussagekraft. Daher sollten Trader den Profitfaktor berechnen, der Aufschluss über Erfolg oder Misserfolg gibt. Neben der Trefferquote ist das Verhältnis der durchschnittlichen Gewinne zu den durchschnittlichen Verlusten bedeutsam. Trader können auch mit niedrigen Trefferquoten von z. B. 40 Prozent Geld verdienen, wenn das Verhältnis der durchschnittlichen Gewinne zu denen der Verluste besser als drei zu zwei ist. Profitfaktorwerte von größer als Eins zeigen an, dass Geld verdient wird. Die Profitfaktorformel kennen lediglich 46 Prozent der Befragten.

Drei prinzipielle Möglichkeiten gibt es, eine Position zu öffnen: mit einer Market, Limit- oder Stopp-Order.

Trades werden mit einer Market-Order sofort ausgeführt. Dabei nehmen Sie in Kauf, keine Preisgarantie zu haben. Der Sofort-Effekt kann kostspielig werden, wenn die Umsätze gering sind, die Spreads (der Unterschied zwischen Kauf- und Verkaufspreis) dadurch entsprechend groß sind. Daneben gleicht die Positionsöffnung mit einer Market-Order bei stark schwankendem Markt, z. B. in den Minuten nach der Marktöffnung, einem Glücksspiel, weil die Preise erheblich vom geplanten Kurs abweichen können.

Mit einer Limit-Order begrenzen Trader das Risiko, weil sie ihren maximalen Kaufpreis festlegen. Sie bekommen den voreingestellten Preis oder einen günstigeren.

Die dritte Möglichkeit wird Start-Buy- oder Stop-Buy-Order genannt. Diese Order wird erst dann ausgeführt, wenn der Preis erreicht wurde.

Sicherlich ist es strategieabhängig, mit welchem Ordertyp eine Position geöffnet wird. Dennoch halte ich eine Market-Order für eine impulsive Order, die nicht unbedingt auf eine vorhandene Strategie schließen lässt.

50 Prozent der Befragten gaben an, grundsätzlich Positionen mit einer Market-Order einzugehen. Fast 40 Prozent gehen limitiert in den Markt, die restlichen lassen sich einstoppen (nicht abgebildet).

Die Fragen zur Berechnung des CRV, der Positionsgröße und zu Ein-, Aus- und Wiedereinstieg beleuchten, ob sich Trader überhaupt vor dem Öffnen einer Position mit Risiken und Zielen beschäftigen (Abb. 2.12).

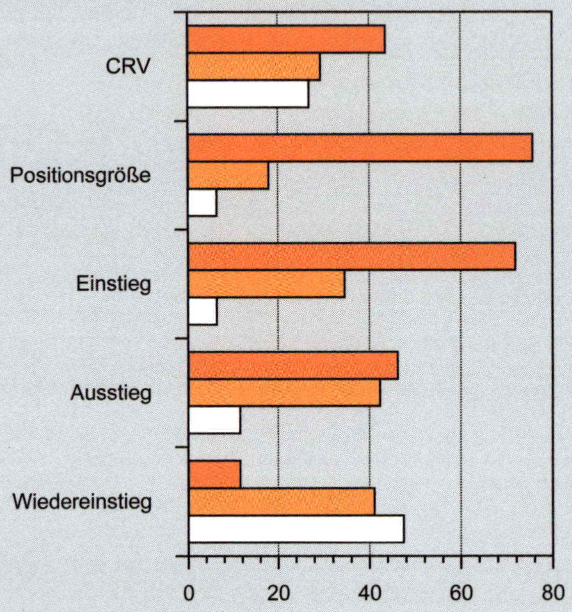

Abb. 2.12:
Bevor Sie traden, planen oder berechnen Sie ..., n = 78

Trader, die CRVs berechnen, haben sich meistens mehr Gedanken über den Markt, seine Schwankung, Rhythmik und vielleicht auch über dessen Händler gemacht als diejenigen, die lediglich die Positionsgröße berechnen. Den CRV-Wert berechnen gerade einmal 44 Prozent der Befragten, wohingegen die Positionsgröße von 75 Prozent bestimmt wird. Vielleicht sind die Konten einiger Trader so gut gefüllt, dass Positionen einfach eingegangen werden, weil genügend Kapital vorhanden ist? Möglicherweise sparen es sich manche Trader, die Positionsgröße zu berechnen, da sie immer den gleichen Betrag riskieren, die Positionsgröße sich somit aus dem Risiko ergibt.

Den Trade-Einstieg planen 72 Prozent, den Ausstieg lediglich 46 Prozent und den Wiedereinstieg gerade einmal 12 Prozent. Einstiegs- und Ausstiegsplanung ist vor allem für Anfänger ein Muss, damit deren Trading messbar und nachvollziehbar wird. Daher sollten Trader schon vor dem Einstieg wissen, wo die Ausstiege auf der Gewinner- und Verliererseite liegen. Andernfalls wird Trading ein Glücksspiel. Das ist zwar legitim, sollte dann aber bewusst sein. Wer Geld verdienen will, muss das finanzielle Risiko (Stopp) und Ziel festlegen.

Der Wiedereinstieg spielt vor allem bei Scalpern, bei Day-Tradern überhaupt, eine Rolle. Erfolgt er unüberlegt oder impulsiv, sind Kosten vorprogrammiert. Das Gefühl, beim Ausgestopptwerden ist vielen unangenehm. Daher wird es gerne durch das Weglassen oder Versetzen von Stopps vermieden. Ausgestopptwerden wird oft auch von einem »Das hole ich mir zurück« begleitet. Dadurch kommt es zu ungeplanten kostspieligen Trades, auch weil die an den gerade geschlossenen Trade gekoppelten Gedanken und Gefühle, so einnehmend sein können, dass vorhandene Regeln über Bord geworfen werden.

Eine der wichtigsten Fragen überhaupt betrifft den Umgang mit Verlust. Geradezu beängstigend ist, dass 24 Prozent der Befragten warten, bis sie wieder im Gewinn sind (Abb. 2.13). Das ist Anlegermentalität und hat mit Trading wenig zu tun. Wenn das Ihre Vorgehensweise sein sollte, haben Sie entweder viel Geld oder rechnen mit einem langen Leben.

Immerhin realisiert jeder Fünfte seine Verluste konsequent. Ob das mit Gewinnen genauso gehandhabt wird, darf bezweifelt werden. Seit Jahren wird in der Finanzbranche gepredigt, dass langfristiger Trading-Erfolg nur dann möglich ist, wenn das Risiko von Positionen durch Stopps begrenzt wird. Das hat mittlerweile auch gefruchtet. Stopps werden heutzutage häufiger gesetzt als vor 20 Jahren, oft allerdings planlos und vor allem ohne Bezug zum Markt. Die Seite der Gewinnziele wird nach wie vor stiefmütterlich behandelt.

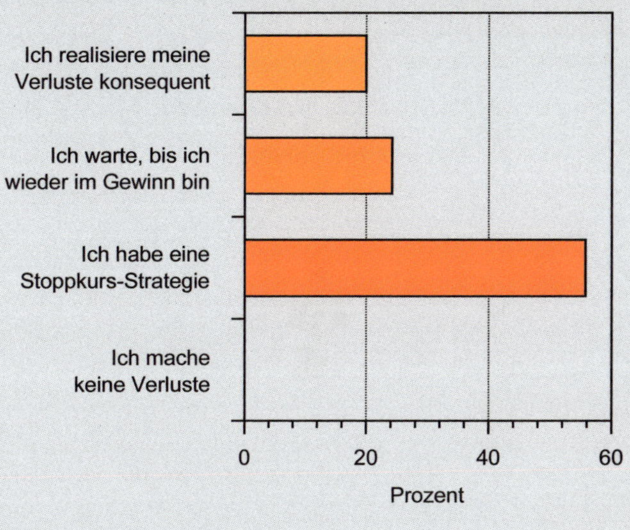

Abb. 2.13: Wie gehen Sie mit Verlusten um?, n = 78

Wie kann es sein, dass sich Trader mehr mit dem Geldverlieren als dem Geldverdienen beschäftigen? Wie verhalten Sie sich, wenn Ihre Position im Gewinn ist? Halten Sie sich an Ihre Regeln und warten geduldig, bis sie vom Markt ins Ziel getragen wird?

Ein Drittel der Befragten überlässt ihr Geld der Willkür der Märkte ohne irgendeine Sicherung (Abb. 2.14). 30 Prozent der Befragten geben an, Orders zur Verlustbegrenzung und Gewinnsicherung zu verwenden. Bei denjenigen, die lediglich auf einer Seite des Trades eine Grenze setzen, verhält es sich wie vermutet. Wie wollen Trader ihre Schäfchen ins Trockene bringen, die lediglich ihre Verluste begrenzen? Ohne Ziel ist es eine Frage der Zeit, bis die offene Position in den Stopp läuft. Das Verhältnis ist frappierend: 10 Prozent (ja, zur Gewinnsicherung) zu 28 Prozent (ja, zur Verlustbegrenzung). Ob es hilfreich ist, sich nur mit der Gewinnsicherung zu beschäftigen, steht auf einem anderen Blatt geschrieben. Wie reagieren Sie, wenn sich Ihre Position Stück für Stück vom Gewinnziel entfernt? Gucken Sie zu? Brauchen Sie eine schmerzhafte Erfahrung oder einen Grund, mal wieder richtig wütend zu werden? Ohne Verlustbegrenzungsstopp zu arbeiten, ist fahrlässig.

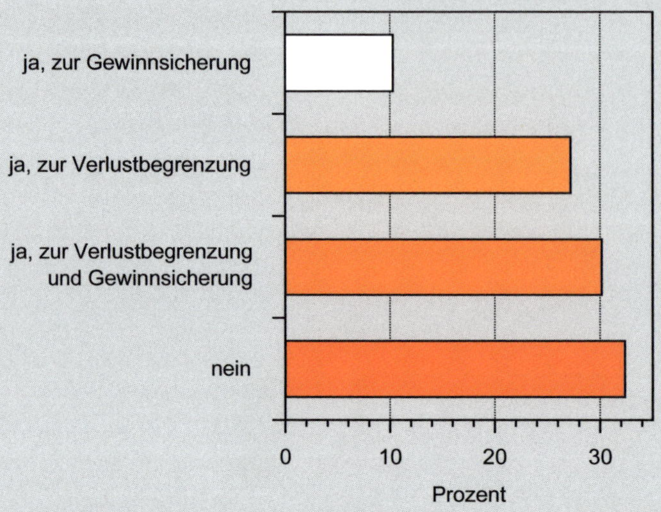

Abb. 2.14:
Platzieren Sie mit dem Einstieg Orders zur Gewinnsicherung und/oder Verlustbegrenzung?, n = 132

Abbildung 2.15 zeigt die Ergebnisse zur Frage: »Wenn ich ausgestoppt werde, dreht der Markt wieder ...«.

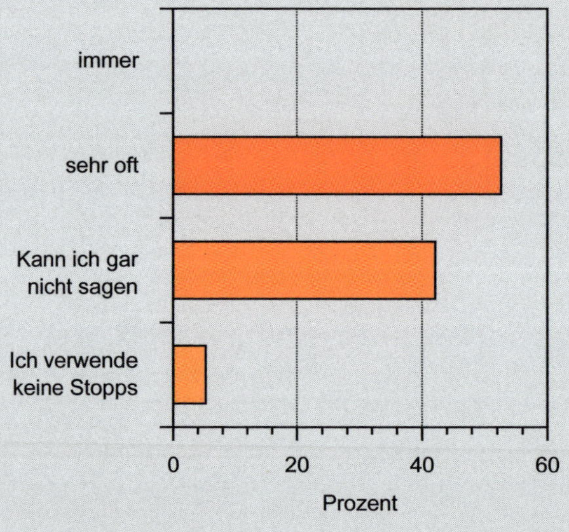

Abb. 2.15:
Wenn ich ausgestoppt werde, dreht der Markt wieder ..., n = 78

Viele haben überhaupt keine Ahnung, wie sich der Markt weiterentwickelt. Gerade diese Information könnte hilfreich sein, um einzuordnen, ob der Stopp angemessen gesetzt war und vor größerem Unheil geschützt hat oder er vielleicht zu nah am Einstiegskurs lag. Diejenigen, die feststellen, dass der Markt nach dem Ausgestopptwerden sehr oft wieder steigt, sollten ihre Stoppsetzung unter die Lupe nehmen. Vielleicht ist ein um wenige Punkte, Pips oder Cents höheres Risiko sinnvoll. So würde ein Ausgestopptwerden verhindert, was zu einer erfreulicheren Kapitalentwicklung beitragen kann.

Im Prinzip kommt es darauf an, das beste Verhältnis zwischen 1. Chance, 2. Risiko, 3. Gewinnziel erreicht und 4. Ausgestopptwerden, auszuklügeln. Wer ein höheres Risiko eingeht und dadurch verhindert, ausgestoppt zu werden, sollte dann aber auch untersuchen, ob der Markt so stark steigt, dass zumindest der Einstiegskurs erreicht wird, besser noch der Trade ins vorgesehene Ziel läuft. Die Beobachtung allein, dass sich der Markt sehr oft wieder dreht, reicht nicht aus. Es liegt in der Natur der Märkte, dass sie Rhythmen unterliegen. Hilfreich ist ein Tagebuch, in dem Sie auch den Kursverlauf unmittelbar nach dem Trade eintragen. Das trägt dazu bei, den Markt besser kennenzulernen.

Eine gute Möglichkeit, Risiken zu begrenzen, ist eine auf Ihre Persönlichkeit zugeschnittene Strategie. Meine Erfahrung ist, dass Anfänger ohne Strategie keine wirkliche Chance auf ein finanzielles Überleben haben. Den Begriff des Anfängers grenze ich von Fortgeschrittenen (mindestens drei aufeinanderfolgende Jahre eine positive Kapitalentwicklung) und professionellen Tradern ab (die durch Trading ihren Lebensunterhalt bestreiten).

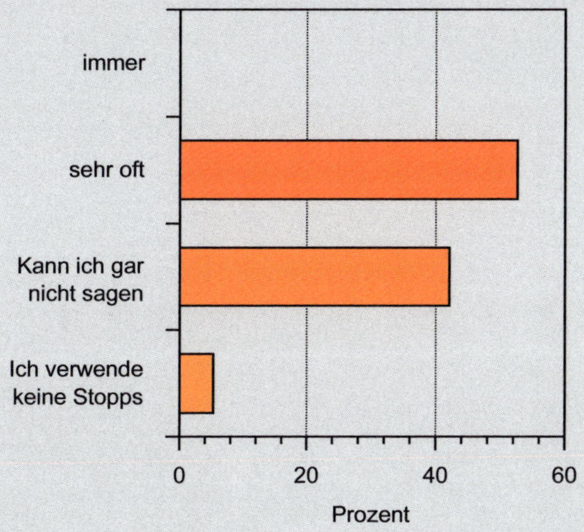

Abb. 2.16:
Ich halte mich an meine Trading-Strategie, n = 78

Besorgniserregend ist, dass 45 Prozent der Befragten keine Strategie haben, was dem sicheren Tod für das eingesetzte Kapital gleichkommt. Stellen Sie sich vor, Sie steigen untrainiert und ohne Strategie in einen Boxring. Wenn Sie Glück haben, landen Sie schnell auf den Brettern und werden ausgezählt. Andernfalls ist Ihr Leidensweg mehr oder weniger lang – mit demselben Ergebnis. Damit ist knapp die Hälfte der Trader aus dem Rennen, was fast zu harmlos klingt, im Prinzip sind sie Kanonenfutter. Ihr Trading-Kapital ernährt andere. 7,5 Prozent halten sich selten an ihre Strategie, was *de facto* auch einem nicht Vorhandensein entspricht. Bei denjenigen, die mit »meistens« und »ja, immer« geantwortet haben, stellt sich die Frage, ob ihre Vorgehensweise tatsächlich die Kriterien einer Trading-Strategie erfüllt?

Nach meinen Erkenntnissen handelt es sich häufig um Fragmente einer Strategie, die oft noch nicht einmal auf Nachhaltigkeit getestet wurde. Vielen Anwendern fehlt daher auch das Vertrauen in die praktische Umsetzung. 34 Prozent der Befragten halten sich meistens an ihre Strategie. Andererseits bedeutet das auch, Regeln werden nicht diszipliniert verfolgt, Fehler werden gemacht oder das Risiko wird z. B. durch Nachkaufen im Verlust oder das Versetzen von Stopps erhöht. Meistens sind damit Kosten verbunden.

42 Prozent der Befragten gaben an, eine Position länger als eine Woche zu halten. Weitere 10 Prozent gaben eine längere Trade-Dauer als drei Tage an. Fast die Hälfte hält keine Übernachtpositionen, 22 Prozent davon sind als Scalp-Trader einzuordnen (»Halte meine Positionen nicht länger als eine Stunde«). Einen Zusammenhang zwischen den Fragen nach der Positionseröffnung und der Haltedauer eines Trades herzustellen, ist nicht unbedingt zulässig, weil eine verknüpfende Frage fehlt.

Mal angenommen, diejenigen, die eine Position länger als drei Tage halten, gehen limitiert in den Markt oder lassen sich einstoppen, dann hieße das, dass die meisten Day-Trader die Market-Order verwenden. Gerade aber für Day-Trader spielt jeder Punkt, Pip oder Cent eine große Rolle. Was ist sonst noch über Day-Trader bekannt?

Der durchschnittliche Day-Trader befindet sich in den späten 30er-Jahren, ist Städter und tradet verglichen mit Anlegern größere Volumina. Der so vom Finanzwissenschaftler Linnainmaa (2003) skizzierte Day-Trader ist vermutlich auch heute noch in den späten 30er-Jahren, allerdings dürfte dem Durchschnittswert eine größere Altersspanne von 18 bis 80 Jahren zugrunde liegen. Mittlerweile sind auch die ländlichen Gebiete erschlossen, so dass Trading von fast jedem Ort möglich sein sollte. Heutzutage ist Derivate-Trading gängig, so dass das eingesetzte Kapital pro Trade vermutlich niedriger ist als in der Studie beschrieben. Day-Trader erzielten vergleichsweise hohe Tagesgewinne. Diese waren allerdings nicht repräsentativ, weil gleichzeitig eine Abneigung gegen das Realisieren von Verlusten vorhanden war. Day-Trader erzielen durchschnittlich den höchsten Gewinn mit ihrem ersten Trade und den niedrigsten mit ihrem letzten. Die Entscheidung, nach einem erfolgreichen ersten Trade erneut Day-Trades einzugehen, spiegelt das Verhalten der Probleme eines Spielers wieder, so die Einschätzung von Linnainmaa. Daneben wurden viele Trades kurz vor Handelsschluss durchgeführt, wobei Strategien dabei vermutlich eine untergeordnete Rolle spielten.

Trading-Tagebücher können auch als Risikominimierer angesehen werden, weil sie ein strukturgebendes Hilfsmittel sind. Tagebuch schreiben führt zu einem nochmaligen und dadurch tieferen Erleben und einer intensiveren Verarbeitung von Trade-Verlauf und Trading-Ergebnissen. Trader, die ihre Ergebnisse und Verhaltensweisen aufschreiben, haben in der Regel gute Zugänge zu sich und den Märkten. In Abbildung 2.17 sehen Sie das von mir seit Jahren beobachtete Verhältnis. Ein Drittel der Befragten führt Tagebuch, den anderen fehlt noch immer die Bereitschaft dazu.

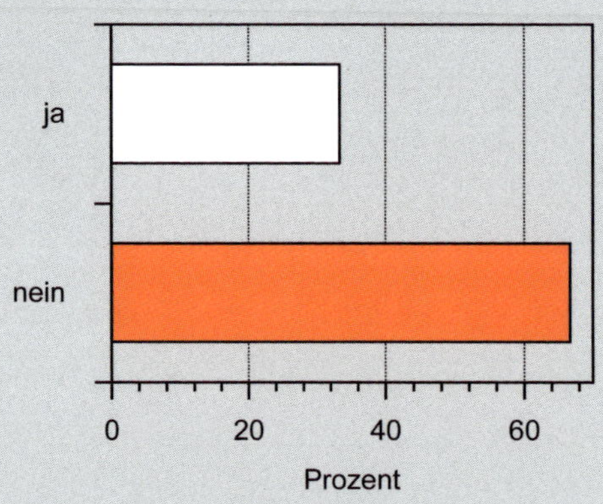

Abb. 2.17:
Führen Sie ein Trading-Tagebuch?, n = 132

In Kapitel 2.2.3 erfahren Sie, welchen Nutzen Sie durch ein Trading-Tagebuch haben. Viel-Trader, z. B. Scalper, denen ihre Strategie in Fleisch und Blut übergegangen ist oder auch sehr erfahrene intuitive Trader können natürlich auch ohne Tagebuch Geld verdienen. Für Trading-Anfänger lege ich mich fest: Umsichtig Tagebuch zu schreiben, ist ein Muss.

Die Bereitschaft, finanzielle Risiken einzugehen, ist ohnehin von Mensch zu Mensch unterschiedlich. Die Hirnforscherin Kuhnen und ihre Kollegen (2008) fanden heraus, dass zwei Gene, die die Erregungsübertragung zwischen Nervenzellen durch Dopamin und Serotonin regeln, möglicherweise bei finanziellen Entscheidungen ein wichtiges Wörtchen mitsprechen. Beide Gene sind vermutlich auch bei der Steuerung von emotionalem Verhalten, Angst und Sucht beteiligt.

SCHLUSSFOLGERUNG

Risiken gehören zum Traden dazu. Die wichtigste Frage ist vermutlich, ob es Tradern in erster Linie ums Geldverdienen, Spaßhaben (Spielen) oder um persönliche Entwicklung geht. Letztlich hängt alles auch mehr oder weniger zusammen. Große Risiken führen oft zu großen Verlusten und umso herausfordernderen Lernaufgaben. Kleine Risiken sind meistens strategiebedingt. Verluste werden dann als Teilergebnis der Strategie akzeptiert, das Geldverdienen an sich steht im Vordergrund.

Trader schöpfen bei weitem nicht alle Mittel aus, um ihre Risiken zu verringern. Vielleicht liegt das an den gerade beschriebenen unterschiedlichen Trading-Motivationen. Manche Risiken lassen sich umgehen, wenn Sie einen verlässlichen Broker mit herausragender Handelssoftware wählen. Gerade Anfänger sollten zunächst transparente und für sie verständliche Produkte traden. Daneben müssen Trader eine Strategie entwickeln und sich mit der Stoppsetzung (Risiko, Ziel) auseinandersetzen. Gewinnsicherung und Verlustbegrenzung sind erforderlich und machen ihr Trading nachvollzieh- und messbar.

Märkte können Trader immer durch Zahlen (Kurse) erfassen, sie folgen allerdings auch Rhythmen. Daher kann Marktgefühl von Vorteil sein. Trader sollten Wiedereinstiege im Vorfeld planen, um impulsive Reaktionen zu vermeiden, da diese oft mit größeren Trade-Risiken verbunden sind. Wer seine Vorbehalte gegen ein Trading-Tagebuch nicht aufgeben kann, sollte wenigstens den Profitfaktor berechnen, um den finanziellen Überblick zu behalten.

LITERATUR

Kuhnen, C. M.; Chiao, J. Y.: Genetic determinants of financial risk taking. PLoS ONE 4, 2009, e4362

Linnainmaa, J.: The anatomy of day traders. Working paper, papers.ssrn.com 2003

2.3 Sie sind Ihr persönliches Risiko

Private Trader, die die wenigen wichtigen Regeln zum Umgang mit Risiko beherrschen und anwenden, haben eine gute Grundlage für erfolgreiches Trading. Interessanterweise gibt es viele, die in der Theorie sehr gut sind, das Gelernte jedoch nicht in die Trading-Praxis übertragen können. Die Gründe sind vielfältig. Sie liegen vor allem im psychologischen Bereich, denn das eigentliche Risiko ist der Trader selbst.

Anfänger bringen das Geld, auf das die erfahrenen, professionellen Trader warten. Angelockt durch die Tricks der Finanzbranche traden sie mit dem Wunsch nach schnellem Geld. Dabei übersehen sie, dass ihre Unbedarftheit zwangsläufig in einem finanziellen Fiasko endet, vor allem wenn gehebelte Anlageprodukte eingesetzt werden.

Unabhängig von der Kontogröße ist das Geld nach Tagen, Wochen oder wenigen Monaten verloren. Sich das einzugestehen ist für viele schwierig, vor allem, wenn sie in anderen Lebensbereichen erfolgreich sind. Die Masche, ein Konto mit wenigen Euro bestehen zu lassen oder ein weiteres Mal zu befüllen, ändert die Tatsache nicht: **Sie sind pleite.**

Anfänger starten in Abhängigkeit von ihrer Persönlichkeit mehr oder weniger schnell den nächsten Versuch, als Trader Fuß zu fassen. **Sie glauben, bessere Trader zu werden, indem sie versuchen, die Märkte zu verstehen.** Durch die Beschäftigung mit dem Einfluss von Wirtschaftsnachrichten, Technischer Analyse, Risiko- und Money-Management wähnen sich Anfänger geradewegs auf dem Weg in die Gilde der professionellen Trader. Diese Maßnahmen scheinen den Patienten zwar zu stabilisieren, verlängern aber zumeist die Zeit, bis das gleiche frustrierende Ergebnis eintritt.

Das Risikoverhalten kann sich bei ausbleibendem Erfolg verändern, weil das Gefühl von Druck entstehen kann. Angestellte wissen, dass sie auch an Tagen entlohnt werden, an denen es mal nicht so gut läuft. Als Trader zahlen Sie an diesen Tagen an Ihren Arbeitgeber (Finanzmärkte) und müssen in gewisser Weise am nächsten Tag **das Doppelte leisten.**

Trading bedeutet für viele außerordentlichen Stress. Daher besteht die Gefahr, immer wieder in alte, eher instinktiv geprägte Verhaltensmuster zurückzufallen, sobald Trader unter Druck geraten.

Erstelle eine Liste mit allem, was dir Druck macht:

- Menschen (worin besteht der Druck?)
- Dinge, die geschehen sind (und die du nicht mehr ändern kannst, z. B. Verluste)
- verpasste Chancen (z. B. Trades, Einstiege, Ausstiege, Gewinne, …)
- Situationen (z. B. Zeitdruck, …)

Personal-Trader-Coaching: *Wie gehst du mit Druck um? Weitere Aufgabe in Kapitel 2.3.*

Interview

mit Max Eberl

Max Eberl ist ehemaliger Fußballspieler, der für den FC Bayern, den VfL Bochum und Borussia Mönchengladbach in der ersten Fußball-Bundesliga spielte. Er bestritt acht U-20- und zwölf U-21-Länderspiele für Deutschland. Nach seiner aktiven Laufbahn wechselte der Abwehr-Spieler ins Management von Borussia Mönchengladbach. Zunächst war er 2005 Nachwuchskoordinator, von 2008 bis 2022 war er Sportdirektor beim fünffachen Deutschen Fußballmeister (www.borussia.de).

Raimund Schriek: *Trading verlangt nach einem klaren Geist. Mentale Fitness ist ein Erfolgsfaktor. Was unternimmt der Verein, damit sich vor allem die jungen Spieler weiterentwickeln, um mit dem ständig wachsenden Druck umzugehen?*

Max Eberl: *Junge Spieler, die es heutzutage in die Bundesliga schaffen, haben in der Regel schon ein paar Jahre in Nachwuchsleistungszentren verbracht und sind dort – wenn es gut gemacht worden ist – auch an die mentalen Anforderungen des Profifußballs herangeführt worden. Darauf aufbauend werden die jungen Profis bei uns sehr eng vom Verein begleitet und in ihrer Entwicklung unterstützt, auf und neben dem Platz. Dazu haben wir einen eigens dafür verantwortlichen Trainer im Trainerstab der Profis installiert. Zusätzlich unterstützen dies aber auch der Teammanager und, in Bezug auf den Umgang mit den Medien, die Mitarbeiter aus der Presseabteilung.*

Raimund Schriek: *Viele Trading-Anfänger erhöhen nach einer vorsichtigen Startphase ihr Risiko pro Position oft unverhältnismäßig. Da spielt vor allem Selbstüberschät-*

zung eine große Rolle. Sie verfolgen eine umsichtige Strategie, kaufen vergleichsweise günstig junge Spieler in der Erwartung, dass sie sich entwickeln, um zunächst sportlich und später vielleicht auch finanziell dem Verein zu nutzen. Wie gelingt es Ihnen, besonnene Entscheidungen zu fällen und keine verrückten Sachen zu machen? Wer unterstützt Sie in Ihren Entscheidungen?

Max Eberl: *Ich habe um mich herum ein Team, das Entscheidungen vorbereitet und begleitet. Ein Transfer ist bei uns niemals eine spontane Bauchentscheidung, sondern ist gut und monate-, zum Teil jahrelang vorbereitet. Mit einer möglichst langfristigen und lückenlosen Beobachtung versuchen wir, die Spieler so gut wie möglich sportlich einzuschätzen, bevor wir sie verpflichten. Unterstützt wird dies durch ein Scouting der persönlichen Entwicklung der Spieler. Wir wollen so viel wie möglich wissen, um das Risiko bei unseren Entscheidungen so klein wie möglich zu halten. Zum guten Schluss werden Spielertransfers immer auch mit dem Cheftrainer und dem kaufmännischen Geschäftsführer abgesprochen und abgewogen. Wenn nach so einem langen Prozess am Ende Einigkeit über eine Entscheidung erzielt ist, dann fühlt man sich schon auf relativ sicherer Seite.*

Raimund Schriek: *Trader sitzen vor Monitoren und haben oft das Gefühl, ihre Ergebnisse selbst nicht steuern zu können, obwohl das mit einem Mausklick möglich wäre. Sie als Sportdirektor haben tatsächlich keinen großen Einfluss auf das Geschehen auf dem Platz. Sie erleben möglicherweise beim Zuschauen innerhalb von Minuten emotionale Achterbahnfahrten. Wie gelingt es Ihnen, dabei entspannt zu bleiben? Haben Sie praktische Tipps?*

Max Eberl: *Um ehrlich zu sein: Es gelingt mir nicht, während eines Bundesligaspiels auf der Bank immer entspannt zu bleiben und die Emotionen immer auszublenden. Wichtig ist, dass man sich nach einem Spiel schnell wieder im Griff hat und im Umgang mit den Spielern, vor allem aber auch mit der Öffentlichkeit, den richtigen Ton trifft und die richtigen Worte findet. Die Kommunikation, die unmittelbar nach einem Spiel erfolgt, ist oft richtungweisend für die nächsten Tage und die nächsten Spiele. Deshalb halte ich es in der Regel so, dass ich unmittelbar nach Schlusspfiff erst einmal in die Kabine gehe, mich dort sammle, das Spiel reflektiere, mich mit dem Trainer und zwei, drei Mitarbeitern austausche und mir überlege, mit welchen Aussagen und welchen Botschaften ich mich im Sinne des Vereins positionieren will, bevor ich zu den TV-Teams und den Journalisten in der Mixed Zone gehe. Ganz allgemein ist es wichtig, zwischendurch auch mal Abstand zu gewinnen und jemanden zu haben, der einen mit anderen Blickwinkeln und Wahrnehmungen konfrontiert. In den richtigen Momenten auch mal abzuschalten, ist sicher ein gutes Mittel, um in Phasen mit hoher Anspannung gelassen bleiben zu können und die richtigen Entscheidungen zu treffen.*

2.4 Kostspielige Fettnäpfchen

Die Verhaltensorientierte Finanzwissenschaft (**Behavioral Finance**) beschreibt eine Vielzahl von klassischen Finanzfallen. Diese sind meistens durch Studien belegt und unter ihren englischsprachigen Begriffen bekannt. Eine Vielzahl davon finden Sie in »Besser mit Behavioral Finance: Finanzpsychologie in Theorie und Praxis« (Schriek 2016) erläutert. Wirtschaftswissenschaftler wie **Leon Festinger** (**Theorie der kognitiven Dissonanz**), **Daniel Kahneman** und **Amos Tversky** (**Prospect-Theorie**) oder auch **Richard Thaler** haben die Geschichte der Behavioral Finance mitgeschrieben. Aus der Prospect-Theorie leiten sich u. a. die Finanzfallen »relative Bewertung«, »eine (zu) frühe Gewinnmitnahme und Aussitzen von Verlusten«, »der Effekt des ausgegebenen Geldes«, »der Besitztumseffekt« oder auch »der Sicherheitseffekt« ab.

Der klassischen Behavioral Finance mit ihren vielen gut beschriebenen Verhaltensfehlern kommt eine große Bedeutung zu. Wer sich und die anderen Marktteilnehmer versteht, hat die Möglichkeit, langfristig ganz vorne dabei zu sein. Dieses Wissen ist 40 Jahre alt und dennoch tappen gerade viele Anfänger unvorbereitet in die unterschiedlichen Fallen, die in **kognitive** und **emotionale** unterschieden werden können. Selbstüberschätzung gehört wahrscheinlich zu den bekanntesten kognitiven, Verlustabneigung ist unter den emotionalen Fallen hervorzuheben. Viele Marktteilnehmer erkennen oft erst nach Jahren der Erfolglosigkeit die weit reichenden Folgen ihres auf Finanzfallen zurückzuführenden Verhaltens.

Unter den vielen beschriebenen Behavioral-Finance-Fallen kommen fünf besonders häufig vor (Goldberg, von Nitzsch 2004): **1.** vorschnelles Handeln, **2.** Orientierung an Einstiegspreisen, **3.** Festhalten an Entscheidungen, **4.** Kontrollillusion und **5.** Kontrollverlust. Diese Trading-Fehler können auf Persönlichkeitsmerkmale zurückgeführt werden:

1. **Vorschnelles Handeln** ist großes Thema des **psychopathischen** Persönlichkeitsmerkmals. Informationen werden übersehen, Zusammenhänge hergestellt, wo keine sind. Der psychopathische Typ steht auf Aktion, Reaktion und Kampf. Sofortiges impulsives Handeln ist an der Tagesordnung. Dieses Verhalten kann kostspielig sein und nicht jeder »Psychopath« hat das notwendige Kleingeld. Diese oftmals beobachteten Verhaltensweisen stellen das psychopathische Persönlichkeitsmerkmal vor eine große Herausforderung, weil es nicht anders kann. Auch die auf Leistung getrimmten »**Rigiden**« haben ein Problem mit vorschnellem Handeln.

2. **Orientierung an Einstiegspreisen**: Bewertung, vor allem das relative Bewerten ist für die meisten Menschen normal. Beim Trading kann dieses Verhalten die Ertragskraft mindern, weil Einstiegspreise wie schwergewichtige Anker wirken. **Orale** und **masochistische** Persönlichkeitstypen orientieren sich gerne an anderen. Daneben halten sie sich gerne fest. Einstiegspreise kommen da gelegen.

3. **Festhalten an Entscheidungen**, das kennzeichnet das **orale** Persönlichkeitsmerkmal. Entscheiden an sich ist schon eine Herausforderung. Sich möglicherweise auch noch umentscheiden zu müssen, das ist dann doch des Guten zu viel. Beim **Masochistischen** ist dieses Festhalten eher auf eine Bequemlichkeit zurückzuführen.

4. **Kontrollillusion**: Von Kontrollillusion spricht man, wenn Menschen glauben, eine Situation zu beherrschen, also alles im Griff zu haben, obwohl das in der Realität nicht der Fall ist. »**Psychopathen**« haben übermäßiges Vertrauen in ihre Fähigkeiten. Der Weg zur Selbstüberschätzung ist fließend. Auch beim **rigiden** Typ besteht die Gefahr von Kontrollillusion, da auch das Sammeln von Trading-Erfahrungen in Theorie und Praxis zu einem übersteigerten Selbstvertrauen führen kann.

5. **Kontrollverlust** ist ein Thema, mit dem sich die **schizoiden**, die **oralen** und **rigiden** Persönlichkeitstypen auseinandersetzen müssen. Wenn diese erkennen, dass sie eine Situation nicht kontrollieren können, bekommen sie Angst. Starke Kursschwankungen können z. B. ein Auslöser sein. Die Angst kann so groß werden, dass interessantere Trading-Gelegenheiten übersehen werden.

Die folgenden Finanzfallen sind mindestens so »gefährlich« wie die zumeist gut untersuchten klassischen Behavioral-Finance-Fallen. Angeregt durch die vielen Telefonate mit Klienten, die Trader-Coachings und Trader-Check-Tage bin ich überzeugt, dass die folgenden Fallen einen ebenso großen Einfluss auf die Trading-Praxis nehmen und dadurch das Tradenlernen teilweise erheblich erschweren: **1.** Vorbilder sind Fehlanzeige, **2.** Soziale Kontakte fehlen, **3.** Finanzentertainment lenkt ab, **4.** Trading ist ein virtuelles Geschäft mit virtuellen Ergebnissen, **5.** Trading und Trades brauchen einen Anfang und ein Ende, **6.** Sucht nach Neurotransmittern, **7.** Trading als Ersatzhandlung für die Suche von … in mir, **8.** Anlegermentalität und **9.** Mangel an Trading-Praxis und –Erfahrung.

1. **Vorbilder sind Fehlanzeige:** Anfänger suchen normalerweise nach Orientierung. Diese finden Sie weder in der Trading-Branche noch in der Familie. Das Fehlen von Vorbildern hat fatale Folgen, weil sich jeder selbst für das Maß der Dinge hält und nur das in der Trading-Praxis anwenden kann, was bis dahin in »Fleisch und Blut« übergegangen ist.
   Das ist in der Regel zu wenig, auch weil das »Learning by Doing« meistens kostspielig ist. Diese Phase des Lernens dauert bei den vielen Privaten Jahre, ohne überhaupt in die Nähe eines positiven finanziellen Ergebnisses zu gelangen. Immer wieder erklären mir Klienten in blumigen Worten, warum sie noch keinen Erfolg haben z. B. mit »Anfänger zahlen schließlich Lehrgeld«, wobei eine Lehre in der Regel nach drei Jahren abgeschlossen ist. Die wenigen erfolgreichen Trader sind kaum sichtbar. Sie arbeiten zu Hause im Verborgenen und leben vom Trading.
   Fast alle, die dieses Buch lesen, sind Pioniere des virtuellen Börsenhandels. Unabhängig davon, ob Sie 18 Jahre oder 88 Jahre alt sind. Eine vorhergehende Trader-Generation, die sich das Trading erarbeitet und erfolgreich umgesetzt hat, gibt es nicht. Sie gehören zur ersten Generation.

2. **Soziale Kontakte fehlen:** Das Thema **Zufriedenheit** (**Erfülltsein**) ist für Trader wohl nicht gelöst, weil soziales Miteinander fehlt und somit auch soziales Verhalten oder soziale Taten. Trader sollten daher für einen Ausgleich sorgen. Dass ein sozialer Ausgleich das Leben erfüllter macht, belegen die Daten von 2.910 Verstorbenen, die vor ihrem Tod bis zu 27-mal an einer jährlich durchgeführten Erhebung teilgenommen hatten (Gerstorf *et al.* 2016). Das Durchschnittsalter zum Zeitpunkt ihres Todes betrug 74 Jahre, das Verhältnis von Männern zu Frauen war ausgeglichen. Die Ergebnisse untermauern, dass ein sozial aktives Leben und das Verfolgen von sozialen Zielen unabhängig vom Gesundheitszustand mit einem höheren Wohlbefinden in dieser letzten Lebensphase in Verbindung stehen. Was für die letzten Lebensjahre gilt, sollte sich auch auf das gesamte Lebens übertragen lassen.
   Die Tatsache, dass sich Trader zwei bis vier Stunden voll auf eine Sache konzentrieren, lässt sie nicht vereinsamen. Da bleibt genug vom Tag, um die Bedürfnisse nach Austausch oder Gesellschaft zu befriedigen. Musiker üben auch mehrere Stunden täglich auf ihrem Instrument. Zugführer sitzen sogar stundenlang allein bei ihrer Arbeit. In etlichen Berufen sind Menschen zeitweise auf sich allein gestellt.
   Wichtig ist, dass Sie Trading nicht als Gruppentherapie auffassen. Immer wieder begegne ich Tradern, die auf der Suche nach Gleichgesinnten sind. Ich bin sehr skeptisch, ob das in Bezug auf erfolgreiches Trading weiterhilft.

3. **Finanzentertainment lenkt ab:** Lernen Sie, sich auf das Wesentliche beim Trading zu konzentrieren. Wenn es Ihnen tatsächlich ums Geldverdienen geht, sollten Sie alle Informationen, die Sie irgendwann einmal angefordert haben, auf ihren Nutzen überprüfen. Dabei spielt es keine Rolle, ob Sie dafür zahlen oder es kostenfrei zugesendet bekommen. Finanzentertainment trägt in der Regel zur Verwirrung bei, vor allem kostet es Ihre Lebenszeit.

4. **Trading ist ein virtuelles Geschäft mit virtuellen Ergebnissen:** Trader sollten ein angemessenes Maß finden, wie viel Zeit sie vor der Handelsplattform verbringen. Trading ist ein virtuelles Geschäft, eine Tatsache, die weit größeren Einfluss hat, als sich die meisten vorstellen. Den Unterschied zu einem realen Geschäft, soll Ihnen das folgende Beispiel verdeutlichen.

Stellen Sie sich vor, Sie besitzen eine Kuh. Sie haben ein Stück Land gekauft und planen, dieses von Schafen mähen zu lassen. In der Nachbarschaft gibt es jemanden, der Schafe besitzt. Sie nehmen Kontakt auf. Bevor Sie sich treffen, haben Sie sicherlich überlegt, wie viele Schafe der Nachbar abgeben sollte, damit sich der Tauschhandel für Sie fair anfühlt. Drei Schafe sollten es schon sein. Selbst wenn der Besitzer der Schafe nicht bereit ist, Tiere gegeneinander zu tauschen, könnte es trotzdem sein, dass er Ihnen Ihre Kuh abkauft. Darauf sind Sie vermutlich auch vorbereitet, da Sie sich informiert haben, wie viel Sie für ein handelsübliches Schaf ausgeben müssten.
Denkbar ist also ein Tauschgeschäft von Tieren oder ein Geschäft »Tier gegen Geld«. Diese beiden Geschäftsmöglichkeiten sind **anfassbar, sichtbar** und machen bestenfalls **zwei Menschen glücklich.**
Beim Trading verhält sich das anders. Sicherlich ist Trading auch ein Geschäft oder sollte es bestenfalls sein. Dann allerdings ist es in erster Linie ein virtuelles, was die Sache scheinbar vereinfacht: Sie müssen die Ware nicht liefern, geschweige denn, dass Sie sich für das Zustandekommen des

Geschäfts bewegen müssen. Ob Trading auch zwei Menschen glücklich macht, steht auf einem anderen Blatt.
Damit Sie einen Bezug zu Ihren Trading-Ergebnissen bekommen, ist es wichtig, sie anfassbar und damit sichtbar zu machen. Das können Sie z. B. mit Bauklötzen (vgl. Kap. 5.7) machen. Andere Möglichkeiten sind, Geld von Ihrem Trading-Konto abzuheben oder sich eine bestimmte Summe wie z. B. 777,77 Euro auf Ihr Girokonto zu überweisen. Diese Summe fällt Ihnen auf jedem Kontoauszug auf. Sie sollten sich auch für Ihre Leistung belohnen. Investieren Sie in Ihre persönliche Entwicklung, wandeln Sie Geld in Materie oder gute Gefühle um.

- …
- …

Personal-Trader-Coaching: *Wie machst du dir deine Trading-Ergebnisse sichtbar? Weitere Aufgabe in Kapitel 2.5.*

5. **Trading und Trades brauchen einen Anfang und ein Ende:** Trader müssen ihre Trading-Zeit begrenzen, damit sie sich nicht im Trading verlieren und andauernd im Handlungsmodus sind. Diese Maßnahme führt zu mehr Kontrolle. Sie sollte vor dem Trading durch Beginn und Ende der Trading-Zeit festgelegt werden. So werden ungeplante Trades vermieden. Wenn vor der Positionsöffnung das Risiko und das Gewinnziel feststehen und eingegeben werden, können Situationen von Verluste-Aussitzen oder zu früher Gewinnmitnahme vermieden werden. Bei langfristigen Trades kann es zusätzlich zweckmäßig sein, den Trade zeitlich zu begrenzen. So vermeiden Sie, dass Ihr Kapital in Seitwärtsphasen übermäßig lange gebunden ist (vgl. Kap. 6.4.2, Handelszeiten: Ihre und die der Märkte).

6. **Verlangen nach Neurotransmittern:** Die Suche nach guten Gefühlen kann süchtig machen. Die körperlichen Bedürfnisse (Neurotransmitterausschüttung) übernehmen das Kommando. Die Trading-Ergebnisse werden zweitrangig (vgl. Kap. 3.3, Warum Trading süchtig machen kann).

7. **Trading als Ersatzhandlung für die Suche von … in mir:** Trading bringt Sie in Kontakt mit Ihren unbewussten Gefühlen, Gedanken und Glaubenssätzen. Daneben sind es auch die ungelösten Konflikte, die in Ihrer Trading-

Praxis mitmischen. Trading katalysiert bestenfalls Ihre Entwicklung. Der Katalysator entfaltet seine volle Wirkung, wenn Sie sich den Themen, die an die Oberfläche gespült werden, widmen. Schlussendlich werden Sie Trading mit anderen Augen sehen und praktizieren (vgl. Kap. 3.2, Wonach Geldverlierer eigentlich suchen).

8. **Anlegermentalität:** Viele Anfänger sind sich der Unterschiede von Geldanlage und Trading nicht bewusst (vgl. Kap. 1.2, Trader sind die gegenwärtigen Anleger).

9. **Mangel an Trading-Praxis und -Erfahrung:** Trainieren Sie, wann immer Sie Lust dazu haben. Lernen Sie aus Ihren Trading-Erlebnissen. So gewinnen Sie einen Erfahrungsschatz, der Sie vor allem in sich wiederholenden Situationen in die Lage versetzt, das Richtige zu tun.

In Tabelle 2.6 finden Sie eine Übersicht über Finanzfallen. Das Auftreten weiterer Finanzfallen liegt auch darin begründet, dass die meisten Finanzgeschäfte vom Bankschalter ins häusliche Arbeitszimmer verlegt wurden. Dadurch fehlt kompetente Beratung, wobei die Geldgeschäfte in den eigenen vier Wänden noch weitere Funktionen haben und Herausforderungen mit sich bringen, die über das Geldverdienen hinausgehen.

Finanzfallen	Sucht-potenzial	Weitere Informationen
Klassische Behavioral-Finance-Fallen		www.behavioral-finance.de
Vorbilder sind Fehlanzeige		
Soziale Kontakte fehlen		
Finanzentertainment lenkt ab	ja	Finanzentertainment ist Mindfuck, Kap. 6.1
Trading ist ein virtuelles Geschäft mit virtuellen Ergebnissen	ja	
Trading und Trades brauchen einen Anfang und ein Ende	ja	Handelszeiten: Ihre und die der Märkte, Kap. 6.4.2
Verlangen nach Neurotransmittern	ja	Warum Trading süchtig machen kann, Kap. 3.3
Trading als Ersatzhandlung für die Suche von ... in mir	ja	Wonach Geldverlierer eigentlich suchen, Kap. 3.2
Anlegermentalität		Trader sind die gegenwärtigen Anleger, Kap. 1.3
Mangel an Trading-Praxis und -Erfahrung		

Tab. 2.6: Finanzfallen, manche davon haben Suchtpotenzial

Literatur

Gerstorf, D. *et al.*: Terminal decline in well-being: The role of social orientation. Psychology and Aging 31, 2016, 149–165

Goldberg J.; Nitzsch, R. von: Behavioral Finance: Gewinnen mit Kompetenz. FinanzBuch 2004

Kahneman, D.; Tversky, A.: Prospect theory: An analysis of decision under risk. Econometrica 47, 1979, 263–292

Schriek, R.: Besser mit Behavioral Finance: Finanzpsychologie in Theorie und Praxis. FinanzBuch 2016

Tversky, A.; Kahneman, D.: Judgment under uncertainty: Heuristics and biases. Science 185, 1974, 1124–1131

The Journal of Behavioral Finance Management Research 6, 2017, 132-143

Persönlichkeitsentwicklung frei Haus: Trading-Ergebnisse eröffnen Zugang zur Gefühls- und Gedankenwelt

ZUSAMMENFASSUNG

Persönliche Entwicklung ist eine Voraussetzung für langfristigen Trading-Erfolg. Trading in der Praxis kann unterschiedliche Bedürfnisse befriedigen. Trader können sich vor allem in drei Bereichen ausleben: 1. Geld verdienen, 2. Spiel, Spaß und Spannung haben und 3. sich persönlich entwickeln. Gewinn oder Verlust werden oft mit dem Selbstwert verknüpft, der Spaßfaktor ist mit neuronaler Befriedigung verbunden und Persönlichkeitsentwicklung macht die Seele glücklich.

Trader mit Strategie haben gute Chancen, Geld zu verdienen, und auf persönliche Entwicklung. Trader ohne Strategie bekommen mehr Spiel, Spaß und Spannung, was die persönlichen Herausforderungen umso größer macht, weil sie sich meistens mit Verlusten auseinandersetzen müssen.

Viele Trader sind empathisch und gefühlvoll. Sie sind erfüllt, wenn sie durch eine Aufgabe voll und ganz gefordert werden. Nicht einmal jeder Fünfte kann seine Gedanken kontrollieren und fast 40 Prozent beschäftigen sich täglich mehr als 60 Minuten mit Finanzinformationen.

Vor allem die Gefühle Wut, Angst und Schuld werden beim Trading wahrgenommen. Bei zwei Drittel der Befragten hinterlassen Verluste eine starke Wirkung, was allerdings nicht dazu führt, professionelle Hilfe in Anspruch zu nehmen.

Trader haben einige Möglichkeiten, die durch die Trading-Praxis hervorgerufenen Gedanken und Gefühle einzugrenzen. Im Bereich Selbstkontrolle können dabei z. B. ein Trading-Plan, eine Strategie und ein Tagebuch hilfreich sein. Diese Hilfsmittel werden aber (zu) wenig verwendet. 30 Prozent glauben, die Höhe von Verlusten nicht kontrollieren zu können, viele haben keinen Überblick, was sie überhaupt durch Trading verdient oder verloren haben.

Keywords: Selbstwahrnehmung, Umgang mit Gefühlen, Abgrenzung, Umgang mit Gedanken, Umgang mit Verlust, Umgang mit Finanzinformation, Trading-Strategie, Trading-Tagebuch, Trading-Plan, Trading-Kosten

MATERIAL UND METHODEN

In dieser Studie finden Sie vorwiegend die Daten von 78 Trader-Coaching-Klienten aus den Jahren 2012 bis 2016 erläutert. Der Buchstabe n steht jeweils für die Anzahl der Befragten.

ERGEBNISSE UND DISKUSSION

Vor allem Selbstanalyse und Selbstmanagement stehen für Trader auf dem Programm. Zentrale Fragen sind u. a. »Was treibt mich an?«, »Wo will ich hin?«, »Was macht mich glücklich?« und »Wer bin ich jetzt?« Die letzte Frage ist vielleicht sogar die entscheidende, weil Trader mit gesunder Selbstwahrnehmung sich ihrer Stärken und Schwächen bewusst sein sollten. Diese befähigen sie dann zu angemessenen Reaktionen.

Selbstwahrnehmung: 76 Prozent der Befragten schaffen meistens das, was sie sich in anderen Lebensbereichen vornehmen (Abb. 2.18). Weiteren 12 Prozent gelingt es immer. Ob sich dieser Erfolg als Bürde erweist oder zu guten finanziellen Trading-Ergebnissen anspornt, lässt sich schwer feststellen, da es auch eine Frage der Motivation ist. Diese ist von Trader zu Trader unterschiedlich. Trader, die Spiel, Spaß und Spannung suchen, erreichen auch das, was sie sich vorgenommen haben, unabhängig vom finanziellen Ergebnis.

Im Gegensatz dazu hat keiner auf die Frage »Was ich mir beim Trading vornehme, schaffe ich ...« mit »immer« geantwortet. Die Top-Antwort war »Darüber habe ich mir noch keine Gedanken gemacht« (46 Prozent). Immerhin 33 Prozent gaben an, dass sie ihre Ziele meistens erreichen.

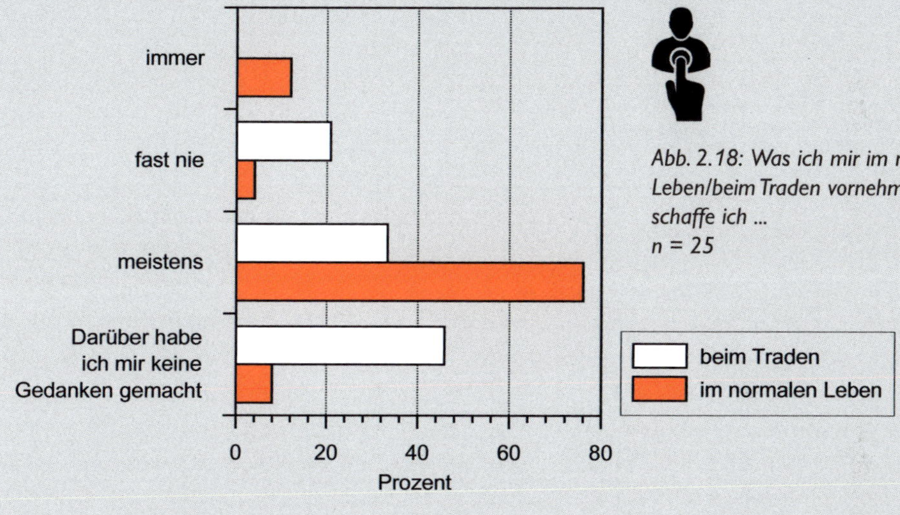

Abb. 2.18: Was ich mir im normalen Leben/beim Traden vornehme, schaffe ich ...
n = 25

Selbstbewusstsein im eigentlichen Sinn des Wortes »sich selbst bewusst sein«, ist für Trader grundlegend (Abb. 2.19).

Manchmal scheint es so, dass symbiotische Beziehungen zwischen Trader und offenen Trades oder den Märkten im Allgemeinen bestehen. Immer wieder höre ich den Wunsch, dass die Märkte doch auch am Wochenende geöffnet haben sollten. Gesunde Grenzen, Abstand zu Menschen, Ereignissen und auch offenen Trades helfen, damit Trader sich selbst nicht »verlieren«. Trader, die sich abgrenzen, haben Vorteile.

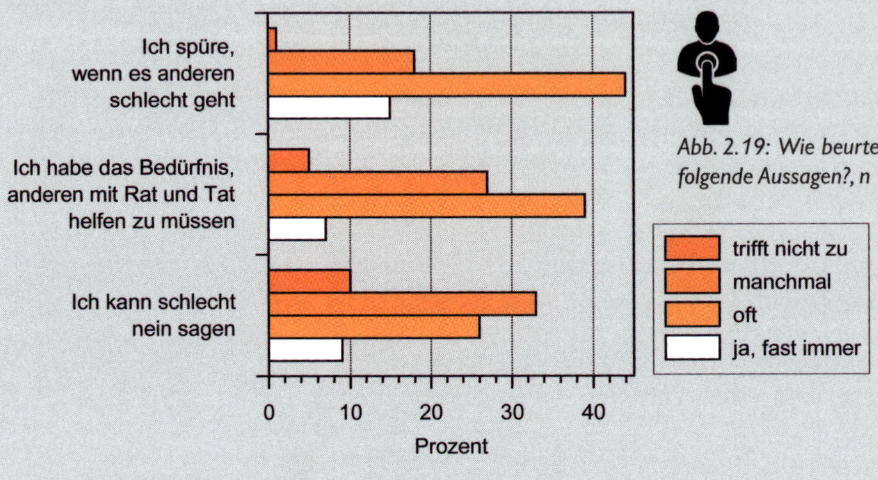

Abb. 2.19: Wie beurteilen Sie folgende Aussagen?, n = 78

Empathie ist zwischenmenschlich eine wertvolle Eigenschaft. Viele Trader haben ein ausgeprägtes Einfühlungsvermögen. Sie spüren, wenn es anderen schlecht geht. Möglicherweise ist Empathie auch in Bezug auf das Wahrnehmen der Rhythmen eines Marktes wertvoll.

Wichtig ist, dass Trader die Themen anderer nicht zu ihren eigenen machen. Trader müssen lernen, sich in erster Linie selbst zu helfen, denn da ist niemand, der es für sie könnte. Bevor Sie Ihr Bedürfnis ausleben, anderen mit Rat oder Tat zur Seite zu stehen, sollten Sie prüfen, ob das überhaupt erwünscht ist. Die Befragten beobachten dieses Verlangen eher »oft« als »manchmal«.

Nein sagen fällt vielen vergleichsweise leicht und das ist eine Fähigkeit, die Trader in jedem Fall haben sollten. Nein sagen heißt auch, einen Stopp zu setzen, in anderen Worten, eine Grenze zu ziehen. Wenn Sie sich durch Stopps abgrenzen, dann sind die möglichen Ereignisse zumindest finanziell verkraftbar. Welche Prozesse Gewinne und Verluste auf der persönlichen Ebene anregen, steht auf einem anderen Blatt.

In Abbildung 2.19 ging es um Fragen zu »Wie grenze ich mich ab?« Bei den drei Fragen in Abbildung 20 steht Selbstwahrnehmung im Vordergrund. Wenigen fällt es schwer, sich zu entscheiden. Das ist ein zweischneidiges Schwert, vor allem wenn Entscheidungen möglicherweise zu schnell (unüberlegt, impulsiv) gefällt werden. Diese gerade bei Anfängern beliebte Finanzfalle schnappt dann zu, wenn die Position weder mit einem Gewinnziel noch einer Risikobegrenzung versehen ist. Auf die zweite Frage »Mir geht es gut, wenn mich eine Aufgabe ganz fordert« antworten die meisten mit »oft« oder »ja, fast immer«. Welche Gründe könnte es geben, damit Sie sich durch Trading gefordert fühlen? Spielt die Anzahl der Trades eine Rolle? Brauchen Sie eine emotionale Achterbahnfahrt, damit Sie dieses Gefühl bekommen? Gelegenheiten zu traden fordert sicherlich stärker (geistig und emotional) als das bloße Umsetzen einer backgetesteten Strategie. Andererseits empfinden viele das Thema Strategieentwicklung als eine zeitintensive Vorleistung auf dem Weg zum Geld. Daher versuchen sie, diese Aufgabe zu umgehen.

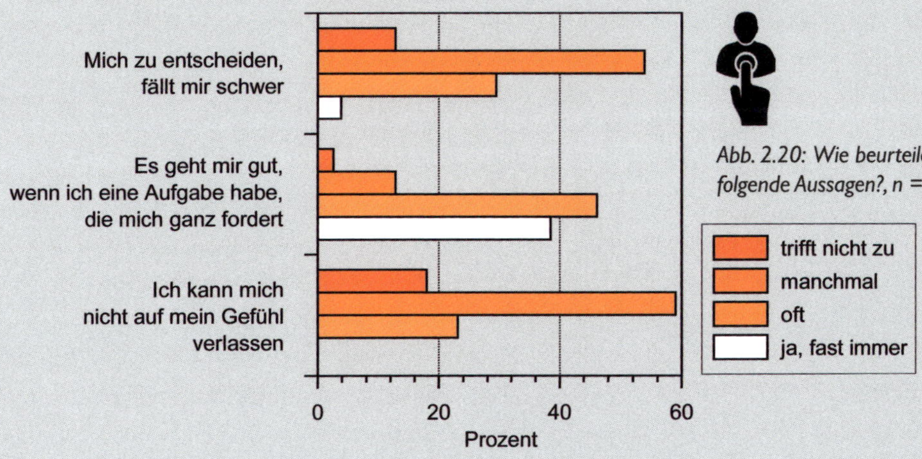

Abb. 2.20: Wie beurteilen Sie folgende Aussagen?, n = 78

Interessant ist, dass offenbar großes Vertrauen in das eigene Gefühl besteht. Wenn das tatsächlich so ist, sollte dem Gefühl beim Traden vielleicht eine größere Rolle zugeschrieben werden? Selbst wenn Trader eine Strategie verfolgen, könnte das richtige Gefühl dazu beitragen, den finanziellen Erfolg zu steigern. Das ist z. B. möglich, wenn Sie Ihren Kapitaleinsatz nach Gefühl festlegen. So könnte Ihr Gefühl bewirken, dass der durchschnittliche Betrag der Verlierer- gegenüber den Gewinner-Trades klein ist.

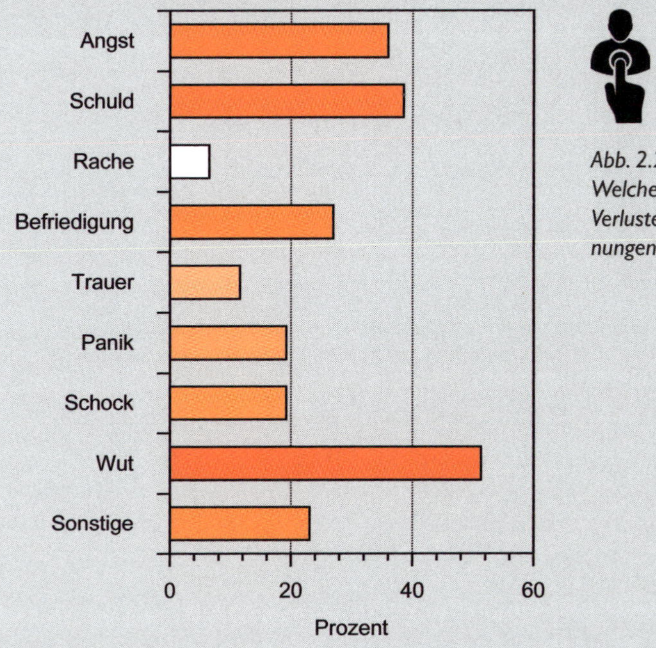

Abb. 2.21: Welche Gefühle kennen Sie, wenn Sie Verluste machen?, n = 78, Mehrfachnennungen möglich

Die Frage »Welche Gefühle kennen Sie, wenn Sie Verluste machen?« (Abb. 2.21) stelle ich mittlerweile ohne Bezug zum Trading-Ergebnis (»Welche Gefühle sind Ihnen beim Trading begegnet?«, Abb. 2.22). Die Anzahl der Gefühle, die Coaching-Klienten entdecken, ist sehr unterschiedlich. Die Zahl an sich ist auch nicht entscheidend, da die Selbstwahrnehmung von Mensch zu Mensch variiert. Sämtliche als Antwort angebotenen Gefühle wurden beobachtet (Abb. 2.21). Im Schnitt waren es 2,5 Gefühle pro Trader, was an sich ein geringer Wert ist. Das ist wohl auch darauf zurückzuführen, dass einige gerade erst mit dem Trading begonnen hatten und sich ihre erweiterte Gefühlswelt in der Trading-Praxis noch nicht gezeigt hatte.

Die Zahl der beim Trading wahrgenommenen Gefühle, hängt auch entscheidend vom eingegangenen Risiko ab. Ein Klient rief mich eines Tages an und sagte: »Jetzt kann ich mit deiner Frage nach den Gefühlen etwas anfangen.« Er hatte für einen Tag das Risiko seiner einzelnen Trades verfünffacht und acht weitere Gefühle festgestellt, die ihm bis dahin beim Traden noch nicht begegnet waren.

Wenn Sie am Monitor einen geöffneten Markt verfolgen, kann sich durch die Bewegungen der Märkte Ihre Gefühlswelt vergrößern, vor allem, wenn Sie das Auf und Ab selbst durchleben. Erst recht, wenn Sie eine Position im Markt halten.

Die Möglichkeit, Gefühle wahrzunehmen, steigt aber auch mit dem Risiko pro Position. Wer 10 Euro riskiert, wird entspannter einen Verlust einstecken können als jemand der 1 000 Euro pro Trade eingesetzt hat. Die Höhe des Verlustes ist meistens mit einer im Verhältnis stehenden Gefühlsintensität verbunden. Diese zeigt sich oft in einem vorherrschenden, vermeintlich negativen Gefühl wie Wut, Angst oder Panik, was vor allem bei Anfängern und denjenigen, die unverhältnismäßig viel riskiert haben, beobachtet werden kann. Wenn Sie 1 000 Euro in einem einzigen Trade verlieren und Ihr Gesamtkapital vor dem Trade 2 500 Euro betrug, dann wird Sie das möglicherweise sehr stark bewegen oder sogar schockieren. Dass Wut (51 Prozent) und Angst (36 Prozent) Begleiter beim Traden sein können, verwundert nicht. Wut zeigt sich vor allem dann, wenn Sie Ihre Bedürfnisse übergangen (zu großes Risiko) und keine Grenzen gesetzt haben (Stopps zur Gewinnsicherung und Verlustbegrenzung). Der Ärger darüber kann sich ins Unermessliche steigern. Das Umfeld kann sich glücklich schätzen, wenn Trader die Wut gegen sich selbst richten. Angst besteht sowieso immer beim Eingehen von Risiken unter Unsicherheit. Diese wird in Abhängigkeit von der Höhe des Risikos möglicherweise nicht immer wahrgenommen. Erschreckend im wahrsten Sinn des Wortes ist, dass fast 20 Prozent der Befragten die Erfahrung von Schocks gemacht haben. Diese sollten unbedingt aufgelöst werden.

Überrascht hat mich auch der hohe Wert für das Gefühl Schuld (39 Prozent). Schuld und auch Scham entwickelt der Verstand, wenn Angst im Spiel ist, die weder angeschaut wird noch einen Raum hat. Beide Gefühle verhindern, mit der Angst in Kontakt zu kommen, weil sie sich gewissermaßen davor stellen. Wer sich schämt, bewertet eine Situation unbewusst als negativ, ohne sich dem eigentlichen Thema zu stellen. Wem z. B. Sätze wie »Ich nehme anderen etwas weg« oder »Die Gesellschaft stempelt mich zu einem skrupellosen Spieler, der das Finanzsystem gefährdet« nahe gehen, steht nicht voll dazu, Trader zu sein. Trader mit moralischen Bedenken bewerten Trading als etwas Schmutziges. Gleichzeitig zur Scham entwickelt sich Schuld. Bei Schuld geht es eher um Themen, die in Verbindung mit Wut, Aggression und Kraft stehen. Trader, die ihre kraftvoll-aggressiven Anteile unterdrücken und sie als negativ bewerten, könnten sich schuldig fühlen, wenn diese Anteile herauskommen. Schuld führt auch dazu, dass Trader diese immer weiter unterdrücken und letztlich überhaupt nicht mehr in ihre Kraft kommen. Schuld ist ohnehin ein ausgeprägtes Thema von Tradern, die in Deutschland ihrer Tätigkeit nachgehen. Empathische Trader gehen möglicherweise in Resonanz mit der Schuld, die sich als Folge des Zweiten Weltkriegs wie ein unsichtbarer und dennoch allgegenwärtiger Schleier über das Land gelegt hat.

Möglicherweise hängt das Empfinden von Befriedigung beim Verlieren damit zusammen? Vielleicht wird ein finanzieller Ausgleich für ein Gefühl geschaffen, was unbewusst eine Rolle spielt. Erstaunlicherweise haben 26 Prozent dieses Gefühl beobachtet. Tatsächlich wird es friedlich, wenn Trader ihre Positionen auflösen. Das gilt vor allem dann, wenn die Trading-Praxis als Kampf empfunden wird. Das Auflösen einer Position führt auch dazu, dass der Teil der Energie zum Trader zurückfließt, der in die Finanzmärkte entliehen war. Selbst wenn es nur eine Restenergie sein sollte, weil Geld verloren wurde, steht sie dem Trader wieder zur Verfügung.

Mittlerweile bin ich dazu übergegangen, Gefühle in Gruppen zu sortieren und durch eine veränderte Fragestellung auch Gefühle bei Gewinn einzubeziehen (Abb. 2.22). Das hat den Hintergrund, dass Gefühle auch Organen zugeordnet und emotionale Themen gezielt auf der Körperebene bearbeitet werden können (vgl. Kap. 4.5, 7.1.2).

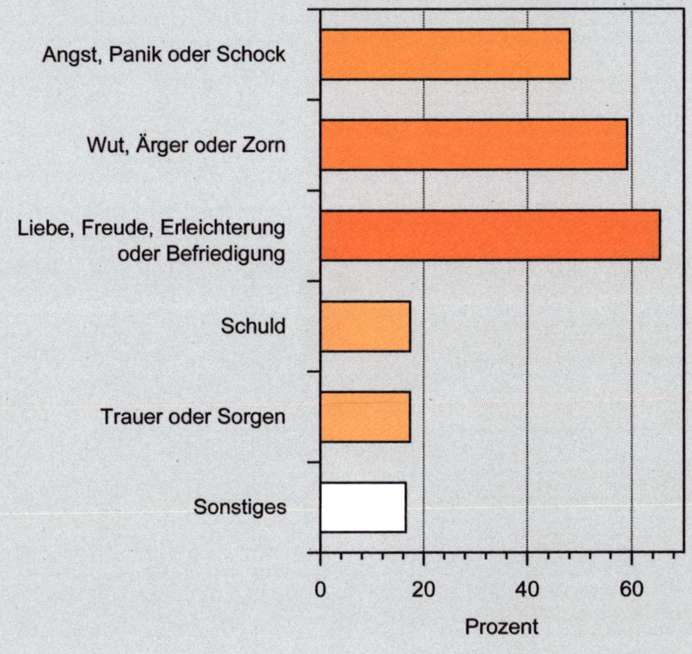

Abb. 2.22: Welche Gefühle sind Ihnen beim Trading begegnet?, Mehrfachnennungen möglich, n = 132

Die Einteilung habe ich vereinfacht und folgendermaßen vorgenommen: 1. Angst, Panik, Schock (Niere), 2. Wut, Ärger, Zorn (Leber), 3. Liebe, Freude, Erleichterung und Befriedigung (Herz), 4. Schuld, 5. Trauer, Sorgen (Lunge) und 6. Sonstiges.

Viele Trader legen sich durch die Trading-Praxis einen Zugang zu ihrer Gefühlswelt, die zur Entwicklung des Körpergefühls beiträgt.

Selbstkontrolle: Sich selbst und Trading in der Praxis zu kontrollieren ist eine Herausforderung. Selbstkontrolle bezeichnet die innere Kontrolle eigener Vorgehensweisen. Sie kann, muss aber nicht bewusst erfolgen. Trading-Tagebücher sind wichtige Hilfsmittel zur Selbstkontrolle. Lediglich ein Drittel der Trader führt Tagebuch (vgl. Abb. 2.17).

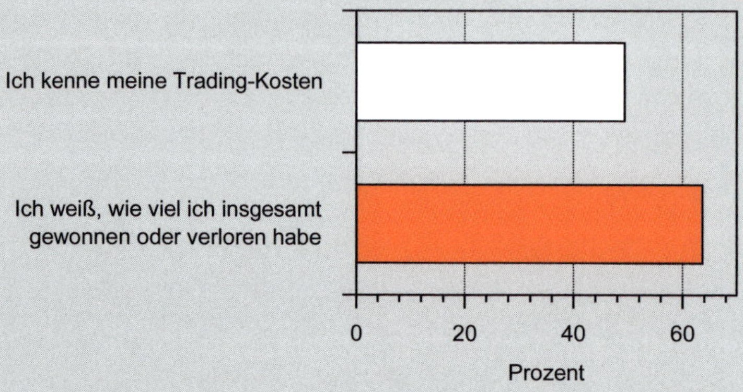

Abb. 2.23:
Wissen Sie, wie viel Sie monatlich für Trading ausgeben?, n = 78

Kostenkontrolle: Order- und Börsengebühren, aber auch Spreads gehören zum Trading dazu. Trading-Kosten sind also selbstverständlich. Dennoch sollten sie im Auge behalten werden, vor allem dann, wenn dieser Anteil den Gewinn nachhaltig verringert oder den Verlust entscheidend vergrößert. Immerhin bilanzieren mehr als 60 Prozent und können am Monatsende ihr Ergebnis auf Euro und Cent angeben (Abb. 2.23).

Die Antworten auf die Frage »Was können Sie beim Trading kontrollieren?« sehen Sie in Abbildung 24 dargestellt.

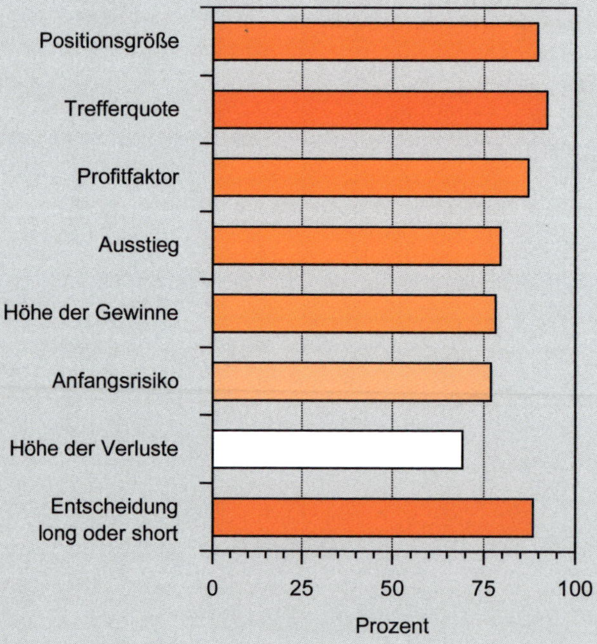

Abb. 2.24:
Was können Sie beim Trading kontrollieren?, n = 78

Trader können alles bis auf die Trefferquote, den Profitfaktor und die Höhe der Gewinne kontrollieren. Zunächst entscheidet man sich, auf steigende (long) oder fallende (short) Kurse zu setzen und legt die Positionsgröße fest. Kontrolle über das Risiko erlangt man durch das Festlegen des Ausstiegs (Stopp), somit auch über das Anfangsrisiko und die Höhe der möglichen Verluste.

In der Abbildung sind die richtigen Antworten in Prozent wiedergegeben, das heißt z. B. 88 Prozent glauben, dass sie die Entscheidung long oder short kontrollieren können, und 69 Prozent meinen, dass die Höhe der Verluste nicht kontrollierbar ist. Das ist auch die Antwort, bei der die meisten danebenlagen. Der Grund könnte darin liegen, dass nach Auslösen des Stopps die Position »market«, also zum nächstmöglichen Kurs verkauft wird. Der Verkaufkurs ist in Märkten mit hoher Liquidität allerdings oft nur ein geringfügig anderer als der Stoppkurs. Woher es kommt, dass 11 bzw. 12 Prozent glauben, die Positionsgröße und die Entscheidung long oder short nicht kontrollieren zu können, erschließt sich mir nicht.

Gedanken zu kontrollieren scheint da schon schwieriger zu sein (Abb. 2.25). Die vielen inneren Dialoge, die vor dem Monitor sitzend mit dem Markt geführt werden, sind ablenkend und aufschlussreich zugleich.

Die Gedanken kennen und bestimmen spielt im Day-Trading eine besondere Rolle. Trader denken am besten an gar nichts, was den meisten schwerfällt. Das gilt besonders für Anfänger, die sich zunächst mit der Trading-Welt vertraut machen und dadurch auch mit vielem Überflüssigen auseinandersetzen.

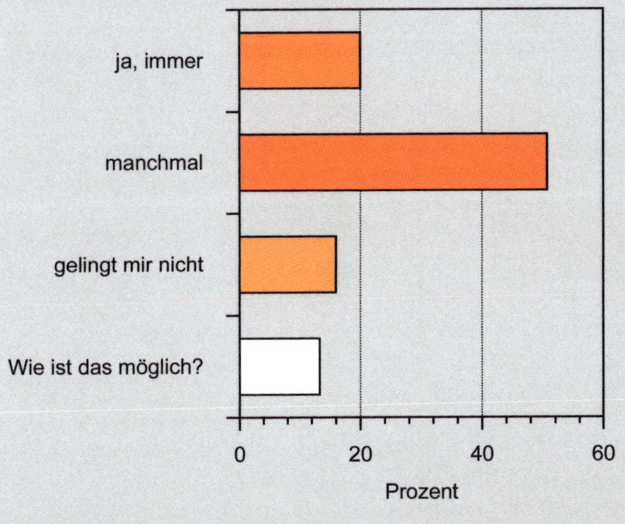

Abb. 2.25:
Ich kenne meine Gedanken beim Traden und kann jederzeit bestimmen, was ich denke, n = 78

Um die inneren Abläufe sichtbar zu machen, besteht die Möglichkeit, die sich zeigenden Gedanken bewusst auszusprechen, vielleicht sogar aufzuschreiben oder aufzunehmen. Trader sollten unbedingt wahrnehmen, dass sie mit dem Markt oder ihren offenen Positionen ständig kommunizieren. Daneben sollten sie auch über die Inhalte dieses »Gesprächs« nachdenken.

Diese Kommunikation ist vielfach einseitig, vor allem wenn die Impulse des Marktes nicht richtig eingeschätzt und angemessen berücksichtigt werden. Der Markt lehrt Trader wertfreies Wahrnehmen und sich auf das Jetzt zu konzentrieren. Flexible Reaktionen sollten die Folge sein. Diese fallen vielen schwer, weil sie in ihren Gedankenmustern gefangen sind oder fast wiederkäuend dasselbe denken.

Kontrollillusion: Menschen, die glauben, eine Situation zu beherrschen, obwohl das nicht der Fall ist, leiden an Kontrollillusion. Diese wirkt sich vor allem dann unangenehm aus, wenn z. B. Risiken unterschätzt werden.

Kontrollillusion tritt auch auf, wenn die Möglichkeit besteht, selbstständig zu entscheiden. Erstaunlicherweise denken Menschen, dass sie ihre Gewinnchancen beim Lotto steigern, wenn sie ihre Zahlen selbst festlegen, anstatt die Auswahl z. B. anderen oder einem Zufallsgenerator zu überlassen. Bei Trading-Entscheidungen, die ohne den Einfluss Dritter gefällt werden, können Trader ebenfalls einer Kontrollillusion unterliegen.

Das Bedürfnis nach Kontrolle wird auch durch Rückschaufehler befriedigt. Menschen glauben tatsächlich den Ausgang einer Begebenheit, z. B. einer Kursentwicklung, voraussehen zu können. Dabei überschätzen sie ihre Fähigkeiten. Der Rückschaufehler kann auch dazu führen, in eigentlich zufällige Ereignisse Regelmäßigkeiten oder klare Trends hineinzuinterpretieren, die dann bei zukünftigen Entscheidungen zu Verzerrungen führen. Der Rückschaufehler ist wie eine nachträgliche Kontrollillusion.

Finanzinformationen liefern einen erheblichen Beitrag zur Kontrollillusion. Wer etwas oft genug gehört oder gelesen hat, ist irgendwann auch davon überzeugt, dass es wahrhaftig so ist. In diesem Fall handelt es sich um eine mögliche Selbstmanipulation und Verzerrung von Tatsachen. Es kann so sein, muss aber nicht. Verschiedene Klienten gingen folgendermaßen vor: Sie hatten sich für kostenfreie Newsletter bei Banken, Brokern, Emittenten und auf Finanzportalen eingeschrieben und haben die Einschätzungen und Empfehlungen, z. B. ob der DAX steigt oder fällt, statistisch ausgewertet. Darauf aufbauend haben sie ihre Position eröffnet. Durch Trader-Coaching haben sie gelernt, dass zwischen Finanzinformationen und Kursentwicklung lediglich ein begrenzter Zusammenhang besteht

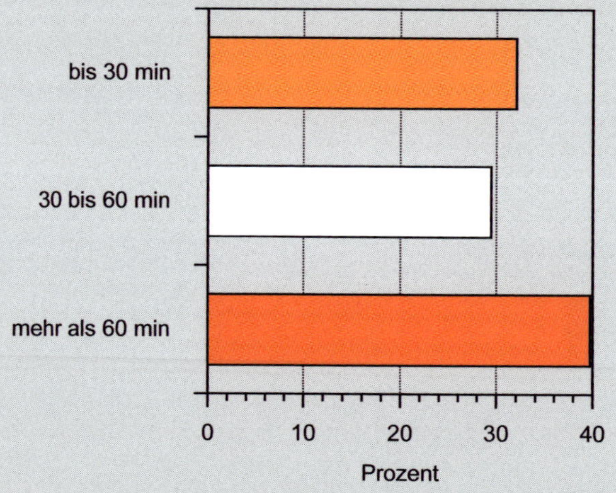

Abb. 2.26:
Wie viel Zeit verwenden Sie täglich für die Beschäftigung mit Finanzinformationen? (Printmedien, Newsletter, Radio, Fernsehen, Finanzportale, Live-Veranstaltungen)?, n = 78

Trader brauchen Finanzinformationen, die Frage ist jedoch: »Was und wie viel?« Finanzportale bieten heutzutage alles, was Trader-Herzen höher schlagen lässt. Die vielen Informationen tragen andererseits auch dazu bei, dass man sich erst einmal zurechtfinden muss. Wer gezielt sucht, findet normalerweise das Gewünschte, selbst wenn es (zu) lange dauert. Die richtigen Finanzinformationen aufzustöbern kostet auch Lebenszeit. Diese steht meist in einem ungesunden Verhältnis zur Ertragskraft. Fast 40 Prozent der Befragten setzen sich mehr als 60 Minuten täglich mit Finanzinformationen auseinander. Im günstigen Fall sind das 20 Stunden selbst gewählte Beschallung durch Medien (Printmedien, Fernseher, Internet). Die Gründe dafür sind sicherlich vielfältig und reichen von der Notwendigkeit über Wissensdurst bis hin zum Vertreiben von Langeweile.

Finanzinformationen steigern nicht unbedingt die Ertragskraft. Entscheidend ist vielmehr, ob Trader den Wert einer Information richtig einschätzen können. Streng genommen lassen sich die wenigsten Finanzinformationen zu Geld machen, wie soll das auch bei einem Spiel unter Risiko und Unsicherheit möglich sein?

Umgang mit Verlusten: Bei diesem Thema geht es zunächst darum zu gucken, wie es in der Trading-Praxis zu Verlusten kommt und was unternommen wird, wenn sie eingetreten sind. Daneben spielt es eine große Rolle, wie Sie mit den an die Verluste gekoppelten Gefühlen umgehen.

Die Frage »Wie gehen Sie mit Verlusten um?« ist also zunächst nur auf die Trading-Praxis bezogen. Die Antwortmöglichkeiten waren: 1. »Ich realisiere meine Verluste konsequent.«. Dieses Vorgehen bedeutet: Ich bin achtsam mit mir und kümmere mich um mich. 2. »Ich warte, bis ich wieder im Gewinn bin«, damit ist gemeint: Ich warte, bis der Sturm vorbei ist, habe aber keine Lust, mich zu bewegen oder zu verändern und 3. »Ich habe eine Stoppkursstrategie«, was ausdrückt: Die Strategie gibt mir Sicherheit, wenn ich im Außen (Markt) Orientierung und Halt suche. 24 Prozent der Befragten warten, bis sie wieder im Gewinn sind, eine für Trader (zu) hohe Zahl, die das von Anlegern bekannte passive Verhalten widerspiegelt (vgl. Abb. 2.13).

Die Antworten auf die Frage »Verluste beeinflussen mich ... « sehen Sie in Abbildung 2.27.

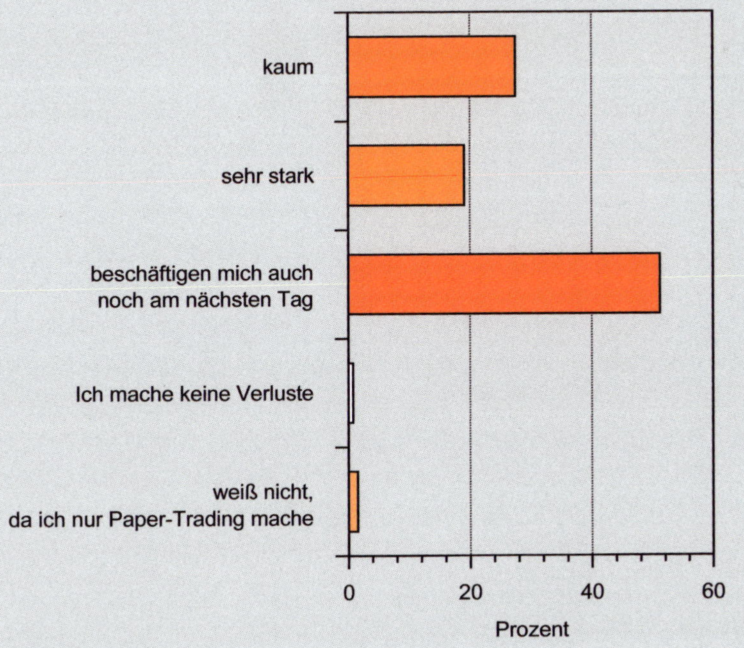

Abb. 2.27: Verluste beeinflussen mich ..., n = 132

Der Umgang mit Trading-Ergebnissen gehört zu den schwierigsten Aufgaben, die es zu bewältigen gilt. Die Frage ist bewusst auf den Umgang mit Verlusten gelegt. Mehr als 40 Prozent der Befragten gaben an, dass sie Verluste noch am nächsten Tag beschäftigten, und weitere 25 Prozent, dass Verluste offensichtlich einen starken Eindruck hinterlassen. Woher kommt das?

Da könnte man in verschiedene Richtungen spekulieren. Vielleicht werden Verluste nicht als Teil einer Strategie angesehen, schlichtweg weil keine Strategie vorhanden ist. Möglicherweise sind Sie auch nicht eingeplant. Bevor eine Position eröffnet wird, haben Trader eine Gewinnerwartung von 100 Prozent. Die Möglichkeit zu verlieren haben sie gar nicht auf dem Schirm. Daneben könnten Verlust-Trades auch als Angriff auf die Persönlichkeit wahrgenommen werden. Wer regelmäßig Verluste einfährt, muss lernen, dass die Gründe dafür vielfältig sein können (u. a. Strategie, Markt, Risikomanagement, Persönlichkeit, Erfahrung). In keinem Fall sollten sie eine Wirkung auf das Selbstwertgefühl von Tradern haben. Verluste hinterlassen vor allem Spuren in Form von Gefühlen, die als unangenehm empfunden werden, wenn diese vom Betrag her groß sind oder auf Trading-Fehler zurückzuführen sind. Angst, Wut oder Trauer sind in der Trading-Praxis vermeidbare Gefühle, wenn Trader ihre Hausaufgaben machen und geduldig ein auf ihre Persönlichkeit abgestimmtes Trading entwickeln. Verluste werden so lange schmerzen, wie Trader den Markt als Gegenspieler sehen, auf einen Selbstbedienungsladen reduzieren oder von einer unbewussten Trefferquote von 100 Prozent ausgehen.

Auch wenn Verluste schmerzen, Unterstützung holen sich die wenigsten Trader (Abb. 2.28). Gerade darüber sollten Scalp- und Day-Trader, aber auch diejenigen nachdenken, die mehrere Trades innerhalb einer Woche eingehen. Beim Thema Umgang mit Verlusten geht es darum, einen Menschen zu finden, der für Sie und das Thema Geld verdienen durch Trading offen ist. Das muss nicht zwangsläufig ein Analytiker der Psyche oder der Finanzmärkte sein.

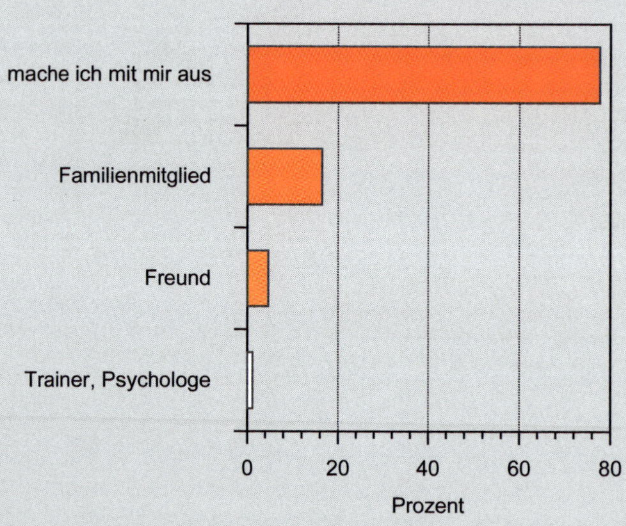

Abb. 2.28:
Wer unterstützt Sie, wenn Sie Verluste machen?, n = 78, Mehrfachnennungen möglich

Selbstverständlich kann jeder auch seine Verluste mit sich selbst ausmachen, wie 78 Prozent der Befragten angaben. Ob das der richtige Weg ist, darf bezweifelt werden, solange sich 80 Prozent der Befragten sehr stark oder sogar noch am nächsten Tag mit ihren Verlusten beschäftigen (vgl. Abb. 2.27). Immerhin arbeitet ein Trader mit einem Trainer oder Psychologen, vier weitere finden Hilfe bei Freunden.

SCHLUSSFOLGERUNG

»Du bist Trader!«, mehr, weniger oder doch nicht? Trading-Erfolg ist relativ und nicht ausschließlich finanziell messbar. Die Trading-Praxis befriedigt unterschiedliche Motivationen (Geld verdienen; Spiel, Spaß und Spannung und Persönlichkeitsentwicklung).

Erfolgreich werden Sie auch, wenn Sie kostspielige Verhaltensweisen ändern. Der Schlüssel liegt darin, sich weniger mit Finanzinformationen zu beschäftigen, stattdessen die Zeit in Selbstanalyse, Selbstmanagement und Körperarbeit zu stecken. Das Verarbeiten von Informationen strapaziert das Nervensystem, kostet Kraft und bedeutet fast immer verlorene Zeit. Mit dem (zu) vielen Denken verhält es sich genauso. Trader mit einer Strategie haben es da deutlich einfacher, weil sie lediglich Signale umsetzen müssen. Sie halten ihre Kräfte zusammen, weil sie keine Entscheidungen fällen müssen und in Abhängigkeit von der Strategie meistens mit wenig Information auskommen. Die Gefühlswelt vieler wird durch die Trading-Praxis belebt. Geldverdienen spielt so lange eine Nebenrolle, wie Trading-Ergebnisse in Ihnen intensivere Gefühle auslösen und diese womöglich auch noch die Trading-Praxis beeinflussen. Sinnvoll könnte es sein, den Kopf einmal vollständig zu entleeren. Was auch immer Sie über Trading denken, es hilft Ihnen erst dann weiter, wenn Sie es auch fühlen können. Die wichtigste Frage, die Sie für sich beantworten sollten, lautet: »Was bin ich bereit zu tun, um mich zu entwickeln und mein Trading zu verbessern?«

Die Auszahlung von Prämien als Arbeitsanreiz (so könnte man Trading auffassen) führt oft nicht zum gewünschten Ergebnis. Das könnte auch daran liegen, dass der Antrieb geschwächt wird, etwas um seiner Selbst willen zu tun. Das Empfinden, die Trading-Praxis wird belohnt oder bestraft, kommt noch erschwerend dazu. Das Selbstwertgefühl sollten Sie unter keinen Umständen mit Ihren Trading-Ergebnissen verknüpfen.

2.5 Ziel anpeilen und ins Schwarze treffen

Viele Anfänger machen sich keine Gedanken über ihre Ziele. Wie sieht das bei Ihnen aus?

Sollten Sie feststellen, dass Sie keine Ziele haben, kennen Sie den Grund dafür? Manche Trader haben zwar klar formulierte Ziele, allerdings keine Vorstellung davon, wie es nach dem Erreichen dieser weiter gehen soll. Stellen Sie in so einem Fall die Trading-Praxis für den Tag, die Woche, den Monat oder sogar das Jahr ein? Oder denken Sie, dass es sinnvoller ist, Ihr Ziel anzupassen, vielleicht auch ein weiteres festzulegen?

Sollten Sie sich gegen eine Trading-Pause entscheiden, könnte sich das gerade erreichte Ziel im Nachhinein als eine traurige Zwischenetappe entpuppen. Wenn Ihr Gehirn mitteilt: »Auftrag erfüllt«, stellen sich Geist und Körper unmittelbar auf Entspannung ein. Somit fehlen vermutlich ein paar Prozente für eine weitere verlässliche Umsetzung von Trading-Signalen.

Viele Trader haben große Ziele. Sie streben Renditen von 25, 30, 200, 300 oder 1 000 Prozent an. Diese Zahlen werden von Seminarteilnehmern genannt. Meine erste Frage ist dann: »Wer von Euch erreicht denn schon jetzt seine Ziele?« Das schafft erfahrungsgemäß niemand. Legen Sie Ziele fest, die in Reichweite sind und zu denen Sie einen persönlichen Bezug haben.

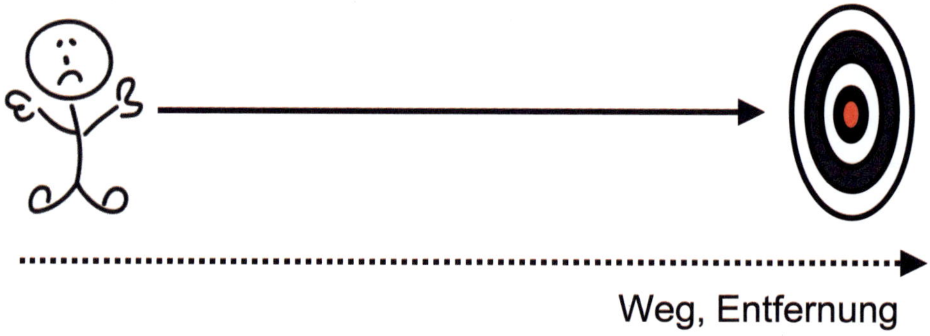

Abb. 2.29: Langer Weg zum großen Ziel

In Abbildung 2.29 sehen Sie einen Trader, der einen langen Weg bis zum Ziel hat, was ihn offensichtlich frustriert. Darüber hinaus scheint ihm das Ziel keine Herzensangelegenheit zu sein. Woher kommt es, dass viele so überaus ambitionierte Ziele haben und zudem ein so großer Unterschied zwischen der Realität und dem teilweise realitätsfernen Ziel besteht? Der folgende Gedanke hat bei Seminarteilnehmern neben Erstaunen auch den Ausdruck von Entsetzen auf deren Gesichter gezaubert:

Wer 80 Prozent pro Jahr verdienen will, bislang nur 5 Prozent schafft, muss seine Persönlichkeit um 75 Prozent ändern. Möglicherweise schließt das auch Lebensumstände ein.

Bitte lesen Sie erst weiter, wenn Sie diesen Satz vollumfänglich begriffen haben.

Mir geht es also darum, Ihnen zu vermitteln, dass weit entfernte Ziele sicherlich erreicht werden können. Dafür müssen Sie allerdings einiges tun. Bei in der Ferne liegenden großen Zielen, sollte zumindest die erste Etappe (ein nahes Ziel) zeitnah erreichbar sein (Abb. 2.30). Das führt dann auf dem Weg zum großen Ziel zu Glücksgefühlen.

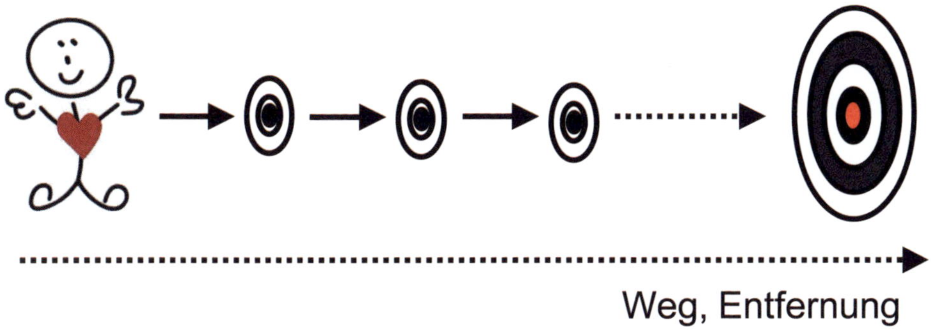

Abb. 2.30: Kurze Wege zu Zwischenzielen auf dem Weg zum großen Ziel

Trading-Ziele, ein Muss für erfolgreiche Trader?

Haben Sie Ihre klaren Trading-Ziele? Wie Sie bereits erfahren haben, kann das Geldverdienen auch eine untergeordnete Rolle spielen. Die Gründe dafür sind vielfältig. Meistens liegen sie in der Persönlichkeit oder der persönlichen Geschichte. Ziele zu haben ist also zweifelsohne wichtig, im normalen Leben wie auch beim Trading.

Was sind die Kennzeichen von Zielen? Absichten, gute Vorsätze und Wünsche sind jedenfalls keine Ziele. Sie sind nicht messbar und können auch nicht kontrolliert werden. Bevor Sie Ihre Ziele formulieren, sollten Sie folgende fünf Fragen beantworten:

1. Was ist mein **Grund**, was motiviert mich, das Ziel zu erreichen?
   Die erste Frage zum Zielgrund ist die wichtigste. Dabei spielt es auch eine Rolle, ob Sie im Einklang mit Ihrer Bestimmung leben. Wenn Sie andere nachahmen oder etwas für jemanden tun, z. B. Eltern oder Partner, führt Sie das meistens nicht ans Ziel.

2. Zur **Zielanalyse** gehört die Frage: »**Ist mein Ziel realistisch?**« Zu diesem Zweck beleuchten Sie Ihre Stärken und Schwächen, schätzen Sie die Chancen und Risiken ein, analysieren Sie, inwieweit Ihr Umfeld und die Situation Ihrem Ziel förderlich sind.
   Stärken und **Schwächen** (**Subjekt**- bzw. **Persönlichkeitsanalyse**): Welche Ihrer Eigenschaften sind Ihrem Ziel förderlich, welche stehen im Weg? Wie können Sie diese nutzen bzw. vermeiden?
   Chancen und **Risiken** (**Objekt**- bzw. **Gegenstandsanalyse**): Welche Chance (Nutzen) bietet Ihnen Ihr Ziel, wenn Sie es erreicht haben? Welche Risiken birgt es? Können Ihnen Nachteile entstehen?
   Umfeld- und **Situationsanalyse**: Welche Personen, Informationen oder Umstände sind Ihrem Ziel förderlich, welche sind hinderlich? Was können Sie nutzen, was sollten Sie ausschalten?

Und dann beantworten Sie folgende Fragen:

1. »**Was will ich ganz genau erreichen?**« (Zielqualität),

2. »**Wie viel will ich erreichen?**« (Zielquantität) und

3. »**Bis wann will ich es erreichen?**« (Zieltermin).

Allein die Beschäftigung mit diesen fünf grundlegenden Fragen wird Sie Ihrem Ziel näher bringen. Danach geht es darum, wie Sie Ihre Ziele formulieren und erreichen. Diese Aufgabe wird gelegentlich unterschätzt, weil sie sich so einfach anhört. Außerordentlich wichtig ist auch, wie klar Sie sind und wie aufmerksam Sie sich ausdrücken. Auf die Frage »**Hast Du Dein Ziel terminiert?**« antworten viele z. B. mit »so bald wie möglich« oder »in den nächsten Monaten«. Sie sollten es klarer formulieren, z. B. »frühestens am 10.06.2020« oder »spätestens Ende Februar 2019«.

»**Ist Dein Ziel präzise?**«: Anstatt »so viel wie möglich« sollten Sie »mindestens 777 Euro« oder »höchstens sieben Kontrakte« schreiben. Vermeiden Sie Umschreibungen wie z. B. »genügend« oder »angemessen«.

»**Hast Du Dein Ziel positiv bzw. konstruktiv formuliert?**«: Das Ergebnis ist oft Teil der Formulierung. Es besteht ein großer Unterschied, ob Sie sagen »nicht länger bereit zu sein Verluste zu machen« oder »Geld zu verdienen«.

Die beiden Sätze »Ich mache keine Verluste mehr!« oder »Ich will nicht verlieren« beschäftigen sich mit dem Verlieren und vor allem der zweite Satz bedeutet: »Ich will verlieren.« Das Gehirn überhört in gewisser Weise die Worte »kein« oder »nicht«. Dadurch erreichen Sie genau das Gegenteil Ihres Ziels.

»**Das Ziel schriftlich festhalten**« ist wesentlich. So bekommt es die Wirkung eines Programms.

- Ist dein Ziel konkret?
- Ist das Ziel für dich persönlich erstrebenswert? (Das Ziel motiviert mich, weil ..., das Ziel bringt mir folgenden Nutzen: ...)
- Hast du dein Ziel terminiert?
- Ist dein Ziel präzise?
- Ist dein Ziel realistisch und widerspruchsfrei?
- Hast du dein Ziel positiv bzw. konstruktiv formuliert?
- Hast du dein Ziel schriftlich festgehalten?
- Ist die Zielerfüllung kontrollierbar?

Aufgabe Trading: *Wie du deine Trading-Ziele formulierst und erreichst. www.voss-institut.de; Weitere Aufgabe in Kapitel 2.5.*

Stellen Sie sich vor, Sie erreichen Ihr monatliches Trading-Ziel von 500 Euro schon am 13. des Monats. Wie verhalten Sie sich?

1. Sie stellen Ihr Trading bis zum Monatsende ein. Dem erwirtschafteten Geld könnten Sie einen Sinn geben, z. B. indem Sie es auf Ihr Mietkonto überweisen oder es abheben, um sich und andere damit glücklich zu machen. Sie könnten ein Wellnesswochenende für zwei buchen, Konzertkarten kaufen oder Ihre Umgebung in ein Blumenmeer verwandeln.

2. Sie passen Ihr Trading-Ziel z. B. auf 750 Euro an. Dann allerdings sollten Sie auch festlegen, wie viel von Ihrem Monatsgewinn übrig bleiben sollte.

Wenn Sie als Grenze 400 Euro bestimmen, werden Sie sich noch immer als Gewinner fühlen, auch wenn Sie 100 Euro verlieren.

3. Sie legen ein Trade-Ziel fest, z. B. 250 Euro. Ihre Verluste begrenzen Sie auf 100 Euro. Vielleicht fragen Sie sich, wo der Unterschied zu 2. besteht? Sie ankern bei dieser Vorgehensweise nicht am Monatsgewinn, weil Sie Ihr inneres Konto vor diesem weiteren Trade auf 0 Euro gestellt haben. Trotz eines möglichen Verlusts könnte Ihnen das Gefühl vom Erreichen des Monatsziels erhalten bleiben.

Wenn Sie einfach weiter traden, ohne sich weitere Ziele zu setzen, pendelt Ihr Trading-Ergebnis bestenfalls um 500 Euro. Meistens wird das Geld verspielt, weil Ihr Gehirn in den »Daddelmodus« übergeht. Diese Reaktion ist vergleichbar mit dem Ablegen einer Abschlussprüfung, auf die Sie gelernt haben. Nach der Prüfung ist Feiern angesagt und Ihr komplettes System entspannt. Insofern können zu schnell erreichbare Ziele auch im Weg sein. In jedem Fall sollten Sie einen Plan haben, wie es dann weitergeht.

- ...
- ...

Aufgabe Trading: *Wie verhältst du dich, wenn du dein Ziel erreicht hast? Weitere Aufgabe in Kapitel 2.5.*

Der Schweizer Psychoanalytiker **Carl Gustav Jung** hat gefragt: »Was brauchen Menschen, um authentisch zu leben?« Ein Ergebnis war: »Deine Vision wird nur dann klar, wenn du in dein eigenes Herz schaust. Wer nach außen schaut, der träumt, wer nach innen schaut, der erwacht.« Große Worte in unserer schnelllebigen Zeit.

Vielleicht versuchen Sie selbst einmal, aktiv zu visualisieren. Das ist anders als die passive Wahrnehmung in einem tranceartigen Zustand oder eine Fantasiereise. Visualisieren ist eher ein aktives Wachträumen. Die folgende Übung könnte Ihnen helfen, eine Vision Ihres wahren Ichs zu entwickeln.

- Stelle dir vor, dass ein Fernsehsender in zehn Jahren vorhat, einen Beitrag über dein bisheriges Leben(swerk) auszustrahlen. Einen Film über dich und über alles, was dir wichtig ist: Projekte, die du realisiert hast, und vor allem auch die Menschen, die dich auf deinem Weg begleitet haben.
- Welche Bilder werden gezeigt? Welche Menschen siehst du an deiner Seite? Worüber freust du dich besonders? Wer hat dir Impulse gegeben? Welche Ziele hast du erreicht, was hast du noch vor zu verwirklichen? Was berichtet der Sender?
- Abschließend führt der Moderator noch ein kleines Interview mit dir und fragt dich: »Wie hast du das alles geschafft?« und »Welche deiner Fähigkeiten und Stärken waren bei der Umsetzung besonders wichtig?«
- Beantworte die Fragen schriftlich.

Personal-Trader-Coaching: *Visualisiere doch einmal. Weitere Aufgabe in Kapitel 3.0.*

Sie können die Übung regelmäßig wiederholen. Auf lange Sicht trägt sie vielleicht zur Stärkung Ihrer Persönlichkeit bei, weil Ihnen Ihre Vision in Fleisch und Blut übergeht. Die Übung könnte Sie auch ermutigen, den sich bereits abzeichnenden Weg weiterzugehen und sich auch dann treu zu bleiben, wenn Ihnen einmal Zweifel kommen sollten.

2.6 Strategie- oder Gelegenheits-Trader?

Für Trader gibt es im Allgemeinen zwei Möglichkeiten, Geld zu verdienen: Strategie- oder Gelegenheits-Trading. Strategie-Trader folgen klaren Regeln. Wenn sie sich an ihre Vorgaben halten, sollten sie langfristig erfolgreich sein. Voraussetzung ist, dass die Strategie einen positiven Erwartungswert hat. Die Basis für intuitives Trading ist, dass Gelegenheits-Trader langjährige Erfahrungen und eine ausbalancierte Persönlichkeit haben, um in jeder Marktphase angemessen reagieren zu können.

Strategie-Trading

Strategie-Trader sollten ihre Strategie zunächst in einem Markt handeln. Viele Anfänger versuchen es gleichzeitig mit mehreren Märkten. Daneben machen sie sich meistens zu viele Gedanken über weitere Strategien, weil sie vielleicht irgendwo gelesen haben, dass man mit einer Strategie für unterschiedliche Märkte und Marktphasen nicht auskommt.

Bevor Sie verschiedene Strategien entwickeln, sollten Sie sich zunächst damit beschäftigen, was eine Strategie überhaupt ausmacht. Wenn Sie eine über einen längeren Zeitraum erfolgreich in einem Markt angewendet haben, dann können Sie über einen weiteren Markt nachdenken. Meistens sind dann Anpassungen erforderlich. Diejenigen, die sich auf eine Strategie einlassen, können die folgende Trading-Aufgabe gewissenhaft angehen.

- deine Lebensumstände berücksichtigen
- einen zu dir passenden Markt finden
- eine Strategie entwickeln
- ein Anlageprodukt wählen und die Wirkungsweise begreifen (Szenario-Rechner bei Derivaten)
- einen Broker wählen, der
  - die Sicherheit deines Geldes gewährleistet
  - über eine herausragende Handelsplattform verfügt
  - reaktionsschnellen verlässlichen Service bietet (keine Warteschleifen,
  - ausgebildetes, lösungsorientiertes Personal mit Befugnissen, ...)
- auf der Handelsplattform trainieren
- deine Strategie anwenden
  - Backtest
  - Demo
  - Live
- deine sämtlichen Ergebnisse im Trading-Tagebuch beschreiben
- dein Trading-Tagebuch nutzen
  - Ergebnisse filtern, z. B. Mo, Di, Mi, …, Mondphase, … Vormittag, Nachmittag, … alle Trades, ...
  - mit Zielen arbeiten, z. B. Tages-, Wochen-, Monatsziel, …, nur erster Trade, erster und zweiter Trade, ...

Aufgabe Trading: *Wie du eine Trading-Strategie entwickelst.*

Gelegenheits-Trading

Gelegenheits-Trader folgen vor allem ihrer Intuition. Selbst wenn sie eine erfolgreiche Strategie geschenkt bekommen, haben sie Schwierigkeiten, diese anzuwenden. Das liegt auch daran, dass ihnen Regeln zuwider sind. Sie sind es gewohnt, intuitiv vorzugehen, und machen auch beim Trading dafür keine Ausnahme.

Wie ist es möglich, allein aufgrund von Intuition erfolgreich zu handeln? **Intuition** bedeutet so viel wie Eingebung, Ahnung, manchmal wird sie auch mit der »inneren Stimme« gleichgesetzt. Der Psychologe **Gerd Gigerenzer** forscht seit Jahren zu diesem Thema. Er ist sicher, dass intuitive Entscheidungen die des Verstandes übertreffen. Viele Menschen sind bei Entscheidungen mit dem Übermaß an Informationen überfordert. Sie können nur wenige davon verarbeiten. Intuition hilft dabei zu unterscheiden, welche Information tatsächlich wichtig, nebensächlich oder gänzlich unbedeutend ist.

Genau darum geht es für Trader, die Gelegenheiten handeln: Durch das Internet sind Informationen zu schnell und zu leicht zugänglich. Daneben wird die Trading-Praxis vor allem durch E-Mails und die ständige Verfügbarkeit durch mobile Kommunikationsmittel beeinträchtigt. Abgrenzung ist daher unumgänglich, um gute Entscheidungen zu fällen. Intuition kann dabei hilfreich sein.

Intuition kann auch für Trader mit Strategie hilfreich sein. Sie können z. B. intuitiv entscheiden, wie viel Kapital sie in einem Trade einsetzen. Wer auf seine innere Stimme hört, tradet vermutlich eine kleinere Position. Unter dem Begriff Bauchgefühl versteht man übrigens etwas anderes als Intuition. Der Bauch funktioniert in gewisser Weise wie unser Gehirn (vgl. Kap. 7.1.1).

Der Neurowissenschaftler **Gerhard Roth** geht davon aus, dass Berufserfolg sich zu je einem Drittel aus **Intelligenz**, **Motivation** und **Fleiß** zusammensetzt. Das könnte aufs Trading bezogen Folgendes bedeuten: Trader brauchen keine übermäßig hohe Intelligenz. Sie sollten rechnen und eine Handelsplattform fehlerfrei bedienen können. Trading sollte regelmäßig in der Praxis stattfinden. Der damit verbundene Lerneffekt ist auf Ihre Motivation und Fleiß zurückzuführen. Trader sollten vor allem der Frage nachgehen: »Woher kommt es, dass mich Trading geradezu magisch anzieht und ich die Finger nicht davon lassen kann?« Davon kaum zu trennen ist der Fleiß, sich immer wieder mit den Fragen auseinanderzusetzen, die sich rund um die Persönlichkeit ranken. »Wer bin ich jetzt?« und »Wie lerne ich mich besser kennen?«

Wenn es um die Trading-Praxis geht, spielen die in der Cloud gezeigten Begriffe eine große Rolle (Abb. 2.31). Prüfen Sie mal, was Ihnen zu den einzelnen Worten einfällt und inwieweit Sie die damit verknüpften Themen in Ihrer Trading-Praxis berücksichtigt haben.

Abb. 2.31: Cloud zum Thema Trading

Der beste Weg, die Zukunft vorauszusagen, ist, sie zu gestalten.

- Herbert Ernst Karl Frahm alias Willy Brandt, deutscher Politiker und Bundeskanzler

3 EMPIRISCHE VERHALTENSFORSCHUNG

Zwei wichtige Coaching-Fragen zum Trading-Verhalten sind: »**Wie tradest du?**« und »**Wie verhältst du dich beim Traden?**« Bei der zweiten Frage geht es darum, wofür Sie die Trading-Zeit sonst noch nutzen. Sie ist in erster Linie für Day-Trader interessant.

- **Wie tradest du** (Trading-Praxis)?
  - strategisch (klare Regeln, messbare Ergebnisse, Backtest)?
  - intuitiv (ohne Regeln)?
  - auf wechselnden Geräten (Computer mit Monitor, Laptop, Smartphone ...)?
  - an unterschiedlichen Orten (zu Hause, im Auto, am Arbeitsplatz ...)?
  - zu verschiedenen Zeiten (Markteröffnung, in der Mittagspause, letzte Handelsstunde)?
- **Wie verhältst du dich, während du handelst?**
  - ...
  - ...
- Deine guten Gewohnheiten (Wiederholung) machen dein Trading erfolgreich.

Personal-Trader-Coaching*: Wie tradest du? und Wie verhältst du dich, während du handelst? Weitere Aufgabe in Kapitel 3.3.*

Letztlich liegt es an Ihnen, sich zu einem erfolgreichen Menschen (persönlich, finanziell) zu entwickeln. Die meisten wissen zumindest theoretisch, worauf es beim Traden ankommt. Von diesem Wissen wird vieles indes in der Trading-Praxis nicht umgesetzt. Die Gründe dafür liegen in persönlichen Mustern, in denen man verhaftet ist und die durch jede weitere Wiederholung verstärkt werden.

3.1 Mitläufer, Psychopathen und fünf weitere Geldverlierer

Kämpfen, fliehen oder sich tot stellen sind alte Reaktionsmuster auf unmittelbare Bedrohungen. Diese stecken allerdings in unseren Zellen und beeinflussen unser Verhalten in bedrohlichen Situationen. Wenn Sie von einem wilden Tier angegriffen werden, sollten Sie reagieren. Kampf, Flucht oder den Toten zu geben können dazu beitragen, dass Sie die Situation schadlos überstehen. Ob eine weit ins Minus gelaufene Position eine unmittelbare Bedrohung darstellt und eine körperliche Reaktion nach sich ziehen muss, steht auf einem anderen Blatt.

Vielleicht kennen Sie das Buch von **Richard David Precht** »Wer bin ich – und wenn ja wie viele?«? Stellen Sie sich diese Frage, wenn Sie mal wieder auf der Verliererseite sind. Wer tradet da gerade? Der Vierjährige, der über die Stränge schlägt, der vierzehnjährige Pubertierende, der es allen zeigen will, oder vielleicht der Schüchterne, der sich von anderen abgelehnt fühlt?

Sie sollten berücksichtigen, dass funktionierende Lebensstrategien nicht zwangsläufig aufs Trading übertragen werden können, so dass Sie automatisch zu einen finanziellen Überflieger werden. Gerade für erfolgsverwöhnte Menschen kann Trading eine ziemliche Herausforderung sein. Glückliche Lebenserfahrungen können erstaunlicherweise sogar hinderlich sein, weil eine gewisse Unbedarftheit durch das Gefühl von »So schwierig kann das doch gar nicht sein, alles andere im Leben ist mir doch auch gelungen« verstärkt wird.

Mir ist wichtig zu betonen, dass sich jeder unabhängig vom vorhandenen Persönlichkeitsspektrum zu einem erfolgreichen Trader entwickeln kann. Das setzt voraus, sich ständig zu verändern. **Sie bestimmen den Zeitpunkt Ihres Begreifens und Veränderns, der nicht zuletzt von der Angst vor Veränderung abhängt.**

Sich selbst zu kennen, ist wahrscheinlich das Wichtigste überhaupt. Beim Trading kommt es darauf an, angemessen und unmittelbar zu reagieren. Da spielt

Präsenz eine Rolle. Das ist für viele ungewohnt, weil in wenigen anderen Lebenssituationen derart kostspielige Konsequenzen im Raum stehen.

Wer sich z. B. nichts gefallen lässt, wem ein gewisser Gleichmut fehlt und wer vor allem vieles auf sich selbst bezieht, empfindet die Finanzmärkte möglicherweise als Gegner. Verlust-Trades werden dann möglicherweise nicht als ein natürliches Ereignis einer Strategie wahrgenommen, sondern als Angriff eingeordnet. Auf Angriff erfolgt der Gegenangriff. Wohin das hinführt, können Sie sich vorstellen.

In der folgenden Tabelle finden Sie verschiedene Trader-Typen, die Geld verlieren. Die Namen beschreiben ein Verhalten, dem ein besonders ausgeprägtes Persönlichkeitsmerkmal zugrunde liegt. Damit einher geht auch eine vielfach unbewusste Motivation, die das verlustbringende Verhalten immer wieder nährt. Das Bewusstsein für die tieferliegende Motivation kann zu Verhaltensänderungen beitragen.

Trader-Typ	Persönlichkeits-merkmal	Unbewusste Motivation	Transformations-möglichkeit
Mitläufer	oral	Harmoniesucht, Herde folgen	Abgrenzung
gutgläubiger Leibeigener	oral	Suche nach Sicherheit	Selbstbewusstsein entwickeln
Widerstandskämpfer	psychopathisch	Kampf	Herde folgen
impulsiver Rächer	psychopathisch	Rachsucht	Vergebung
Traditionalist	oral/masochistisch	Verantwortung abgeben	Verantwortung übernehmen und handeln
planloser Schuldner	masochistisch	Geld verlieren	Verantwortung übernehmen
übertriebene Planer	rigide/schizoid	Kontrolle, Denksucht	Intuition zulassen und einsetzen

Tab. 3.1: Trader-Typen: Persönlichkeitsmerkmal, unbewusste Motivation und Transformationsmöglichkeit (vgl. Kap. 1.5.1)

In der Spalte »unbewusste Motivation« handelt es sich lediglich um Beispiele. Vielleicht finden Sie sich in einem Trader-Typ wieder, stellen bei sich aber eine ganz andere unbewusste Motivation fest. Versteht sich von selbst, dass dann mit hoher Wahrscheinlichkeit auch eine andere Transformationsmöglichkeit angesagt ist. Die Trader-Typen überzeichne ich bewusst ein wenig, wohl wissend, dass es sich letztlich um ein Modell handelt. Dennoch könnten Sie sich in einem oder mehreren Trader-Typen wiederfinden und erkennen, an welcher Stellschraube Sie drehen könnten. So vermeiden Sie Wiederholungen und bekommen Zugang zu Ihrer unbewussten Motivation.

Im Prinzip geht es um noch mehr. Wenn Sie sich intensiv mit den in der Spalte vier gezeigten Transformationsmöglichkeiten auseinandersetzen, können Sie Ihren Trader-Typ transformieren.

Die Quelle von Trading-Verhalten ist oftmals die Befriedigung von Bedürfnissen, wie z. B. nach Harmonie, Sicherheit, Kontrolle, oder auch das Wiederholen von Mustern, die unerkannt in Ihrem Unterbewusstsein liegen. Diese begleiten Sie wie dunkle Schatten, die aufgedeckt werden können, wenn Sie Ihre Persönlichkeit schulen.

Trading-Erfolge stellen sich erst dann ein, wenn Sie von sich sagen können: »Trader-Typ gefunden und transformiert.« Das gilt natürlich nur für diejenigen, die noch kein angemessenes Verhalten entwickelt haben.

Letztlich traden sich auch transformierte Trader selbst. Wer seine Vorgehensweise transformiert, schafft die Voraussetzungen, sich in der Trading-Praxis breiter aufzustellen. Das kann von Vorteil sein, da situationsbedingtes richtiges Verhalten möglich wird und eben nicht nur stereotypes, also z. B. immer im Verlust nachzukaufen, ständig Verluste auszusitzen oder regelmäßig Gewinne zu früh mitzunehmen.

Im Folgenden beschreibe ich das Trading-Verhalten der in Tabelle 3.1 dargestellten Typen und zeige praktische Wege auf, wie Sie Ihre Vorgehensweise ändern können, um sich zu Geldverdienern zu entwickeln:

1. **Mitläufer** laufen mit (dem Kurs). Sie setzen im wahrsten Sinn den Satz »Gewinne laufen lassen und Verluste begrenzen« um. Diese sogenannte Börsenweisheit ist blödsinnig. Im Prinzip trägt sie dazu bei, dass Trader ihr Kapital stetig verlieren. Mitläufer sind orientierungslos und verfolgen keine klaren Ziele. Dadurch gehen sie letztlich in der Herde unter und zahlen dafür den Preis des Anfangsrisikos. Die weiteren Trading-Kosten kommen selbstverständlich noch dazu. Mitläufer handeln frei nach dem Motto »Außer Spesen nichts gewesen«. Diejenigen, die einen Anfangsstopp setzen, sind zumindest für Broker interes-

sant, weil ihre Konten lange Halbwertszeiten haben, da sie ohne größeres Risiko traden. Das Verhalten dieses Trader-Typen ist auf die Themen mangelndes Selbstbewusstsein, Unsicherheit und die Suche nach Harmonie zurückzuführen. In Abbildung 3.1 ist ein für Mitläufer typisches Verhalten gezeigt.

Abb. 3.1: Der Mitläufer: Mini-DAX-Chart, 28.02.2017 bis 17.30 Uhr, Kerze = 10 Minuten, Stopp (S) = 10 Punkte; Short-Position: Einstieg (E) bei 11 840, Ausstieg (A) bei 11 850 Punkten

Eine Short-Position wurde bei 11 840 DAX-Punkten eingegangen. Das Risiko für diesen Trade betrug 10 Punkte. Das Ergebnis war der Verlust eben dieser 10 Punkte. Mitläufer, die einen Mini-DAX-Kontrakt gehandelt haben, verlieren 10 x 5 Euro = 50 Euro, mit einem DAX-Future beläuft sich der Verlust auf 250 Euro.

Mitläufer können ihre Trading-Ergebnisse sehr schnell verbessern, indem sie mit Gewinnzielen arbeiten. Eine positive Eigenschaft des Mitläufers ist sein gutes Gefühl für die Bewegungen und Rhythmen der Märkte. Da es für Mitläufer leicht ist, passende Einstiege zu finden, sollten sie in erster Line an Strategien zur Gewinnmitnahme arbeiten. Neben den bereits erwähnten Gewinnzielen könnten Sie auch in Abhängigkeit von der Kursentwicklung Ihre Stopps nach bestimmten Regel nachziehen, z. B. wenn das Risiko bereits verdient wurde. Diese können von Hand nachgezogen werden oder automatisch, wie z. B. durch Trailing-Stops. Beachten Sie, dass Sie bei der Verwendung von Trailing-Stops zwangsläufig größere Risiken eingehen, auch wenn Sie mit diesen an Bewegungen oder auch Trends längerfristig teilhaben können. Damit Sie nicht ausgestoppt werden, müssen Sie dem Trade genügend Luft zum Atmen geben. Ein entsprechender Puffer an Punkten für Gegenbewegungen muss vorhanden sein. Ihre Position bleibt nur dann bestehen, wenn der Markt die Bewegung in die von Ihnen erwartete Richtung fortsetzt.

Es gibt verschiedene Möglichkeiten, dem guten Marktgefühl auch positive Trading-Ergebnisse folgen zu lassen. Sie könnten mit einem oder mehreren **gleitenden Durchschnitten** arbeiten. Wenn Sie einen von 20 (GD 20) verwenden und Ihren Stopp im Abstand von 10 Punkten zum Durchschnitt setzen, werden Sie bei 11 807 Punkten ausgestoppt (Verdienst mit einem Kontrakt im Mini-DAX: 33 Punkte x 5 Euro = 165 Euro). Das Ergebnis sehen Sie in Abbildung 3.2.

Abb. 3.2: Der transformierte Mitläufer: Mini-DAX-Chart, 28.02.2017 bis 17.30 Uhr, Kerze = 10 Minuten, Stopp (S) = 10 Punkte oberhalb des Gleitenden Durchschnitts 20 (grüne Linie); Short-Position: Einstieg (E) bei 11 840, Ausstieg (A) bei 11 815 Punkten

Wenn man sich auf der richtigen Seite des Marktes befindet, könnte man auch mit **Zeitstopps** Geld verdienen. Ob so etwas überhaupt sinnvoll ist, steht auf einem ganz anderen Blatt. In diesem Fall können Sie auch so einige Punkte einsammeln. Wenn Sie z. B. eine Stunde im Markt bleiben, verdienen Sie 25 DAX-Punkte (Ausstieg bei 11 815 Punkten). »Unsinn«, denken Sie? So mag es sich für Sie anfühlen. Transformierte Mitläufer können so Geld verdienen.

Moderne Handelsplattformen erlauben auch spezielle Varianten der Stoppsetzung. Mir gefällt z. B. die Möglichkeit eines **Trendlinienstopps**. Dafür zeichnen Sie eine Trendlinie in den Chart, die Sie anschließend als Stopp aktivieren. Die Ergebnisse für dieses transformierte Verhalten können sich ebenso sehen lassen.

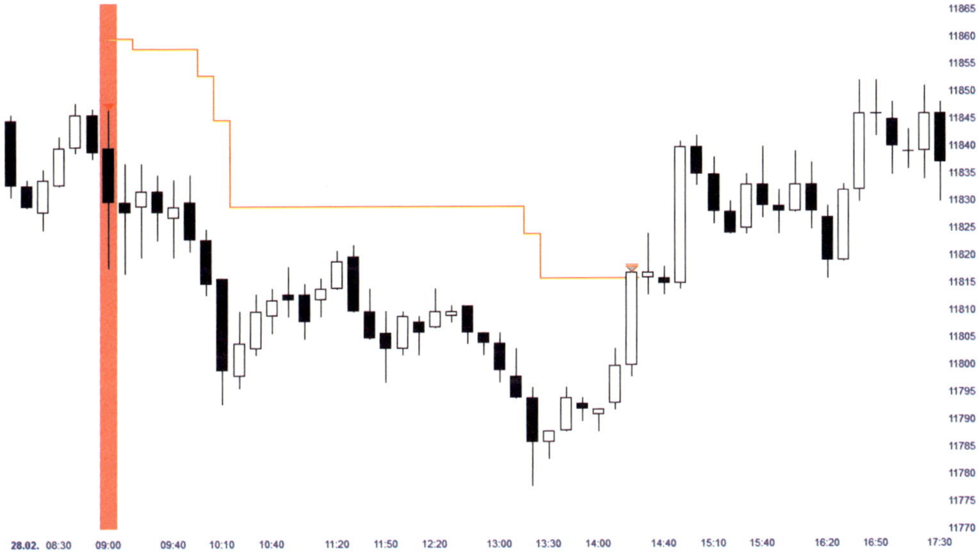

Abb. 3.3: Der transformierte Mitläufer: Mini-DAX-Chart, 28.02.2017 bis 17.30 Uhr, Kerze = 10 Minuten, Trailing-Stop mit 30 Punkten (orange gezackte Linie), Short-Position: Einstieg (E) bei 11 840, Ausstieg (A) bei 11 815 Punkten

25 Punkte erwirtschaften Sie bei Einsatz eines **Trailing-Stops** (Abb. 3.3). Bei einem gehandelten DAX-Future bedeutet das eine satte Belohnung für die Transformation: 25 Punkte x 25 Euro = 625 Euro. Beim Trade mit einem Mini-DAX liegt das Ergebnis immerhin bei 125 Euro pro Kontrakt (25 Punkte x 5 Euro). Mit 1 000 Turbo-Bulls erwirtschaften Sie 250 Euro. Mit einer als Stopp aktivierten Trendlinie gelangen Sie übrigens zum gleichen Ergebnis, sind allerdings kürzer im Markt. Der Transformation des Mitläuferverhaltens liegt vor allem die Erkenntnis zugrunde, dass die sogenannte Börsenweisheit »Gewinne laufen lassen, Verluste begrenzen« unvollständig ist. Es fehlt die Angabe, wie Gewinne erzielt werden sollen. Mitläufer haben den großen Vorteil, dass sie sich durch ihr Gespür vielfach richtig positionieren. Sie müssen lernen, dass es sinnvoll ist, sich zeitweise in der Herde aufzuhalten und dann auch mal eine Grenze zu ziehen (Stopp). Ansonsten laufen Mitläufer Gefahr, dass ihre Konten einen schleichenden Tod erfahren. Mitläuferverhalten liegt vor allem das orale Persönlichkeitsmerkmal zugrunde.

2. Das Verhalten der **gutgläubigen Leibeigenen** hat ebenfalls seinen Ursprung im oralen Persönlichkeitsmerkmal. Die Leibeigenen haben einen ausgeprägten Wunsch nach Unterstützung. Ihnen fällt es schwer, selbstständig Trading-Entscheidungen zu treffen. Sie suchen Orientierung und vertrauen auf die Meinung sogenannter Experten. Gutgläubig und blauäugig liegen bei diesem Trader-Typ nahe beieinander. Sie lesen sehr gerne Newsletter und bekommen Trading-Signale entweder frei Haus geliefert oder greifen dafür mehr oder weniger tief in die Tasche. Oftmals werden auch weitere Services abonniert. Gutgläubige Leibeigene machen sich abhängig von Tippgebern. Sie sollten kritisch prüfen, ob sich auf diese Weise überhaupt langfristig Geld verdienen lässt. Die Chancen dafür sind gering. Die gekauften Signale sollten zu einer Trefferquote von 50 Prozent führen. Dazu kommen die weiteren mit dem Trading verbundenen Kosten (Gebühren für den Broker und die Börse oder Spreads) und der Preis dafür, dass viele Signale erst mit »Verzögerung« umgesetzt werden können. Möglicherweise ahmen gutgläubige Leibeigene auch andere nach oder hängen sich an vermeintlich erfolgreiche Trader. Vielleicht hilft es diesem Trader-Typ, sich zu erinnern: »Du bist Trader!«

3. **Widerstandskämpfer** kämpfen sehr gerne. Dafür bieten sich insbesondere Widerstände, Unterstützungen, Hoch- und Tiefpunkte an. Die Kampfeslust kann so groß sein, dass Widerstandskämpfer sich immer wieder gegen bestehende Trends positionieren, einzig um die Erfahrung von Widerstand zu machen. Mit diesem Verhalten reiben sie sich auf und verringern obendrein ständig ihr Kapital.

Zwei Arten von Widerstandskämpfern können unterschieden werden:

- Widerstandskämpfer, die Stoppkurse setzen. Diese brauchen eine hohe Frustrationsschwelle, weil sie ständig ausgestoppt werden – eine Vorgehensweise, die sehr viel Kraft kostet.

- Widerstandskämpfer, die keinen Wert auf Stoppkurse legen. Diese machen vermutlich weniger schmerzhafte Erfahrungen, da sie es vermeiden, Verluste zu realisieren. Dafür haben sie eine katastrophale Kapitalentwicklung. In starken Trendmärkten kommt es immer wieder vor, dass sie je nach Anlageprodukt Margin-Calls bekommen, Knock-out-Schwellen erreichen oder mit einem satten Minus auf dem Konto konfrontiert werden.

In Abbildung 3.4 sehen Sie, wie Widerstandskämpfer handeln. Ohne Verwendung von Stopps zur Verlustbegrenzung werden folgende Ergebnisse erzielt:

Die Einstiege lagen bei 12 780, 12 740 und 12 690 Punkten. Der aktuelle Kurs liegt bei 12 660 Punkten. Bezogen auf den Einstieg ist der erste Kontrakt mit 120 Punkten im Verlust. Der zweite weist ein Minus von 80 Punkten auf und der dritte liegt mit 30 Punkten hinten. Beim Handel mit jeweils einem DAX-Future resultiert daraus: –230 Punkte x 25 Euro = –5 750 Euro. Wenn die gleichen Trades mit Mini-DAX-Kontrakten durchgeführt werden, verbleibt immer noch ein stattliches Minus (–1 150 Euro). Trader, die sich auf Knock-out-Produkte spezialisiert haben und z. B. mit jedem Einstieg jeweils 1 000 Stück gekauft haben, werden wahrscheinlich mit der ersten Position ausgestoppt, weil die Knock-out-Schwelle erreicht wurde. Wenn nicht, lässt sich der Wertverlust für die 3 000 Turbo-Bulls auf dem Konto mit –2 300 Euro beziffern.

Abb. 3.4: Der Widerstandskämpfer: Mini-DAX-Chart, 06.06.2017, Kerze = 10 Minuten; Long-Positionen: Einstiege (E) bei 12 780, 12 740 und 12 690 Punkten, Ausstiege durch Stopps (S) mit einem 30-Punkte-Abstand zum Einstieg

Besser sieht das finanzielle Ergebnis aus, wenn Trader mit jedem Positionseinstieg einen **Anfangsstopp von 30 Punkten** setzen. Die Impertinenz, es immer wieder gegen den Markt zu versuchen, kostet Widerstandskämpfer beim Handel mit jeweils einem DAX-Future 3 x (–30 Punkte) x 25 Euro = –2 250 Euro (–450 Euro beim Mini-DAX-Handel). Drei Positionen mit jeweils 1 000 Knock-out-Scheinen führen zu einem Verlust von 900 Euro.

Beide Arten von Widerstandskämpfern zahlen mehr als ein Lehrgeld, weil sie ihr »inneres« Programm ohne Rücksicht auf Verluste abspulen. Der Unterschied zu erfolgreichen Countertrend-Tradern liegt darin, dass diese Marktgelegenheiten strategisch nutzen und sich nicht um des Kämpfens willen im Markt austoben.

4. **Impulsive Rächer** sind ebenso auf Kampf programmiert. Ihr Verhalten ähnelt dem des Stopp setzenden Widerstandskämpfers. Sie unterscheiden sich dadurch, dass Rächer impulsiv handeln, beim Positionseinstieg also noch weniger Überlegungen eine Rolle spielen. Grundlage ihrer Trades ist das Motto »Du hast mir etwas weggenommen. Das lasse ich mir nicht gefallen und hole es mir sofort zurück.«

Trader können Geld verlieren oder gewinnen. Geld zurückgewinnen können sie nicht. Damit das Gefühl von Rache nehmen überhaupt aufkommen kann, setzt dieser Trader-Typ seine Stopps in der Regel sehr eng ohne Marktbewegungen zu berücksichtigen.

5. **Traditionalisten** verhalten sich ähnlich wie Anleger (vgl. Kap. 1.3). Sie wenden die Buy-and-hold-Strategie an und haben meist keine finanziellen Ziele. Es fehlt ihnen ein gesundes Risikobewusstsein, da sie keine Stoppkurse setzen.

Abb. 3.5: Der Traditionalist: DAX-Future, Jahres-Chart, Juli 2014 bis Juli 2016, Kerze = 1 Woche, Einstiege bei 9 000, 10 000 und 11 000 Punkten, aktueller Kurs: 9 000 Punkte; Ergebnisse für die nicht realisierten Positionen: +500, –500 und –1 500 Punkte, insgesamt: –1 500 Punkte; E = Einstieg long

In Abbildung 3.5 ist ein Zwei-Jahres-Chart vom DAX-Future wiedergegeben. Das typische Verhalten von Traditionalisten ist es, Positionen einzugehen und dann abzuwarten, z. B. bei 9 000, 10 000 und 11 000 DAX-Punkten. Bezogen auf den aktuellen Kurs (9 500 Punkte) weist die erste Position ein Plus von 500 Punkten auf, die beiden weiteren sind im Minus (500 Punkte und 1 500 Punkte). Die Transformation von traditionellem Verhalten erfolgt vermeintlich einfach. Dieser Trader-Typ könnte seine Positionen z. B. mit Gewinnzielen und Stopps zur Risikobegrenzung versehen. Unter Berücksichtigung der Volatilität würde ein 800-Punkte-Trailing-Stop dazu beitragen, aus einem Anleger einen langfristig orientierten Trader zu machen. Diese Maßnahme führt zwar dazu, dass alle Positionen mit der Zeit aufgelöst werden, dafür aber lohnt es sich finanziell (1):

Mit der ersten Position werden 200 Punkte erwirtschaftet (A, weißer Kreis). Die beiden anderen werden am Punkt AA (weißer Kreis) aufgelöst (+1 500 Punkte und +500 Punkte). Die Gewinne könnten auf dem Konto verbleiben oder in weiteren langfristigen Trades eingesetzt werden (Abb. 3.6).

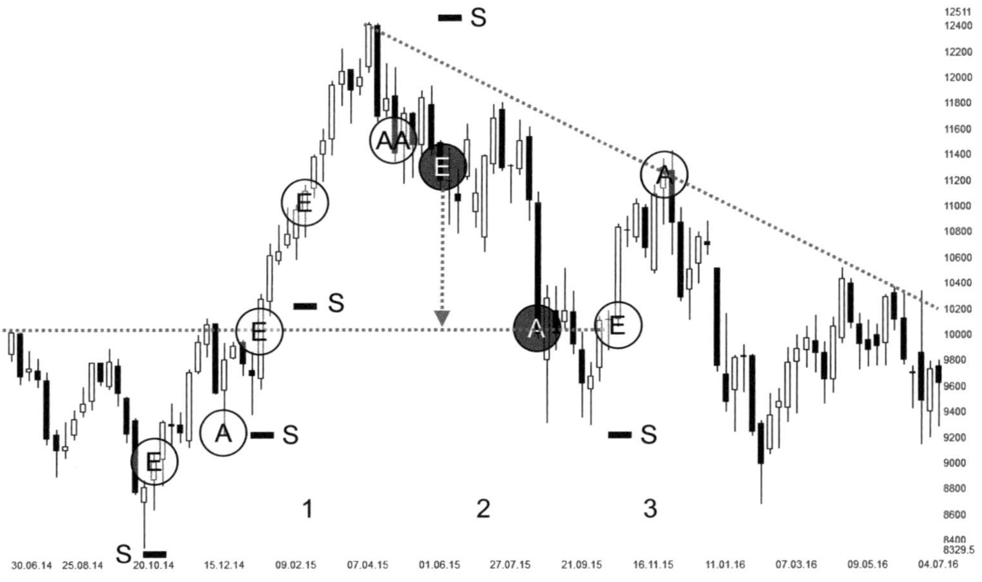

Abb. 3.6: Der transformierte Traditionalist: FDAX, Zwei-Jahres-Chart, Juli 2014 bis Juli 2016, Kerze = 1 Woche, Einstiege: 1. long bei 9 000, 10 000 und 11 000 Punkten, 2. short bei 11 300 Punkten; 3. long bei 10 000 Punkten; aktueller Kurs: 9 000 Punkte, Ergebnisse: 1. 2 200 Punkte, 2. 1 300 Punkte, 3. 1 200 Punkte; E = Einstieg, A = Ausstieg, AA = zwei Ausstiege, Kreis mit weißem Hintergrund = long, grau = short, S = Stopp

Auch wenn Traditionalisten sehr gerne auf der Long-Seite positioniert sind, sollten Sie lernen, dass man auch mit fallenden Kursen Geld verdienen kann (2). So könnte ein Einstieg auf der Short-Seite bei 11 300 DAX-Punkten erfolgen, einer Marke, die sich lange als Unterstützung erwiesen hatte. In diesem Fall wird der Stopp oberhalb des Allzeithochs platziert. Das Gewinnziel ist die markante Marke von 10 000 Punkten (Trade-Ergebnis: +1 300 Punkte). Später könnte ein weiterer Einstieg erfolgen (long bei 10 000 Punkten). Das Gewinnziel liegt dann bei der vom Allzeithoch ausgehenden abwärts verlaufenden Trendlinie. Der Stopp wird unterhalb der letzten Tiefs bei 9 200 Punkten gesetzt (3).

Traditionalisten transformieren ihr Verhalten, indem sie Gewinnziele und Stopps verwenden, deren Werte sie aus den Bewegungen des Marktes oder markanter Punkte ableiten. Diese Vorgehensweise befriedigt auch ihr Bedürfnis nach einer langen Trade-Dauer.

6. **Planlose Schuldner** haben keine Strategie. Sie werfen in gewisser Weise ihr Geld in die Finanzmärkte. Schuldner traden z. B. vor der Marktöffnung, in der Mittagszeit oder wenn die Märkte bereits geschlossen haben, z. B. den DAX nach 17.30 Uhr. Sie haben wenig Bezug zu ihrem Geld. Man könnte meinen, dass dieser Trader-Typ sein Geld einfach loswerden möchte. Teilweise empfinden Schuldner ihr Geld wirklich als Ballast. Dazu kommt, dass für viele Geld nicht gleich Geld ist. So wird z. B. unterschieden, ob es sich um selbstständig erarbeitetes, geerbtes oder vom Finanzamt zurückerstattetes Geld handelt. Planlose Schuldner müssen begreifen, dass Geld Geld ist. Daneben sollten sie verinnerlichen, dass Geld ein Teil ihrer zur Verfügung stehenden Energie ist.

Manchmal kommen Menschen durch Zufall an größere Geldbeträge, z. B. durch einen Lotteriegewinn. Gerade dann ist es wichtig, das Geld schnellstmöglich zu sich zu nehmen. Bestenfalls wird das Geld gebunden, z. B. durch den Kauf einer Immobilie. In so einem Fall sollten Sie tatsächlich einen Berater hinzuziehen, der Ihnen Möglichkeiten aufzeigt, wie Sie das Geld festhalten. Abbildung 3.7 soll veranschaulichen, was passiert, wenn Sie sorglos mit dem Zugewinn umgehen. Wenn zwei große Energiemengen aufeinanderprallen, werden sie sich abstoßen. Stellen Sie sich dazu z. B. zwei Fußbälle vor, die aufeinandertreffen.

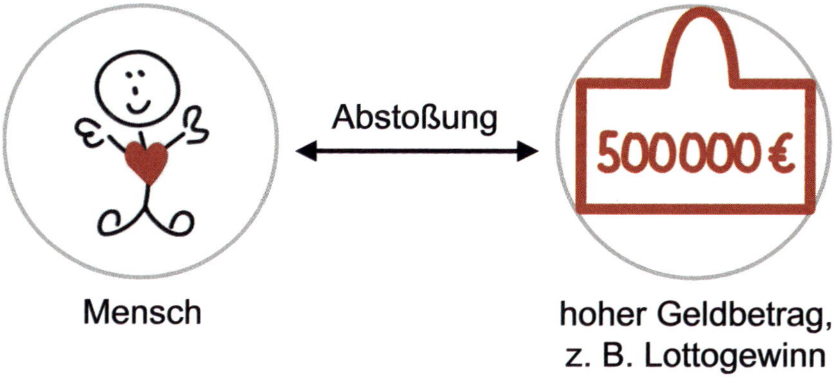

Abb. 3.7: Umgang mit einem einmaligen großen Geldgewinn: schwierig, den Betrag anzunehmen und festzuhalten

Selbst wenn dem zugefallenen Geld keine Ungerechtigkeit zugrunde liegt, kann auf einer tieferen Ebene der Bezug dazu fehlen. Ich erinnere mich an einen Klienten, der bei Pflegeeltern aufgewachsen war. Seine Eltern waren gestorben. Als auch seine Pflegeeltern starben, erbte er von diesen einen sechsstelligen Betrag. Davon verlor er monatlich ca. 3 000 Euro, bis er mich aufsuchte. Ich habe ihm geraten, auf der Stelle mit dem Trading aufzuhören. Sicherlich gibt es viele Interpretationsmöglichkeiten für diesen außergewöhnlichen und vielschichtigen Fall. Offensichtlich jedoch war, dass der Schmerz über den doppelten Verlust seiner Eltern sehr groß war. Das regelmäßige Verlieren hielt den Schmerz über den persönlichen Verlust wach und hatte die Wirkung von Trauerbewältigung.

Meistens ist es schwierig, Bezüge zu einem offensichtlich verschwenderischen Verhalten herzustellen. Geld kann man sicherlich auf verschiedene Weise verlieren. Planlose Schuldner tendieren dazu, größere Geldbeträge schnell loszuwerden. Das kann über die Finanzmärkte spielend erfolgen. Dieser Trader-Typ muss schleunigst die tiefer liegenden Gründe für sein Verhalten aufspüren.

Das Besondere am Trading ist, dass Sie Ihre Gesamtenergie schrittweise erhöhen. Dieser Vorgang erfolgt fließend. So werden Sie vermutlich keine Anpassungsschwierigkeiten haben. Die höhere Energie soll durch die Erweiterung des Kreises angezeigt werden (Abb. 3.8).

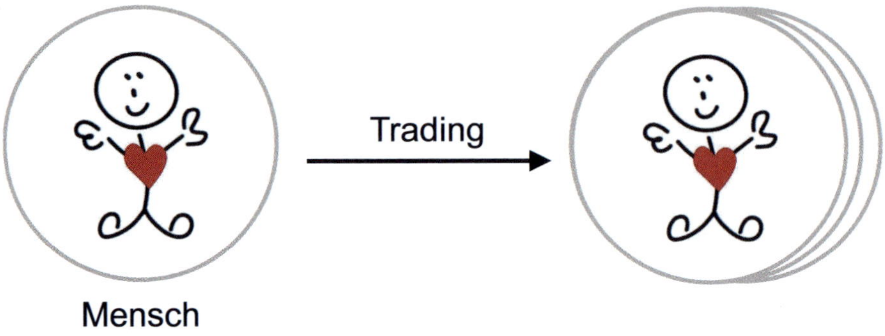

Abb. 3.8: Zuwachs durch Trading: leicht, die kleinen Beträge festzuhalten

7. **Übertriebene Planer** sind Trader, die wenig Trading-Praxis haben. Sie sind meistens gebildet, belesen und angenehme Gesprächspartner, wenn es um Finanzmärkte geht. Sie beschäftigen sich ausgiebig mit Finanzinformationen. Dadurch versuchen Sie, die Vor- und Nachteile so lange gegeneinander abzuwägen, bis sich die Richtung des Trades quasi von alleine ergibt. Dummerweise gibt es immer gute Argumente für die Long- und Short-Seite. Planer hätten am liebsten, wenn alles für eine Seite spräche. Da das selten der Fall ist, sind sie eher als Beobachter, weniger als Trader einzuordnen. Daneben sind sie perfektionistisch veranlagt. Kontroll- und Denksucht gehören zu ihren Themen. Planer transformieren ihr Verhalten, indem sie auch mal ihrer Intuition folgen und akzeptieren, dass Trades immer mit Risiken behaftet sein werden.

Zusammenfassung: Kämpfen, fliehen oder sich tot stellen. Wir alle tun es, weil es so in uns verankert ist. Schade eigentlich, denn fürs Trading-Konto ist vor allem Kämpfen gefährlich. Kämpfen ist immer mit einer Erhöhung des Risikos verbunden, z. B. durch Vergrößern einer Position im Verlust. Sich tot zu stellen, kann auch tiefe Wunden hinterlassen. Flucht (Positionen verringern oder auflösen) ist in vielerlei Hinsicht eine gute Möglichkeit: Sie können Ihre Wunden lecken und Kraft für weitere Begegnungen mit den Finanzmärkten sammeln.

3.2 Wonach suchen Geldverlierer?

Trading birgt ohne Zweifel Suchtpotenzial. In erster Linie ist sicherlich **Spielsucht** zu nennen, doch auch **Arbeitssucht**, **Informationssucht** und **Kaufsucht** könnten bedeutsam sein. Haben Sie sich schon einmal gefragt, ob Sie die Finger vom Trading lassen könnten? **Wenn dem nicht so sein sollte, finden Sie einen Suchtberater.**

Das Wort Sucht leitet sich von siechen ab und beschreibt allgemein eine Krankheit, z. B. Schwindsucht, Wassersucht, Fettsucht, Gelbsucht, aber auch Sehnsucht und Eifersucht. Die wenigsten halten sich für krank, nur weil sie etwas täglich machen (trainieren, arbeiten, rauchen), trinken (Kaffee, Bier), essen (Süßigkeiten), denken oder wahrnehmen. Schwierig wird es, wenn aus dem »täglich« ein »ständig« wird und das gesunde Maß verloren gegangen ist.

Spielsucht: Trader werden gelegentlich mit Spielern gleichgesetzt. Wie sehen Sie das? Wo liegen die Grenzen zwischen kontrolliertem Trading und Spielsucht? Spielsüchtige Trader suchen vordergründig das Spiel, die Spannung und den Spaß. Vermutlich suchen sie weit mehr. Süchte können ihre Ursache in ungelösten persönlichen oder im Familiensystem liegenden Konflikten haben. Der oft unbewusste Wunsch nach Klärung steckt in jedem von uns. Sucht ist in gewisser Weise der Weg, das ungeklärte Thema anzugehen. Dem Süchtigen ist das nicht bewusst. Erschreckenderweise wird mit jeder Wiederholung das Muster verstärkt und die Verzweiflung irgendwie auch größer. Sucht kann z. B. betäubende Wirkung haben (Alkohol, Nikotin), möglicherweise befriedigt sie auch kurzfristig ein unerfülltes Bedürfnis, wie z. B. einen Mangel an Wertschätzung, Unterstützung, Zugehörigkeit oder Zuwendung.

Arbeits- und Kaufsucht: Haben Sie das Gefühl mehr Trades einzugehen als eigentlich geplant? Vielleicht täuschen Sie sich mit diesem Verhalten auch das Gefühl von Arbeit vor? Traden auch Sie, um das Gefühl von »gearbeitet zu haben« zu spüren? Den meisten Menschen fehlt auch die Erfahrung im Nichtstun. Vielleicht fragen Sie sich nach einem erfolgreichen Gewinn-Trade, mit dem Sie nach wenigen Minuten Ihr Tages- oder Wochenziel erreicht haben: »Womit habe ich das verdient?« Ihre Trade-Anzahl können Sie z. B. begrenzen, wenn Sie eine Trading-Strategie entwickeln und sich daran halten. Selbstverständlich ist die Zahl von Trades strategieabhängig, dennoch kann eine Limitierung pro Tag, Woche oder Monat weiterhelfen. Positiver Nebeneffekt ist, dass Sie auch einen Überblick über Ihre Trading-Kosten gewinnen.

Trader sollten sich in jedem Fall auch damit auseinandersetzen, wie viel von ihrem Verhalten auf **Informationssucht** zurückzuführen ist.

- Welches Familienmitglied empfindest du als am süchtigsten?
- Um welche Sucht geht es?
- Hast du einen Bezug zu dieser Sucht?
- Wonach bist du süchtig?
- Was trinkst oder isst du, worauf du schwer verzichten kannst?

Personal-Trader-Coaching: *Ist dir das Thema Sucht in deinem Umfeld bekannt? Weitere Aufgabe in Kapitel 4.1.*

Interview

mit Dr. Michael Klein

Dr. Michael Klein hat seit 1994 eine Professur für Klinische Psychologie und Sozialpsychologie an der Katholischen Hochschule Nordrhein-Westfalen, Abteilung Köln. Er ist Leiter des Deutschen Instituts für Sucht- und Präventionsforschung (DISuP) und des Master-Studiengangs Suchthilfe/Suchttherapie (Studienstandorte: Köln, München, Berlin). Er ist u. a. Mitherausgeber der Zeitschrift Suchttherapie. Dr. Michael Klein leitet das Rheinische Institut für Angewandte Suchtforschung (RIAS) und bereits seit 1999 den Forschungsschwerpunkt Sucht. Weitere Informationen finden Sie unter www.addiction.de.

Raimund Schriek: *Herr Professor Dr. Klein, Sie sind ein sehr erfahrener Suchtforscher. Gibt es allgemeine Kennzeichen für Sucht?*

Michael Klein: *Das Hauptmerkmal einer Suchterkrankung ist der Verlust der Selbstkontrolle über das eigene Verhalten. Das kann die Menge und die Dauer der Einnahme einer bestimmten Droge betreffen, aber auch lustvoll erlebte Verhaltensweisen, wie z. B. Glücksspiel, Chatten, Sexualität. Insofern ist süchtiges Verhalten eine Grundkonstante menschlicher Existenz und betrifft das Verhältnis von Lust und Kontrolle auf der einen bzw. Selbstzerstörung und Exzessivität auf der anderen Seite.*

Raimund Schriek: *Trading auf einer Handelsplattform und Computerspiele weisen viele Gemeinsamkeiten auf, u. a. dass man sie mittlerweile fast ortsunabhängig betreiben kann. Wie können Trader selbstständig herausfinden, ob sie suchtgefährdet sind?*

Michael Klein: *Am geeignetsten ist sicher der Selbsttest, ob ich dieses Verhalten für längere Zeit unterbrechen oder gar aufgeben kann, ohne Symptome eines psychischen*

Entzugs, wie z. B. Unruhe, Nervosität, Gedankenfixierung und so weiter, zu erleiden. Auch die Tatsache, dass sich das Privat- und Sozialleben verändert, die Wertigkeiten sich zugunsten von permanentem Trading verschieben, sind mögliche Symptome. Letzten Endes wird es auch die Frage sein, ob ich mich – vielleicht sogar im Angesicht negativer Rückmeldungen aus dem familiären und sozialen Umfeld – selbst trotz Scham- und Schuldgefühlen überhaupt noch realistisch oder gar kritisch selbst reflektieren kann.

Raimund Schriek: *Was sind die häufigsten Hintergründe für das Entstehen von Süchten?*

Michael Klein: *Besonders häufig treten zwei Konstellationen auf. Die erste entspricht der Maximierung von Lust durch exzessive Verhaltensweisen. Dabei habe ich anfangs Vorteile, Gewinne und tatsächlich positive Erregung. Mir geht es durch das Verhalten besser und das will ich immer öfter wiederholen. Der Selbstkontrollverlust kommt dabei meist schleichend und unmerklich, wird mental abgewehrt und zu lange verleugnet. Hier dient das süchtige Verhalten der permanenten Übersteigerung des Lustgefühls (positive Verstärkung) und es stellen sich erst nach längerer Zeit negative Konsequenzen ein.*

Die zweite, noch riskantere Konstellation beruht auf einer klar negativen Ausgangssituation, die durch das exzessive Verhalten vorübergehend vergessen und neutralisiert wird. Dies kann z. B. eine depressive Befindlichkeit oder eine Selbstwertkrise sein, aber auch eine chronische Stresssituation, eine Partnerschaftskrise und so weiter. Solange die Person tradet, herrschen positive Spannung und euphorische Gefühle vor, die negative Ausgangssituation tritt ganz in den Hintergrund, wird vorübergehend vergessen oder gar völlig verleugnet (negative Verstärkung).

3.3 Warum Trading süchtig machen kann

Neurowissenschaftler und vor allem Neuroökonomen nehmen Trader und deren Verhalten zunehmend unter die Lupe. Wussten Sie, dass Neurotransmittern eine wesentliche Rolle beim Trading zukommt?

Belohnung bei Vorfreude

Das Gehirn liebt Abwechslung. Daher suchen Menschen nach immer größeren Kicks. Vielleicht kennen Sie die Werbung für das Kinderüberraschungsei? »Drei Dinge auf einmal. Das geht nun wirklich nicht!« Gemeint sind »Spannung, Spiel und Schokolade«. Beim Trading bekommen Sie auch Spannung, Spiel und Schokolade. Die Belohnung dabei sind nicht immer finanzielle Gewinne, in jedem Fall aber die Ausschüttung von **Dopamin.** Dieser Neurotransmitter hat verschiedene Eigenschaften. So sorgt er vor allem bei Vorfreude, Überraschungen und nicht sofort einschätzbaren Situationen für gute Gefühle. Höhere Dopaminkonzentrationen können sogar zu starken Glücksgefühlen führen. Trading, also Entscheidungen unter Risiko und Unsicherheit, fördern die Dopaminausschüttung.

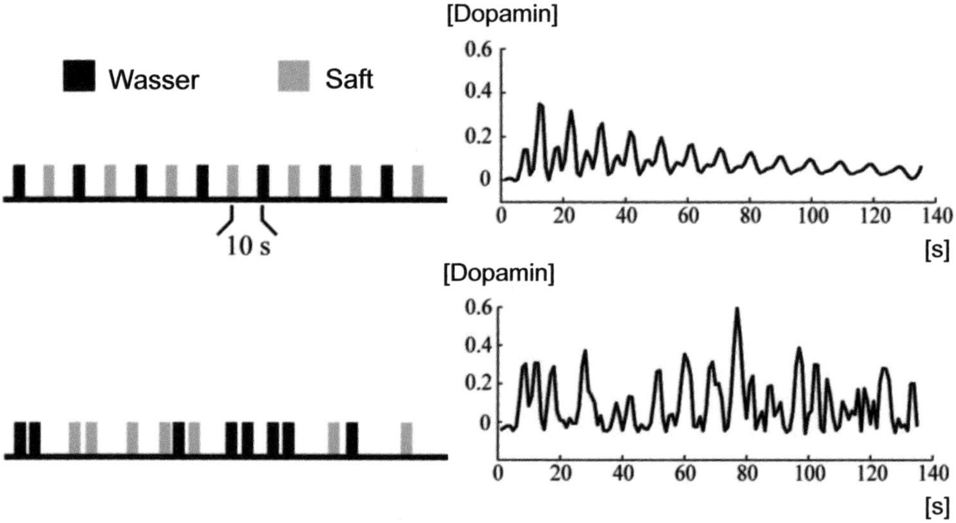

Abb. 3.9: Dopaminausschüttung im Wasser- und Orangensaft-Experiment: oben: Die Flüssigkeiten werden in regelmäßiger Abfolge und Zeitabständen zugeführt; unten: unregelmäßige Abfolge und Zeitabstände; modifiziert nach der Originalabbildung von Berns G. S.; McClure, S. M.; Pagnoni, G. und Montague, P. R.: Predictability modulates human brain response to reward. The Journal of Neuroscience 21, 2001, 2793–2798; Nutzung gestattet durch die Society for Neuroscience.

Der Neuroökonom Berns und seine Kollegen (2001) bewiesen, dass die Bildung des Neurotransmitters sehr schnell nachlässt, wenn der Überraschungseffekt verloren geht. Sie legten Studienteilnehmern zwei Schläuche in den Mund, aus denen im Abstand von zehn Sekunden abwechselnd wenige Milliliter Wasser oder Orangensaft verabreicht wurden. Die Bildung von Dopamin nahm mit der Zeit ab, weil das »Spiel« langweilig wurde (Abb. 3.9, oben). Zu ganz anderen Ergebnissen führte eine in unregelmäßigen Zeitabständen unvorhersehbare Abfolge von Wasser und Orangensaft. Über den gesamten Zeitraum wurden hohe Dopaminkonzentrationen gemessen (Abb. 3.9, unten).

Trader in der Dopaminfalle

Was bedeuten diese Ergebnisse für Trader? Das Gehirn bildet die Wohlfühlsubstanz Dopamin schon bei der Vorstellung von Gewinnen, also bereits bei der Trade-Planung. Der Neurotransmitter wird augenblicklich ausgeschüttet. Der Körper »gewinnt« also unabhängig vom Trading-Ergebnis. Da die Belohnung bereits auf der neuronalen Ebene erfolgte, spielen Gewinn und Verlust letztlich eine zweitrangige Rolle. Ebenda liegt die Gefahr. Der Körper gewöhnt sich schnell an konstant hohe Dopaminkonzentrationen. Diese werden allerdings nur dann gebildet, wenn das Belohnungssystem ständig aktiviert wird. Trader haben in erster Linie zwei Möglichkeiten, ihre »Dopaminsucht« zu stillen. Sie traden entweder übermäßig, wobei irgendwann ein Gewöhnungseffekt nach einer immer höheren Schlagzahl verlangt oder sie fällen immer risikoreichere Trading-Entscheidungen. Beides steigert die Vorfreude auf Gewinne.

Rationale Entscheidungen sind langweilig

Haben Sie auch schon mal den beliebten und unsinnigen Ratschlag »Lernen Sie ohne Gefühle zu traden« gehört? Menschen können zwar rational entscheiden, haben aber im Grunde kein Interesse daran (Bechara, Damasio 2005). Bei vielen privaten Tradern steht der Dopaminkick im Vordergrund, den die Finanzmärkte zweifelsohne liefern. Erfolgreiches Trading kann auch langweilig sein. Wer eine Strategie diszipliniert umsetzt, weiß wovon ich spreche. Langeweile ist wirklich keine Dopaminquelle. Trader sollten »Spannung, Spiel und Schokolade« woanders als in den Finanzmärkten suchen.

Dummerweise tragen die vielen vermeidbaren Verlust-Trades auch zur neuronalen Bedürfnisbefriedigung bei. Vielleicht war diese sogar das unbewusste Ziel? Bevor größere Verluste eintreten oder sich Trader ans Verlieren gewöhnen, sollten sie sich auch mit der »Psychologie des Verlierens« auseinandersetzen.

Verlierer erhöhen das Risiko

Verluste hinterlassen Spuren im Gehirn (Körper), die dazu führen können, den Einsatz beim nächsten Trade zu erhöhen. Dieses für Trader ohne Strategie typische Verhalten belegen ökonomische Experimente (Gehring, Willoughby 2002). Versuchsteilnehmer sollten sich zwischen zwei Zahlen entscheiden und einen Geldbetrag auf eine der beiden setzen. Danach nahmen die zwei Zahlen entweder eine grüne oder rote Hintergrundfarbe an. Der Betrag wurde verdoppelt (grün) oder war verloren (rot). Das Reaktionsverhalten wurde anhand von EEG-Messungen untersucht. Das menschliche Gehirn benötigte gerade einmal eine Viertelsekunde, um ein Ergebnis als Gewinn oder Verlust einzuordnen. Spannender war, dass Gewinn oder Verlust den Einsatz im nächsten Spiel beeinflusste, ohne dass sich die Versuchspersonen ihres Verhaltens bewusst waren. Verlorene Spiele führten immer dazu, dass im darauffolgenden höhere Risiken eingegangen wurden. Daraus resultierten weitere Verluste.

Beim Trading läuft es ähnlich, wenn Verlust-Trades nicht als Teilergebnis einer Strategie angesehen werden. **Gelegenheits-Trader** versuchen, Verluste auszugleichen, indem sie in weiteren Trades höhere Risiken eingehen. Diese sind zwar mit der Aussicht auf höhere Gewinne verbunden, vor allem aber führen sie zu höheren Dopaminausschüttungen. In einem »berauschtem« Zustand werden logische Zusammenhänge und das kleine Einmaleins bei Trading-Entscheidungen möglicherweise vernachlässigt. Der Nutzen von strategielosem Trading zeigt sich also auf neuronaler Ebene, in Ausnahmen auch in einer positiven Kapitalentwicklung. Strategie-Trading dagegen führt vermutlich zu einer deutlich geringeren Neurotransmitterausschüttung, wodurch es als vergleichsweise langweilig empfunden wird.

Literatur

Bechara, A.; Damasio, A. R.: The somatic marker hypothesis: A neural theory of economic decision. Games and Economic Behavior 52, 2005, 336–372

Berns, G. S. *et al.*: Predictability modulates human brain response to reward. The Journal of Neuroscience 21, 2001, 2793–2798

Gehring, W. J.; Willoughby, A. R.: The medial frontal cortex and the rapid processing of monetary gains and losses. Science 295, 2002, 2279–2282

3.4 Mannomann!

Meistens sind es Männer, die traden. Sicherlich findet sich in Seminaren immer auch die berühmte Quotenfrau, manchmal sogar auch mehrere. Frauen machen ihre Selbsterfahrungen eher in Yogakursen, Kommunikations- oder Meditationsseminaren, um so ihren Themen auf den Grund zu gehen. Das ist oft auch effektiver, als es durch Trading zu versuchen. Im Gegensatz zu männlichen Tradern stehen sie im Verhältnis des Öfteren auf der Gewinnerseite. Das liegt daran, dass es Frauen beim Trading vorrangig ums Geldverdienen geht. Süchte oder Zwänge, es sich oder anderen beweisen zu müssen, spielen eine untergeordnete Rolle.

Frauen gehen in aller Regel nicht so hohe Risiken ein. Sie testen ihre Grenzen in anderen Situationen. Vielfach sind sie ausgezeichnete Familienmanagerinnen. Dieses Verhalten prägt offensichtlich und führt zu umsichtigem Trading. Männer gehen nach hohen Gewinnen in darauffolgenden Trades viel zu große Risiken ein und verlieren das gerade glücklich Erwirtschaftete. Das ist bei Frauen die absolute Ausnahme.

Emanzipation bringt Frauen nicht nur Vorteile. Frauen tendieren heutzutage immer öfter dazu, sich zu beweisen, »ihren Mann zu stehen« und es den Männern gleichzutun. Männliches Verhalten in gewisser Weise nachzuahmen, könnte dazu führen, dass sie die kleinen psychologischen Vorteile verspielen, die ihnen möglicherweise im Blut liegen. Die Wirtschaftswissenschaftlerin Jörg-Perrin (2007) zeigte, dass **Wissen, Informationsverhalten** und das Gefühl von **Kompetenz** einen höheren Einfluss auf das Verhalten bei finanziellen Entscheidungen haben als die bloße Tatsache, Frau oder Mann zu sein. Das allgemeine Interesse von Frauen für finanzielle Angelegenheiten scheint schwächer ausgeprägt zu sein. Diese Tatsache ist wahrscheinlich von Vorteil, da die Beschäftigung mit Finanzinformationen zu einem gesteigerten Kompetenzgefühl führt. Die Folge ist risikoreicheres Verhalten.

Die **Zielsetzung** »Geld vermehren« resultiert in risikoreicherem Verhalten als z. B. die von »Kapitalerhalt«. Interessanterweise verhalten sich Menschen eher risikoscheu, wenn sie sich als bewusst bezeichnen. »**Sich Fehler einzugestehen**« scheint auch geschlechtsunabhängig zu sein. Der **Dispositionseffekt** ist bei Frauen und Männern ähnlich ausgeprägt, wie durch eine taiwanesische Studie im Zeitraum von 1995 bis 1999 belegt werden konnte (Barber *et al.* 2007). Dieser Effekt kostet Trader zwischen 3,2 und 5,7 Prozent ihrer Jahresgewinne. Er ist allerdings abbaubar (Seru *et al.* 2010). Jedes weitere Jahr Trading-Praxis verringert diesen Effekt. Erwähnenswert ist, dass verschiedene Gruppen schneller lernen »Gewinne laufen zu lassen bis ... und Verluste zu begrenzen«: **1.** Trader, die sich »keinen Kopf« machen, **2.** diejenigen, die viel traden (Übung) und lernen, konsequent kleine Gewinne mitzunehmen und **3.** Frauen.

Frauen wird nachgesagt, dass sie schneller lernen als Männer. Der Grund für die »Lernblockade« von Männern liegt vielleicht in ihrer Eigenschaft, sich gerne **selbst**

zu überschätzen. Das führt auch dazu, dass Männer bis zu 45 Prozent mehr traden als Frauen und so ihre Rendite nachweislich verringern (Barber, Odean 2001).

Übermäßiges Trading resultiert z. B. auch aus der Überbewertung von Informationen und zu hohen Gewinnerwartungen. Auch das belegt die Studie der Wirtschaftswissenschaftler Barber und Odean mit den Namen »Boys will be Boys«, was an sich schon eine gewisse Sorge um männliche Trader ausdrückt.

Interessantes bringt ein Blick auf den **Beruf** zutage. Die Zahl der »Finanzmarktversteher« ist unter den **Psychologen** besonders hoch, was sich auch anhand ihrer Rendite nachweisen lässt. Letztlich bilden die Märkte menschliches Verhalten ab und damit kennen sich Psychologen eben besonders gut aus (Drehmann *et al.* 2005). Bei den finanziellen Ergebnissen können die Berufe, in denen Rationalität und Logik von größerer Bedeutung sind, nicht mit denen der Psychologen mithalten (wie z. B. Mathematiker, Physiker, aber auch Wirtschaftswissenschaftler). Gerade aber von Wirtschaftswissenschaftlern sollte man doch erwarten, dass sie sich von Berufs wegen auskennen? Vielleicht fällen Naturwissenschaftler eher rationale Entscheidungen und denken, dass sich andere Marktteilnehmer ähnlich verhalten.

Ihr Beruf und die damit verbundene Denk- und Herangehensweise beim Lösen von Aufgaben könnten sich also auch in Ihrer Trading-Praxis und Ihren Ergebnissen widerspiegeln.

Literatur

Barber, B. M. *et al.*: Is the aggregate investor reluctant to realise losses? Evidence from Taiwan. European Financial Management 13, 2007, 423–447

Barber, B. M.; Odean, T.: Boys will be boys: Gender, overconfidence, and common stock investment. The Quarterly Journal of Economics 2001, 116, 261–292

Drehmann, M. *et al.*: Herding and contrarian behavior in financial markets: An internet experiment. The American Economic Review 95, 2005, 1403–1426

Jörg-Perrin, P.: Geschlechts- und ausbildungsspezifische Unterschiede im Investitionsverhalten. Berner Betriebswirtschaftliche Schriften, Band 39, Haupt Verlag 2007

Seru, A. *et al.*: Learning by trading. The Review of Financial Studies 23, 2006, 705–739

3.5 Reich durch Transformation

Erfolgreiche Trader haben sich mit der Zeit transformiert und die für Geldverlierer typischen Verhaltensweisen hinter sich gelassen. Ich nenne sie »Elegante Opportunisten«. Sie haben viel erlebt, sind auf alle Eventualitäten vorbereitet und tun in den jeweiligen Situationen das Richtige. Daneben verfolgen sie Trading-Stile, die auf sie zugeschnitten sind.

In Abbildung 3.10 ist das für die verschiedenen Persönlichkeitsmerkmale typische Trading-Verhalten aufgezeigt. Trader, die eine ausgewogene Verteilung von schizoiden, oralen, masochistischen, psychopathischen und rigiden Persönlichkeitsmerkmalen aufweisen, können situationsbedingt richtig handeln. Das ist in erster Linie für intuitive Trader (ohne Strategie) wichtig.

Transformierte Trader sind sich ihrer selbst bewusst. Sie sind achtsam, handeln verantwortungsvoll und vor allem tun sie sich selbst Gutes. Daneben beachten sie die Lebensgesetze (vgl. Kap. 1.5).

Abb. 3.10: Trading-Verhalten in Abhängigkeit vom Persönlichkeitsmerkmal: S = schizoid, O = oral, P = psychopathisch, M = masochistisch, R = rigide

Zu den Geldverdienern gehören: **1.** Der **Momentum-Trader,** der sich auf Nachrichten spezialisiert hat. **2.** Der **Muster-Trader,** der vielfach eine Vorliebe für Technische Analyse hat, Muster erkennt oder zumindest durch geprüfte Regeln die Wahrscheinlichkeit auf seiner Seite hat. **3.** Der **Rhythmus-Trader,** der sich mit dem Auf und Ab der Märkte und sehr oft auch in Technischer Analyse auskennt. **4.** Der **Trader,** der **strategisch** vorgeht und sein System in unterschiedlichen Märkten anwenden kann.

1. **Momentum-Trader:** Die erste Reaktion auf Wirtschafts- oder Unternehmensnachrichten führt vielfach zu übertriebenen Kursausschlägen. Die Übertreibung könnte man nutzen, indem man z. B. eine Position in die der Übertreibung entgegengesetzte Richtung eingeht. Die Kurse pendeln sich oft nach kurzer Zeit auf den Kurs vor der Bekanntgabe der Nachrichten ein. Diese Art von Trading setzt viel Erfahrung und schnelles, sicheres Bedienen der Handelsplattform voraus. Nachrichten sind schwierig zu traden, weil weder die Richtung der Bewegung geschweige denn die Stärke des Impulses vorhersehbar ist.

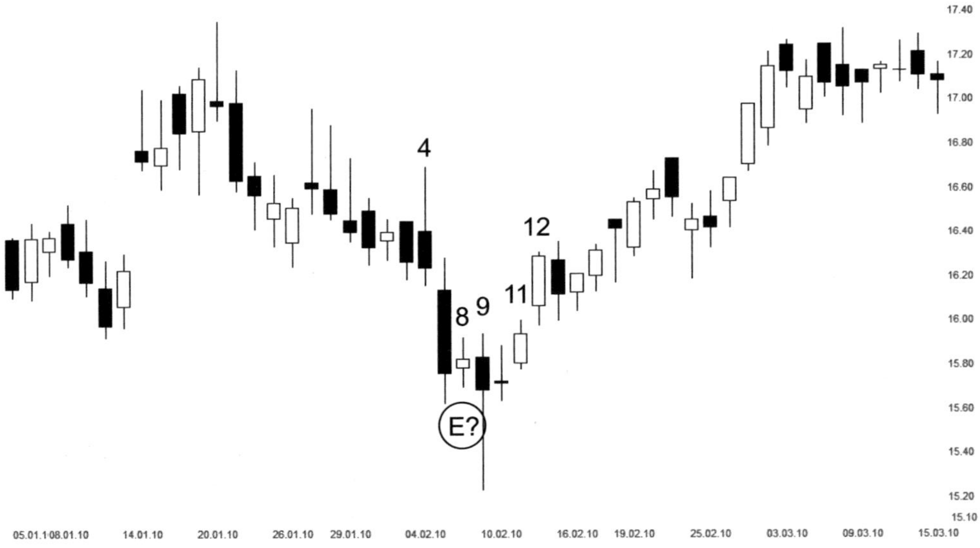

Abb. 3.11: Momentum-Trader: Qiagen-Chart, 05.01. bis 15.03.2010, Kerze = 1 Tag

Abbildung 3.11 zeigt die Schwierigkeiten von Momentum-Tradern anhand des Qiagen-Charts. Qiagen ist weltweit führend in der Entwicklung und Herstellung innovativer Technologien und Produkte für die präanalytische Probenvorbereitung und in molekularbiologischen Testes für die Forschung in Life Sciences, dem Feld der angewandten Testverfahren und der molekularen Diagnostik.

Die Frage ist, ob man mit der Interpretation von Nachrichten Geld verdienen kann, ohne sich auf ein Glücksspiel einzulassen. Am 04.02.2010 gab Qiagen Folgendes bekannt: »Entwicklung von therapiebegleitendem Test für Hirntumorpatienten mit Pfizer«. Pfizer gehört zu den weltweit größten Pharmakonzernen. Die Nachricht wurde negativ aufgenommen, die Aktie schloss im Minus. Am darauffolgenden letzten Handelstag der Woche eröffnete die Aktie mit einer Kurslücke und gab weiter nach. Die Spanne vom Hoch des Vortags bis zum Tief am 05.02. betrug ca. 1,10 Euro, entsprach also einer Schwankung zwischen 6 und 7 Prozent. Ist eine Kooperation mit Pfizer ein Grund zum Feiern? Die Aktienhändler waren bei Bekanntgabe zumindest anderer Meinung. Die Nachricht am 08.02. »2009 erstmals Umsatzmilliarde erreicht und Gewinn deutlich gestiegen« sorgte ebenso wenig für eine Trendwende. Der Schlusskurs am Montag entsprach dem vom Freitag. Viele Trading-Anfänger versuchen, einen Zusammenhang zwischen Nachricht und Kursentwicklung herzustellen. Der ist oft nicht gegeben. Die Gründe dafür sind vielfältig. Logik spielt meistens keine Rolle. Gerade Anfänger müssen lernen, dass der aktuelle Kurs, der jetzt auf dem Monitor blinkt, die einzig verlässliche Information darstellt. Deswegen ist es unerheblich, welche Zusammenhänge Sie herstellen oder wahrhaftig gegeben sind. Diese Zeit, in der Sie sich Gedanken über das »wieso, weshalb, warum« machen, können Sie sinnvoller nutzen.

Am 09.02. bremste der Ausblick, der zu einer starken Tagesschwankung führte. Zwei Tage später wurde eine Distributionsvereinbarung mit Celera (amerikanisches Unternehmen, das Herzforschung betreibt) geschlossen (11.02.). Diese Nachricht wurde positiv aufgenommen. Einen Tag später am 12.02. wurde die Qiagen-Aktie als Strategie der Woche des X-markets-Teams der Deutschen Bank vorgestellt. Call- und Put-Optionsschein auf Qiagen wurden herausgegeben. Die Aktie setzte ihre positive Kursentwicklung fort.

Sie sehen, dass es in wenigen Tagen viele Nachrichten zur Qiagen-Aktie gegeben hat. Manche davon betrafen das Unternehmen direkt, sie wurden vom Unternehmen veröffentlicht. Andere waren auf Bewertungen von Dritten zurückführen oder wurden zum Thema gemacht. Wenn Sie die einzelnen Nachrichten nach Wichtigkeit oder langfristiger Bedeutung für das Unternehmen ordnen, werden Sie sehen, dass auch in dieser Hinsicht meistens kein nachvollziehbarer Zusammenhang besteht.

2. **Muster-Trader** haben sich auf Mustererkennung spezialisiert. Sie haben z. B. unterschiedliche Chart- oder Candlestick-Formationen analysiert und wissen, welche durchschnittlichen Renditen sie beim Handel dieser erwarten können. Meistens erkennen oder erahnen sie das Muster schon, bevor es sich vollständig ausgebildet hat. Das ermöglicht es ihnen, Positionen frühzeitig einzugehen. Damit haben sie den Vorteil, mit geringem Risiko zu handeln.

Muster im 60-Minuten-, Tages- oder Wochen-Chart haben sicherlich eine stärkere Aussagekraft, dennoch lässt sich die W-Formation auch im 10-Minuten-Chart erkennen. Viele Trader warten mit dem Einstieg, bis der Kurs die Signallinie erreicht. Der Stopp wird wenige Punkte unterhalb gesetzt.

Muster-Trader spekulieren bereits nahe dem zweiten Boden auf eine W-Formation und haben so ein sehr viel besseres CRV. Der um 50 Punkte frühere Einstieg erhöht den Gewinn beim Handel von einem DAX-Future-Kontrakt um 1 250 Punkte (Abb. 3.12).

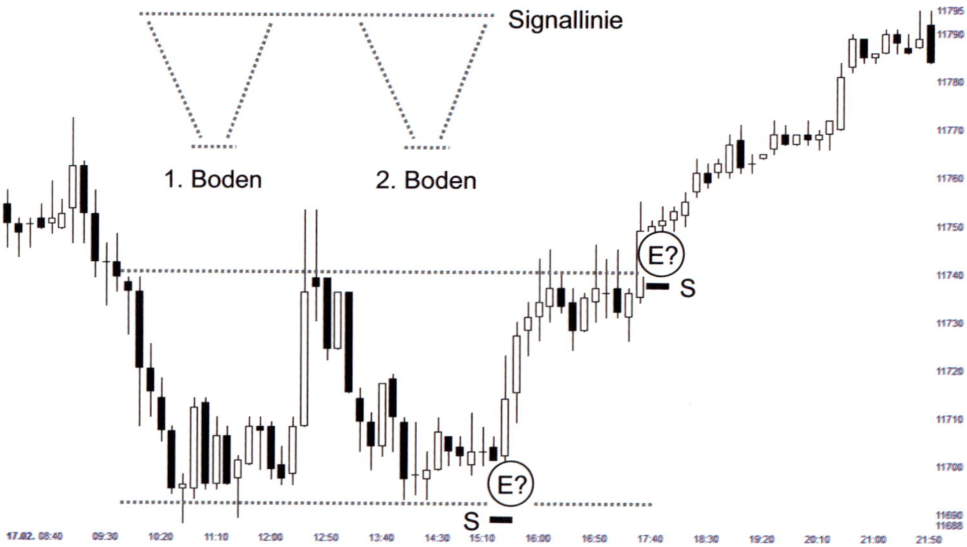

Abb. 3.12: Muster-Trader: Mini-DAX, 17.02.2017, Kerze = 10 Minuten, E = Einstieg, Kreis mit weißem Hintergrund = long, S= Stopp

Gerade die gängigen Muster sind es, die auch andere Marktteilnehmer erkennen. So tragen sie möglicherweise dazu bei, dass sich diese tatsächlich bilden (z. B. Schulter-Kopf-Schulter-Formationen, Tassen mit Henkel, doppelte Böden oder Tops).

Letztlich geht es für Trader auch darum, Einstiege mit geringem Risiko zu finden. Diese befinden sich an markanten Marktpunkten (z. B. Hochs, Tiefs, Widerstände, Unterstützung). Trader können dort auf eine Trendfortsetzung oder -wende spekulieren. So können sie auf der Long- wie auf der Short-Seite Geld verdienen, je nachdem was sich ereignet. Das erscheint vielleicht auf den ersten Blick verwirrend, ist aber dennoch möglich. Der Preis für die ausgestoppte Position liegt bei wenigen Punkten, die sie mit der in die andere Richtung eingegangenen Position mehr als wettmachen.

3. **Rhythmus-Trader** können sich in die Bewegungen der Märkte einfühlen. Sie verdienen auf der Long- und der Shortseite, wie z. B. mit Trendkanälen von entsprechender Breite. Rhythmus-Trader wechseln ständig die Marktrichtung. Sie steigen meistens nahe dem Ausstieg der vorhergehenden Position in die Gegenrichtung ein.

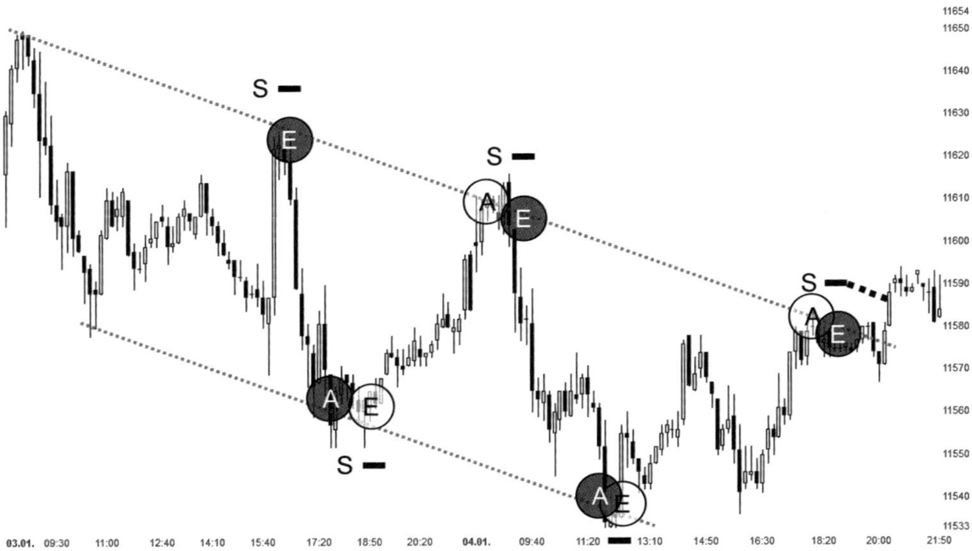

Abb. 3.13: Rhythmus-Trader: Mini-DAX, 03.01. - 04.01.2017, Kerze = 10 Minuten, E = Einstieg, A = Ausstieg, Kreis mit weißem Hintergrund = long, grau = short, S = Stopp

In Abbildung 3.13 sehen Sie einen Mini-DAX-Chart mit fünf Trades. Dreimal wurde auf fallende Kurse gesetzt (graue Kreise), zweimal eine Long-Position eröffnet (weiße Kreise). Die ersten vier Trades waren positiv und brachten jeweils 60 Punkte ein. Der fünfte Trade brachte einen Verlust von 15 Punkten. Rhythmus-Trader kommen gut mit ausgewogenen Trefferquoten zurecht, weil sie meistens CRVs von höher als zwei handeln.

4. **Strategie-Trader** haben feste Regeln. Sie sind auf alle Eventualitäten vorbereitet. Ein Trading-System, das für mich keine Wünsche offen lässt, ist das von **Tobias Heitkötter** im Jahr 2006 entwickelte www.freiraumstrategen.com. Das System wird seither in vielen Märkten erfolgreich gehandelt, ohne dass Veränderungen an Indikatoren oder Parametern vorgenommen wurden. Grundlage der Strategie ist die Darstellung von Tick-Charts (für den Handel mit Futures) oder von sogenannten Range-Bars (CFDs, Forex). Dadurch wurde die künstliche Komponente der Zeit aus dem Chart entfernt. Bei Tick-Charts legt man fest, nach wie viel Handelsgeschäften eine Periode beendet ist. Ein Chart mit einer Einstellung von 100 Ticks bedeutet, dass nach 100 Handelsgeschäften der nächste Bar oder die nächste Kerze gezeichnet wird. Dabei ist es unerheblich, ob mit einem Trade lediglich ein Kontrakt oder aber 100 Kontrakte gehandelt wurden. Dadurch entstehen in Zeiten mit hoher Handelsaktivität viele Bars.

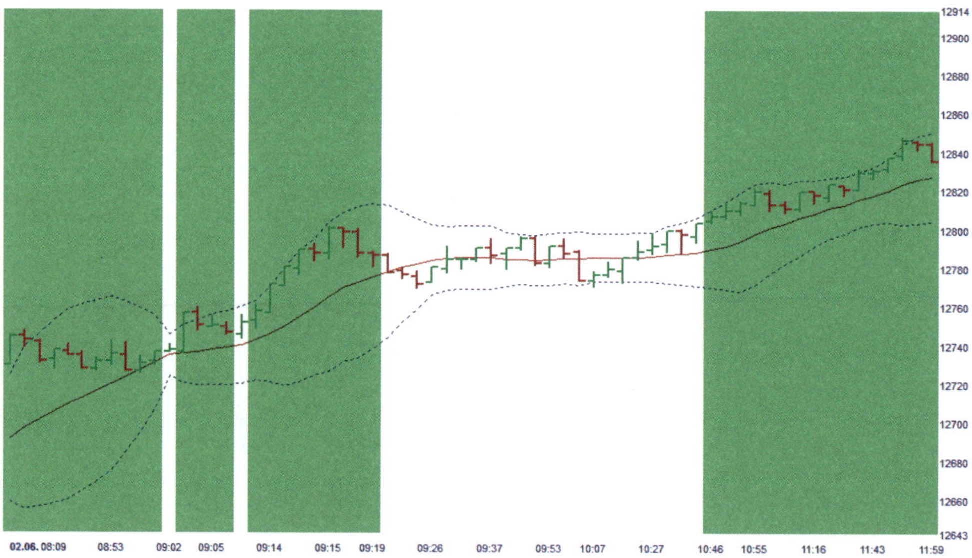

Abb. 3.14: Strategie-Trader: FDAX, 02.06.2017, Tick-Chart; grün = möglicher Long-Einstieg. Weitere Informationen unter www.freiraumstrategen.com

Vorteile von Strategie-Trading

- Die klaren Regeln zum Einstieg, Ausstieg und Stopp nachziehen bringen Sicherheit in Ihr Trading: Sie wissen zu jeder Zeit, was in der Trading-Praxis zu tun ist.
- Die Handelszeiten sind festgelegt. Daneben bestehen Regeln, wann (Ferien, Feiertage) und weshalb (Einfluss von Nachrichten, minimale oder maximale Volatilität) kein Handel erfolgt. Das allein führt dazu, dass unnötige Verluste vermieden werden.
- Das System ist in unterschiedlichen (liquiden) Märkten anwendbar.
- Ohne künstliche Komponenten passt sich die Strategie den jeweiligen Gegebenheiten in den Märkten an.
- Sie haben keinen Stress, ob Sie eine Long- oder Short-Position eingehen. Die möglichen Signale werden durch farbige Hintergründe angezeigt. Das führt zu einem entspannten Handel.

Eine gute Strategie erkennen Sie daran, dass ihre Umsetzung langweilig ist. Das erfüllt Sie vielleicht nicht, verbessert aber Ihre finanzielle Situation. Stellen Sie sich vor, Sie arbeiten in der Automobilfertigung. Ihre Aufgabe ist es, in einer Produktionsstraße bei jedem Auto den linken Seitenspiegel anzubringen. Die Arbeit an sich stellt Sie vor keine große Herausforderung. Konzentration ist gefragt, Gefühle werden eine untergeordnete Rolle spielen. Beim strategischen Trading verhält es sich ähnlich.

Dem stärksten Willen fehlt oft die Kraft,
die einer zarten Emotion selbstverständlich ist.

- Elfriede Hablé, österreichische Aphoristikerin und Musikerin

4 GEFÜHLE UND EMOTIONEN BÄNDIGEN

Gefühle entstehen sowohl im Kopf als auch im Bauch. **Emotionen** sind im Körper gespürte oder über diesen ausgedrückte Gefühle. Unter **Empfindungen** versteht man bewertende Gefühle.

Auf der einen Seite steht das Denken, das Rationale, der Geist und auf der anderen das Fühlen, die Empfindung, das sogenannte Irrationale, die Emotion. Gelegentlich liest man auch von der männlichen und weiblichen Seite oder dem männlichen und weiblichen Prinzip.

Auch wenn viele mit dem Trading eher rationale, kognitive Entscheidungen und strategisches Vorgehen verbinden, so sind es gerade die Emotionen, die zu einer lebendigen Trading-Praxis beitragen.

Emotionen sorgen dafür, dass Lebewesen in Kontakt mit anderen (auch mit sich selbst) kommen. **Übermäßige Emotionen** können aber auch das Denken, die (logische) Reaktionen oder auch die Leistung beeinflussen. Diese wirken sich in der Trading-Praxis so aus, dass vorgenommene Verhaltensweisen oder auch die praktische Umsetzung einer Strategie nicht durchgehalten werden und so maßgeblichen Einfluss auf die Trading-Ergebnisse nehmen.

Der kulturelle Hintergrund, die Bildung und vor allem auch die Erfahrung (nicht unbedingt das Lebensalter, vielmehr die wiederholte Trading-Praxis) haben einen großen Einfluss darauf, wie stark und auf welche Weise Emotionen gelebt werden.

Menschen können ihre Emotionen auch bewusst beeinflussen, indem sie diese und deren Auswirkungen durch einen **starken Willen** verringern. Daneben können sie bestimmte Umstände oder Emotionen auch vermeiden, z. B. indem sie ihre Aufmerksamkeit auf andere Situationen, Bilder oder Bedingungen lenken.

Emotionen können also reguliert werden und dafür braucht es den Körper. Der Mediziner **David Servan-Schreiber** (2006) sieht das so: Das emotionale Gehirn kennt den Körper viel besser als das kognitive Gehirn. Daher kommt man oft leichter über den Körper als über die Sprache an die Gefühle. In unserem Herzen gibt es ein kleines Gehirn, von dem aus eine sehr intensive Herz-Gehirn-Kommunikation stattfindet (vgl. Kap. 7.1.4). Die Beziehung zwischen unserem emotionalen und dem kleinen Gehirn des Herzens ist vermutlich der Schlüssel zur sogenannten emotionalen Intelligenz. Wenn wir lernen, die Signale unseres Herzens zu leben, in gewisser Weise auch zu kontrollieren, können wir unser emotionales Gehirn zähmen. In dieser Fähigkeit besteht eine Grundlage erfolgreicher Trader. Das gilt in besonderem Maß für Anfänger und diejenigen, die ohne Strategie traden.

Wir sind für einen Großteil unserer Gefühle selbst verantwortlich. Von daher haben Sie es in der Hand, ob Sie sich selbst und anderen in Liebe oder mit Wut begegnen. Dafür können Sie sich entscheiden. Genauso verhält es sich auch mit Ihren Trading-Ergebnissen. Niemand zwingt Sie, sich nach Verlusten schlecht zu fühlen. Wenn Sie die Hintergründe für mögliche Verlustgefühle ergründen wollen, wählen Sie einen weniger kostspieligen Weg als über das Trading.

In »Du bist Trader!« verwende ich die Begriffe Gefühl und Emotion nicht immer klar voneinander abgegrenzt.

Literatur

Servan-Schreiber, D.: Die Neue Medizin der Emotionen: Stress, Angst, Depression. Goldmann 2006

4.1 Von Gefühlen beherrscht

Gefühle und Emotionen spielen an den Finanzmärkten eine große Rolle: Man könnte der Aufwärtsbewegung z. B. Hoffnung, Freude oder Euphorie zuschreiben. Auf der Short-Seite sind Angst, Panik oder Depression gegenwärtig. Für

Trader kann es von Vorteil sein, das Verhalten anderer Marktteilnehmer richtig einzuschätzen. Sie könnten den Zyklus der Emotionen für sich nutzen, weil sie je nach Markphase long oder short gehen können.

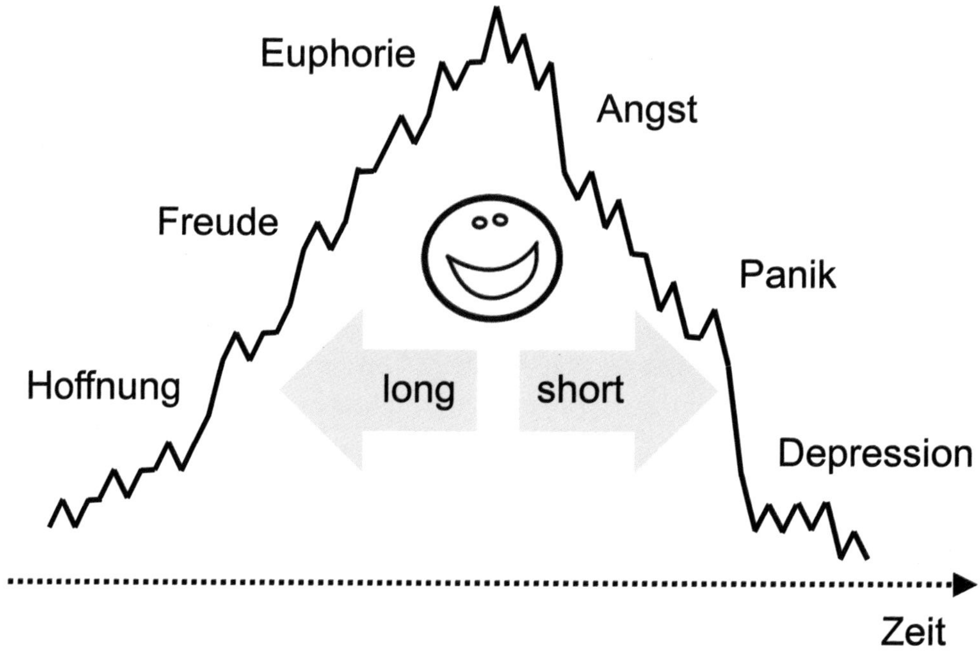

Abb. 4.1: Zyklus der Emotionen

Von Anfängern ist bekannt, dass sie das Verhalten von Mitläufern oder Traditionalisten zeigen. Sie sind ziellos in den Märkten unterwegs, auch weil sie keine Grenzen (Stopps) setzen (vgl. Kap. 3.1). Manche fühlen sich in Gruppen geborgen, selbst wenn es die der Verlierer sein sollte. Wer sich eine eigene Meinung bildet, Positionen in Richtung der vorherrschenden Bewegung (kurzfristige orientierte Händler) oder des Trends eingeht und es dann noch schafft, die eigenen Gefühle in den Griff zu bekommen, der wird langfristig zu den Gewinnern gehören.

Es ist also sinnvoll herauszufinden, in welcher Phase sich der Markt gerade befindet (auf, seit- oder abwärts). Bestenfalls haben Trader dafür verlässliche Messinstrumente entwickelt. Empathie, also ein Sich-Hineinfühlen in den Markt, könnte auch helfen, um sich auf der richtigen Seite zu positionieren. Glücklicherweise muss ja keine Gefühlskompatibilität vorliegen, dass »depressive« Märkte nur von depressiven Tradern gehandelt werden können.

Wie ergeht es Ihnen, wenn Sie einen Chart in Echtzeit verfolgen? Solange Sie dem Chart keine Bedeutung geben, spielt sich vermutlich relativ wenig in Ihrem Inneren ab. Normalerweise sollten Sie dieses sich bewegende und ständig verändernde Bild aus einer inneren Distanz betrachten. Wenn Sie den emotionalen Abstand zum Chart verringern, ihm z. B. eine Bedeutung geben, werden Sie vermutlich auch körperliche Reaktionen wahrnehmen. Das können z. B. Aufregung, höhere Pulsfrequenz, schwitzen, Kopfschmerzen oder Hunger sein. Wenn Sie die dreiteilige Coaching-Aufgabe »Was löst Trading in dir aus?« gewissenhaft angehen, besteht die Möglichkeit, dass Sie sich ein bisschen mehr Unabhängigkeit erarbeiten.

- Öffne deine Handelsplattform. Verfolge deinen Markt in Echtzeit ohne eine Position einzugehen.
- Was nimmst du wahr?
- Wie fühlt sich das an?
- Was denkst du?

Personal-Trader-Coaching: *Was löst Trading in dir aus?*

Sie können sich eine Vielzahl von Fragen stellen, wie z. B. »Berührt Sie das ständige Auf- und Ab? Haben Sie bei steigenden Kursen das Gefühl, dabei sein zu wollen? Besteht die Angst, etwas zu verpassen? Träumen Sie vielleicht schon davon, was Sie mit möglichen Gewinnen machen? Nehmen Sie andere Gefühle wahr, wenn die Kurse fallen?«

- Du verfolgst denselben Markt in Echtzeit, allerdings als Marktteilnehmer. Du öffnest eine kleine Position und setzt keine Stopps zur Verlustbegrenzung und Gewinnsicherung.
- Was nimmst du wahr?
- Wie fühlt sich das an?
- Was denkst du?

Personal-Trader-Coaching: *Was löst Trading in dir aus?*

Verändert sich etwas in Ihnen, wenn Sie eine Position halten. Steigt Ihre Aufregung oder spüren Sie sogar Angst, weil Sie Ihre Position nicht durch einen Stop-Loss geschützt haben? Bei dieser Übung sollten Sie einplanen, dass Verluste entstehen. Die möglicherweise unverhältnismäßig hohen Gebühren sollten Sie als Ausbildungskosten abhaken.

- Du öffnest ein zweites Mal eine kleine Position und setzt Stopps zur Verlustbegrenzung und Gewinnsicherung.
- Was nimmst du wahr?
- Wie fühlt sich das an?
- Was denkst du?

Personal-Trader-Coaching: *Was löst Trading in dir aus? Weitere Aufgabe in Kapitel 4.3*

Wie fühlt es sich an, wenn Sie Ihr Kapital auf der einen Seite sichern und auf der anderen Seite mögliche Gewinne begrenzen? Vielleicht beruhigen Sie damit Ihre Gefühle? Andererseits könnte Ihr Geist rebellieren. Vieles ist bei dieser mehrteiligen Coaching-Aufgabe möglich.

Wir sind Menschen, also fühlen wir auch. Für jedes einzelne Gefühl gibt es so etwas wie einen Grundzustand. Der ist von Gefühl zu Gefühl und auch von Mensch zu Mensch verschieden. Bevor z. B. aus Angst gesteigerte Angst oder sogar Panik wird, muss bei manchen Menschen schon etwas wirklich Schlimmes geschehen, wie z. B. ein Margin-Call oder ein Totalverlust. Bei ängstlicheren Menschen könnte bereits ein Verlierer-Trade von wenigen Euro dasselbe emotionale Erleben hervorrufen.

Intensivierung von Gefühlen unter Risiko und Unsicherheit

Coaching-Klienten beschreiben eine Vielzahl von Gefühlen, die ihnen in der Trading-Praxis begegnet sind, wie z. B. Aufregung, Wut, Angst, Frust, Euphorie, Gier, Trauer, Schuld, Glück, Enttäuschung, Verzweiflung, Zuversicht, Mut, Hoffnung, Scham, Versagen, Liebe, und Unsicherheit. Intensive Gefühle traten vor allem dann auf, wenn

1. zu viele Trades durchgeführt,

2. zu große Positionen eingegangen,

3. zu hohe Hebel verwendet und

4. ohne Strategie gehandelt wurde.

Das Empfinden dafür variiert von Mensch zu Mensch. Sobald Ihr Trading eine Routine bekommt und sie aufgrund klarer Regeln die Ergebnisse vorhersehen können, lässt die Gefühlsintensität nach.

Sichtbare Emotionen

Der Hirnforscher Nummenmaa und seine Kollegen (2014) haben in ihrem Aufsatz »Bodily maps of emotions« erstmals eine körperliche Topografie von Emotionen belegt (Abb. 4.2).

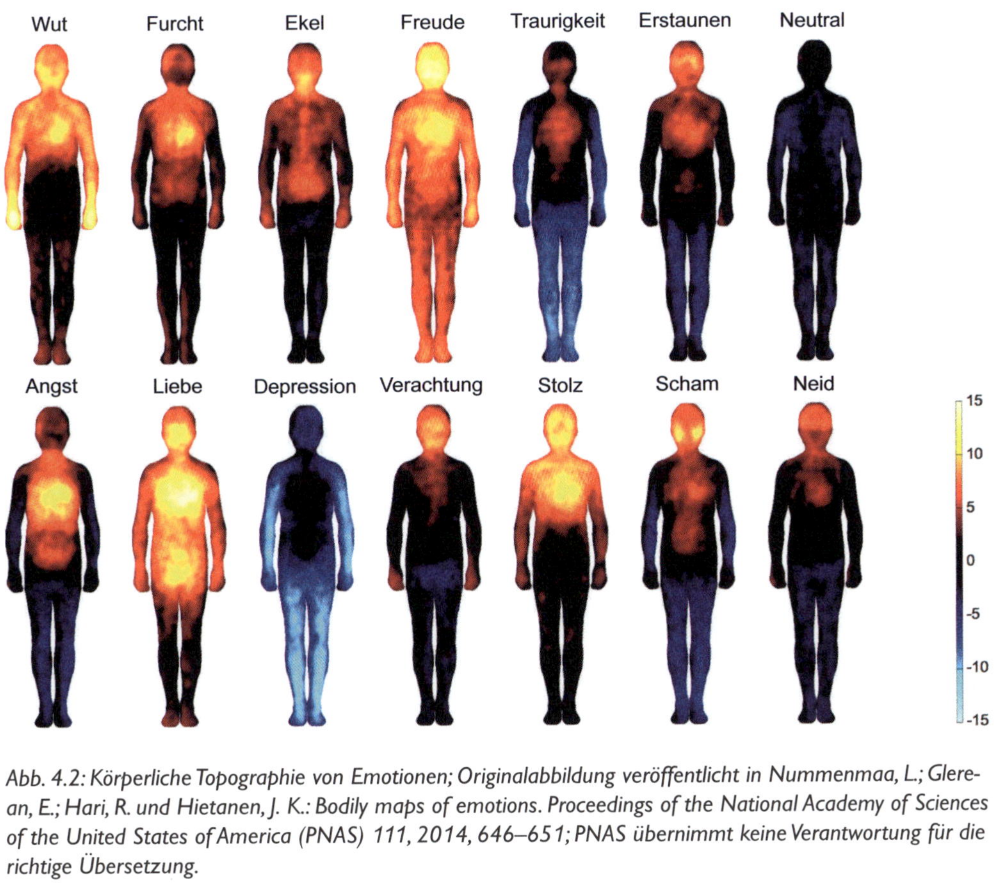

Abb. 4.2: Körperliche Topographie von Emotionen; Originalabbildung veröffentlicht in Nummenmaa, L.; Glerean, E.; Hari, R. und Hietanen, J. K.: Bodily maps of emotions. Proceedings of the National Academy of Sciences of the United States of America (PNAS) 111, 2014, 646–651; PNAS übernimmt keine Verantwortung für die richtige Übersetzung.

Emotionen können also sichtbar gemacht werden, wie die Studie belegt. 701 Teilnehmer wurden gebeten, Emotionen auf dem Körper zu kartieren. Um emotionale »Antworten« hervorzurufen, setzten die Forscher u. a. Geschichten, Videos und Bilder ein, die mittels Computer aufgezeichnet wurden. Körperregionen mit erhöhter Energie wurden durch warme Farben (Gelb- und Rottöne) wiedergegeben, die mit niedriger Energie durch Blautöne ausgedrückt.

Manche Emotionen lösten starke Empfindungen im Oberkörper aus, wie z. B. Wut, Furcht oder Ekel. Andere Emotionen wurden als niedrige Energie im gesamten Körper wahrgenommen, z. B. Depression. Daneben gab es Gefühle, bei denen beides vorkam. Traurigkeit oder Scham wiesen im Bereich des Brustkorbs Rottöne auf, teilweise auch am Kopf, wobei die Extremitäten Blautöne hatten.

Westeuropäische und ostasiatische Studienteilnehmer zeigten übereinstimmende Körperwahrnehmungen. Emotionen können also als kulturell universelle somatotoptische Karten dargestellt werden.

Trader können aus dieser Studie folgende Vorteile ziehen:

- Die Kartierung von körperlichen Veränderungen könnte zu einem besseren Verständnis emotionaler Prozesse, besonders bei den als **belastend empfundenen Gemütszuständen**, beitragen. Das ist vor allem für Trader wichtig, die sich durch die Trading-Praxis und den Umgang mit den Trading-Ergebnissen überfordert fühlen. Sie könnten durch gezielte Körperwahrnehmung lernen, sich mit diesen Gemütszuständen auseinanderzusetzen, bevor sie diese ins normale Leben mitnehmen oder durch Trading verstärken. Das würde also auch Familienmitgliedern, Freunden oder Menschen, denen sie nach dem Trading zufällig begegnen, zugutekommen.

- Die Wahrnehmung von emotionsorientierten körperlichen Veränderungen kann eine wichtige Rolle bei der Erzeugung **bewusst empfundener Emotionen** spielen. Trader könnten demnach ihr Körperbewusstsein steigern und Emotionen hervorrufen, mit denen sie in ihrem Umfeld positive Stimmung verbreiten.

Zahlreiche Studien belegen, dass uns unsere Emotionssysteme vorbereiten, die Herausforderungen in unserem Umfeld zu bewältigen, indem wir die Aktivierung des kardiovaskulären, neuroendokrinen und autonomen Nervensystems anpassen (Levenson 2003).

Wenn sich Emotionen bei uns zeigen, können andere diese auch spüren. Menschen gehen in Kontakt (Resonanz) und können ein Gefühl mitempfinden. Das ist z. B. bei Freude der Fall. Andererseits gibt es auch Emotionen, vor denen Sie sich lieber schützen sollten. Dabei handelt es sich vor allem um negativ empfundene Emotionen. Voraussetzung dafür ist, dass Sie aufmerksam sind. Sonst könnte es Ihnen passieren, dass die nach innen gerichtete Wut eines anderen auch durch Sie Ausdruck findet. Das könnte dazu führen, dass Ihr Gegenüber überhaupt nicht versteht, wodurch Sie gerade in Rage geraten. Daher ist es umso wichtiger, ein Bewusstsein für Emotionen, Grenzen und »was ist meins und was ist das meines Gegenübers« zu entwickeln.

Literatur

Levenson, R. W.: Blood, sweat, and fears. The automatic architecture of emotions. In: Ekman, P. *et al.*: Emotions Inside Out: 130 Years after Darwin's The Expression of the Emotions in Man and Animals. Annals of the New York Academy of Sciences, New York 1000, 2003, 348–366

Nummenmaa *et al.*: Bodily maps of emotions. Proceedings of the National Academy of the Sciences111, 2014, 646–651

Exkurs

Angst schadet den Nebennieren

Angst, Stress, Burn-out ...

Worte und deren Bedeutung sind in ständigem Wandel. Stress war lange Zeit ein angesagtes Wort, was nach und nach durch Burn-out verdrängt wurde. Letztlich geht es bei beiden Begriffen um Angst.

Was ist Stress?

Stress ist ein von **Hans Selye** (österreichischer Naturwissenschaftler und Mediziner) 1936 entdecktes und so bezeichnetes Syndrom vielfältiger physiologischer Anpassungen an unspezifische innere und äußere Reize. **Stress ist also eine Reaktion auf eine Bedrohung und nicht die Bedrohung an sich**. Entscheidend ist es also, wie Sie eine Situation bewerten und darauf reagieren. Das Stressempfinden wird durch die innere Bereitschaft, eine neue Lage voll und ganz zu akzeptieren, geregelt. Leisten Sie wenig Widerstand gegen das Neue, werden Sie sich weniger gestresst fühlen als andere, die sich gegen die Realität »wehren«.

Stress entsteht also, wenn sich Körper, Geist und Seele gegen das wehren, was ist. Wenn Sie z. B. in Erwartung steigender Kurse eine Long-Position eingegangen sind, deren Wert entgegen Ihrer Erwartung fällt, könnte Ihnen das Stress bereiten. Sie sind also in einer Situation, die von Ihnen eine **angemessene Reaktion** erfordert, mit der Sie sich und Ihr Kapital schützen, z. B. die Position verkleinern oder auflösen. Einen weiteren wesentlichen Beitrag zur Stressforschung leistete auch **Walter Cannon** (amerikanischer Physiologe), dem die Entdeckung der **Kampf-Flucht-Reaktion** zugeschrieben wird. Dabei handelt es sich um ein Reaktionsmuster zur Bewältigung von Gefahrensituationen, das Menschen in früheren Zeiten das Überleben sicherte. Kämpfen oder Fliehen waren die Möglichkeiten zur sofortigen Stressantwort, die von Natur aus als kurze Belastung bei tatsächlichen Gefahren angelegt ist. Eine weitere Möglichkeit bestand darin, sich tot zu stellen. Diese Reaktion war vermutlich seltener von Erfolg gekrönt.

Im Trader-Leben sind Angriffe oder Fluchtversuche bei der Bewältigung der meisten Stresssituationen wenig hilfreich, weil die zur Verteidigung bereitgestellte Energie nicht verbraucht wird und bei Langzeitbelastungen den Körper sogar schädigt. Sie stehen ständig unter Strom. Die für die Reaktion bereitgestellten Hormone werden nicht abgebaut: Bewegung, Ruhe und Entspannung fehlen. Die Stressoren wirken oft tagelang, über Wochen oder sogar Monate, was Sie letztlich in eine Burn-out-Situation oder Depression führen kann.

Unwissenheit schafft Unsicherheit - Unsicherheit schafft Stress

Beim Trading werden Sie mit ständig neuen Situationen konfrontiert. Trades sind immer von Unsicherheit begleitet. Die meisten Menschen streben indes nach Sicherheit und empfinden Situationen als angenehm, die sie als kontrollierbar einschätzen. Das heißt nicht, dass sie es auch sind. Das starke Bedürfnis nach Sicherheit wird z. B. auch anhand von Überversicherungen und unnötigen Versicherungen deutlich.

Beim Trading stoßen Sie in dieser Hinsicht natürlich an Ihre Grenzen. Sicherlich auch, weil Sie keinen Einfluss darauf haben, ob Ihr Trade ein Gewinner oder Verlierer wird.

Daneben können Faktoren wie eine hohe Volatilität oder ein starkes Momentum Ihren Stress verstärken. Wenn Sie mit Hebelprodukten, wie z. B. **Futures** (Terminkontrakte) handeln, muss eine Sicherheitsleistung (Margin) hinterlegt werden. Ist der verbleibende Geldbetrag auf dem Konto zu gering ist, um den durch den Hebel verursachten stärkeren Kursänderungen standzuhalten, ergeben sich Margin-Call-Situationen von ganz allein und verlangen schnellstmögliche Reaktionen.

Margin-Calls können Sie vermeiden, indem Sie ein anderes Anlageprodukt wählen und z. B. **Knock-out-Produkte** handeln. Stresserfahrungen können Sie auch mit diesen machen, z. B. wenn sich der Kurs des Hebelzertifikates der Knock-out-Schwelle nähert. Beim Einsatz von Knock-out-Produkten können Sie allerdings nie mehr als Ihr eingesetztes Kapital verlieren.

Was bedeutet überhaupt Margin-Call?

Der große Vorteil des Futures-Handels, mit geringem Kapitaleinsatz viel bewegen zu können, wird schnell zu einer Zerreißprobe für Ihre Nerven, wenn Broker sehr niedrige

Sicherheitsleistungen verlangen. Bei geringen Margin-Anforderungen oder einem fast »ausgereizten« Konto (geringes freies Kapital) kann sehr schnell Folgendes passieren: Entwickelt sich das Geschäft gegen Sie, weist Sie der Broker auf die Erhöhung der Margin hin und Sie müssen Geld schnellstmöglich »nachschießen«. Kommen Sie dieser Aufforderung nicht unverzüglich nach, darf der Broker eine oder mehrere Ihrer Positionen schließen. Die folgende Abbildung erklärt, warum ein angemessener Geldbetrag auf Ihrem Konto vorgehalten werden sollte, nachdem Sie eine Futures-Position eröffnet haben (vgl. auch Kap. 2.1).

Punktestand des Mini-DAX-Future: 12 000
Punktwert: 5 Euro

Wert eines Mini-DAX-Future: 12 000 x 5 Euro = 60 000 Euro
Margin: 2 400 Euro (2 Prozent)

Kapital (auf dem Konto): 10 000 Euro
Positionsgröße: 3 Mini-DAX-Futures
Margin (gebundenes Kapital): 3 x 2 400 Euro = 7 200 Euro
Kapital (frei): 2 800 Euro

Margin-Call: bei einer Änderung von weniger als 200 DAX-Punkten (200 x 5 Euro x 3 Kontrakte = 3 000 Euro)

Abb. 4.3: Beispielrechnung für einen Mini-DAX-Future-Trade, der zu einem Margin-Call führen könnte

Stellen Sie sich vor, Sie verfügen über ein Konto mit einem Geldbetrag von 10 000 Euro und Sie öffnen eine Position mit drei Mini-DAX-Futures. Dafür hinterlegen Sie 7 200 Euro, die restlichen 2 800 Euro sind freies Kapital. Der Punktwert eines Mini-DAX-Futures entspricht 5 Euro. Beim Handel von drei Terminkontrakten bewirkt eine Änderung um einen DAX-Punkt eine 15-Euro-Schwankung auf Ihrem Konto (1 Punkt x 3 Kontrakte x 5 Euro). Ihr freies Kapital von 2 800 Euro entspricht also einem Puffer von nicht einmal 200 Punkten (2 800/15 Punkte). Vernachlässigbar ist, dass sich die Margin mit dem DAX-Stand verändert. In Zeiten hoher Volatilität oder mit starkem Momentum als Reaktion vor oder auf Nachrichten, ist es ein Leichtes, sich bei dieser Art von Risikomanagement einen Margin-Call einzufangen.

Reaktionsmöglichkeiten bei einem Margin-Call

Margin-Calls sind immer auch mit Stress verbunden. Ihnen bleibt nichts anderes übrig, als darauf zu reagieren: **1.** Sie könnten Geld auf Ihr Konto überweisen (**kämpfen**). Fraglich, ob das sinnvoll ist? Schließlich erfolgte der Margin-Call, weil Sie die Lage bislang offensichtlich falsch eingeschätzt haben. **2.** Sie könnten die Positionsgröße herunterfahren (**Flucht mit angezogener Handbremse**) oder die gesamte Position schließen (**sofortige schnelle Flucht**). **3.** Daneben besteht die Variante, nichts zu tun (**sich tot stellen**). In diesem Fall reagiert der Broker, was nicht selten zu Positionsschließungen führt.

Unabhängig von Ihrer Reaktion werden Sie bewusst oder auch unbewusst mit Ihren **Ängsten** konfrontiert.

Angst schadet den Nebennieren

Stressreaktionen sind von den Nebennieren beeinflusst. Sie bestehen aus Nebennierenmark und -rinde. Trotz unterschiedlicher Funktionen sind beide am hormonellen Regelkreislauf und dem vegetativen Nervensystem beteiligt. Viele Situationen beim Trading können körperliche und psychische Stressreaktionen auslösen. Permanenter Stress kann zur Erschöpfung der Nebennieren beitragen. Typische Anzeichen von Angstreaktionen sind Herzrasen, schwitzen oder zittern, die auf eine vermehrte Ausschüttung von Adrenalin und anderer Stresshormone zurückgehen.

Stress beim Trading oder neurobiologische Kaskade des Margin-Calls

Lange Zeit wurden Stress- und Angstkonzepte aus Sicht von physiologischen oder psychologischen Gegebenheiten gedeutet. Mittlerweile werden auch neurobiologische Aspekte einbezogen. So beschreibt der Neurobiologe **Gerald Hüther** eine **kontrollierte** und **nicht kontrollierbare** Stressreaktion. Für Trader ist vor allem die letztere interessant.

Malen Sie sich die folgende Situation aus: Ihnen könnte entgangen sein, dass über eine Zinssenkung von 0,5 Basispunkten spekuliert wird. Diese könnte zu einem Kursfeuerwerk führen. Vielleicht hatten Sie Ihre Short-Position noch nicht mit einem Stoppkurs versehen und werden nun mit stark steigenden Kursen konfrontiert? Wie reagieren Sie? Schließen Sie Ihre Position auf der Stelle oder warten Sie auf eine erste Gegenbewegung? Die Ereignisse überschlagen sich: »Margin-Call« blinkt auf Ihrem Monitor. Zu allem Überfluss klingelt das Telefon. Viele Gedanken schießen Ihnen durch den Kopf. Wenn Sie nicht reagieren, wird Ihre Position in Kürze liquidiert, da die Kurse weiterhin steigen. Sie fragen sich, ob Sie weiteres Kapital bereitstellen sollten? Sie verlieren die Kontrolle, Ihr Körper zeigt erste bedenkliche Symptome. Der Angstschweiß steht Ihnen auf der Stirn. In Ihrem Gehirn geht alles durcheinander. Verschaltungen, die im normalen Leben keine Rolle spielen, werden auf einmal aktiviert. Eine Hormonkaskade wird in Gang gesetzt und bewirkt, dass in der Nebennierenrinde das Stresshormon Kortisol gebildet wird. Dieses hat eine weitaus stärkere Wirkung als Adrenalin. Aus anfänglicher Angst wird Verzweiflung, Hilflosigkeit oder sogar Ohnmacht. Die im Körper ablaufende Stressreaktion wird zum Selbstläufer und ist nicht mehr anzuhalten, sie ist unkontrollierbar geworden. Können Sie in dieser Verfassung überhaupt der Situation angemessen reagieren?

Wenn Sie sich bewusst mit Ihrem Verhalten »bei Gefahr« auseinander setzen, sollten Sie mit der Zeit in vergleichbaren Situationen mehr als eine Reaktionsmöglichkeit haben.

Literatur

Hüther, G.: Biologie der Angst: Wie aus Stress Gefühle werden. Vandenhoeck & Rupprecht 2005

4.2 Trader stehen nicht zur Disposition

»**Was versteht man unter einem Dispositionseffekt?**« ist eine mir vielfach gestellte Interviewfrage. Meine Antwort lässt sich im Wesentlichen so zusammenfassen: »Vor allem die Anfänger unter den privaten Tradern nehmen kleine Gewinne mit und halten an Positionen im Verlust fest. Dieses Verhalten kostet sowohl auf der Gewinn- als auch der Verlustseite Geld. Gewinne mitzunehmen, entspringt u. a. dem Bedürfnis nach Sicherheit. Verluste dagegen werden ausgesessen, überwiegend um Gefühle von Schmerz zu vermeiden, die diese unweigerlich mit sich bringen.«

Eine große Herausforderung liegt bereits in der Positionseröffnung, vorwiegend bei Gelegenheits-Tradern (Trader ohne Strategie). Durch ständiges Vergleichen oder ins Verhältnis setzen werden z. B. Papiere gekauft, die seit Jahren stetig an Wert verloren haben, nur weil unterstellt wird, dass diese irgendwann einmal steigen müssen. Wertpapiere, die 60, 70 oder 80 Prozent ihres Wertes eingebüßt haben, werden doch nicht eines Tages unweigerlich zu Kaufkandidaten?

Trader sollten verinnerlichen, dass **es keine hohen und niedrigen Kurse gibt**. Sie können natürlich feststellen, dass ein Kurs in letzter Zeit stark gestiegen ist oder sich vielleicht sogar ein neues Hoch gebildet hat. Sie können daraufhin auch ein Anlageprodukt auf diesen Basiswert zu einem bestimmten Preis kaufen oder verkaufen. Es gibt nur Kurse ohne Bewertungen hoch oder niedrig.

Bitte lesen Sie erst weiter, wenn Sie diesen Absatz vollumfänglich begriffen haben.

Positionen im Gewinn werden (zu) früh aufgelöst, um so verschiedene Bedürfnisse zu befriedigen. Das Gefühl von **Freude** wird verstärkt. Das **Sicherheitsbedürfnis** wird befriedigt, weil das Risiko nicht mehr besteht. Bemerkenswert ist, dass gerade die **Abneigung gegen Risiko** ein starker Antrieb ist, Positionen aufzulösen. Dabei liegt doch gerade ein Reiz in der Risikokomponente von Trading. Letztlich wird auch noch der **Abneigung gegen Verluste** Genüge getan.

Im Verlust **halten viele an ihren Positionen** fest. Die Schmerzen durch das Auflösen der Position scheinen unerträglich, so dass überhaupt keine Reaktion erfolgt. Finanziell gesehen rechnet es sich meistens, den Verlust zu realisieren. Das hat auch den Vorteil, dass die Schmerzen nicht über Tage, Wochen oder Monate bestehen und »chronisch« werden.

Wie sieht es bei Ihnen aus? Lassen Sie sich von Ihren Gefühlen täuschen und leiten? Sie kommen zwar Ihrem Gefühl der **Abneigung gegen Verluste** nach, bezahlen dafür aber möglicherweise einen nicht kalkulierbaren Preis. Im ungünstigsten Fall verlieren Sie Ihr gesamtes Kapital. Wer an Verliererpositionen festhält, umgeht zugegebenermaßen das Gefühl der **Abneigung gegen Bedauern**, was sich nach Auflösen von Positionen zeigt, wenn die spätere Kursentwicklung in die von Ihnen angenommene Richtung erfolgt. Möglicherweise befriedigen Sie mit diesem Verhalten auch Ihr Bedürfnis nach **Rechthaberei**? Oder Sie können es sich finanziell erlauben, Ihrem Ego auf diese Weise nachzugeben? Von Vorteil ist, dass Ihr **Gefühl von Stolz** unberührt bleibt, da Sie bis zum Realisieren Ihres Verlustes sagen können: »Da habe ich mal wieder Recht gehabt.« Verluste werden komischerweise anders als Gewinne als persönliches Versagen und vermeidbare Fehler angesehen.

Der Dispositionseffekt ist im weiteren Sinn als typisch menschliches Verhalten einzuordnen. Dieser lässt sich z. B. verringern, wenn auf **Orders zur Verlustbegrenzung** zurückgegriffen wird (Fischbacher *et al.* 2014). Stopp-Orders könnten insbesondere für Gelegenheits-Trader eine große Hilfe sein, aber auch für diejenigen, die viel Zeit vor dem Monitor verbringen und sich daher in einer größeren Gefahr befinden, falsch zu reagieren. Bei Tradern ohne Strategie besteht fortwährend z. B. der starke Impuls, Gewinne zeitnah mitzunehmen. Die Ausprägung des Impulses ist von Mensch zu Mensch unterschiedlich und vom Geldbetrag abhängig. Obwohl die technischen Voraussetzungen heutzutage fast keine Wünsche offen lassen, hat sich im Entscheidungsverhalten wenig verändert.

Studien an Jugendlichen belegen, dass der Dispositionseffekt möglicherweise auch mit zunehmendem Alter geringer wird. Noch immer ist es so, dass auf die Frage »20 Euro jetzt oder 50 Euro in einem Monat?« eine Sofort-Belohnung bevorzugt wird, obwohl dieser Geldbetrag deutlich geringer ist (Bos *et al.* 2016). Den Grund dafür sehen die Forscher in zwei bei Entscheidungen aktiven Gehirnbereichen. Diese sind bei Jugendlichen im Vergleich zu Erwachsenen noch nicht so stark miteinander verbunden. Dabei handelt sich um den bei **Zukunftsplanungen** beteiligten dorsolateralen präfrontalen Kortex und einen Teil des **Belohnungssystems** (Striatum).

Die Herausforderung »Gewinne laufen bis ...« wird aber auch mit dem Geldbetrag größer werden, vor allem wenn die Steigerung längerfristig stetig erfolgt. In diesem Fall ist erst recht Geduld gefragt.

Strategien zur Entscheidungsfindung ändern sich interessanterweise auch mit zunehmendem Alter, was weniger auf Erfahrungen als vielmehr auf sich tatsächlich umwandelnde Gehirnstrukturen zurückzuführen ist (Grubb *et al.* 2016). Die mit dem Älterwerden einhergehende zunehmende Risikovermeidung ist wohl auf Veränderungen im Volumen der grauen Substanz und auf die Geschwindigkeit, mit der sich Gehirnstrukturen umwandeln, zurückzuführen. Den Beweis dafür lieferte eine Gruppe von Erwachsenen (18 bis 88 Jahre), die sich zwischen einem Los mit garantierter Gewinnsumme (5 US-Dollar) und einem risikoreicheren mit einer Chance auf bis zu 120 US-Dollar zu entscheiden hatte. Ältere Teilnehmer bevorzugten im Gegensatz zu den Jüngeren die garantierte Gewinnchance. Die Entscheidungsfindung stand maßgeblich im Zusammenhang mit der neuronalen Dichte (der Dicke oder Dünne der grauen Substanz) im Gehirn.

Dispositionen abbauen

Der Dispositionseffekt ist von Mensch zu Mensch unterschiedlich ausgeprägt und hängt von der Fähigkeit ab, die Märkte lesen zu können, und der Häufigkeit des Tradens. Reiche Menschen weisen niedrigere Dispositionseffekte auf. Dasselbe gilt für Menschen mit Berufen, die höhere Bildungsgrade oder Expertenwissen verlangen. Reich zu sein ist natürlich relativ. Dennoch scheint es förderlich, sich reich zu fühlen, um diesem Effekt nicht auf den Leim zu gehen. Daneben führt üben, also regelmäßiges Trading, zur Herabsetzung des Dispositionseffektes (Dhar, Zhu 2006).

Der Satz »Der Kurs kommt wieder zurück« zeigt das ganze Dilemma von Gelegenheits-Tradern. Wozu ist es überhaupt sinnvoll, sich mit Kursen zu beschäftigen, die Märkte einst einmal hatten? Trader versuchen, Märkte auf diese Weise einzuordnen, zu strukturieren und festzuhalten. Dabei geht es gerade darum, die Gegenwart zu handeln. Erst durch Ihre Bewertung werden Kurse für Sie zu besonderen Kursen. Wer vorhat, Geld zu verdienen, sollte bereits vor der Positionsöffnung entschieden haben, wie weit Stopp und Gewinnziel vom Einstieg entfernt liegen. **Trader sollten also in keiner Weise zur Disposition stehen.**

Literatur

Bos, W. van den *et al.*: Adolescent impatience decreases with increased frontostriatal connectivity. Proceedings of the National Academy of Sciences 112, 2015, E3765–E3774

Dhar, R.; Zhu, N.: Up close and personal: Investor sophistication and the disposition effect. Management Science 52, 2006, 726–740

Fischbacher, U. *et al.*: The causal effect of stop-loss and take-gain orders on the disposition effect. Research Paper Series 89, 2014, Thurgau Institute of Economics, Universität Konstanz

Grubb, M. A. *et al.*: Neuroanatomy accounts for age-related changes in risk preferences. Nature Communications 7, 2016, Artikelnummer 13822

Tversky, A.; Kahneman, D.: The framing of decisions and the psychology of choice. Science 211, 1981, 453–458

Schriek, R.: Besser mit Behavioral Finance: Finanzpsychologie in Theorie und Praxis. FinanzBuch Verlag 2016

4.3 Entscheidungsverhalten

Die Arbeit von Schiedsrichtern und Tradern ist vergleichbar. Genauso wenig, wie Schiedsrichter einen Einfluss auf die Spielstärke einer Mannschaft haben, ist es Tradern vergönnt, selbst für steigende oder fallende Kurse zu sorgen.

Beide üben ihren Beruf im Wesentlichen allein aus, zumindest tragen sie die **alleinige Verantwortung**. Schiedsrichter haben die Unterstützung durch Schiedsrichterassistenten und neuerdings den Videobeweis als **Hilfsmittel**. Trader greifen im Wesentlichen auf Stopps zur Verlustbegrenzung oder Gewinnsicherung zurück, um das Spiel in den Griff zu bekommen.

Trader und Schiedsrichter stehen unter großem **Druck**. Beim Schiedsrichter sind die Druckfaktoren sichtbar, z. B. 80 000 Zuschauer im Stadion, beide Mannschaften auf dem Platz und insbesondere die Medien. Beim Trading handelt es sich eher um einen nicht sichtbaren Druck. Bei beiden Berufen geht es darum, eine **Situation von außen richtig einzuschätzen**, ohne selbst Teil der Situation zu sein. Schiedsrichter haben im Gegensatz zu Tradern oft einen guten Abstand zum Spielereignis. Trading-Anfänger verlieren sich allzu oft in Situationen, die ihr Handlungsspektrum stark einschränken. In beiden Berufen kommt es darauf an, sich fortlaufend zu **verbessern** und aus **Erfahrungen zu lernen**. Das folgende Interview soll Sie anregen, über Ihr Entscheidungsverhalten nachzudenken.

Interview

mit Markus Schmidt

Markus Schmidt ist Schiedsrichter seit 1990 und kam 1997 auf die DFB-Liste, wo er weit über 300 Spiele leitete, davon seit 2003 auch Spiele in der ersten Fußball-Bundesliga. Nach dem BWL-Studium arbeitete er in verschiedenen Personal-Funktionen beim Energieversorger EnBW, seit 2012 ist er Personalchef bei der S-Bahn Stuttgart.

Raimund Schriek: *Herr Schmidt, mal abgesehen von Ihren Schiedsrichterassistenten sind Sie wie ein Trader auf sich alleine gestellt. Was sind für Sie die größten Herausforderungen in Ihrem Beruf?*

Markus Schmidt: *Sicher fällt einem zuerst die Entscheidungsschnelligkeit auf, die ich als Schiedsrichter auf dem Platz zeigen muss. Innerhalb von Sekundenbruchteilen gilt es für mich, zu unterscheiden, ob der Zweikampf regelgerecht war oder ob doch ein Foul vorliegt, ob das Handspiel absichtlich war oder nicht, ob und wenn ja welche persönliche Strafe notwendig ist und ob ich die Entscheidungen meiner Assistenten für richtig halte und übernehme oder nicht. Und selbst wenn ich das Spiel im Schnitt nur alle paar Minuten durch einen Pfiff unterbreche, so ist die Anzahl der zu treffenden Entscheidungen für mich um ein Vielfaches höher – denn immer, wenn ich keinen Grund zum Eingriff sehe, ist dieser Einschätzung ja auch eine »Entscheidung« vorausgegangen. Frei nach dem Kommunikationswissenschaftler Paul Watzlawick: Man kann nicht nicht entscheiden. Die Entscheidung selbst kommt durch eine Vielzahl von Wahrnehmungen, Gefühlen und gemachten Erfahrungen zusammen. Wie eine Art Puzzle werden die Teile in meinem Bauch sortiert und in Windeseile zu einem Gesamtbild gebracht.*

Auch wenn ich dabei vermeintlich oft auf mich alleine gestellt bin, so gibt es doch immer eine Reihe von Faktoren, für die man feine Antennen besitzen muss, um sie wahrzunehmen, die einem aber bei der Entscheidungsfindung helfen. In meinem Fall sind dies neben dem Verhalten der Spieler und des Balles auch die Reaktionen der »unbeteiligten« Spieler, der Zuschauer, aber auch der Spielsituation, der Geschichte des Spiels und der Spielerpersönlichkeiten. Ich denke, dies wird auch beim Traden nicht anders sein. Entscheidend ist dabei eben, die »richtigen« Hinweise herauszufiltern und die anderen beiseitelassen zu können.

Darüber hinaus gibt es aber noch eine Vielzahl weiterer Aspekte, die für mich als Schiedsrichter erfolgsrelevant sind. Neben dem Handwerkszeug, wie Kenntnis des Regelwerks und körperliche Fitness, sind dies die »weichen Faktoren«, wie z. B. Klarheit und Konsequenz, Berechenbarkeit, Persönlichkeit und vor allem ein gelungenes Spielmanagement.

Das heißt, es ist meine Aufgabe, nicht nur den Regeln Geltung zu verschaffen, sondern auch für eine Ausgewogenheit zu sorgen, die das Spiel in einem emotionalen Rahmen hält, alle Akteure immer auch als Mensch wertschätzt und mir Akzeptanz und Respekt für meine Entscheidungen einbringt. Ohne ein gelungenes Spielmanagement – ich spreche hier gerne auch von »empathischer Durchsetzungsfähigkeit« und der Herstellung von »Balance« – ist das Treffen selbst von richtigen Entscheidungen wie Traden ohne Geld: Man macht zwar quasi alles richtig, aber es kommt nicht zur Geltung.

Raimund Schriek: Tradern passiert es immer wieder, dass sie Situationen in der Rückbetrachtung anders einschätzen. In der Regel sind dann allerdings schon Verluste entstanden. Wie fühlen Sie sich, wenn Sie im Nachhinein erkennen, dass Sie eine wesentliche Spielsituation falsch eingeschätzt haben?

Markus Schmidt: *Bei mir sind dann meistens auch schon »Verluste« entstanden, denn eine Entscheidung kann und darf ich nur zurücknehmen, wenn das Spiel noch nicht fortgesetzt ist. Alles, was danach kommt, ist dann ein »Lerneffekt«, geht aber möglicherweise als Fehler in die Geschichte des Spiels und die Beurteilung meiner Leistung mit ein. Keiner macht gerne Fehler und bei allem Verständnis für Fans, die bei der Benachteiligung »ihres« Vereins besonders emotional reagieren, am meisten ärgert sich der Schiedsrichter selbst über seinen Fehler, zumal, wenn er spielentscheidend war. Dabei – und hier sind wir wahrscheinlich am Kern des Themas – ist die Bewertung, dass eine andere Entscheidung besser gewesen wäre, doch oft erst in der Nachbetrachtung möglich. Kann man dann überhaupt von einem »Fehler« reden? Es ist leicht, »ex post« eine Bewertung vorzunehmen – davon leben im Fußball zahlreiche Sendungen, Analysen und Stammtische. Aber Grundlage für meine Entscheidung als Schiedsrichter kann ja nur meine Wahrnehmung, gepaart mit all den oben genannten Aspekten und Erfahrungen sein, die mir zu diesem Zeitpunkt aus dieser Perspektive vorlagen, nicht aber die x-te Zeitlupe. Und selbst diese bringt nur zusätzliche Aspekte, nicht aber die alleinige »Wahrheit«. Ich erlebe oft, dass selbst das identische Fernsehbild jeder aus seiner ganz persönlichen Sicht ganz unterschiedlich interpretiert. Auch dadurch stellt sich immer wieder die Frage – was ist ein Fehler und was nicht?!*

Dieser Aspekt ist auch die größte Herausforderung bei der Rolle des Videoassistenten, der seit 2017 in der Bundesliga eingesetzt wird. Er soll alle ganz klaren Fehlentscheidungen rund um die Themen Torerzielung, Strafstoß, Rote Karten und Spielerverwechslungen verhindern. Doch was ist vollständig klar? Sobald es Restzweifel gibt, bleibt die Schiedsrichter-Entscheidung bestehen – ein deutlicher Hinweis darauf, dass es per se keine objektiv »richtige« oder »falsche« Entscheidung gibt. Es gibt nur »objektivierte«, also von vielen in gleicher Weise vorgenommene Interpretationen, die wir dann als »richtig« ansehen. Dabei kann der Videoassistent tatsächlich einen positiven Beitrag leisten.

Insofern plädiere ich für eine Trennung: Entscheiden ist ein subjektiver Vorgang und bedeutet immer, sich auf Komplexität und Unsicherheit einzulassen. Die Bewertung im Nachgang ist ein separater Vorgang und kann mit mehr Wissen und neuen Perspektiven ganz anders ausfallen. Das bedeutet aber nicht zwangsläufig, dass die ursprüngliche Entscheidung »falsch« war – sie hat sich vielleicht nur im Nachhinein als falsch herausgestellt. Zudem ist eine Entscheidung digital, also schwarz oder weiß, Foul oder nicht Foul; ihre Bewertung kann dagegen differenziert(er) ausfallen. Ich finde diesen Punkt deswegen so wichtig, dass man – gerade beim Traden – nicht die falschen Schlüsse aus einer späteren Bewertung zieht. Der Satz »... mit dem damaligen Wissen würde ich wieder so entscheiden...« weist darauf hin, dass wir niemals alle erfolgsrelevanten Aspekte bei einer Entscheidung berücksichtigen können. Das ist das Wesen einer Entscheidung. Also braucht es Mut, sie zu treffen (auch sich gegen einen Kauf/Verkauf zu entscheiden ist eine Entscheidung!) und die Reflexion im Nachhinein, aus den Erfahrungen zu lernen. Wie sagt ein deutsches Sprichwort: »Wenn man vom Rathaus kommt, ist man klüger«.

Raimund Schriek: *Was tun Sie konkret, um Ihre Wahrnehmung als Schiedsrichter zu schulen und ständig zu verbessern?*

Markus Schmidt: *Wie schon angedeutet, ist das wesentliche Merkmal, um besser zu werden, seine Entscheidungen ständig zu reflektieren, zu hinterfragen und neu zu justieren. Mir als Schiedsrichter hilft dabei natürlich das Fernsehbild. Ich gleiche sozusagen meine eigene Wahrnehmung, die wie ein inneres Bild in mir abgespeichert ist, mit den mir vorliegenden, äußeren Fernsehbildern ab und bekomme dadurch eine neue Perspektive. So entstehen Erfahrungswerte und nach und nach die Möglichkeit, das Fernsehbild schon auf dem Platz als Teil meiner Entscheidungsfindung mit einfließen zu lassen. Denn letztlich ist die »Fernsehwahrheit« die maßgebende Meinung für die Bewertung durch Spieler, Journalisten und die Öffentlichkeit. Somit sind Fernsehbilder samt Zeitlupen für Schiedsrichter Fluch und Segen zugleich.*

Darüber hinaus besprechen wir mit extra für uns im Stadion befindlichen »Beobachtern« unsere Spiele direkt nach, werden durch Coaches über die Saison begleitet und bekommen jeden Spieltag die relevanten Szenen im Online-Portal kommentiert. Online-Trainings zu peripherem Sehen und die Besprechung interessanter und lehrreicher Szenen aus dem gesamten Welt-Fußball auf unseren Lehrgängen runden die ständige Weiterentwicklung ab.

Der wichtigste Faktor eines Schiedsrichters ist aber sicher seine persönliche Entwicklung und der damit immer größer werdende Erfahrungsschatz. Wer vieles schon mal erlebt hat, wer damit einen »Plan« in der Tasche hat und darauf vertrauen kann, für alles eine Lösung zu finden, der wird mit weniger Angst und damit erfolgreicher agieren.

Natürlich in einer guten Balance, gehört für Schiedsrichter wie für Trader ein gesundes Selbstbewusstsein – in seinem ursprünglichen Wortsinn – zu den Qualitätsmerkmalen. Dafür braucht es permanentes Üben, Reflektieren mit Experten und Bereitschaft zur Selbstkritik – und den eigenen Antrieb – getreu dem Motto: »Wer aufgehört hat, besser zu werden, hat aufgehört, gut zu sein.«

4.4 Trading-Ergebnisse verstärken Gefühle

Gefühle sind an Trading-Ergebnisse gekoppelt oder möglicherweise auch umgekehrt: Trading-Ergebnisse sind an Gefühle gekoppelt. Wiederholen Sie eine Trading-Situation, könnte es sein, dass sich dieselben Gefühle wieder zeigen.

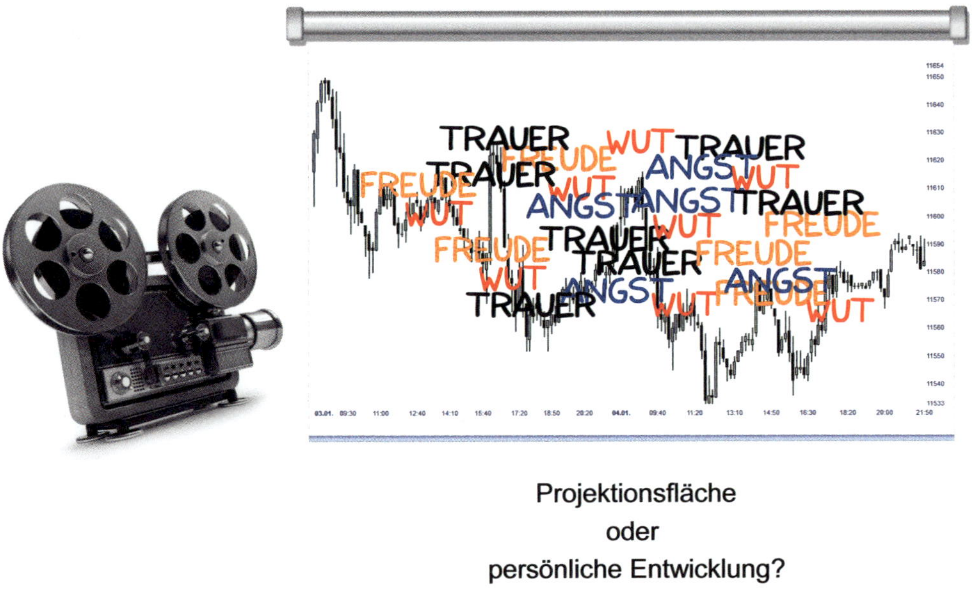

Abb. 4.4: Trading: Projektionsfläche oder persönliche Entwicklung?

Wenn ich Klienten nach auftretenden Gefühle befrage, bekomme ich unterschiedlich ausführliche Antworten. Manche stellen eine Vielzahl von Gefühlen fest, andere eher weniger. Zunächst ist das kein Kennzeichen für das Vorhandensein von Gefühlen, das ist eine Sache der persönlichen Wahrnehmung. Was allerdings alle Klienten festgestellt haben: Je größer das eingegangene Risiko, desto eher und intensiver zeigen sich Gefühle.

Bitte beantworte für jedes deiner Gefühle, die du beim Traden wahrgenommen hast, folgende Fragen:

- Kannst du das Gefühl einer bestimmten Börsensituation zuordnen?
- Wo begegnet dir das Gefühl im normalen Leben?
- Wie gehst du mit dem Gefühl um?
- Wann ist dir das Gefühl zum ersten Mal in deinem Leben begegnet?
- Kannst du etwas wahrnehmen, was der tiefere Grund für das Gefühl ist oder womit es zusammenhängt?
- Weißt du etwas über die Zeit von deiner Zeugung bis zur Geburt, was in Zusammenhang mit dem Gefühl stehen könnte?
- Welches deiner Familienmitglieder (lebend oder verstorben) verbindest du am ehesten mit diesem Gefühl?

Personal-Trader-Coaching: *Wie gehst du mit deinen Gefühlen um? Weitere Aufgabe in Kapitel 4.4.*

Wenn Sie sich bereits mit Ihren Gefühlen beschäftigt haben, wissen Sie, dass diese z. B. durch einzelne Worte, Lieder, Menschen und Situationen ausgelöst werden können. Gefühle kommen meistens von früher.

Trading kann dazu beitragen, dass Sie Gefühle und die damit verbundenen Themen aufspüren oder bereits bekannte verstärken. Trader werden teilweise von der Heftigkeit überrascht und wissen zunächst nichts damit anzufangen. Das kann unangenehme Folgen haben, z. B. aggressives Trading bei Wut, destruktives Vorgehen bei den Gefühlen von Schuld oder Scham oder reaktionsloses Trading bei Traurigkeit oder Trauer. Daher ist es eine ernst zu nehmende Lernaufgabe, den sich in der Trading-Praxis zeigenden Gefühlen auf den Grund zu gehen und sie dadurch zu zähmen.

Vor allem Anfänger sollten schnell begreifen, dass sie nichts anderes als sich selbst traden und dementsprechende Trading-Ergebnisse erzeugen. Daher ist es umso wichtiger, sich klar darüber zu sein, wer oder was beim Traden mitmischt. Niemand kann sich unaufgelösten Themen und deren Wirkung entziehen. Möglicherweise gelangen Sie durch Trading auch an Ihre Grenzen (finanziell, persönlich). Das kann Ihrer Entwicklung förderlich sein, wenn Sie bereit sind zu lernen.

Trader können z. B. mit einem **Genogramm** die Themen aufspüren, die sie über ihr Trading »ausleben« oder die sich in der Trading-Praxis zeigen. Bei einem Genogramm handelt es sich um eine Art Stammbaum, der darüber hinaus auch die Beziehungen zwischen Familienmitgliedern und wiederkehrende Konstellationen abbildet. So können Verhaltensmuster und beziehungsbestimmende psychologische Faktoren sichtbar gemacht werden.

Themenkomplexe, die eine größere Rolle spielen und sich in intensiven Gefühlen ausdrücken, können sich als Krankheiten bemerkbar machen oder als Süchte zeigen:

1. **Krieg und Vertreibung** (im Krieg töten, im Krieg verletzt oder getötet werden, Flucht, Verlust von Heimat) zeigen sich z. B. in Themen wie Mobbing, ständigem Partner-, Orts- oder Arbeitsplatzwechsel.

2. **Ereignisse, die Kinder betreffen** (abgetrieben, Fehlgeburt, früh verstorben, adoptiert, angenommen)

3. **Familiengeheimnisse**: Bringen Sie so viel wie möglich über Ihre Familie in Erfahrung. Besonders die Fragen, die gern überhört werden oder bei denen Sie schon bei der Antwort spüren, dass Ihnen da ein ganz dicker Bär aufgebunden wird, sind von höchstem Interesse.

Das Erstellen eines Genogramms und die Arbeit damit können zu Veränderungen führen oder diese einleiten. Klarheit erlangen Sie z. B. durch Aufstellungsarbeit (z. B. www.familienaufstellung.de).

Das **Genogramm** in Abbildung 4.5 zeigt die formale Beziehung der Familienmitglieder zueinander. Quadrate zeigen männliche, Kreise weibliche Familienmitglieder an. Große Symbole stehen für direkte Vorfahren, kleine für weitere Verwandte. Die Eltern des Traders sind jeweils die Zweitgeborenen. Die Mutter hat einen älteren Bruder, der Vater ist der Mittlere von drei Brüdern. Die Großmutter väterlicherseits hat zwei ältere Brüder, deren Eltern (Urgroßeltern) ebenfalls eingezeichnet sind. Die Pfeile sollen andeuten, dass das Familiensystem aus mehr als den 14 gezeigten Mitgliedern besteht.

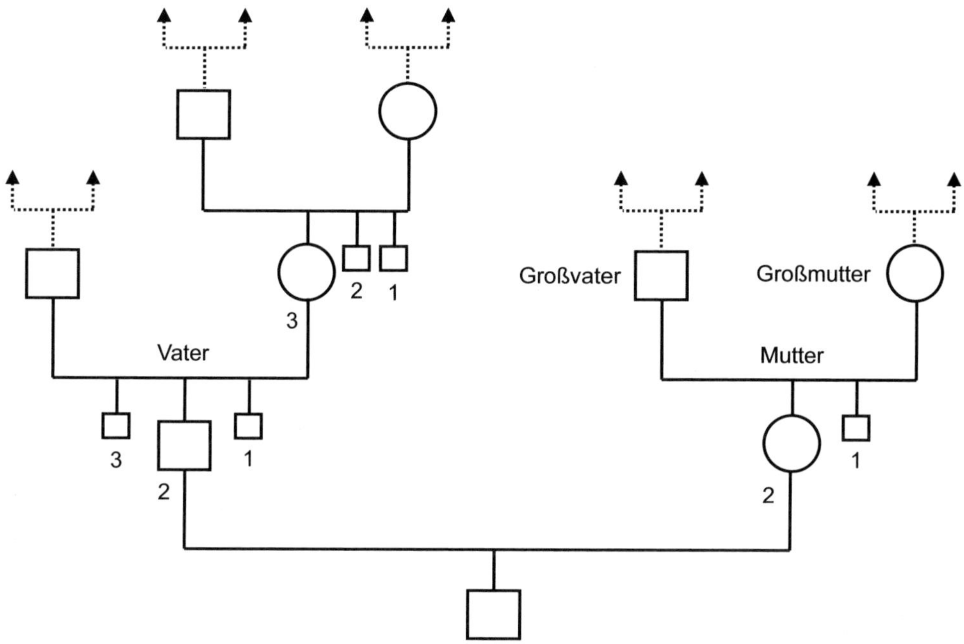

Abb. 4.5: Genogramm: ohne Gefühle, Kreis = Frau, Quadrat = Mann, Pfeile = weitere Generationen

Bis jetzt ist nichts von den tieferen Themen der Familien sichtbar, die generationenübergreifend eine Rolle spielen können. Sie können nicht sehen, ob sich die Eltern gut verstanden haben, Krankheiten, Süchte, starke Gefühle, begrenzende Glaubenssätze oder das ein oder andere »schwere« Schicksal noch immer auf die Nachkommen wirkt.

Im **Genogramm** in Abbildung 4.6 sind Ereignisse und damit verbundene Gefühle eingetragen. Stellen Sie sich folgendes vor: Urgroßvater hat einen Krieg erlebt, war zu alt, um selbst darin verwickelt zu ein. Allerdings hatte er mit den Folgen zu kämpfen. Das Haus brannte ab und er war gezwungen, mit seiner Frau und den drei Kindern zu fliehen. Urgroßvater war grenzenlos wütend darüber, weil er sein Leben lang für Haus und Hof gearbeitet hatte. Alles war innerhalb weniger Stunden verloren. Seine Tochter (die Großmutter väterlicherseits) war zu dem Zeitpunkt noch ein kleines Kind. Sie hat ihren Vater in erster Linie wütend erlebt. Diese Wut drückte er auf verschiedene Weise aus: ohne Worte (obwohl er immer einen hochroten Kopf hatte), mit Worten und durch Taten. Damit er mit seiner Wut nicht allein war, hat die Tochter ihn unterstützt und einen Teil der Wut auf sich genommen. Letztlich war es die Wut, über die sich das kleine Mädchen und später die erwachsene Frau mit ihrem Vater verbunden fühlte.

Die Wut hat die Großmutter ein Leben lang begleitet, wohl auch, weil ihr Mann in einem späteren Krieg getötet wurde. Dadurch war sie auf einmal mit ihren drei Kindern auf sich allein gestellt. Der Älteste hat das Thema Wut aufgegriffen. Er kannte den Ursprung der Wut vielleicht nicht, dennoch stand sie immer im Raum. Er ist aufbrausend.

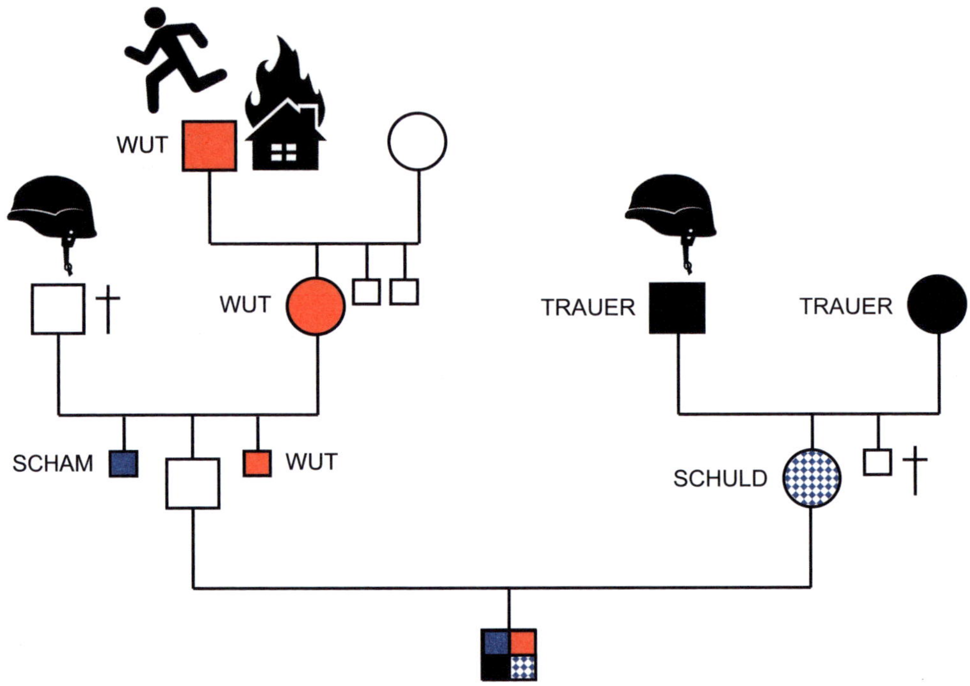

Abb. 4.6: Genogramm: Ereignisse und damit verbundene Gefühle; Gefühle: Trauer = schwarz, Wut = rot, Scham = blau, Schuld = blaues Muster, Symbole: Kreuz = gestorben, Stahlhelm = Krieg, laufende Figur = Flucht; Kreis = Frau, Quadrat = Mann

Neben der Wut waren noch andere ausgeprägte Gefühle in der Familie zu beobachten. Der jüngere Bruder fühlte vor allem Scham, möglicherweise weil sein Vater im Krieg Menschen getötet hatte. Auf der mütterlichen Seite war es Trauer, die die Gefühlslage beherrschte. Obwohl auch dieser Opa im Krieg war, hatte das Gefühl nichts mit Kriegsgeschehnissen zu tun. Vielmehr war es der Tod des Erstgeborenen, der die Großeltern in tiefe Traurigkeit versetzte. Dieses Gefühl hat sie lebenslang begleitet. Die Mutter des Traders fühlte sich vor allem schuldig. Sie wusste nicht, woher dieses Gefühl kam. Wahrscheinlich hatte es mit dem Tod ihres früh verstorbenen Bruders zu tun.

- **Genogramm 1**: Du trägst alle **finanziellen Verluste** deiner Familie ein (z. B. Kriegsereignisse: Flucht, Heimat verloren, Scheidung, Spekulation, Betrug ...).
- **Genogramm 2**: Du setzt dich mit den **persönlichen Verlusten** deiner Familie auseinander (z. B. Kriegsereignisse: getötet, verletzt, Elternteil, Kinder früh verstorben, Abtreibung, Fehlgeburt, tot durch Unfall, Scheidung, chronische Krankheit, Sucht ...).
- **Genogramm 3**: Du schreibst zu jeder Person (auch zu dir) das **Gefühl**, das du bei der Person am intensivsten wahrnimmst. Darüber hinaus markierst du mit einem großen X die Person, mit der du dich besonders verbunden fühlst, unabhängig vom Gefühl, auch ob und wie du dich mit der Person verstehst und ob sie lebt oder bereits verstorben ist.

Personal-Trader-Coaching: *Wie du dir deine Entwicklungsthemen bewusst machst: Erstelle ein Genogramm. Weitere Aufgabe in Kapitel 5.2.*

Literatur

Baer, U.; Frick-Baer, G.: Wie Traumata in die nächste Generation wirken. Semnos 2012

Bode, S.: Kriegsenkel: Die Erben der vergessenen Generation. Klett Cotta 2016

Bradshaw, J.: Familiengeheimnisse. Mosaik 1997

Exkurs

Wie Energien in Familiensystemen fließen

Menschen sind über das morphogenetische Feld verbunden. Seit fast zwei Jahrzehnten befasse ich mich mit den Themen Energiefelder, Aufstellungsarbeit und rhythmische Zusammenhänge. Manchmal werde ich gefragt: »Warum beschäftigst du dich überhaupt damit?« Meine Antwort darauf ist: Manche Fragen, die Vergangenes betrafen, wurden nicht zufriedenstellend beantwortet. Das motivierte mich, Antworten zu finden, um Klarheit zu gewinnen. Gerade die damaligen Zusammenhänge waren für mich interessant, weil sie geholfen haben, frei und glücklich zu leben. Dafür ist es notwendig, dass Energien in Familiensystemen fließen können.

Im Sommer 2006 haben die Osteopathin **Tina Knicky** und ich die Grundlagen für das Folgende erarbeitet, was wir im Laufe der Jahre immer wieder geprüft und erweitert haben. Wir bemerkten, dass sich die Eigenschaften von Großeltern vor allem durch die Enkel erneut ausdrückten. Teilweise konnten wir auch aufgrund einer Eigenschaft meiner Cousinen und Cousins auf weitere Eigenschaften eines Großelternteils schließen. Interessant war, dass sich auch die Haltung zum Leben, die Art zu kommunizieren oder Verhaltensweisen wiederholten. Wir stellten fest, dass dieses »Familienspiel« nach bestimmten Regeln erfolgte:

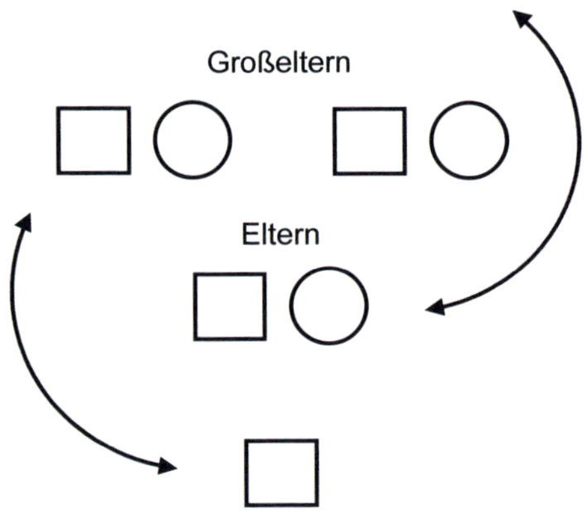

Abb. 4.7: Energiefluss im systemischen Familienfeld: Kreis = Frau, Quadrat = Mann, Pfeil = Energiefluss zwischen Familienmitgliedern

Die Abbildung 4.7 zeigt das einfachste Familiensystem. Von unten ausgehend, sehen Sie also einen Jungen, mit einem Elternpaar in der Mitte. Oben sind die Großeltern abgebildet, links die Eltern vom Vater und rechts von der Mutter. Die Pfeile zeigen die Energieflüsse im Familiensystem an. Dabei sind die Generationen Enkel/Großeltern und Eltern/Urgroßeltern (die nicht eingezeichnet sind) miteinander verbunden.

Bestenfalls fließt die Energie von oben nach unten, also von den Großeltern zu den Enkeln. Das ist in Mitteleuropa vor allem bei den Generationen, die an den Weltkriegen beteiligt waren oder unter den unmittelbaren Kriegsfolgen zu leiden hatten, selten der Fall. Die Großelterngeneration war mit der Verarbeitung der Ereignisse überfordert. Daher herrschen meistens **umgekehrte Verhältnisse**. Das brachte die jüngere Generation (Enkelgeneration) in eine Zwangslage. Sie wuchsen in Familiensystemen auf, in denen sie die Großeltern mit Energie versorgten. Sie versuchten, das Leid zu mindern und zur Klärung und Wiederherstellung des natürlichen Energieflusses beizutragen. Dazu fehlte ihnen oft der Zugang zu den entscheidenden Informationen, Erlebnissen und Geschehnissen, die zu diesem Zustand geführt hatten. Viele Großeltern hatten diese auch verdrängt. Die jüngere Generation lebte also mit einer familiären Last, und die Energie floss somit falsch herum. Stellen Sie sich einen Bach vor, der versucht bergauf zu fließen.

Diese Situation hat sich glücklicherweise in den letzten Jahren entscheidend verändert, weil das Ende des letzten Weltkriegs mittlerweile mehr als 70 Jahre zurückliegt und vor allem die Kriegsenkel viel zur Klärung beigetragen haben.

Aufgaben von Eltern / Großeltern

Eltern nehmen sich in Bezug auf ihre Kinder oft zu wichtig. Ihre wesentlichen Aufgaben liegen darin, die Versorgung der Kinder zu gewährleisten und ihre Grundbedürfnisse zu befriedigen. Ich schreibe das bewusst so, um die Aufgaben von Eltern und Großeltern gegeneinander abzugrenzen. Die Großeltern liefern die Themen und Aufgaben, die sie bestenfalls gemeinsam mit den Enkeln bearbeiten. Diese werden im Kontext der jeweiligen Zeit bearbeitet. Wenn z. B. früher Mord eine Rolle spielte, ist das verwandte Thema heutzutage vielleicht Mobbing, da wir glücklicherweise in Mitteleuropa zumindest äußerlich in friedlicheren Zeiten leben.

In manchem von uns tobt ein innerer Krieg, der auch zerstörerisch sein kann und die Erinnerung an früher wach hält. Daher ist es für Trader umso wichtiger, glückliche innere und äußere Lebensumstände herzustellen. Trader im Kampfmodus riskieren ihr Konto, weil ihr Trading teilweise darauf ausgelegt ist, sich mit dem (übermächtigen) Finanzmarkt anzulegen. Das bringt Trader möglicherweise in Kontakt mit persönlichen oder familiären Themen und kann zu sehr tiefen Gefühlen (z. B. Scham, Schuld oder Trauer) und hohen finanziellen Verlusten führen.

Regeln, wie Generationen verknüpft sind

Die Energien fließen auch deshalb über eine Generation hinweg, damit belastete Systeme auch Zeit zur Regenerierung und Entspannung bekommen. Die weiteren Regeln wie Enkel mit ihren Großeltern verbunden sind, sehen Sie in den folgenden Abbildungen. Dabei beschränke ich mich bewusst auf das wesentliche. Die meisten Familiensysteme sind vielschichtiger, allein schon deshalb, weil die Eltern oder Großeltern Geschwister haben.

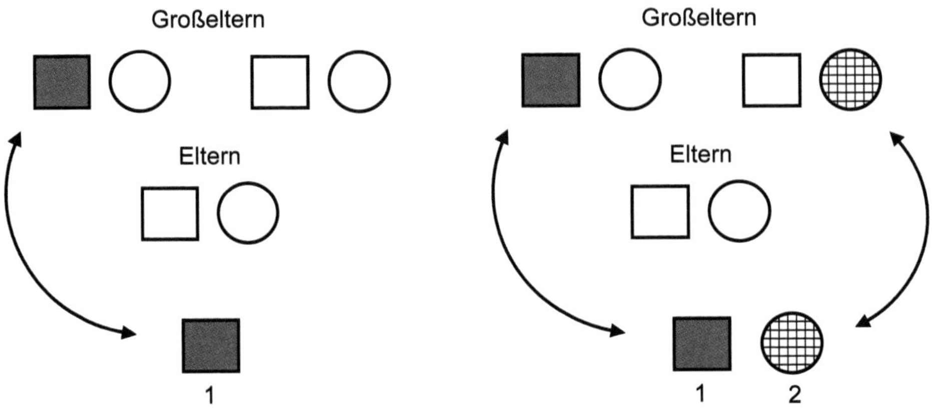

Abb. 4.8: Energiefluss im systemischen Familienfeld: Kreis = Frau, Quadrat = Mann, Pfeil = Energiefluss zwischen Familienmitgliedern

Das erstgeborene Kind ist sehr stark mit den Themen der Großeltern väterlicherseits verbunden. Handelt es sich um einen Enkel sollte die Energie vom Opa kommen, bei Mädchen ist entsprechend eine starke Verbindung mit der Oma gegeben. Das zweite Kind arbeitet im Familiensystem nach gleichen Regeln der Seite der Mutter mit.

Das **erste**, **dritte**, **fünfte**, ... Kind führt die Themen der väterlichen Seite fort, das **zweite**, **vierte**, **sechste**, ... Kind die der mütterlichen.

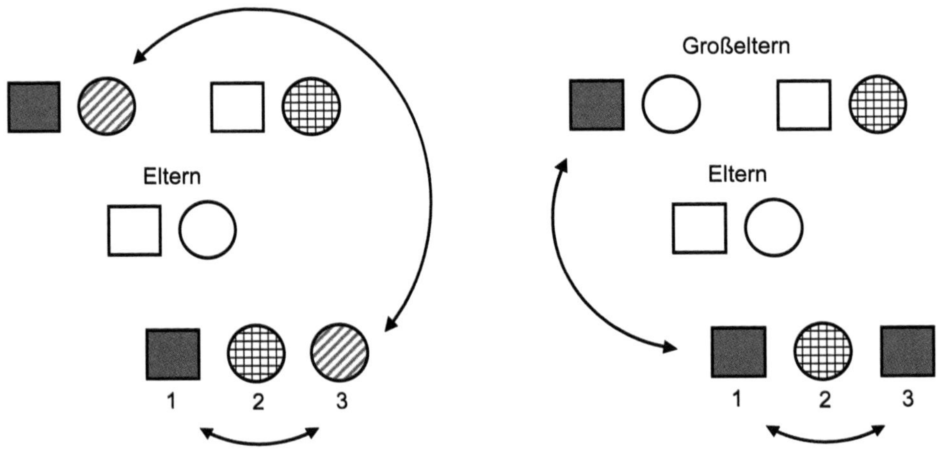

Abb. 4.9: Energiefluss im systemischen Familienfeld: Kreis = Frau, Quadrat = Mann, Pfeil = Energiefluss zwischen Familienmitgliedern

In Abbildung 4.9 sehen Sie, wie die Energie fließt, wenn ein drittes Kind vorhanden ist. Der Übersichtlichkeit halber sind die Pfeile für das erst- und zweitgeborene Kind weggelassen. Die Zuordnung kann anhand der Farbgebung von Kreisen und Quadraten abgeleitet werden. In der Abbildung links sehen Sie die Verbindung vom drittgeborenen Kind (Mädchen) zur Oma väterlicherseits.

Wenn das Drittgeborene das gleiche Geschlecht wie das erstgeborene Kind hat, sollte es das dritte in der Regel einfacher haben. Das ist vor allem dann so, wenn das Erstgeborene sich um die offenen Themen kümmert. In unbelasteten Systemen kann man starke Beziehungen von Erstgeborenen und Großvater beobachten. Der drittgeborene Bruder hat mehr Freiheit und kann sich persönlichen Themen widmen. Das haben die Dritten im Prinzip den Erstgeborenen zu verdanken.

Die landläufige Meinung, dass es bei drei Kindern das Kind an Position zwei oft schwerer hat, weil es ein Sandwich-Kind ist, teile ich nicht. Das Kind ist dadurch oftmals anders, weil es für die Themen der mütterlichen Seite steht. Damit sind vielfach ganz andere Aufgaben verbunden als die für die Kinder an den Positionen eins und drei.

Wichtige Ergänzungen

1. In der Geschwisterfolge werden auch **Fehl**- oder **Todgeburt** eingezeichnet und mitgezählt.
2. Gelegentlich kommt es auch vor, dass Menschen ein sehr großes Thema (**Lebensthema**) so intensiv verfolgen, dass dieses den Raum eines Kindes einnimmt.
3. In **Partnerschaften, in denen einer oder beide Kinder mitbringen**, übernehmen die gemeinsamen Kinder oft gleichzeitig Aufgaben im Familienfeld von Vater und Mutter. Das liegt z. B. daran, dass sie auf der väterlichen Seite das erstgeborene Kind (Zuordnung Großeltern väterlicherseits), mütterlicherseits aber das zweite Kind (Großeltern mütterlicherseits) sind. Diese Kinder fühlen sich möglicherweise beiden Großvätern (Jungen) oder Großmüttern (Mädchen) stark verbunden. Sie lernen dadurch mehr, haben aber auch ein größeres Aufgabenfeld.
4. Wie verhält es sich, wenn **Zwillinge** geboren werden? Auch da lässt sich zuordnen, wer zuerst geboren wurde, auch wenn es wenige Minuten sind.
5. Was ist, wenn ich meine **Großeltern nicht kennengelernt** habe? Das spielt keine Rolle. Themen werden vor allem auf einer unbewussten Ebene weitergegeben. Sie haben die Wirkung einer Erbschaft, die Sie nicht ausschlagen können.

Die Bedeutung für Trader: Trading und Familie, das ist ein heißes Pflaster. Die Informationen sind im Feld manchmal direkt zugänglich, manchmal auch versteckt. Familiensysteme sind der Ursprung für vieles. Übernommene **Meinungen**, die sich verfestigen und vielleicht irgendwann zu Glaubenssätzen mutieren. Vielleicht kennen Sie den Satz: »Ja, da sieht man, wo der herkommt (oder hingehört).« In diesem Satz steckt neben einer gewissen Abschätzigkeit auch viel Wahrheit.

Daneben sind es vor allem **Gefühle**, die beim Trading eine große Rolle spielten. Trader brauchen ein Bewusstsein dafür, welche Gefühle für Ärger sorgen könnten und über die Finanzmärkte ausgelebt werden. Trading ist bestens geeignet, um aus unterschwelliger Wut in wenigen Sekunden einen tobenden Wüterich zu machen.

Erfolg kann auch in der Familie liegen

Finanzielle Entscheidungen beinhalten Risiken, sind aber auch Vertrauenssache. Die Ergebnisse einer großen deutschlandweiten Studie lassen sich mit den Worten »Risikobereitschaft und Vertrauen werden von Eltern an Kinder weitergegeben« zusammenfassen. Insgesamt wurden mehr als 20 000 Interviews geführt (Dohmen *et al.* 2005). Die befragten Kinder waren durchschnittlich 25 Jahre alt, mehr als 40 Prozent davon lebten nicht mehr bei ihren Eltern. Jedes Familienmitglied sollte seine Risikobereitschaft auf einer Skala von 0 bis 10 einschätzen. Themen waren u. a. finanzielle Angelegenheiten, Autofahren, Sport und Gesundheit.

Wenig überraschend war, dass Frauen deutlich risikoscheuer sind als Männer (vgl. Kap. 3.4). Oder auch, dass die Risikobereitschaft mit dem Alter abnimmt. Selbstständige waren risikofreudiger als Mitarbeiter im Öffentlichen Dienst, eine Tatsache, die auch nicht verblüffte.

Andere Ergebnisse waren überraschend, wie z. B. dass das Eingehen von Risiken mit der Körpergröße zusammenhängt. Große Menschen sind risikofreudiger. Daneben spielt der familiäre Hintergrund offensichtlich eine bedeutende Rolle: Je besser Eltern ausgebildet sind, desto höher war die Risikobereitschaft ihrer Kinder. Risikofreude und Vertrauen bei Eltern überträgt sich, der Apfel fällt also nicht weit vom Stamm. Eltern (die Umwelt) prägen die Persönlichkeit ihrer Sprösslinge. Die wiederum bevorzugen Lebenspartner, die ihnen ähnlich sind. So schreibt sich die Geschichte von Risiko und Vertrauen fort.

Erstaunlich war auch, dass Menschen Risiken in unterschiedlichen Bereichen anders bewerten. Sportliches Draufgängertum und Geldanlage in Bundesschatzbriefe schloss sich nicht aus. Interessant war allerdings, dass dasselbe Risikoprofil oft auch bei den Kindern zu beobachten war.

Im Großen und Ganzen sind die Deutschen ein Volk von Angsthasen. Wo es möglich ist, lehnen sie Risiken ab. Der österreichische Wirtschaftswissenschaftler **Ernst Fehr** hat die Risikobereitschaft von US-Amerikanern und Deutschen verglichen. Die befragten Amerikaner hatten Durchschnittswerte von 5,6 auf einer Skala von 0 bis 10. Die Deutschen waren mit 4,4 deutlich vorsichtiger (Naef *et al.* 2013). Wer sich übrigens als risikofreudig bezeichnete, war im Durchschnitt auch zufriedener mit seinem Leben.

Literatur

Dohmen, T. *et al.*: Individual risk attitudes: New evidence form a large, representative, experimentally-validated survey. Institute for Study and Labor (IZA), Bonn, Discussion Paper 1730, 2005

Naef, M. *et al.*: Decomposing Trust: Explaining National and Ethnical Trust Differences. Unveröffentlichtes Working Paper, 2013

4.5 Angst, Trauer und Wut

Neben Freude und Erleichterung sind es vor allem Angst, Trauer und Wut, die Tradern begegnen. Gerade viele Anfänger verlieren und kommen zwangsläufig in Kontakt mit diesen drei Gefühlen, die sich in der Trading-Praxis immer wieder ihren Weg bahnen. Bei einem Verlust-Trade könnte auch ein Gefühl von Erleichterung auftreten, weil der »Kampf« mit dem Markt ein Ende hat und durch Auflösen der Position Ruhe einkehrt.

Angst

Angst kommt z. B. auf, wenn zu hohe Risiken eingegangen werden oder das Risiko als unüberschaubar empfunden wird. Dabei spielt Verlustangst bei vielen Tradern eine große Rolle. Diese Angst führt nur deswegen zu realen finanziellen Verlusten, weil die mit dem Verlustgefühl verbundenen Themen nicht angesehen werden. Wenn Trader nach den tieferen Ursachen forschen und daraufhin ihr Verhalten ändern, wird Verlustangst eine untergeordnete Rolle spielen. Verluste könnten daraufhin als Teilergebnisse auf dem Weg zum Erreichen von Trading-Zielen empfunden werden. Angst ist das Thema der Niere.

Scham und Schuld sind die zwei Gefühle, die der Verstand entwickelt, wenn zuvor Angst im »System« war, die nicht angeschaut wurde. Beide Gefühle verhindern, in Kontakt mit der Angst zu kommen. Sie stellen sich in gewisser Weise davor. Für viele fühlt es sich »besser« an, sich aufgrund von Scham abzuwenden, als sich das eigentliche Thema anzuschauen. Das wiederum könnte zur Projektion der Scham auf ein Gegenüber führen. Viele Menschen projizieren, weil es »uncool« ist, Angst oder Scham zu zeigen.

Trauer

Trauer
Lunge

Trading kann Sie auch in Kontakt mit Ihrer Traurigkeit oder Trauer bringen. Verluste tragen dazu bei, dass Sie sich traurig fühlen könnten. Dadurch stellen Sie möglicherweise eine Verbindung zu einem nicht verarbeiteten persönlichen Verlust oder Versagen her. Negative Trading-Ergebnisse steigern den vorhandenen, oft nicht bewussten Verzweiflungszustand und machen emotionale Wunden sichtbar. Trauer ist das Thema der Lunge. Wie Sie bereits erfahren haben, kann Trauer auch von früher kommen (vgl. Kap. 4.4). Gerade für Trader ist es wichtig, ihre Gefühle zu sortieren und unter die Lupe zu nehmen.

Wut

Wut
Leber

Wut ist ein vielfach vorkommendes Gefühl beim Trading. Sie tritt vor allem auf, wenn es schwerfällt loszulassen. Das können Erlebnisse des normalen Lebens sein, aber auch sich tief im Minus befindende Positionen, Trades, bei denen man ausgestoppt wurde, und erstaunlicherweise auch welche, die überhaupt nicht durchgeführt wurden. Auch darüber kann man sehr wütend sein (entgangener Gewinn). Wenn die Leber aufgrund von runtergeschluckter Wut gestaut ist, fällt es schwer, in emotionalen Momenten, wie sie beim Trading vorkommen können, einen kühlen Kopf zu bewahren. Eine für die Leber ungünstige Ernährung (fettes Essen, Alkohol) wirkt verstärkend. Wer seine Unzufriedenheit in sich hineinfrisst oder nicht in seinem Rhythmus lebt, belastet ebenfalls seine Leber. Leberprobleme zeigen sich im Körper meistens nicht direkt am Organ, sondern über alternative Wege, wie z. B. über einen erhöhten Blutdruck, eine Disharmonie der Leber oder eine Störung des Fettsäurestoffwechsels.

Wichtig ist, dass Sie keine aktivierten Gefühle in die Trading-Praxis mitnehmen. Die Wahrscheinlichkeit, dass sich das Gefühl durch Ihre Trading-Ergebnisse verstärkt, ist sehr groß. Eine finanzielle Katastrophe ist z. B. mit einem bereits erhöhten Wutpegel vorprogrammiert.

Nicht reich muss man sein, sondern unabhängig.

- André Bartholomew Kostolany, Börsen- und Finanzexperte

5 WENIGER GEDANKEN MACHEN

Ich fühle, was ich denke.
Was ich denke, strahle ich aus.
Was ich ausstrahle, ziehe ich an.
Ich bekomme das, woran ich glaube und nicht das, was ich will.
Ich bewege mich auf das Ziel zu, mit dem ich mich am meisten beschäftige.

5.1 Lernen hat Methode

Menschen lernen auf vier unterschiedliche Weisen: **Imitation, Belohnung als Verstärker, Konditionierung** und aufgrund von **reziproken Affekten**. Diese Methoden funktionieren beim Traden-Lernen nur begrenzt:

1. Imitation ist fast ausgeschlossen. Das belegen auch die Aussagen vieler Klienten, die ihr Glück weder in Seminaren noch in Trading-Schulen oder Camps gefunden haben. Es hapert insbesondere an der praktischen Umsetzung im Nachgang. Klar gibt es erfolgreiche Trader. Die aber sitzen zu Hause hinter verschlossenen Türen und verdienen ihr Geld. Eine Tür, die für Sie verschlossen ist.

2. Finanzielle Belohnung als Verstärker bleibt oft aus. Die bei Spielen unter Risiko und Unsicherheit produzierten Neurotransmitter, wie z. B. Dopamin, bekommen Sie als Trader gratis. Damit ist allerdings eine Suchtkomponente verbunden, die von Gewinn und Verlust (Trading-Ergebnisse)

abgekoppelt ist. Der Wunsch nach Belohnung, guten Gefühlen und Spielen könnte auch zu einem finanziellen Fiasko führen.

3. Konditionierung: Konditionierte Abläufe benötigen für ihre Umsetzung kein besonderes Nachdenken. Das ist z. B. gegeben, wenn Sie eine Strategie entwickelt haben und diese diszipliniert umsetzen. Dazu könnte auch gehören, dass Sie Ihren Trading-Tag gestalten: Vorbereitung, Trading-Praxis und Nachbereitung (Trading-Tagebuch).

4. Auslösen reziproker Affekte: Sie könnten sich selbst schulen. Genauso wie ein Lehrer eine Unterrichtsstunde vorbereitet, machen Sie es für Ihren Trading-Tag. Da sollte dann schon mehr Einsatz kommen als ein »Ich lerne für die Schule«. Trader lernen, um sich und ihr Trading zu entwickeln. Sie entscheiden selbst, welche Aufgaben auf dem Programm stehen.

Das könnte z. B. so aussehen: Sie bereiten sich auf das Trading vor. Sie versetzen sich in eine achtsame Stimmung. Sie teilen sich mit, was, wie und warum Sie in Ihrer Trading-Zeit lernen (sollten). Sie sorgen dafür, dass Sie die zum Traden notwendigen Voraussetzungen haben (auf Ihre Persönlichkeit abgestimmter Trading-Stil, Handelsplattform, Informationen). Sie stellen sich schriftlich eine oder mehrere Lernaufgaben. Sie geben sich Zeit, die Aufgaben zu bearbeiten, damit Sie Erfahrungen sammeln können. Sie konzentrieren sich auf diese Arbeit und lassen sich nicht stören. Schließlich sorgen Sie dafür, dass Sie nach dem Trading noch einige Minuten Zeit haben, das Erfahrene zu vergegenwärtigen.

Wahrnehmungstypen

Trader lernen umso besser, wenn sie ihr Trading auf ihren Lerntyp abgestimmt haben. Vester (2006) unterscheidet Lerntypen über die unterschiedliche Wahrnehmung. Der visuelle Typ macht seine Erfahrungen vorwiegend über die Augen, der auditive hat sich aufs Hören spezialisiert, die Audiovisuellen lernen bevorzugt über Augen und Ohren. Die Haptiker kommen beim Trading bestimmt nicht auf ihre Kosten. Die weiteren Lerntypen empfinden erst recht keine Befriedigung durch die Trading-Praxis (olfaktorischer, abstrakt-verbaler, kontakt- bzw. personenorientierter, mediumorientierter, einsicht- bzw. sinnanstrebender Lerntyp).

Selbstverständlich gehen die visuellen Typen in der Trading-Praxis voll auf: Handelsplattformen lassen wenig Wünsche in der Gestaltung offen. Dennoch sollte man überlegen, das Angebot für auditive und audiovisuelle Typen zu erweitern. Bestenfalls versorgen Sie sich, indem Sie Möglichkeiten finden, Ihr Trading zu hören. Die Kursentwicklung könnte mit Tönen unterlegt werden. Fallende Kurse würden mit immer tieferen Tönen verbunden, steigende Kurse entsprechend umgekehrt. Starke Marktbewegungen könnten über die Lautstärke zugänglich gemacht werden. Tick-Charts könnten einem auditiven Trader auch durch einen Ton pro Tick ein intensiveres Erleben ermöglichen.

Lernen ohne schnelle Belohnung

Menschen und Tiere lernen schneller, wenn die Folgen ihrer Handlungen unmittelbar sind. Zeitliche Verzögerungen in der Abfolge von Ursache und Wirkung verunsichern und erschweren den Lernprozess. Eine besondere Lernleistung unseres Gehirns besteht darin, auch in komplexeren Situationen ein Ereignis richtig mit der verursachenden Handlung zu verknüpfen.

Die Frage ist: »Wie macht das Gehirn das bei Risiken und Unsicherheiten und wie findet es heraus, welche Handlungen zum Erfolg führen und welche nicht?« Neurowissenschaftler haben mehrere Mechanismen im Ursache-Wirkung-Lernen festgestellt (Jocham *et al.* 2016).

Der effizienteste Prozess ist es, auf **vorhandenes Wissen** zurückzugreifen. Wenn das fehlt, kann auch **Statistik** hilfreich sein, die auch dann besonders wichtig ist, wenn sich die Umwelt (z. B. der Markt) schnell ändert oder Belohnungen zeitlich verzögert eintreten (eine Position mit längerer Haltedauer). Statistik betreiben heißt, ein Trading-Tagebuch zu führen (vgl. Kap. 2.2.3). Daraus könnten Trader z. B. ableiten, dass Sie mit dem Handel von einem DAX-Futures-Kontrakt montags zwischen 9.00 Uhr und 11.30 Uhr besser zurechtkommen als mit höheren Kontraktzahlen. Daneben könnte am Wochenanfang auch das Verhältnis von Gewinn- zu Verlust-Trades besser sein als an anderen Wochentagen. Statistik könnte den entscheidenden Unterschied machen und falsches Verhalten durch Wahrnehmungsfehler verhindern.

Flexibilität und Trading

Die disziplinierte, konzentrierte Umsetzung der Trading-Strategie ist Voraussetzung für messbare, nachvollziehbare Ergebnisse.

Neurowissenschaftler baten ihre Probanden, im MRT-Scanner eine Aufgabe zu bearbeiten, die zum einen erfordert, flexibel von einer Anforderung zur anderen zu wechseln, in der die Probanden manchmal aber auch stabil bei einer Aufgabe bleiben müssen und unwichtige Reize ausblenden sollen.

Die Ergebnisse waren, dass die Variabilität der Hirnaktivität hilfreich sein kann, weil Personen mit einer variableren Hirnaktivität weniger Fehler machen, unabhängig von den genauen Anforderungen. Andererseits führt Variabilität speziell in einer Region im linken Frontalhirn auch dazu, dass man irrelevante Reize nicht so effizient ausblenden kann, sich also leichter ablenken lässt (Armbruster-Genç *et al.* 2016).

Trading schult die Wahrnehmung

Das ältere Gehirn lernt nach den gleichen Prinzipien wie das jüngere. Forscher ließen Versuchspersonen verschiedenen Alters mit der Fingerkuppe zwei Nadelspitzen ertasten, die in engem Abstand zueinander standen (Pleger *et al.* 2016). Ältere Personen nahmen die beiden Spitzen schon ab einem verhältnismäßig großen Abstand nur noch als eine wahr, während jüngere sie noch unterscheiden konnten. Diese Wahrnehmungseinschränkungen älterer Menschen werden von einer räumlichen Ausbreitung der Hirnaktivität begleitet, was die Wissenschaftler als Kompensationsmechanismus interpretierten.

Das zusammengefasste Ergebnis: **Training lohnt sich in jedem Alter und verbessert die Wahrnehmung.** Lernprozesse führen auch bei älteren Menschen zu einer Ausbreitung der Hirnaktivität, die von einer verbesserten Wahrnehmungsleistung begleitet ist. Geistige Fitness ist also keine Frage des Alters, sondern eine Funktion von Training und Lernen.

Literatur

Armbruster-Genç, D. J. *et al.*: Brain signal variability differentially affects cognitive flexibility and cognitive stability. The Journal of Neuroscience 36, 2016, 3978–3987

Jocham, G. *et al.*: Reward-guided learning with and without causal attribution. Neuron 90, 2016, 177–190

Pleger, B. *et al.*: A complementary role of intracortical inhibition in age-related tactile degradation and its and its remodelling in humans. Scientific Reports 6, 2016, Artikelnummer 27388

Vester, F.: Denken, Lernen, Vergessen: Was geht in unserem Kopf vor, wie lernt das Gehirn und wann lässt es uns im Stich? dtv Wissen 1998

5.2 Denken hat seinen Preis

»**Ich dachte, der DAX steigt …**«, ist ein vielfach gehörter Satz. Das dazugehörige Trading-Ergebnis können Sie sich vorstellen. Sollten Sie über langjährige Erfahrungen verfügen, haben diese Worte eine stärkere Aussagekraft, als wenn sie ein Anfänger spricht. Das finanzielle Ergebnis ist schlussendlich dasselbe. Interessant ist auch: »**Nachmittags gucke ich, wie sich der Dow Jones Index verhält, ich handle aber den DAX.**« Wieso denken Trader, dass der Zusammenhang von ähnlichem Kursverlauf eine gute Grundlage für erfolgreiches Trading sein kann?

Die Aussagekraft des Satzes »**Der Markt ist um zwei Prozent gestiegen, …**« wird auch keine andere, wenn er durch »… weil die Arbeitsmarktdaten schlecht waren, weil die EZB die Zinsen erhöht hat oder wegen der Angst um den Euro« ergänzt wird. Diese Verknüpfungen, Begründungen oder Erklärungsversuche ändern nichts an der Tatsache einer zweiprozentigen Kursänderung. Deshalb sollten Sie Folgendes beachten:

1. Trader, die denken, sind gefährlich, vor allem für sich selbst.
2. Handeln Sie Märkte, die geöffnet haben.
3. Handeln Sie Märkte direkt.
4. Beschränken Sie sich auf Tatsachen.

Mittlerweile glaube ich, dass auch die Fragen »**Wie denkst du?**« und »**Was denkst du?**« wesentlich sind. 50 000 bis 80 000 Gedanken sendet jeder Mensch täglich in die Welt. Bedauerlicherweise fehlt das Bewusstsein, was diese Gedanken in seinem Leben, seinem Körper und bei Entscheidungen bewirken.

- …
- …

Personal-Trader-Coaching: *Wie gehst du mit deinen Gedanken um? Weitere Aufgabe in Kapitel 5.2.*

»Was steigt, das fällt und was fällt, das steigt.« Die Logik in dem auf ein Wertpapier bezogenen Gedanken stößt an ihre Grenzen. Das Unternehmen könnte auch pleitegehen, die Aktie damit wertlos werden.

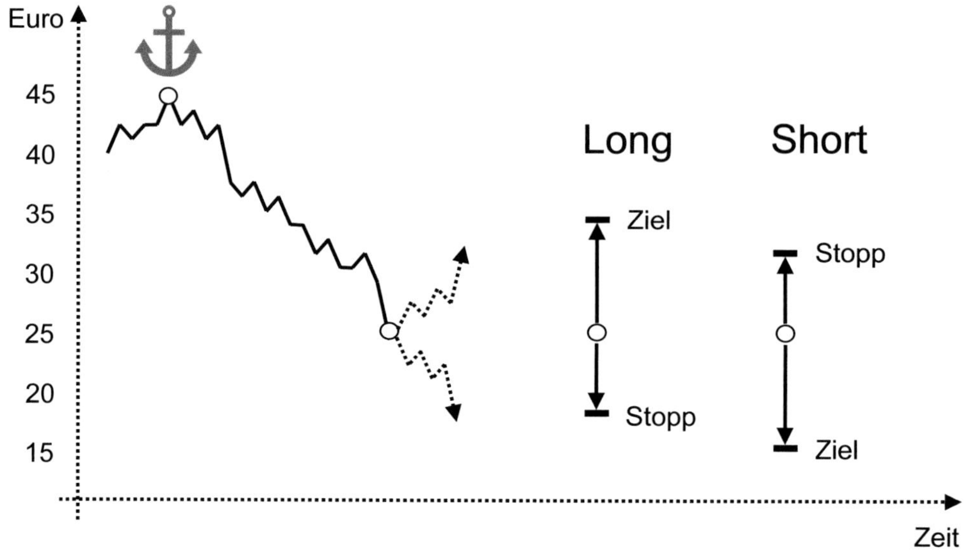

Abb. 5.1: Wertpapiere sind weder teuer noch preiswert: Anker = Hochpunkt

Sehen Sie sich den Kursverlauf in Abbildung 5.1 an. Das Wertpapier ist stetig von 45 Euro auf 25 Euro gefallen. Sie könnten denken: Die Aktie ist lange gefallen, sie wird in Kürze wieder steigen. Der Abwärtstrend wird durchbrochen werden. Das Wertpapier ist unterbewertet. Es gibt keine Gründe für den Abverkauf. Der Höchstkurs von 45 Euro ist ein gutes Kursziel. So günstig bekomme ich diese Aktie nie wieder. Die positiven Unternehmensnachrichten zeigen sich noch nicht im Kurs. Die Rechtfertigungen für eine Long-Position ließen sich beliebig erweitern. Gründe, die für weiter fallende Kurse sprechen, könnten ebenfalls auch aus dem Chart oder von Nachrichten abgeleitet werden. Diese Gedanken können Sie sich alle sparen.

Beim aktuellen Kurs haben Sie zwei Möglichkeiten: **1.** Sie können auf steigende Kurse setzen oder **2.** Sie gehen eine Short-Position ein. In beiden Fällen sollten Sie mit Gewinnziel und Stopp zur Verlustbegrenzung arbeiten.

Wer Geldsorgen hat, kann nicht so gut denken

Reiche und arme Testpersonen hatten die Aufgabe, über hypothetische finanzielle Probleme nachzudenken (Mani *et al.* 2013). Sich anschließende Intelligenztests zeigten, dass die Ergebnisse bei Reichen konstant waren, unabhängig davon, ob das zu lösende Geldproblem groß oder klein war. Arme Menschen dagegen schnitten im Intelligenztest umso schlechter ab, je größer die hypothetischen Geldsorgen waren. Wenn Sie das wenig überrascht, werden Sie vielleicht von einem weiteren Ergebnis beeindruckt sein.

Die Forscher untersuchten zudem die kognitive Funktion von Zuckerrohrbauern über den Pflanzenzyklus. Die Bauern zeigten vor der Ernte eine verminderte kognitive Leistung, im wohlhabenden Zustand nach der Ernte erzielten sie deutlich bessere Ergebnisse. Der Unterschied konnte nicht mit der verfügbaren Zeit, Ernährung oder dem Arbeitsaufwand erklärt werden. Stress war auch nicht der Auslöser für die verminderte kognitive Leistung, obwohl die Landwirte vor der Ernte mehr Stress hatten.

Stattdessen scheint es, dass die Armut selbst die kognitiven Fähigkeiten vermindert, weil Geldsorgen geistige Kapazitäten verbrauchen und weniger für andere Aufgaben verfügbar ist.

Reich und arm sind ohnehin relativ (zumindest in Bezug auf den Geldbetrag).

Dennoch könnte es sinnvoll sein, sich als Trader nicht mit Geldsorgen zu plagen, da das vermutlich einen Einfluss auf die geistige Leistungsfähigkeit hat.

- Was bedeutet Reichtum für dich?
- Welche Gefühle verbindest du mit Reichtum?
- Kennst du das Gefühl von innerem Reichtum?
- Wann bist du reich? (Summe in Euro)
- Glaubst du, dass du es wert bist, reich zu sein?
- Was suchst du wirklich, was ersetzt das Geld?

Personal-Trader-Coaching: *Was verstehst du unter Reichtum? Weitere Aufgabe in Kapitel 5.3.*

Das Gefühl, ob Sie sich arm oder reich fühlen, ist also von immenser Bedeutung. Menschen, die über hohe sechsstellige Geldbeträge auf ihrem Konto verfügen, ein abbezahltes Haus haben und einer sehr gut bezahlten Tätigkeit nachgehen, können trotzdem ein Gefühl von Altersarmut entwickeln. Daneben scheint es so, dass Menschen mit wachsendem gesellschaftlichen Reichtum und zunehmender Wahlfreiheit immer unzufriedener werden.

Interview

mit Ilja Grzeskowitz

Ilja Grzeskowitz ist Change-Experte, Autor mehrerer Bestseller und international gefragter Keynote-Speaker. Die Mission des ehemaligen Topmanagers ist es, Unternehmen dabei zu unterstützen, in disruptiven Märkten eine Kultur der Veränderung zu etablieren, die von Innovation, Flexibilität und Mut zu neuen Wegen geprägt ist (www.grzeskowitz.de).

Raimund Schriek: *Herr Grzeskowitz, Sie sind Autor des Buches »Denk dich reich!« Wenn's so einfach ist, wieso sind dann nicht mehr Menschen reich?*

Ilja Grzeskowitz: *Zum einen, weil es einen riesigen Unterschied zwischen einfach und leicht gibt. Der Weg, reich zu werden, ist überhaupt nicht so kompliziert. Aber an der Umsetzung scheitert es bei den meisten Menschen, denn es gibt wohl kaum ein Themengebiet, in dem es so viele Fehlinformationen und Mythen gibt wie beim guten, alten Geld. Und weil die größten Blockaden in unseren Köpfen sitzen, heißt mein Buch auch »Denk dich reich«. Es gibt sehr viele Menschen, die wirklich Erfolg haben und reich sein möchten. Aber tief in ihnen stecken unbewusste Überzeugungen wie »Geld ist die Wurzel allen Übels«, »Geld verdirbt den Charakter« oder »Reiche Menschen beuten die Welt auf Kosten der Armen aus«. Und wie will man etwas in sein Leben ziehen, das man auf eine solche Art und Weise betrachtet? Der erste Schritt ist daher immer, das eigene Mindset in Bezug auf Geld zu überprüfen. Und dann geht es um eine Verschiebung des eigenen Fokus. Weg von Egoismus, Umsatzmaximierung und Knappheit, hin zu Dankbarkeit, Überfluss und dem unbedingten Willen, anderen Menschen mit dem eigenen Wirken zu dienen und Gutes zu tun. Wer mit einer solchen Philosophie durchs Leben geht, der wird nicht nur inneren, sondern über kurz oder lang auch zwangsläufig äußeren Reichtum erfahren.*

Raimund Schriek: *Menschen, die materiell reich sind, fühlen sich nicht zwangsläufig auch innerlich reich. Woher kommt das?*

Ilja Grzeskowitz: *Weil es einer der größten Mythen überhaupt ist, dass Geld glücklich machen würde. Doch wer nicht in der Lage ist, mit 10 Euro glücklich zu sein, der wird es auch mit einer Million auf dem Konto nicht sein. Wer sich über Geld und Besitz definiert, dessen Existenz endet, sobald die materiellen Dinge nicht mehr da sind. Innerer Reichtum, Erfüllung und Zufriedenheit sind im Gegensatz dazu mit einem selbstbestimmten Leben, kraftvollen Werten und einem hohen Grad an Bewusstheit verknüpft. Geld verstärkt die aus diesen Faktoren entstehenden Emotionen nur, kann sie aber niemals verändern. Deshalb kann ich immer wieder nur dazu raten, sich zuallererst mit dem Wachstum der eigenen Persönlichkeit zu beschäftigen und für sich ganz individuell zu definieren, was innerer Reichtum bedeutet. Denn wenn man auch ohne viel Geld glücklich sein kann, dann ist es als Millionär gleich doppelt so schön.*

Raimund Schriek: *Was verstehen Sie unter Reichtum?*

Ilja Grzeskowitz: *Reichtum bedeutet für mich, ein zufriedenes Leben zu führen, in dem ich meine wichtigsten Werte jeden einzelnen Tag durch mein (berufliches) Wirken nach außen tragen kann. Reichtum bedeutet für mich, gesund zu sein und die Menschen um mich zu haben, die ich liebe und die mich lieben. Reichtum bedeutet, die Freiheit zu haben, jederzeit selbst bestimmen zu können, was ich tun und was ich nicht tun möchte.*

Schubladendenken – wie das Gehirn die Welt sortiert

In Schubladen zu denken, hilft dem Gehirn, eine sich ständig ändernde Welt zu sortieren und so die Informationslast zu vermindern. Neurowissenschaftler unterscheiden bei der Zuordnung einer Information, Sache oder eines Ereignisses die Ausnahme- und die Prototyp-Strategie (Lech *et al.* 2016). Damit etwas aber als normal oder als Ausnahme eingeordnet werden kann, braucht es mehr als die vage Vorstellung von etwas, auch ein zu schnelles Einordnen ist problematisch. Das hat gerade für Trader große Bedeutung, da sie ständig neuen Informationen ausgesetzt sind und Informationen die Märkte in Bewegung versetzen, was sich durch sich entwickelnde Charts zeigt.

Trader, die Muster erkennen und darauf spezialisiert sind, diese zu traden, müssen entweder das Muster so oft gesehen haben, dass es in Fleisch und Blut übergegangen ist, also über vielfältige, bestenfalls langjährige Erfahrungen verfügen, oder das Muster umfassend erfasst und beschrieben haben, um in der Situation zu entscheiden, ob es sich tatsächlich um das Wahrgenommene handelt. Da reicht es nicht aus zu sagen: »Das ist ein doppelter Boden, dass sieht man doch!« Um Geld zu verdienen, benötigen Trader neben einer vagen Vorstellung Regeln, die keinen Zweifel an einem Muster zulassen. Das könnte bei einem »doppelten Boden« z. B. über die Anzahl von Kerzen zwischen den Böden geschehen. Vielleicht spielt es auch eine Rolle, in welchem Trend (aufwärts, abwärts oder seitwärts) das Muster auftritt?

Literatur

Lech, R. K. *et al.*: An interplay of fusiform gyrus and hippocampus enables prototype- and exemplar-based category learning. Behavioural Brain Research 311, 2016, 239–246

Mani, A. *et al.*: Poverty impedes cognitive function. Science 341, 2013, 976–980

5.3 Grenzenloser Glaube

Letztlich traden Sie sich selbst: Ihre **Gedanken, Überzeugungen, Glaubenssätze** oder auch **selbst erfüllenden Prophezeiungen** sind Grundlage vieler Trading-Entscheidungen. Die Worte Überzeugung und Glaubenssatz bedeuten im Prinzip dasselbe.

Glaubenssätze beeinflussen, was wir denken und wahrnehmen, und auch was wir uns erlauben zu denken und wahrzunehmen. Daneben auch, was wir für möglich halten. Vom amerikanischen Schriftsteller **Robert Anton Wilson** stammt das Konzept der zwei Instanzen im menschlichen Bewusstsein, dem Denker und dem Beweiser: »**Was der Denker denkt, wird der Beweisführer beweisen.**«

Glaubenssätze sind Lebensregeln, die Menschen für wahr halten. Meistens handelt es sich um Interpretationen und Verallgemeinerungen, denen frühere Erfahrungen zugrunde liegen.

Vielleicht unterstützt Sie der ein oder andere Glaubenssatz im normalen Leben. Bezogen auf Ihr Trading, könnte er sich dennoch als hinderlich erweisen. Wenn Ihr Motto »Wer hoch steigt, fällt tief« ist, werden Sie zwangsläufig längere intensive Drawdown-Phasen durchleben, weil sie Ihr Programm erfüllen.

Glaubensätze sind uns mehr oder weniger bewusst (Abb. 5.2). Manchmal fällt es gar nicht auf, dass sogar allgemein Akzeptiertes die Wirkung eines hinderlichen Glaubenssatzes haben kann. Bei den sogenannten Börsenweisheiten gehen viele davon aus, dass sie hilfreich sind. Daher werden sie für richtig gehalten. Das ist bei näherem Hinsehen nicht immer der Fall. Im Gegensatz zu »familiären« oder persönlichen Glaubenssätzen sind Börsenweisheiten vielen von uns bewusst.

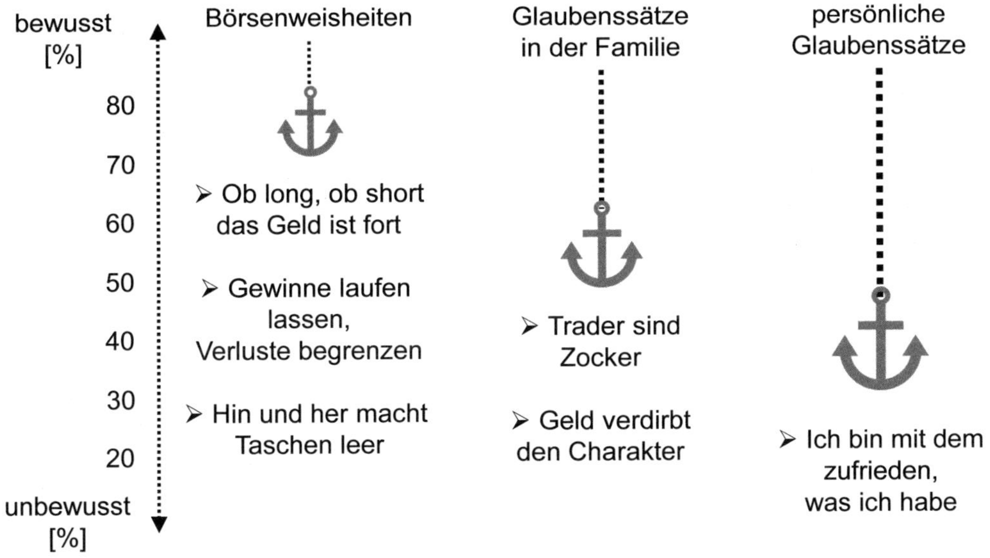

Abb. 5.2: Bewusstseinsgrade: Börsenweisheiten, Glaubenssätze in der Familie und persönliche Glaubenssätze

Wenn in Ihnen verankert ist »Ob long, ob short, das Geld ist fort«, werden Sie letztlich arm. Genauso wird es Ihnen ergehen, wenn Sie die Weisheit »Gewinne laufen lassen, Verluste begrenzen« umsetzen. Den Grund dafür finden Sie in verschiedenen Kapiteln erläutert (vgl. 1.5.1, 2.1, 3.1, 3.4, 4.2). »Hin und her macht Taschen leer« kann situationsbedingt ein richtiges Vorgehen sein (vgl. Kap. 1.3).

Daneben bergen vor allem die weniger bewussten Sätze Konfliktpotenzial, die aus dem Umfeld und insbesondere aus der Familie stammen. Die jetzigen Trader sind oft die erste Generation, die auf diese Weise Geld verdient. Es fehlt an Erfahrungen, die in anderen Lebensbereichen seit Generationen übertragen werden. Eigentlich geht es noch weiter, weil selbst familiäre Glaubenssätze Trading-Erfolge verhindern können.

Abb. 5.3: Umfeld des Traders

Die Meinung »Trader sind Zocker« schwächt auch, weil sich Trader aus dem Verbund der familiären Anleger ausgestoßen fühlen könnten. »Geld verdirbt den Charakter« ist in vielen Familien unterschwellig als Überzeugung vorhanden. Das äußert sich in Sätzen wie »Dort wohnen die Reichen, da hat unsereins nichts zu suchen« oder auch »Die haben wieder so ein teures Auto gekauft, aber ihre Kinder können noch nicht einmal grüßen«.

- **Genogramm 4**: Du trägst alle **Glaubenssätze, Gedanken** und **Meinungen** über Geld, Geldanlage und Trading ein, wie du deine Familie wahrnimmst/wahrgenommen hast.

Personal-Trader-Coaching*: Wie du dir deine Entwicklungsthemen bewusst machst: Erstelle ein Genogramm. Weitere Aufgabe in Kapitel 5.3.*

Sie sollten vor allem Ihren persönlichen Glaubenssätzen auf die Spur kommen, die sich oft im Hintergrund entfalten. Erst wenn Sie sich diese bewusst machen, können Sie den Glaubenssätzen die Kraft nehmen. Die Trader-Coaching-Aufgabe »Wovon bist Du überzeugt?« ist sehr umfangreich, führt allerdings auch zu guten Ergebnissen, indem Sie sich nach und nach von Ihren Glaubenssätzen befreien. Ihr Leben wird dadurch lebendiger. Sätze wie »Bei fallenden Märkten verliere ich ständig« oder »Immer, wenn ich verkaufe, dreht der Markt« werden Sie dann hinter sich lassen.

Schreibe deine Überzeugungen (mindestens 50) auf und untersuche sie anhand folgender Fragen:

- Woher hast du die Überzeugung (Ursprung)?
- Welche Folgen hat die Überzeugung für dich? (mind. 5 Antworten)
- Wie kannst du mit der Überzeugung umgehen? (mind. 5 Antworten)
- Ist es eine Überzeugung, die nützlich für dich ist, oder solltest du sie aufgeben, weil sie dich begrenzt?
- Wenn die Überzeugung nicht nützlich ist, kannst du sie loslassen und etwas Nützlicheres an ihre Stelle setzen, oder gibt es ein Gefühl, einen Gedanken oder eine Handlung, die an deine Überzeugung gekoppelt ist und dich daher an ihr festhalten lässt?

Personal-Trader-Coaching*: Wovon bist du überzeugt? Weitere Aufgabe in Kapitel 5.5.*

5.4 Enttäuschte Erwartungen

Ich bin ich und du bist du.
Ich lebe mein Leben und du lebst dein Leben.
Ich bin nicht auf dieser Welt, um deinen Erwartungen zu entsprechen –
und du bist nicht auf dieser Welt, um meinen Erwartungen zu entsprechen.

Ich bin ich und du bist du.
und wenn wir uns zufällig treffen und finden, dann ist das schön,
wenn nicht, dann ist auch das gut so.

- Fritz Perls 1976

Diese Gelassenheit vermisse ich bei vielen im Umgang mit dem Thema Trading. »Ich will traden, ständig und ortsunabhängig und am liebsten auch noch am Wochenende!« Woher kommt dieses unbändige Wollen? Ich beschäftige mich mittlerweile schon sehr lange mit dem Innenleben von Tradern und bin überzeugt, dass es in der Regel die ungelösten Konflikte sind, die uns antreiben. Das Traden ist Mittel zum Zweck, einem Mangel auf die Spur zu kommen.

»Wenn wir einander begegnen, ist es wunderbar. Wenn nicht, dann eben nicht.« Im Zitat von **Fritz Perls**, dem Mitbegründer der Gestalttherapie, ist die Rede von einer Beziehungsmöglichkeit. Im Klartext heißt das: »Wenn sich zwei begegnen wollen, gibt es eine Möglichkeit für eine Beziehung. Wenn einer nicht will – da spielen die Gründe keine Rolle – geht es nicht. Der andere kann ihn nicht dazu zwingen oder sogar unter Druck setzen, einzig aus dem Grund, seine Bedürfnisse zu befriedigen. Es geht darum zu akzeptieren, dass zwei Menschen grundsätzlich getrennt sind und andere nicht durch eigene Wünsche und Erwartungen zu manipulieren.« (Stiehler; Stiehler, 2002).

So einfach ist das – zumindest in der Theorie. Praktisch sieht das ganz anders aus. Auch wenn der Satz auf die Beziehung zwischen zwei Menschen gemünzt ist, verhält es sich beim Trading ähnlich, da die Finanzmärkte die Rolle der zweiten Person übernehmen mit allem, was dazugehört. Sie fungieren als Feedbackgeber (übrigens wertfrei), sind Projektionsfläche, Kommunikationspartner u. v. a. m.

Die Finanzmärkte interessieren sich nicht im Mindesten dafür, ob Ihre persönlichen Wünsche oder Erwartungen erfüllt werden. Als Trader müssen Sie es akzeptieren, wenn der Markt Ihnen keine Möglichkeit zum Geldverdienen gibt. Ohnehin müssen Sie zunächst herausfinden, wann es überhaupt funktionieren könnte und zu welchen Zeiten Sie besser die Beobachterrolle einnehmen (vgl. Kap. 6.4.2).

Von Klienten höre ich immer wieder: »Aber ich muss doch ein CRV von mindestens 1,5 haben.« oder »Ich will täglich 20 DAX-Punkte verdienen.« Da erlaube ich mir die Frage: »Hallo, jemand zu Hause?« Bei so viel Ich-Bezogenheit kann Misserfolg fest eingeplant werden. Gut, vermutlich haben Sie irgendwo gelesen, dass ein CRV mindestens 1,5, besser noch 2 betragen und Sie sich Ziele setzen sollten. 20 DAX-Punkte sind schließlich ein Ziel. Denken Sie immer über Gelesenes nach und prüfen Sie, ob das mit der Praxis vereinbar ist (das schließt »Du bist Trader!« selbstverständlich ein).

Woher kommt die Erwartung vieler, dass die Finanzmärkte auch nur einen Cent geben, obwohl sie sich nicht auf den Markt einlassen? Eine Beziehung kann nicht funktionieren, wenn das Gegenüber keine Rolle spielt. Die Fragen bezogen auf das Beispiel könnten folgende sein: »Was macht der DAX gerade, wie waren die Schwankungen in den letzten Tagen? Welche Wirtschaftsnachrichten haben einen Einfluss? Wird der DAX-Stand durch Reden der Verantwortlichen von FED oder EZB beeinflusst? Wie viele Marktteilnehmer sind vorhanden?«, um nur einige zu nennen.

Jemand, der mit einem festen CRV von 1,5 arbeitet, hat nur dann alles richtig gemacht, wenn sich dieses aus der Statistik des Trading-Tagebuches ableiten lässt.

Einen Menschen lernen Sie kennen, wenn Sie ihn viele Male treffen. Beim Traden verhält es sich ähnlich. Jeder Trade ist mit einem Date vergleichbar. Von Begegnung zu Begegnung werden sie sich vertrauter oder spüren, dass es eben nicht passt. Im Gegensatz zu realen Begegnungen mit Menschen, können Sie im Trading-Tagebuch auch Termine eintragen, in denen Sie sich gar nicht Face-to-Face begegnet sind. Dem Kennenlernprozess sind also keine terminlichen Grenzen gesetzt. Insofern sind backgetestete, Demo- und Live-Trades gleichwertig. Versteht sich von selbst, dass es bei einem heißen, realen Date anders abgeht, gleichgültig, ob Sie Ihrer Verabredung in die Augen sehen oder einen Live-Trade ausgeführt haben.

Zweierbeziehungen sind ganz wesentlich von Erwartungen geprägt. Werden Sie nicht erfüllt, sind Frustrationen vorprogrammiert (Stiehler; Stiehler, 2002). Woher kommen diese Erwartungen? Warum gibt es so wenige freie Paarbeziehungen? Die Vorbilder fehlen einfach und es ist noch mehr: Die Anforderungen an uns und die Partnerschaft sind überhöht.

Ob Sie als Trader erfolgreich sind, hängt nicht von Zufall oder Schicksal ab, sondern von der Beziehung zu sich selbst, zum Mann- und Frau-Sein und zu Ihrer Vergangenheit. Da wenige gelernt haben, sich selbst zu lieben und sich selbst ein verlässlicher Partner zu sein, spiegelt sich das auch in der Beziehung zum Thema Trading.

Literatur

Stiehler, S.; Stiehler M.: Ich bin ich und Du bist Du: Symbiose, Autonomie und Bezogenheit in Zweierbeziehungen. Beratung Aktuell, 2002, 196–208

5.5 Nährende Kommunikation betreiben

Kommunikation findet statt, wenn sich Menschen begegnen. Sie tauschen sich über Sprache, Mimik und Gestik aus. Daneben sind es Gedanken, Gefühle oder auch gerade Erlebtes, was die beiden voneinander wahrnehmen können. Empathie ist beim Kommunizieren sicherlich auch ein entscheidender Faktor.

Neben der Offenheit und Zugewandtheit ist es auch bedeutsam, dass Menschen Grenzen wahrnehmen und bewusst zwischen sich und der anderen Person unterscheiden. Eine Grenze zu ziehen, bedeutet auch einmal »Nein« zu sagen. Wenn Menschen oder auch die Grenzen zwischen ihnen unklar sind, kann es zu einer »Gemengelage« kommen, die für die Beteiligten schwierig zu ertragen ist. Unverständnis, Unzufriedenheit oder auch Streit können die Folge sein. Die Frage »Was gehört zu mir und was gehört zu dir?« sollte den Beteiligen stets klar sein.

Kommunikation erfolgt auch über Felder. So sind wir z. B. mit unseren Familien über Gefühle, Gedanken und Geschehnisse verbunden. Diese Verbundenheit ist vielen nicht bewusst, flackert allerdings gelegentlich vor allem bei einschneidenden Erlebnissen (z. B. bei Unfällen) oder an für die Familie bedeutenden Tagen (z. B. an Geburts- und Todestagen) auf.

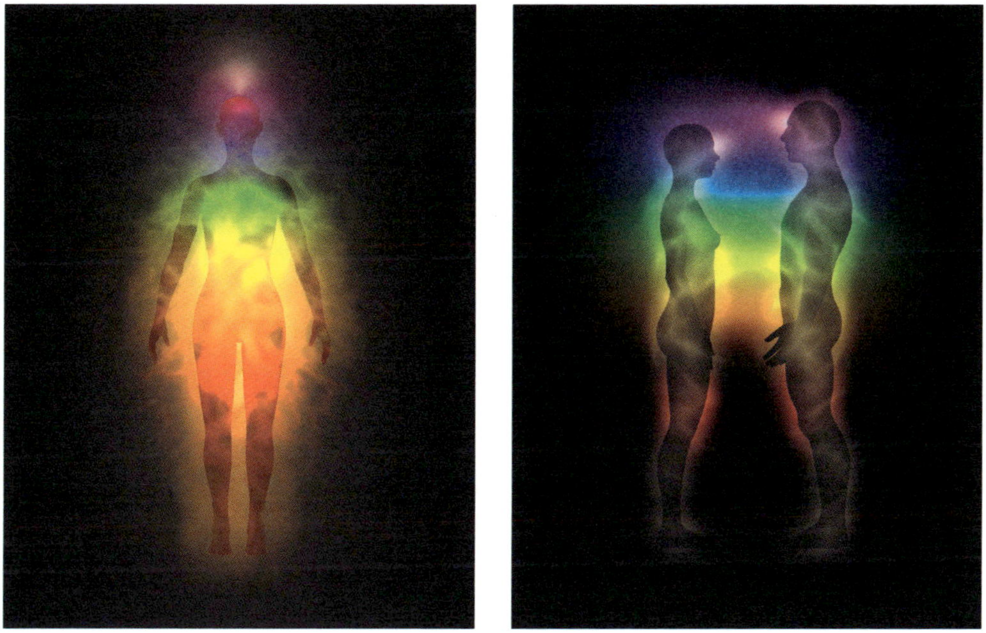

Abb. 5.4: Energiefelder (links), kommunizierende Energiefelder zwischen zwei Menschen (rechts)

Für Trader spielt gerade diese Kommunikation eine große Rolle, weil sie oft unbewusst das Verhalten in der Trading-Praxis beeinflusst. Daher ist u. a. die Coaching-Aufgabe »Genogramm 4: Du trägst alle Glaubenssätze, Gedanken und Meinungen über Geld, Geldanlage und Trading ein, wie du deine Familie wahrnimmst/wahrgenommen hast«, um mögliche Störfaktoren und tiefere Glaubenssätze aufzuspüren (Kap. 5.3).

Trader kommunizieren auf unterschiedliche Weise: **1.** Sie führen während des Tradings oftmals einen unbewussten **inneren Dialog**, der die Wirkung eines Selbstgespräches hat. **2.** Die Kommunikation mit dem Umfeld ist **nach außen** gerichtet (Familie, Freunde, vermeintliche Gleichgesinnte). **3.** Die Kommunikation mit dem Chart ist ebenfalls **nach außen** gerichtet. Charts werden oft als Gesprächspartner empfunden. In Abbildung 5.5 sehen Sie die Kanäle, über die Trader kommunizieren, zusammengefasst.

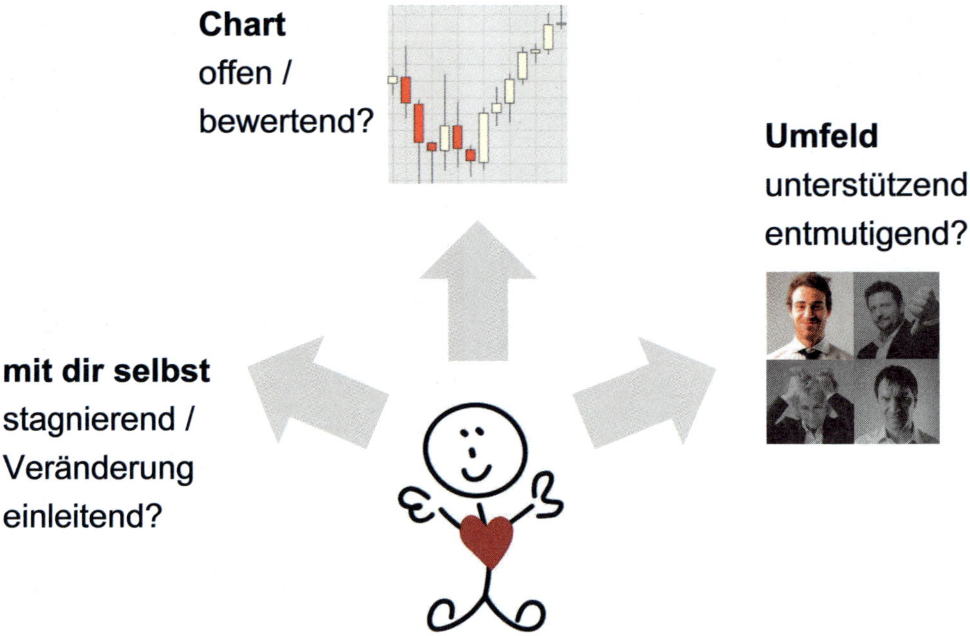

Abb. 5.5: Kommunikation von Tradern: innere und äußere

1. Die **Kommunikation mit dir selbst** ist nach innen gerichtet. Trader führen viele unbewusste innere Dialoge, wenn sie die Märkte in Echtzeit am Monitor verfolgen. Es ist schwierig, diese komplett auszuschalten. Dabei könnte sich gerade das als hilfreich erweisen, weil sie gelegentlich die Wirkung einer sich verstärkenden negativen Spirale entfaltet. Nehmen Sie sich beim Traden einmal mit einer Kamera auf und sprechen Sie sich Ihre Gedanken von der Seele. Das Ergebnis könnte Sie hinsichtlich Ihrer Wortwahl, der sich zeigenden tieferen Themen oder auch aufgrund Ihres eigenen Anblicks überraschen.

Wenn Trader bemerken, dass sie möglicherweise durch Gedanken wie »Immer verliere ich« oder »Ich will unbedingt Recht haben, koste es, was es wolle« ihre Realität erschaffen, werden sie mehr dafür tun, Klarheit in ihr Trading und damit auch in ihr Leben zu bringen.

Trader sollten grundsätzlich positives Denken installieren und nutzlose oder überholte Glaubenssätze loslassen (siehe die Coaching-Aufgabe im Kapitel 5.3 »Wovon bist du überzeugt?«). Die unbewusst während der Trading-Praxis ablaufenden Selbstgespräche hängen wesentlich von unserem Verhältnis zu uns selbst ab. Trading-Ergebnisse können anzeigen, was und wie wir wirklich denken. Sie bestätigen uns oder spiegeln unsere tiefsten Gedanken. Wer glaubt, dass er es nicht wert ist, reich zu sein, wird es sicherlich auch nicht werden. Selbstliebe und nährende kontrollierte Selbstkommunikation sind Schlüssel für Trading-Erfolg.

2. Die **Kommunikation mit dem Umfeld** ist nach außen gerichtet. Prinzipiell ist es schwierig, mit anderen über Trading zu sprechen. Das liegt vor allem daran, dass Trader schnell zur Zielscheibe der Begrenztheit anderer werden oder als Projektionsfläche herhalten. Viele Menschen kommen durch das Thema Trading in Kontakt mit ihren eigenen Ängsten oder unverarbeiteten Themen, die durch starke Verluste in Krisenzeiten entstanden sind. Die Finanzmärkte werden für das eigene Unvermögen verantwortlich gemacht.

Die Ergebnisse der folgenden Umfrage sind erstaunlich, weil 50 Prozent der Befragten angeben, dass sich das Umfeld neutral verhält und sich bloß jeder Sechste gegen Vorbehalte wehren muss. Fast 20 Prozent erfahren sogar Unterstützung (Abb. 5.6).

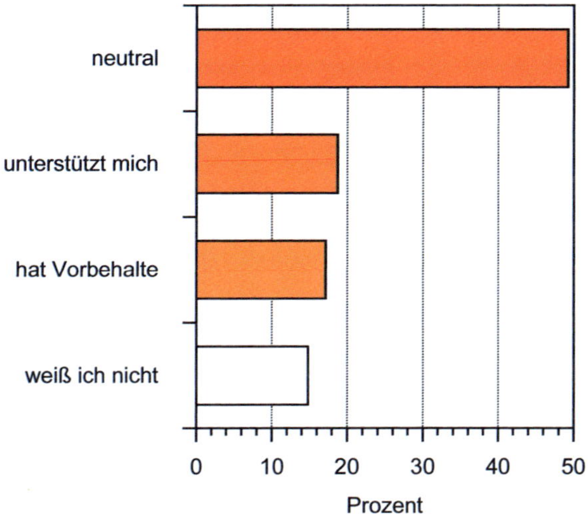

Abb. 5.6:
Mein persönliches Umfeld ist meinem Trading gegenüber ..., n = 132 Befragte

Gehören Sie auch zu denjenigen, für die es sehr schwer ist, mit Ihren **Familienmitgliedern** über Trading zu sprechen? Immer wieder höre ich, dass es gerade die Frauen sind, die dem Traum ihrer Lebenspartner einen ersten Dämpfer versetzen. Dabei spielen vor allem Emotionen, die teilweise sehr intensiv sein können, eine Rolle. Neben einer vielfach auch begründeten Angst, dass die Familie größeren finanziellen Schaden nehmen könnte (vgl. Kap. 3.4), zeigen sich vor allem Beziehungsthemen. Dabei geht es meistens um Vertrauen, Wertschätzung und Unterstützung.

Du tradest, ...

- ... deine Familie (Freunde, Bekannte, Arbeitskollegen) weiß davon?
- ... deine Familie unterstützt dich?
- ... deine Familie ist dagegen?
- ... hältst es aber geheim?
- ... noch nicht?
- Du sprichst über deine Trading-Ergebnisse?

Personal-Trader-Coaching*: Wie du dir ein Trading-freundliches Umfeld schaffst. 1. Deine Kommunikation. Weitere Aufgabe in Kapitel 5.6.*

In der Kommunikation mit **Freunden** (Bekannten, Arbeitskollegen) geht es eher um Ethik, Moral oder auch darum, dass Trading an sich keine Werte schafft. Diese Diskussionen sind anstrengend, verwirren und führen meistens dazu, dass Trader ihre Arbeit in Frage stellen. Andererseits können Trader durch diese Gespräche Selbstvertrauen gewinnen. Oft reicht es zu sagen: »Interessant, wie du das siehst.« Damit erübrigt sich die weitere Diskussion. Sie können auch offensiver sein, indem Sie sagen: »Mir ist es wichtig auf mein Geld zu achten.« oder »Geldanlage ist mir mit zu vielen Risiken behaftet.«. Daneben kann es passieren, dass man ungewollt zum Tippgeber oder Starthelfer wird (»Wenn Trading so leicht ist, mache ich das auch.«). Wenige erkennen, dass Trading eine ernsthafte Arbeit ist und worum es wirklich geht.

Sich mit **sogenannten Gleichgesinnten** auszutauschen, führt zu keinen besseren Trading-Ergebnissen. Trading ist in erster Linie Arbeit an sich selbst. Daneben geht es um die praktische Umsetzung, die auf die Persönlichkeit abgestimmt sein sollte.

Trader sollten wenig mit ihrem Umfeld über Trading kommunizieren. Das betrifft in erster Linie ihre Trading-Ergebnisse. Verdienen Sie in den Augen anderer viel Geld, werden Sie für einen Angeber gehalten und Neid ist Ihnen gewiss. Daneben löst das Thema Trading auch manches Unerwartete aus. So habe ich mehrfach mitbekommen, dass sich Paare getrennt haben, weil einer unbedingt mit Trading Geld verdienen wollte, der andere es aber kategorisch abgelehnt hat.

3. Die **Kommunikation mit dem Chart** ist auch nach außen gerichtet. Sie verläuft einseitig. Charts antworten zwar, indem sie sich weiterentwickeln, der Verlauf muss aber nicht zwingend dem von Ihnen Erwarteten entsprechen. Je offener Sie sind, umso mehr können Sie dem Fluss und der Rhythmik der Märkte folgen. Sobald Sie bewerten, kommt es zu Ankerwirkungen, die Sie im Vergangenen verhaften lassen.

5.6 Futter fürs Gehirn

Atmung: Die Versorgung des Gehirns mit Sauerstoff ist eine Voraussetzung für klares Denken und konzentriertes Arbeiten. Sauerstoffangereichertes Blut ist der Schlüssel für den Körper, damit er gesunde Zellen bilden kann. Gesunde Zellregenerierung ist die Voraussetzung für gute Gesundheit. Viele Menschen nutzen beim Atmen allerdings nur ein Drittel ihres Atemsystems. Sie verzichten also auf zwei Drittel ihres natürlicherweise für sie vorgesehenen Volumens zur Sauerstoffaufnahme und damit zur Gesunderhaltung.

Flaches Atmen ist ein häufiger Grund für Krankheiten und Krankheit wiederum ist u. a. das Ergebnis ungenügender Entgiftung des Körpers. Eine ausreichende Sauerstoffversorgung wirkt schützend. Der menschliche Körper kann vermutlich 70 Prozent der Giftstoffe über die Atmung ausscheiden. »Überschüssiger« Sauerstoff im Gewebe erhöht die Fähigkeit dazu.

Bewegung: Vielleicht kennen Sie die Kampagne vom ZDF-Sportstudio »Deutschland bewegt sich« und darum geht es: Trading verlangt nach Lebendigkeit und Freude an persönlicher Entwicklung. Daher ist auch körperliche Bewegung wichtig. Noch größere Bedeutung kommt dem Thema Fitness zu. Der Fitnessgrad richtet sich nach Ihren körperlichen Qualitäten in Muskelkraft, muskulärer Ausdauer, Ausdauer von Herz und Kreislauf, Leistung, Schnelligkeit, Koordination, Balance und Beweglichkeit. Naturgemäß haben die Menschen mit dem höchsten und umfassendsten Fitnessgrad immer die größten Überlebenschancen. Umfassende Fitness entwickeln Sie, indem Sie kurze Krafttrainingseinheiten mit Ihrem eigenen Körpergewicht absolvieren und sich gesund ernähren.

Literatur

Lauren, M.: Fit ohne Geräte: Trainieren mit dem eigenen Körpergewicht. Riva 2014

Schlaf: Immer wieder begegnen mir Trader, bei denen ich das Gefühl habe, dass Sie 24 Stunden im Trading-Modus verbringen. Morgens die Märkte in Deutschland, nachmittags und abends die amerikanischen und in der Nacht tradet der »Weltbürger« in Asien. Gesunder, langer Schlaf ein Luxus? Schlaf ist aus vielen Gründen ein wichtiger Baustein für körperliche, geistige und seelische Gesundheit. Weniger bekannt ist sicherlich, dass das Gehirn im Schlaf aufräumt und dadurch lernfähig bleibt.

Im Gehirn werden Synapsen (Nervenzellverbindungen) gestärkt oder neu angelegt, wenn Informationen tagsüber aufgenommen werden. Im Schlaf wird die allgemeine Aktivität der Synapsen verringert. Die meisten Verbindungen werden geschwächt, manche sogar ganz abgebaut. Lediglich wichtige Synapsen bleiben erhalten oder werden sogar verstärkt. So schafft das Gehirn wieder Platz für die Speicherung neuer Informationen. Diese als synaptische Plastizität bezeichnete Anpassungsfähigkeit ist eine wichtige Grundlage für Lernen und flexible Informationsverarbeitung. Der Abbau spart vermutlich auch Platz und verringert den Energieverbrauch, beides wird an den Verbindungsstellen benötigt.

Wird dieser Prozess allerdings durch Schlafmangel unterbunden, gelangt das Gehirn in einen Sättigungszustand. Synapsen können dann nicht mehr angemessen verstärkt oder aufgebaut werden. Damit fallen auch das Lernen und eine flexible Informationsverarbeitung schwer. Schlafentzug führt auch zu einem deutlichen Anstieg von Theta-Wellen. Erkenntnisse aus vorangegangenen Tier- und Humanstudien legen nahe, dass damit auch eine erhöhte synaptische Gesamtstärke verbunden ist. Das Gehirn wehrt sich gegen eine »Überladung«. Sind die Synapsen durch lange Wachphasen bereits maximal aktiv, führen neue Reize oder Informationen zu einer Schwächung der Nervenzellverbindungen.

Darüber hinaus ist Schlaf auch wichtig bei der Reparatur von Zellgewebe, der Thermo- und Stoffwechselregulation und bei Immunfunktionen.

Literatur

Kuhn, M. *et al.*: Sleep recalibrates homeostatic and associative synaptic plasticity in the human cortex. Nature Communications 7, 2016, Artikelnummer 12445

Rasch, B.; Born, J.: About sleep's role in memory. Physiological Review 93, 2013, 681766

Ernährung: Dieses Buch kann lediglich einen kleinen Betrag zum Thema Ernährung leisten, und keinen auf Ihre Persönlichkeit abgestimmten Ernährungsplan aufstellen. Das Gehirn erwartet, dass es optimal versorgt wird und reagiert sehr stark auf das, was Sie trinken und essen.

Der gesamte Körper, aber vor allem das Gehirn, ist auf **Wasser** angewiesen. Wasser ist das wichtigste Nahrungsmittel, der Brain Drink Nummer 1. Trinken Sie Wasser ohne zugesetzte Kohlensäure, besser noch warmes Wasser. Der Körper braucht zwei bis drei Liter täglich, um leistungsfähig zu bleiben. Trinken Sie regelmäßig, bevor Sie Durst verspüren. Der Körper verlangt allerdings nach sauberem Wasser. Wasserwerke liefern das den gesetzlichen Grenzwerten entsprechende Wasser. Vor Schadstoffen aus blei- und kupferhaltigen Rohrleitungen, Wirkstoffen aus Blutfettsenkern, Schmerz- und Kontrastmitteln schützt Sie das nicht. Abhilfe schaffen Sie durch Wasserfiltersysteme.

Unsere Vorfahren lebten Millionen von Jahren im Wesentlichen von **Gemüse, Früchten, Nüssen, Samen, Fleisch, Eiern** und **Fisch**. Das war alles. Unabhängig von zeitgemäßen, angesagten und auch berechtigten Ernährungsphilosophien versorgen sie so die »evolutionären« Bedürfnisse des Körpers.

Backwaren, Kartoffeln, Reis, Nudeln erhöhen heutzutage das Nahrungsangebot. Die relativ neuen Energiequellen haben hohe glykämische Indizes und sind Ursache von Übergewicht oder Zivilisationskrankheiten. Dabei ist der Bereich der Nahrungsmittel mit hohem glykämischen Index bereits durch Früchte und auch Gemüse gedeckt. Die »neuen« Nahrungsmittel sorgen für eine Verschiebung zu kohlenhydratreicher Nahrung.

Grundsätzlich sinnvoll ist es, **raffinierten Zucker, Süßstoffe** und **Fertiggerichte** zu meiden. Gerade Zucker ist ein Vitaminräuber und macht abhängig (Sucht nach Süßem, Süßhunger). »Süß« ist wie eine Belohnung, manchmal wirken süße Sachen auch als Liebesersatz. Es gibt einen weiteren Grund, aus dem Sie auf raffinierte Kohlenhydrate verzichten sollten. Offensichtlich besteht ein Zusammenhang zwischen übermäßiger Einnahme von Lebensmitteln mit hohem glykämischen Index und dem Risiko, an einer Depression zu erkranken. Junk Food erzielt dabei Spitzenwerte (Gangwisch *et al.* 2015). Junk Food wird als Sammelbegriff für minderwertige oder ungesunde Lebensmittel (in der Regel mit geringem Nähr- und hohem Brennwert) verwendet.

Vielleicht erinnern Sie sich noch an den Untertitel dieses Buches. »Wie du trotz Fiskus, Fast Food und Finanzentertainment erfolgreich wirst«. Fast Food heißt schnelles Essen und ist damit allerdings nicht zwangsläufig ungesund. Die Zubereitung und das Essen an sich brauchen wie alles andere auch ihre Zeit. Wenig gesundheitsfördernd sind da die heute gängigen Verhaltensweisen von »auf die Hand«, »to go« und was es sonst so gibt. Fast Food ist im schlimmsten Fall Junk Food. Von daher: »Essen Sie einfach am Fast Food vorbei.«

Trader brauchen »Futter« fürs Gehirn. Das Gehirn kann anders als Muskeln oder Fettgewebe keine Energie speichern. Es ist auf eine regelmäßige und ausgewogene Nahrungszufuhr angewiesen. **Konzentration** und **geistige Leistungsfähigkeit** werden durch Kohlenhydrate, Eisen (in roten Fleischsorten, Hülsenfrüchten), in geringen Mengen auch Koffein unterstützt. Die **Gedächtnisleistung** wird durch Phenylalanin (z. B. in Fisch, Getreide, Hülsenfrüchten) und das **Abrufen** und **Speichern von Informationen** durch Serin (z. B. in Gemüse, Getreide) positiv beeinflusst (Kiefer, Zifko 2006). Proteine sind wichtig, denn sie ermöglichen die **Kommunikation von Gehirnzellen** miteinander.

Besondere Bedeutung für Trader haben vor allem die mehrfach ungesättigten Omega-3-Fettsäuren, die den **reibungslosen Informationsfluss** im Gehirn gewährleisten. Der Mediziner **David Servan-Schreiber** (2006) beschreibt den Einfluss dieser Fettsäuren anschaulich anhand ausgewählter Beispiele. Mangelerscheinungen steigern das Risiko für Depressionen erheblich und führen bei Stress sehr viel schneller zu Panik-Reaktionen. Eine regelmäßige Versorgung dagegen führt zu einem dauerhaft ausgeglichenen Grundzustand Ihres emotionalen Gehirns. Darüber hinaus sind B-Vitamine für das gesamte Nervensystem wichtig, Vitamin-B-Mangel führt zu einer spezifischen Schädigung der Nerven.

Trader sitzen viele Stunden am Schreibtisch. Die Trading-Praxis fordert vor allem viel Gehirnschmalz. In der Regel schenken Trader dem Thema »kognitive Gesundheit« keine große Aufmerksamkeit. Dabei kann gerade eine gesunde Ernährung kognitive Einschränkungen (im Alter) verringern, wie die Auswertung der Daten von 30 000 Teilnehmern aus 40 Staaten über einen Versuchszeitraum von 56 Monaten belegt (Smyth *et al.* 2015). Interessanter allerdings ist die Tatsache, dass möglicherweise ein Zusammenhang zwischen **Lernleistung** und Kalorienzufuhr besteht. Kalorien sind die Energiemenge, die der Körper freisetzt, wenn er Nahrung verarbeitet. Jedes Gramm Kohlenhydrat und Eiweiß enthält ca. 4 kcal Energie, bei Fetten sind es mehr als doppelt so viele (ca. 9 kcal). Eine Studie belegt, dass eine verminderte Kalorienzufuhr mit einer Steigerung der Lernleistung um 20 Prozent einhergehen kann. Der Effekt beruht vermutlich auf einem verbesserten Glukose-Stoffwechsel und einer damit verbundenen, positiven Wirkung auf insulinabhängige Stoffwechselwege im Gehirn (Witte *et al.* 2009).

Auch wenn sich viele Trader in ihre Höhle zurückziehen, Höhlenmenschen sind sie deshalb noch lange nicht. Von daher sollten sie sich auch keine wärmende Fettschicht zulegen. Ohnehin wird dummerweise ein Teil der Fettreserven im Gehirn angelegt. Wenn Sie mit Gewichtsproblemen zu tun haben sollten: Abnehmen an sich ist ein einfacher Prozess, wenn Sie Krafttraining (Muskeln werden aufgebaut und Kalorien verbrannt) mit einer gewissen Zurückhaltung beim Essen verbinden, d. h. Sie nehmen weniger Kalorien zu sich, als Sie verbrauchen.

Der Körper hat keinen Grund, Fett zu speichern, wenn Sie ihn an mehrere Mahlzeiten pro Tag mit angemessener Kalorienzufuhr gewöhnen. Regelmäßiges Essen versorgt ihn gleichmäßig mit Energie.

Das Thema Ernährung spielt auch aus einem anderen Grund eine Rolle. Heutzutage wird vieles eingeschoben und/oder runtergeschluckt, ohne angemessen zu kauen. Das ist dann im wahrsten Sinn der Worte schwer verdauliche Kost, die den Körper belastet. **Essen Sie nur, wenn Sie Nahrung brauchen**, in allen anderen Fällen, **finden Sie die Lösung!**

Literatur

Broker, M. O.: Unsere Nahrung – unser Schicksal: Alles über Ursachen, Verhütung und Heilbarkeit ernährungsbedingter Zivilisationskrankheiten. emu-Verlags- und Vertriebsgesellschaft Ernährung-Medizin-Umwelt 2016

D'Adamo, P. J.: 4 Blutgruppen – Richtig leben: Das individuelle Konzept für körperliches und seelisches Wohlbefinden. Piper 2014

Gangwisch, J. E. *et al.*: High glycemic index diet as a risk factor for depression: analyses from the Women's Health Initiative. The American Journal of Clinical Nutrition 102, 2015, 454–463

Glaesel, K. O.: Gesundheit biologisch gesteuert, Heilung ohne Wunder und Nebenwirkungen, Labor Glaesel 1994

Kiefer, I.; Zifko, U.: Brainfood: Fit im Kopf durch richtige Ernährung, Kneipp 2006

Reckeweg, H. H.: Schweinefleisch und Gesundheit, Aurelia 2001

Servan-Schreiber, D.: Die Neue Medizin der Emotionen: Stress, Angst, Depression, Goldmann 2006

Smyth, A. *et al.*: Healthy eating and reduced risk of cognitive decline: A cohort from 40 countries. Neurology 84, 2015, 2258–2265
Witte, A. V. *et al.*: Caloric restriction improves memory in elderly humans. Proceedings of the National Acadamy of Sciences of the United States of America 106, 2009, 1255–1260

Verschlackung ist ein anderes Wort für eine konstante Selbstvergiftung. Der Begriff Schlacke beschreibt das, was zu viel ist und Sie in Körper, Geist oder Seele ablagern, festhalten und als belastend empfinden. Daher sollten Sie sich im Loslassen üben, eine Aufgabe für Körper, Geist und Seele.

»Der Mensch ist, was er isst« und »Gut gekaut ist halb verdaut« sind da entscheidend, denn ein dicker Bauch ist nicht unbedingt auf Fett zurückzuführen, meistens ist ein hoher Prozentsatz Schlacke dabei. Ein Blick in den Spiegel, die Anzeige der Waage oder auch die verschiedenen Berechnungen des Body-Mass-Index (BMI) bringen zunächst Licht ins Dunkel, ob sich Ihre körperlichen Maße in den normalen Grenzen bewegen. Die meisten leichten, schweren, auch chronischen Krankheiten sind ernährungsbedingt.

Ernährungsmediziner verstehen unter Schlacke z. B. Silikate und/oder Aluminate, aber auch Harnstoff, Harnsäure, Kreatinin, unverwertete Ballaststoffbestandteile, Pestizide, Umweltgifte und andere Substanzen der Entgiftung, die der Körper nicht »verbrennt«.

Schwermetalle und andere **Gifte** (Dioxine, polychlorierte Biphenyle) sind oft bereits mit der Geburt im Nervensystem gespeichert. **Quecksilber** z. B. kann durch Zahnfüllungen aus Amalgam über die Mutter (bei der Schwangerschaft können an das erstgeborene Kind bis zu 60 Prozent einer Belastung abgegeben werden), durch Quecksilberkontakt im Beruf, in Lebensmitteln (vor allem Meerestiere) oder Umweltbelastungen (Müllverbrennung) in Ihren Körper gelangen. Daher ist es entscheidend, ob Sie mit Mineralstoffen ausreichend versorgt sind, da Schwermetalle lebenswichtige Mineralstoffe aus ihren Funktionen in den Stoffwechselprozessen verdrängen. **Kadmium** z. B. verdrängt das lebenswichtige Zink, beschädigt das Nervensystem und lagert sich auch in den Lungen, Nieren und Knochen an. Die größte Kadmiumquelle ist übrigens Zigarettenrauch.

Entschlackung ist die Befreiung von Schlacke. Entschlackung bedeutet, dass die gespeicherten Gifte und Schwermetalle zunächst gelöst und durch Mineralstoffe ersetzt werden. Viel wichtiger ist, dass sie auch den Körper verlassen, andernfalls werden Sie die Giftwirkung ein weiteres Mal spüren. Richten Sie sich auch geistig darauf ein, dass Ihr Körper die Schlacken ausscheidet. Auch an der Stelle geht es um Loslassen.

Literatur

Jentschura, P.; Lohkämper, J.: Gesundheit durch Entschlackung. Jentschura 2014

5.7 Körper und Geist entspannen

Der Arbeitsplatz: Von Klienten lasse ich mir Fotos ihrer Arbeitsräume senden. Das, was ich zu sehen bekomme, ist sehr unterschiedlich. Sicherlich ist der Arbeitsplatz etwas Persönliches, dennoch sollten Sie sich mit einigen Dingen auseinandersetzen. Sie brauchen letztlich einen Raum, in dem Sie ruhig arbeiten können und in dem sich wenige Gegenstände befinden, die Sie ablenken könnten. Der Raum, insbesondere der Schreibtisch, sollte nur Wesentliches enthalten.

Wenn Sie es einrichten können, haben Sie kein überfrachtetes Bücherregel, keine Gegenstände, die Sie geerbt und zu denen Sie keinen Bezug haben. Achten Sie darauf, keine Bilder Ihrer lebenden oder verstorbenen Verwandten in Ihrer Nähe zu haben. Trading, bei dem Ihre Liebsten im Raum anwesend sind, ist meistens mit Reibungsverlusten verbunden.

Von Vorteil ist es, die Tür im Sichtfeld zu haben. Positiv könnte ein Blick in die Weite sein. Wenn Sie auf eine nahe gelegene Wand schauen, können Sie ein großes Foto verwenden, das Weite vermittelt (Blick auf das Meer oder von einem Berg). Vielleicht waren Sie schon einmal in einem harmonisch gestalteten Praxisraum, haben sich in einem höchsten Ansprüchen genügenden Wellnesshotel erholt oder an einem Meditationswochenende teilgenommen? Ihr Trading-Raum sollte Ihren Wohlfühlansprüchen genügen. Farben, Formen und die Anordnung der Möbel sollten einem harmonischen Konzept folgen.

Auf dem Schreibtisch sollte sich eine Handelsstation mit angemessen großem Display oder Monitor befinden. Laptop oder Computer müssen eine LAN-Verbindung haben. Trading-Tagebuch und Stift sollten griffbereit sein. Dann vielleicht noch eine Karaffe mit Wasser und ein Glas.

Darüber hinaus ist es gerade für Anfänger wichtig, dem Trading die virtuelle Komponente zu nehmen. Vielleicht kaufen Sie eine größere Zahl von Bauklötzen, die Sie irgendwo im Raum platzieren. Die Bauklötze stehen symbolisch für Ihr aktuelles Kapital. Nach einem Verlust-Trade nehmen Sie in entsprechendem Verhältnis Klötze weg, haben Sie Geld verdient, fügen Sie welche hinzu. Achten Sie beim Kauf darauf, dass Sie auch einen genügend großen Vorrat an Klötzen für Gewinne haben. Sie könnten das Ganze natürlich auch mit Geldscheinen machen. Der Nachteil ist, dass der visuelle Effekt beim Geldscheine-Dazulegen oder -Wegnehmen aufgrund der Dünne des Papiers kaum wahrnehmbar ist.

Ob der Schreibtisch der richtige Ort für den Stapel mit Bauklötzen ist, müssen Sie für sich herausfinden. Möglicherweise setzt Sie der im Blickfeld befindliche Stapel unter Druck. Wichtig ist es, dass Sie auch in Ihrem Inneren die Zahl für Ihr aktuelles Kapital anpassen, wenn Sie Positionen eingehen oder auflösen, damit Sie nicht am Kontostand von gestern oder am eingezahlten Anfangskapital ankern (vgl. Kap. 2.2).

Mir ist klar, dass nicht jeder die Möglichkeit hat, einen persönlichen Trading-Raum zu gestalten. Sie wollen Geld verdienen, seien Sie also kreativ.

Ergonomisch sitzen: Einen festen Arbeitsplatz mit angemessenem Schreibtisch und Handelsstation sollte jeder Trader haben. Ein ergonomischer Arbeitsplatz befindet sich selten in Küche, Esszimmer oder Wohnzimmer. Unterstützen Sie sich, indem Sie die Grundregeln für einen Bildschirmarbeitsplatz berücksichtigen.

Der Monitor sollte unterhalb der waagerechten Sehachse und mindestens eine Armlänge entfernt sein. Tastatur und Maus sollten in einer Linie mit den Ellenbogen sein. Handauflagen können ein Abknicken der Hände verhindern. Das Becken sollten Sie leicht nach vorne kippen, so dass Ihnen das aufrechte Sitzen leichter fällt. Diese Haltung unterstützt Ihre Aufmerksamkeit. Wer Knie und Ellenbogen im rechten Winkel hat, beugt Schmerzen vor. Die Füße stellen Sie fest auf den Boden. Fußhocker schonen den Rücken.

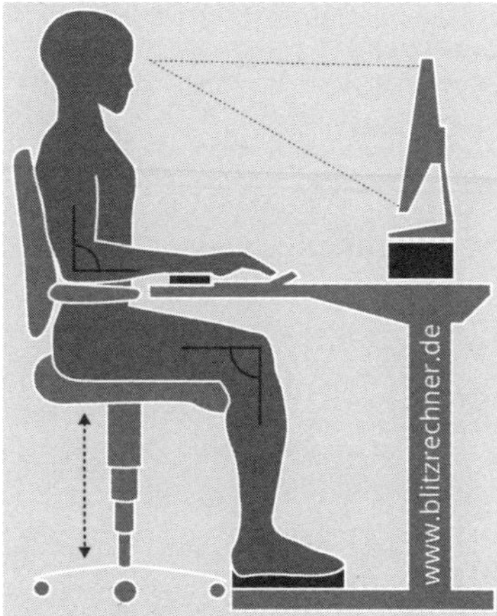

Abb. 5.7: Ergonomisch sitzen, Nutzung gestattet durch www.blitzrechner.de

- Welcher Ort tut dir gut (Kontinent, Land, Stadt, Dorf)?
- Hast du einen eigenen Raum für dein Trading?
- Wie hast du deinen Arbeitsraum gestaltet?
- Wie sieht dein Arbeitsplatz aus?

Personal-Trader-Coaching*: Wie du dir ein Trading-freundliches Umfeld schaffst: 2. Dein Arbeitsplatz. Weitere Aufgabe in Kapitel 5.7.*

Innere Ruhe als Voraussetzung für Ausdauer und Konzentration

Reizüberflutung ist ein ständiger Begleiter im »normalen« Leben. Die Herausforderung für Ihre Sinne bei einem Leben in der Stadt, die Teilnahme am Straßenverkehr, die vielfältigen Reize, die zum Einkaufen einladen, oder auch die Dauerbeschallung durch ständig laufende Fernseher, die 24 Stunden verfügbaren Informationen aus dem Internet und die weiteren Kommunikationsmittel führen zu Aufmerksamkeitsstörungen. Diesen können Sie z. B. durch **1.** Yoga, **2.** Meditation, **3.** Bioenergetik oder **4.** Osteopathie begegnen.

1. **Yoga**: Heutzutage gibt es unendlich viele Yoga-Stile, Yoga-Lehrer und Yoga-Anhänger. Daher sollten Sie Ihren persönlichen Stil und Weg finden. Weit verbreitet ist die Meinung »Yoga ist Sport«, was natürlich nicht stimmt. Das traditionelle Yoga hat drei sich ergänzende Bereiche: das Einüben von Körperhaltungen (asanas), das kontrollierte Atmen (pranayama) und die Meditation (dhyāna), um lästige Konditionierungen, alte Muster und Limitierungen aufzulösen.

Abb. 5.8: Yoga: Körperhaltungen

Die Yoga-Praxis klärt den Kopf und das Herz öffnet sich. Letztlich geht es darum, dass der Geist ruhig wird und Menschen ein Gefühl von Einheit und Glückseligkeit verspüren.

2. **Meditation**: Meditation lenkt die Sinne von außen nach innen. Dadurch werden Sie von ganz allein ruhig, weil die Sinne dem Geist weniger Reize senden. Die Ruhe des Geistes stellt sich erst dann ein, wenn er die Gelegenheit bekommt. Die Sinne nach außen zu richten, verbraucht viel Energie. Ihr langfristiges Ziel sollte die Verringerung überflüssiger Aktivität sein, was Ihnen das Erfahren bewusster Stille bringen sollte.

Meditation hat viele positive Einflüsse, u. a. auf die Stressresistenz und -bewältigung. Darüber hinaus sind körperliche Ruhe und Entspannung mit einem niedrigeren Sauerstoffverbrauch und einem erhöhten Alpha-Wellen-Anteil verbunden, was mit einer entspannten Wachheit einhergeht.

Trader stoßen immer auch an ihre persönlichen Grenzen, die Ängste auslösen oder durch die sie sich ihrer Ängste bewusst werden. Von daher ist regelmäßige Meditation für Trader ein besonderes Bonbon, da sie eine Verringerung des Cortisolspiegels bewirkt und damit zu einer niedrigeren Angstneigung beiträgt. Daneben erfrischt sie, verzögert Alterungsprozesse und führt zu psychosomatischer Stabilität.

Meditation ist für Trader auch deshalb wertvoll, weil sie in einen Zustand ohne Bewertung gelangen. Wertfreies Wahrnehmen fördert die Kreativität und den Zugang zur Intuition.

Literatur

Scott, S. (Hrsg.): Handbook of complementary and alternative therapies in mental health. Academic Press 2002

3. **Bioenergetik**: In der Bioenergetik wird Gesundheit als das Zusammenspiel von Körper, Geist, Gefühlen und Sexualität gesehen. Störungen in einem dieser Bereiche sind mit verminderter Lebenskraft verbunden, was sich an der Körperhaltung, dem Spannungszustand der Muskulatur oder »Muskelpanzern« ablesen lässt. Ziel der Bioenergetischen Analyse ist es, durch Körperübungen die gebundene Energie in Fluss zu bringen, was die Lebenskraft steigert. Die Kör-

perübungen führen zur Muskelentspannung. Dabei werden auch die Erinnerungen, Bilder, Fantasien und Gefühle frei gelassen, die zur Verspannung führten. Das bewirkt ein gesteigertes Körperbewusstsein und -gefühl. Meine Erfahrung ist, dass die oft einfach scheinenden Übungen viel in Bewegung bringen können und daher therapeutische Anleitung Selbstversuchen vorzuziehen ist. Bioenergetik bringt die »Verkopften« in ihre Gefühle und steigert die Wahrnehmung für vernachlässigte Bedürfnisse des Körpers.

Literatur

Lowen, A.: Bioenergetik für jeden, P. Kirchheim 2003

Lowen, A.: Freude: Die Hingabe an den Körper und das Leben, Goldmann 1993

4. **Osteopathie**: Andrew Taylor Still gilt als Begründer der Osteopathie gegen Ende des 18. Jahrhunderts. Seither hat sich die Osteopathie in verschiedene Richtungen mit unterschiedlichen Ansätzen entwickelt. Das Interessante ist, dass Osteopathen Zusammenhänge erkennen. Diese kreative Arbeit ist stark von dem Menschen geprägt, der sie anwendet. Die Kunst der Behandlung besteht darin zu spüren, wo sich der Klient gerade befindet und worin er unterstützt werden kann, so dass seine Selbstheilungskräfte angeregt werden können. Letztlich geht es darum, wieder Balance in den Körperzellen herbeizuführen, die Grundvoraussetzung für Ihre Gesundheit.

Osteopathen behandeln Organe sowie den Bewegungsapparat und sie unterstützen das Nervensystem. Vor allem das Letztgenannte sollte bei Tradern hervorragend funktionieren, damit sie in jeder Situation angemessen reagieren können, so dass weder ihre Ängste, noch Traurigkeit oder Depression das Ruder übernehmen. Osteopathie bietet sich auch als präventive Möglichkeit zur Erhaltung Ihrer Gesundheit an.

- Ernährst du dich ausgewogen?
- Bekommst du ausreichend Sauerstoff?
- Bewegst du dich genügend in der Natur?
- Beschäftigst du dich bewusst mit dem Auflösen deiner Muster?
- Nutzt Du Möglichkeiten, um Dir Gutes zu tun wie z. B.
    - Yoga (Meditation, Atemübungen, Körperübungen)
    - Körpertherapie (z. B. Bioenergetik, Osteopathie, ...)
    - Entspannungstechniken (z. B. Mentalsysteme, ...)
    - Systemaufstellung
    - ...

Personal-Trader-Coaching: *Was tust du für deinen Körper? Weitere Aufgabe in Kapitel 6.1.*

In diesem Kapitel haben Sie einiges zum Thema Entwicklung erfahren. Vielleicht ist es für Sie überraschend, den Begriff Broker in der Cloud in Abbildung 5.9 zu finden? Ein verlässlicher Broker kann insofern zu Ihrer Entwicklung beitragen, dass er Sie durch Fairness, Kompetenz und guten Service unterstützt. Diese Vorzüge, die ein verlässlicher Partner mit sich bringt, können ganz wesentlich zu Ihrer Entspannung beitragen.

Abb. 5.9: Cloud zum Thema Entwicklung

Man nehme ernst nur das, was froh macht,
jedoch das Ernste niemals tragisch.

- Heinz Erhardt, deutsch-baltischer Unterhaltungskünstler

6 FINANZINFORMATIONEN UND ZEIT SIND RELATIV

6.1 Finanzentertainment ist Mindfuck

Der Begriff Mindfuck wurde ursprünglich Ende der 1960er durch die amerikanischen Schriftsteller **Robert Anton Wilson** und **Robert Joseph Shea** geprägt. Mindfuck beschreibt heutzutage auch mentale Selbstsabotage und Manipulationstechniken durch Mittel des Films oder in schriftlicher Form.

Wie gehen Sie mit Finanznachrichten um? Geben Sie Nachrichten ein größeres Gewicht, wenn Sie 20-mal das Gleiche gelesen haben? In Ihrem Innern ist das vermutlich so. Letztlich besteht ein großer Unterschied darin, ob Sie die Information bekommen, dass etwas geschieht, oder ob nur die Möglichkeit dafür besteht (z. B. die Prognose, dass der DAX steigt).

Die meisten Menschen sind mit der Informationsflut durch Nachrichten überfordert. Das verwundert nicht, denn das Angebot ist unüberschaubar groß. Wirtschaftszeitungen, Börsenmagazine, Fernsehsender, die 24 Stunden über die Finanzmärkte berichten, Finanzportale, Newsletter, Newsticker, Börsenbriefe und -hotlines liefern alles, was die Herzen von Tradern höher schlagen lässt. Gerade die Finanzportale übertreffen sich immer wieder. Der Aufgabe »**wahrnehmen, lesen, verstehen, verarbeiten, bewerten und entscheiden**« können Trader kaum noch gerecht werden. Meistens folgen noch weitere Bewertungen, mit der sie ihre Entscheidungen rechtfertigen. Es geht also um Ihren Umgang mit Finanzinformationen und welche Bedeutung Sie diesen geben. Kommt Ihnen eine Nachricht gelegen, z. B. weil Sie die gleiche Meinung vertreten oder erzeugt sie das unangenehme Gefühl von kognitiver Dissonanz?

Finanzentertainment führt nicht zu höherer Rendite, obwohl viele Anfänger glauben, sie könnten ihre Ergebnisse verbessern, wenn sie sich intensiver mit Finanzthemen beschäftigen. Diese Zeit ist zumeist verloren, eine Renditesteigerung bleibt aus (Guiso, Jappelli 2006). Möglicherweise fühlen sie sich aber gut unterhalten oder auch in Ihrer Meinung bestätigt?

Mit der Trading-Praxis gestalten viele ein selbst inszeniertes Finanzentertainment, da Sie sich im übermäßigen Analysieren verlieren. Daneben verfolgen viele andauernd ihre Kontoentwicklung oder den aktuellen Wert ihres Depots. Auch das nimmt Zeit in Anspruch, ohne mit irgendeinem Nutzen verbunden zu sein.

Mittlerweile sehe ich selbst Wirtschaftsdaten als Finanzentertainment an, weil auch aus ihnen keine logischen Schlüsse gezogen werden können und die Beschäftigung Zeit, Kraft und nicht selten auch Geld kostet. Und dennoch sind gerade diese wichtig, weil sie Kurse bewegen. Einen hervorragenden Wirtschaftsdatenkalender finden Sie unter www.forexfactory.com.

- Wie viele Stunden pro Tag (Woche, Monat) beschäftigst du dich mit Finanzentertainment?
- Beschäftigen bedeutet: **Lesen, Hören** oder **Surfen** von/in: Wirtschaftszeitungen, Börsenmagazinen, Fernsehsendern, die über die Finanzmärkte berichten, Finanzportalen, Newslettern, Newstickern, Börsenbriefen, Börsenhotlines ...
- Finde dein richtiges Maß.
- Erstelle eine Liste der von dir abonnierten Nachrichten- und Börsenservices.
- Bestelle alles ab, was dir keinen finanziellen Nutzen bringt.

Personal-Trader-Coaching: *Wie viel Zeit verbringst du mit Finanzentertainment? Weitere Aufgabe in Kapitel 6.1.*

Eine interessante Zahl liefert Ihr **Stundenverrechnungssatz**. Setzen Sie doch mal Ihre Trading-Ergebnisse zur aufgewendeten Zeit ins Verhältnis. Ein monatlicher Verdienst von z. B. 400 Euro hört sich zunächst einmal gut an. Dann ist aber relevant, wie lange Sie dafür gearbeitet haben. Bei 20 Stunden kommen Sie auf einen Verrechnungssatz von 20 Euro. Bei einem vierfachen Zeitaufwand

(80 Stunden) bleiben Ihnen gerade noch 5 Euro pro Stunde. Wenn ich Sie frage, ob Sie für 5 Euro in der Stunde für mich arbeiten, machen das bestimmt die wenigsten von Ihnen.

Einen Verdienst von 5 Euro in der Stunde sollten Sie sich verbieten. Möglich ist auch ein negatives Monatsergebnis von z. B. –400 Euro. Dann zahlen Sie drauf. Für z. B. 40 Stunden legen Sie Ihrem Arbeitgeber (Finanzmärkte) stündlich 10 Euro auf den Tisch (Tab. 6.1).

Stunden [Tag]	Stunden [Woche]	Stunden [Monat]	Gewinn / Verlust [Monat]	Stundenverrechnungs-satz [Euro]
1	5	20	400	20
4	20	80	400	5
2	10	40	-400	-10

Tab. 6.1: Stundenverrechnungssätze

Positive Medienberichte können Kaufentscheidungen bewirken (Jörg-Perrin 2007). Hinzu kommt, dass Anlageempfehlungen von Experten befolgt werden. Viele hören auf sogenannte Star-Trader, Finanzexperten oder selbsternannte Börsengurus. Die meisten stellen dann selbst das Denken bedauerlicherweise ein. Dieses Verhalten ist schon sehr seltsam. Abgesehen davon, dass es an sich keine Experten gibt, die Ihnen beim Geldverdienen helfen könnten, erschließt sich mir nicht, wieso das Vertrauen in ein vermeintliches Expertentum so groß ist. Die Eintrittswahrscheinlichkeit von Prognosen liegt bei 50 Prozent.

80 Millionen haben zu Belanglosigkeiten eine Meinung. Wenn der Bundestrainer seine Mannschaft aufstellt oder eine Einwechslung vornimmt, weiß jeder, wie es besser sein könnte. Welchen finanziellen Nutzen hat es für Sie, Finanzentertainern zu folgen?

Der Umgang mit Finanzentertainment birgt auch große Entwicklungschancen. Trader können lernen, sich zu fokussieren und kompromisslos gegen den Einfluss von Finanzentertainment abzugrenzen. Sie kommen sicherlich auch ohne die Nachrichtenwelt aus.

- Wie ist bei dir das Verhältnis von Beschäftigung mit Finanzentertainment und Trading-Praxis?
- Setze deine Stunden, die du mit Finanzentertainment verbringst und in denen Du handelst (Trading-Praxis) ins Verhältnis zu deinen Trading-Ergebnissen (Rendite).

Personal-Trader-Coaching*: Wie hoch ist dein Stundenverrechnungssatz? Weitere Aufgabe in Kapitel 6.4.1.*

Literatur

Guiso, L., Jappelli, T.: Information acquisition and portfolio performance. Working paper, papers.ssrn.com 2006

Jörg-Perrin, P.: Geschlechts- und ausbildungsspezifische Unterschiede im Investitionsverhalten, Berner Betriebswirtschaftliche Schriften, Band 39, Haupt Verlag 2007

6.2 Trading als Floh-Erfahrung

Lesen, lesen, lesen. Wozu überhaupt? Was ist mit fühlen, schmecken oder riechen? Wenn Sie sich einen Chart ansehen, befriedigen Sie vor allem einen Sinn. Vielleicht setzen Sie sich damit auch den einen oder anderen Floh in den Pelz? Mir ist bewusst, dass ich mit den folgenden Gedanken manchen Chartspezialisten auf die Palme bringe.

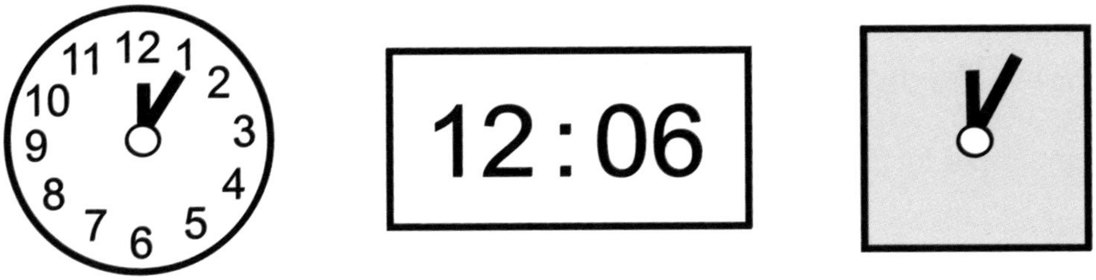

Abb. 6.1: Uhren-Typen

Wenn Sie auf die Uhren in Abbildung 6.1 sehen, werden Sie feststellen, dass alle die gleiche Zeit anzeigen. Es ist jetzt 12 Uhr und 6 Minuten. Das können Sie auf jeder Uhr sofort erkennen, unabhängig davon, ob sie ein Ziffernblatt hat, eine digitale Anzeige oder ganz ohne Zahlen auskommt.

Vermutlich stellen Sie sich nicht vor, wie es dazu gekommen ist, dass sich die Zeiger auf der Uhr links auf 12:06 Uhr gestellt haben, oder? Sie denken wahrscheinlich auch nicht daran, dass es einmal 10:40 Uhr, 11:51 Uhr oder 12:03 Uhr gewesen ist? Das einzig Interessante ist die jetzige Uhrzeit.

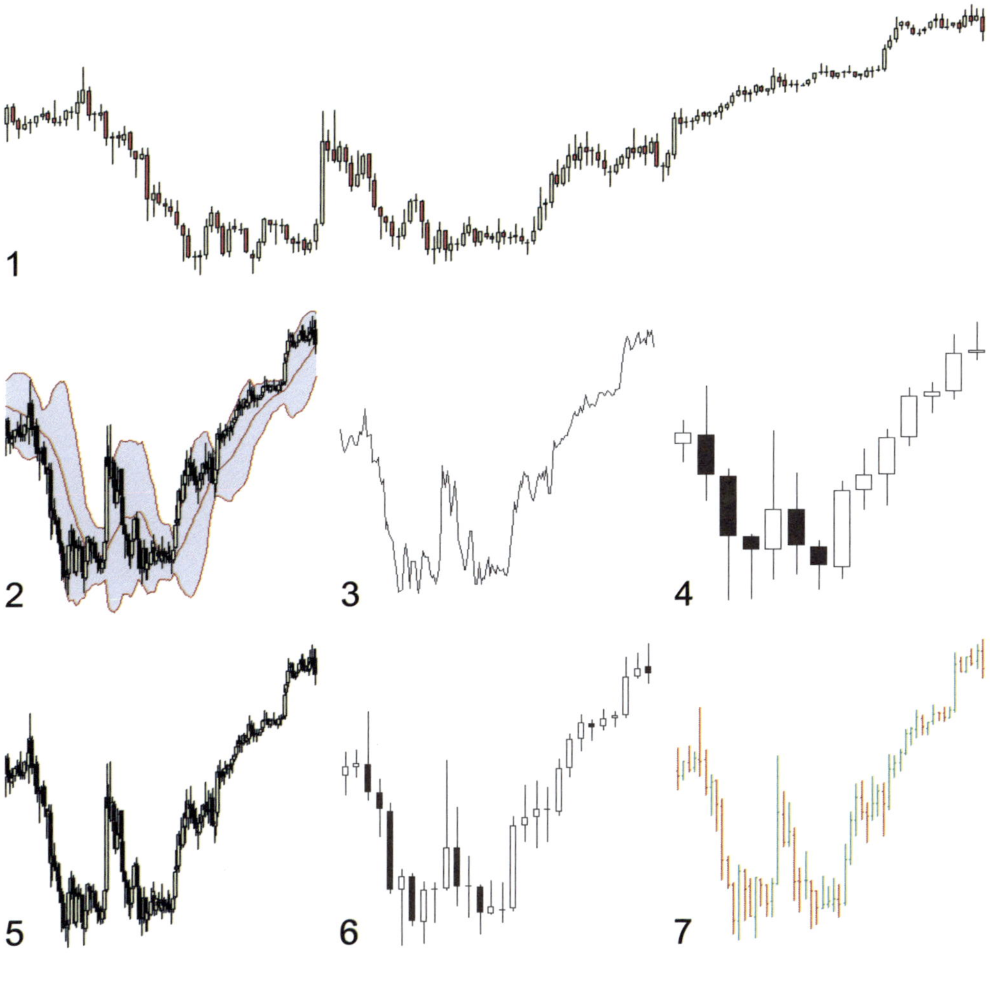

Abb. 6.2: FDAX-Chart vom 17.02.2017: 1: Kerze = 5 Minuten, 2: Kerze = 5 Minuten mit Bollinger-Bändern, 3: Linie, 4: Kerze = 60 Minuten, 5: Kerze = 5 Minuten, 6: Kerze = 30 Minuten, 7: Balken = 15 Minuten

Sehen Sie sich die Charts in Abbildung 6.2 an. Nicht jeder erkennt sofort, dass alle Charts dieselbe Information enthalten. Sie bilden den Kursverlauf vom FDAX am 17.02.2017 ab. Als Charttyp wurden Kerzen (Charts 1, 2, 4 bis 6), Linien (Chart 3) und Balken (Chart 7) verwendet. Bei den Charts 1, 2 und 5 handelt es sich jeweils um die gleiche Darstellung (5-Minuten-Kerzen). Der Chart 1 wurde auf die dreifache Breite gestreckt, in Chart 2 wurden Bollinger-Bänder eingezeichnet.

Auf meine Frage »**Was können Sie aus den Charts ablesen?**« erhalte ich z. B. folgende Antworten: »den Kursverlauf, den Trend, mögliche Einstiege und Gewinnziele«. Wenn ich mich mit den Antworten nicht zufrieden gebe, kommt folgende Reaktion: »die Vergangenheit«.

Diese Antwort sollten sich diejenigen zu Herzen nehmen, die übermäßig chartgläubig sind und dazu neigen, sich im Chart verlieren. Die entscheidende Information aller Charts ist der aktuelle Kurs, der an der letzten Kerze, dem letzten Bar oder Punkt im Linienchart abgelesen werden kann. Da verhält es sich genauso wie bei der Uhrzeit.

Während meines Studiums hatte ich einen Professor, der dafür bekannt war, einen Benzolring aufzuzeichnen, und Studierende fragte: »Was ist das?« Die Standardantwort darauf war: »Das ist Benzol.« Der Professor unterbrach und sagte: »Nein, das ist die Formel von Benzol. Benzol ist eine farblose Flüssigkeit mit einem Siedepunkt von 80,1 C«.

Selbst wenn Sie eine gewisse Spitzfindigkeit in der Antwort hören sollten, so geht es für Trader vor allem um Gewissenhaftigkeit im Umgang mit Charts und darum, die richtigen Schlüsse aus ihnen zu ziehen.

6.3 Wahrnehmen und loslassen

Trader, die mit großem Finanzwissen glänzen, leisten in der Trading-Praxis oft nur Durchschnittliches. Das belegen ihre Ergebnisse. Wie kann das sein? Tradern ist z. B. nicht bewusst, dass sie kein großes Wissen benötigen, um erfolgreich zu sein. Trading ist auch keine Frage von Intelligenz. Die landläufige Meinung, die Beschäftigung mit einem Thema steigere gleichzeitig auch die Kompetenz, kann beim Trading nicht beobachtet werden.

Wissen an sich steigert also nicht unbedingt das finanzielle Ergebnis. Sich kompetent zu fühlen, kann sich sogar als nachteilig erweisen. Wahrnehmungsfehler können auftreten, da Wissen die Wahrnehmung nachweislich prägt (Newen; Vetter 2016). Sehen wir also unsere Umwelt so, wie sie tatsächlich ist oder gefiltert durch die Brille unseres Vorwissens? Wenn Sie sich einen Chart ansehen, bildet sich die Überzeugung, dass es ein Chart ist, weil Sie dieses Hintergrundwissen bereits haben. Dabei handelt es sich um eine Tatsache. Wie verhält es sich aber mit dem, was Sie in einem Chart sehen? Hintergrundwissen beeinflusst vermutlich auch die Wahrnehmung selbst. Daher ist es für Trader unerlässlich, sich Zeit bei der Einschätzung eines Charts zu nehmen, um diesen richtig wahrzunehmen.

Erfahrungen, etwas sehr oft gesehen zu haben (z. B. eine Chartformation) und die richtigen Schlüsse daraus gezogen zu haben, sind äußerst wertvoll. Trader sollten daher über ein ausgefeiltes Regelwerk verfügen, um Gewissheit zu haben, dass es sich wirklich um das Wahrgenommene handelt.

Trader, die z. B. in einen doppelten Boden eine Grundlage für einen Positionseinstieg auf der Long-Seite sehen, sollten sich nicht nur auf ihre Augen verlassen. Sie müssen diese Chartformation zweifelsfrei identifizieren. Das könnte z. B. bedeuten, dass von Boden zu Boden ein zeitlicher Mindestabstand besteht oder die einzelnen Böden eine bestimmte Ausprägung haben. Gerade bei der Einschätzung von Charts offenbaren viele Trader mangelnde Kenntnisse, wenden unzureichende Regeln an und urteilen zu schnell.

Beim Trading kann es erforderlich sein, unmittelbar zu reagieren. Das ist möglich, wenn Trader sich im **Loslassen üben** und **zielgerichtet** vorgehen. Das gilt in besonderem Maß für Trader von Gelegenheiten.

Informationen, bereits abgeschlossene Trades und auch Positionseinstiege haben vielfach eine **Ankerwirkung** (Abb. 6.3).

Ein Trader eröffnet eine Position (E) zwischen 9 Uhr und 9.30 Uhr. Das Gewinnziel wird um 10.15 Uhr erreicht, die Position wird geschlossen (Z). Angenommen, beim Ziel handelte es sich um das Tagesziel, dann sollte das Trading sofort beendet werden. Manche Trader haben keine Ziele oder halten sich nicht daran. Sie traden weiter. Um 10.30 Uhr wird ein weiterer Trade eingegangen. Oftmals wird im zweiten Trade ein Ergebnis erwartet, das vom Geldbetrag dem des ersten entspricht. Die Messlatte liegt also genauso hoch. Stellen Sie sich vor, die 100 Prozent Ihres ersten Trades entsprechen 100 Euro, 500 Euro oder der Summe, die Sie mit einem Trade verdienen.

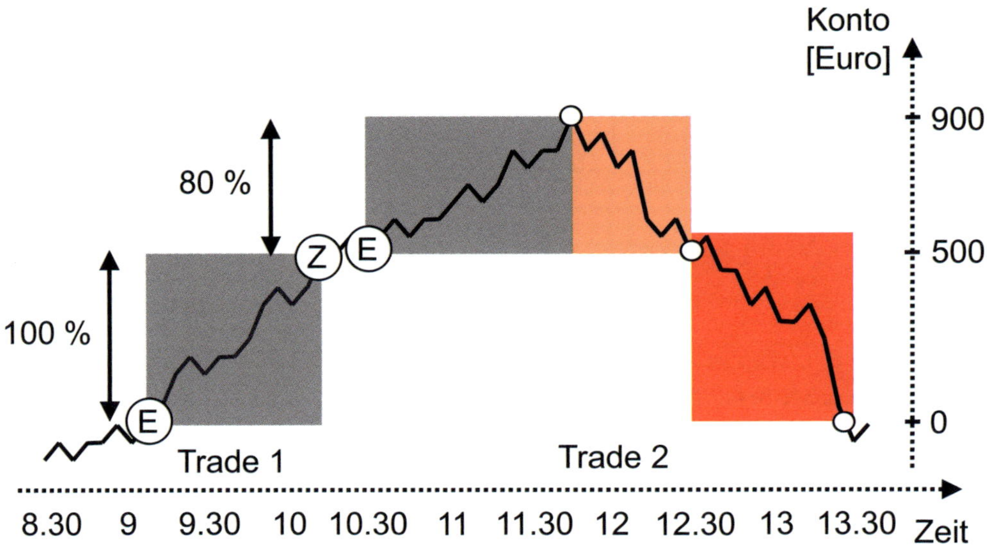

Abb. 6.3: Trade-Ergebnisse beeinflussen das Verhalten im darauffolgenden Trade: Trade 1: erreicht das Ziel (Z), Trade 2: Ergebnis ist noch offen. E = Einstieg, Z = Ziel

Der zweite Trade erfolgt unter ganz anderen Bedingungen als der erste kurz nach der Markteröffnung. Das Volumen ist vermutlich geringer, die Positionen werden von anderen Tradern gehalten, die Volatilität ist eine andere und einiges mehr. Darüber machen sich viele Trader keine Gedanken.

Erschwerend könnte hinzukommen, dass die Kurse zunächst fallen (Rücksetzer), bevor sich die Bewegung in die erwartete Richtung fortsetzt. Diese ist am späten Vormittag sicher schwächer, so dass das 100-Prozent-Ergebnis des ersten Trades vermutlich nicht erreicht werden kann. Vielleicht kommen Sie gerade noch auf 80 Prozent. Das reicht vielen nicht, weil das Programm von »immer weiter, höher und schneller« aktiviert ist. Der Trade zieht sich in die Länge, was Sie in der Abbildung 6.3 an dem grauen Kasten ablesen können. Die Position ist maximal 80 Prozent im Plus (Hochpunkt), was einem Ergebnis von 80 oder 400 Euro entspricht (bezogen auf den ersten Trade).

Eine Stunde später befindet sich der Kurs auf der Höhe des Einstiegs. Wer einen Stopp gesetzt oder nachgezogen hat, kommt möglicherweise mit einem kleinen Plus oder Break-even aus der Position. Ohne Stopp verlieren Trader Zeit und

Geld. Spätestens jetzt startet der innere Dialog, der zu einer Einschätzung von: »Eigentlich ist ja noch nichts passiert«, führen könnte. Das ist falsch, denn es hat sich so einiges ereignet: Zeit ist vergangen, Sie sind mit Ihrem Geld noch immer im Risiko, Körperreaktionen haben stattgefunden und Teile Ihrer Aufmerksamkeit sind noch immer im Finanzmarkt gebunden.

Der weitere Kursverlauf könnte dazu führen, dass auch noch der erfolgreich abgeschlossene erste Trade ins Spiel kommt. Verluste, die sich aus dem zweiten Trade (in unbegrenzter Höhe) ergeben können, werden gegengerechnet. Wer ohne Stopp arbeitet, kommt irgendwann an einer Tages-Null auf dem Konto an oder geht sogar als Verlierer vom (Arbeits-)Platz. Trader, die gegen 13.30 Uhr in die Mittagspause gehen, fangen wieder von vorne an. Da ist der Gedanke von »Eigentlich ist ja noch immer nichts passiert« wenig tröstlich.

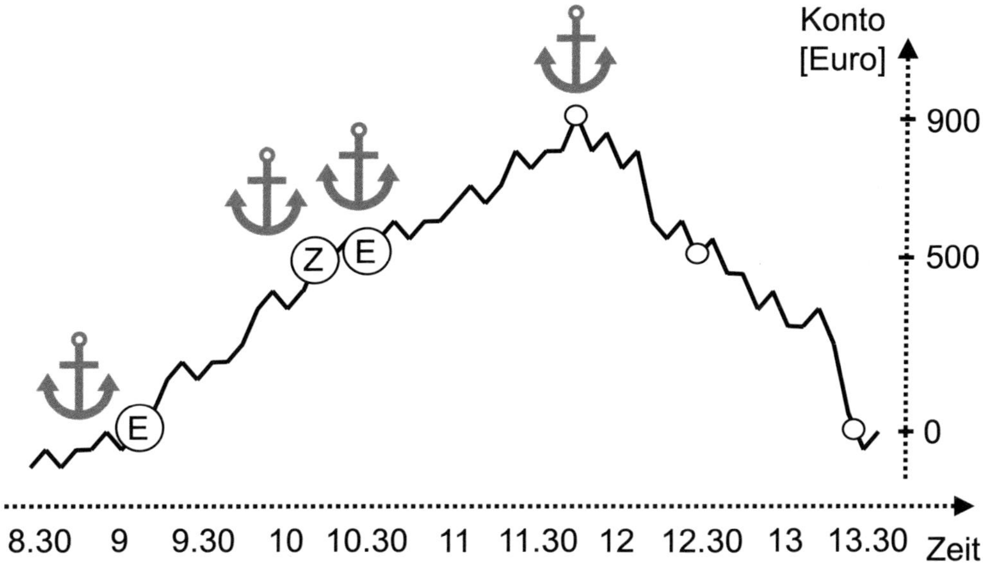

Abb. 6.4: Ankerwirkung: Trades beeinflussen das Verhalten im darauffolgenden Trade. E = Einstieg, Z = Ziel

Möglicherweise sind die Ergebnisse auch die Folge von Ankerwirkungen. Verschiedene Anker können eine Rolle spielen:

Anker 1: der Einstieg von Trade 1 (E), **Anker 2:** das Trading-Ergebnis des 1. Trades (Z), **Anker 3:** Einstieg von Trade 2 (E), wobei das Trading-Ergebnis von Trade 1 vermutlich eine höhere Wertigkeit hat und **Anker 4:** das Hoch (der maximal mögliche Gewinn aus Trade 2).

Diese vier Anker können dazu beitragen, dass Sie gegen 13.30 Uhr mit leeren Händen dastehen. Wenn ein zweiter Trade durchgeführt wird, sind Regeln unerlässlich. Das Ergebnis eines vorhergehenden Trades wird bei intuitiven Tradern immer eine Rolle spielen. Ebenso verhält es sich mit den Kursen beim Positionseinstieg und dem Kontostand bei Trade-Beginn. Lernen Sie loszulassen. So bekommt jeder Ihrer Trades die Möglichkeit sich zu entwickeln, was dann zum situationsbedingt richtigen Ergebnis führen sollte.

Literatur

Newen A.; Vetter, P.: Why cognitive penetration of our perceptual experience is still the most plausible account. Consciousness and Cognition 47, 2016, 26–37

6.4 Zeitbewusstsein

In diesem Kapitel geht es um das Thema Zeitbewusstsein. Wann haben Sie **Zeit zu traden**? Zu welcher **Zeit ist es sinnvoll** zu traden? Der von Ihnen gehandelte Markt sollte schon geöffnet haben. Wie lange halten Sie Ihre Positionen durchschnittlich (**Zeit eines Trades**). Schließlich geht es auch um die Fragen, wie Sie sich in der **Zeit während eines Trades** verhalten und **wofür Sie Ihre Zeit einsetzen** (Geld verdienen, spielen, Entwicklung).

6.4.1 Rhythmus in Ihrer Zeit

Jeder Mensch hat einen Rhythmus, eine sogenannte innere Uhr. Der Lebensrhythmus richtete sich jahrhundertelang nach dem Stand der Sonne. Das änderte sich mit der Erfindung des elektrischen Lichts. Dadurch konnte der Hell-Dunkel-Rhythmus durchbrochen werden. Menschen können seither auch zu nachtschlafender Zeit aktiv sein. Das führte in sogenannten modernen Gesellschaften zusehends zur Vernachlässigung durch die naturgegebenen Rhythmen.

Der Biorhythmus ist bei jedem Menschen anders. Er kann nicht verändert werden. So gibt es Menschen, die morgens mit dem ersten Sonnenstrahl aktiv sind, andere beginnen ihren Tag wenige Stunden später. Vor allem Day-Trader sollten unbedingt berücksichtigen, zu welchen Zeiten sie am aufmerksamsten und leistungsfähigsten sind.

Daneben führen auch die von Arbeitgebern tagsüber vorgegebenen Beschäftigungszeiten dazu, dass viele Menschen teilweise gegen ihren Rhythmus leben. Dadurch schaden sie sich selbst. Umso wichtiger ist es für Trader, die persönlichen Rhythmen zu berücksichtigen und dem Trading an sich einen Rhythmus zu geben. Wiederholungen können der Anfang von guten Gewohnheiten sein. Der Vorbereitung auf die Trading-Praxis messen viele keine große Bedeutung bei. Meine Trading-Praxis wird mit einer Achtsamkeitsübung eingeläutet. Daneben befinden sich ein Glas und eine Karaffe mit Wasser in Griffweite. Eine brennende weiße Kerze unterstützt mein Gefühl von innerer Ruhe.

Ein rhythmisches und ausgewogenes Verhältnis von aktiven und passiven Prozessen ist Ihrer Leistung förderlich und sorgt auf der körperlichen Ebene für stabile physiologische Funktionen und eine erhöhte Widerstandskraft.

- Kennst du deinen persönlichen Rhythmus?
- Lebst du in deinem persönlichen Rhythmus?
- Wenn ja, beschreibe deinen persönlichen Rhythmus.
- Wenn nein, warum lebst du nicht in deinem Rhythmus?
- Wann bist du am leistungsfähigsten, wann am konzentriertesten?
- Wann entspannst, wann schläfst du besonders gut?

Personal-Trader-Coaching: *Lebst du in deinem persönlichen Rhythmus? Weitere Aufgabe in Kapitel 6.4.2.*

Exkurs

Traden nach Namen, Zahlen und rhythmischen Zusammenhängen

Was ist Numerologie? Wie oft höre ich: »Numerologie, das ist doch so etwas wie Astrologie, oder?« Ganz so stimmt es natürlich nicht. Numerologie hat mit Zahlen und Buchstaben zu tun, keineswegs mit Planetenkonstellationen.

Numerologie ist eine Wissenschaft, die **Geburtszahlen**, **Namen** und **rhythmische Zusammenhänge** untersucht und Ihnen eine weitere Möglichkeit aufzeigt, Ihre Qualitäten zu erkennen. Letztlich geht es darum, dass Sie sich Ihrer Eigenschaften bewusst werden und damit die Voraussetzung schaffen, zu handeln, anstatt zu reagieren oder nur der Zuschauer Ihres Lebens zu sein.

Die Wiege der Zahlensymbolik liegt in Indien. Bereits vor Tausenden von Jahren verwendeten die Inder ein System aus zehn Symbolen. Grundlage der heutigen Numerologie ist vermutlich die Kabbala, wonach Orte, Zeiten und Namen in die höchste aller bekannten Ordnungen aufgelöst werden können: die Zahlen. Zahlen sind Energieträger. Sie werden in gerade und ungerade unterschieden. In einem Geburtsdatum können nicht alle Zahlen vorkommen, manche fehlen und andere sind vielleicht sogar mehrfach vertreten.

Mit Namen verhält es sich ähnlich. Sie wirken wie eine Visitenkarte und oftmals sind sie auch eine Eintrittskarte. In der Namensnumerologie gibt es für die 26 Buchstaben des deutschen Alphabets verschiedene Zuordnungssysteme. Das einfachste lautet: A = 1, B = 2, C = 3, ... Numerologen arbeiten vielfach mit reduzierten Zahlen. So werden die Zahlen von null bis neun genannt. Sie bilden also so lange die Quersumme, bis Sie zu einer einstelligen Zahl gelangen. Z, der 26ste Buchstabe, entspricht also einer 8 (2 + 6).

Neben den vielleicht für Sie gewöhnungsbedürftigen Rechnungen, spielen natürlich auch der Klang und die Bedeutung eines Namens eine Rolle. Numerologie ist einfach – es gibt keine komplizierten Berechnungen. Alles, was Sie tun müssen, um zu erkennen, welche Ihre Zahlen sind, ist Addieren und manchmal auch Subtrahieren. Kombinationen aus Zahlen und Buchstaben führen zu verschiedenen aussagekräftigen Zahlen: die **Lebenszahl** (Quersumme des Geburtsdatums), die **Schicksalszahl** (Zahl aus Ihrem Namen), die **Zahl der Herausforderung** (Zahl der Buchstaben des vollständigen Namens).

Numerologische Systeme, Bedeutung von Zahlen

Numerologische Systeme werden bei Personalauswahlverfahren, beim Zusammenstellen von Teams, bei der Berufswahl, in der Partner- und Lebensberatung und bei der Namensfindung eingesetzt. Lebensthemen und Energiebilder können durch den Einsatz verschiedener numerologischer Systeme aufgespürt werden. Beispiele sind die Numerologie von Geburtszahlen, die Namensnumerologie, die Kabbala, die Spirituelle Numerologie oder die Primzahlennumerologie.

Zahlen beschreiben Ihre Persönlichkeit und Eigenschaften. Numerologie ist eine faszinierende Art, etwas über sich selbst in Erfahrung zu bringen. Weitere Informationen zur Bedeutung von Zahlen oder zur Häufigkeit von Buchstaben finden Sie unter www.raimundschriek.com/numerologie.

Numerologie und Rhythmik an den Finanzmärkten

Rhythmus bezeichnet viele regelmäßige Abfolgen von Mustern. Das können Jahreszeiten, Tag und Nacht oder der Biorhythmus sein. Bei wirtschaftlichen Zusammenhängen wird in der Regel von Zyklen gesprochen: Saisonale Schwankungen (ca. drei Monate, den Jahreszeiten vergleichbar), konjunkturelle Schwankungen (ca. vier Jahre) und strukturelle Schwankungen (40 bis 60 Jahre, Kondratieff-Zyklen). Numerologie und Rhythmik sind auch an den Finanzmärkten festzustellen, dazu einige Beispiele:

Sell in May and go away: Saisonalität gilt als mittelfristiger Indikator, dem oft Fundamentaldaten zugrunde liegen. Investoren können Saisonalität zumindest beim Kaufzeitpunkt berücksichtigen. Bouman und Jacobsen (2002) zeigten, dass »Sell in May and go away« in 36 von 37 Märkten Sinn machte. In der Periode von November bis April wurden durchschnittlich höhere Renditen erwirtschaftet als von Mai bis Oktober, ein Effekt, den Sie auch bei Williams (2005) beschrieben finden.

Jahresendzahlrhythmik: Folgen die Märkte einer 10-Jahres-Rhythmik? In Jahren mit der Endzahl fünf (1905, 1915, 1925 ...) wurden im 20. Jahrhundert zum Beispiel im S&P 500 überdurchschnittliche Renditen erzielt (Williams 2005). Jahre mit der Endzahl acht oder neun gehörten auch zu den ertragreicheren, wohingegen 7er- oder 0er-Jahre im Durchschnitt Verluste brachten. Die Frage ist, ob sich diese Rhythmik auch im 21. Jahrhundert durchsetzen wird, da in diesem Jahrhundert Analytik und Rationalität eine weniger wichtige Rolle einnehmen werden. Grund dafür könnte die veränderte Jahrhundertzahl von 19 auf 20 sein.

Effekt des Namens eines Unternehmens: Der Name einer Firma ist oft auch »Programm«. Untersuchungen zu Zeiten des Internetbooms Ende der 1990er-Jahre belegen, dass Namensänderungen in einen »Dotcom«-Namen zu langfristigen Höherbewertungen führten. Diese waren unabhängig davon, ob das Unternehmen in der Internet-Branche tätig war (Cooper *et al.* 2001). Die Untersuchung von 64 Schweizer Firmennamen belegt ebenfalls: »Nomen est omen!« Namen haben großen Einfluss auf Kauf- und Verkaufsentscheidungen. Bei einem Börsengang z. B. führen »schöne« Firmennamen nicht nur zu einem sehr hohen ersten Kurs, sondern auch zu außergewöhnlichen Kurssteigerungen in den ersten zehn Tagen (Pensa 2006).

Weitere Beispiele zur Numerologie sind die Anwendungen der **Fibonacci-Zahlenreihe** (0, 1, 1, 2, 3, 5, 8, 13, 21, 34, 55, 89 ...) bei der Entschlüsselung der Struktur von Kursbewegungen **(Elliott-Wellen-Theorie)** oder bei der Kurszielbestimmung.

Literatur

Bouman, S.; Jacobsen, B.: The Halloween indicator, »Sell in May and go away«: Another puzzle. The American Economic Review 92, 2002, 1618–1635

Cooper, M. J. *et al.*: A rose.com by any other name. The Journal of Finance 56, 2001, 2371–2388

Jacobi, E.: Das Praxisbuch Numerologie: Was die Geburtsdaten über die Persönlichkeit und den Lebensweg aussagen. Ludwig 2003

Pensa, P.: Nomen est omen: How company names influence short- and long-run stock market performance. Working paper, ideas.repec.org, 2006

Prechter, R.; Frost, A. J.: Das Elliott-Wellen-Prinzip: Schlüssel für Gewinne am Markt. FinanzBuch 2003

Williams, L.: Die richtige Aktie zur richtigen Zeit. Börsenmedien 2005

6.4.2 Handelszeiten: Ihre und die der Märkte

Arbeit, Familie und Freizeit unter einen Hut zu bringen, ist schwierig genug, doch wo ist da noch Raum fürs Traden? Eine berechtigte Frage in unserer modernen und aufregenden Zeit, in der Eltern ihre Babys nicht mehr spazieren schieben, sondern sie joggend in ihren Rennbuggys durch die Landschaft fahren. Alles ist schneller geworden oder muss schneller gehen, weil die Aufgabendichte zugenommen hat und die Anforderungen immer größer werden. Zeit-Management ist angesagt – für jeden und für Trader im Speziellen.

Raum für freie Entfaltung

Verabreden Sie sich mit sich selbst zum Traden, das ist »Ihre« Zeit, denn Trading ist weit mehr als nur Geld zu verdienen. Trading bringt Sie in Kontakt mit sich selbst, denn die Ergebnisse (Gewinn oder Verlust) sind oftmals mit Gefühlen, Gedanken und Verhaltensweisen verbunden. Die Frage, ob es beim Traden in letzter Konsequenz nur ums Geldverdienen geht, lässt sich ohnehin kaum beantworten.

Dass in Ihrer Trading-Zeit sämtliche Kommunikation keine Rolle spielen sollte, versteht sich von allein, oder? Keine Handys, keine E-Mails, kein Postbote, der Pakete bringt, kein Radio, kein Fernseher … Die Welt, auch Ihr kleiner Mikrokosmos, muss eine Zeit lang ohne Sie auskommen. Die wenigen Ausnahmen, die Zugriff auf Ihr Trading-Zeitfenster erlauben, sind Urlaub, Krankheit oder Unvorhergesehenes.

Ihre Trading-Zeit hat einen **Anfang** und **ein Ende**. Bei Trades verhält es sich genauso. Klar, oder? … oder nicht? Wann gehen Sie einen Trade ein? Wenn die Einstiegsregeln greifen. Wann lösen Sie Ihre Position auf? Wenn die Ausstiegsregeln erfüllt sind.

Was heißt das im Klartext? Sie haben festgelegt, welche Kriterien erfüllt sein müssen, um eine Position zu öffnen. Sie haben Handlungsanweisungen (das regelt Ihre Strategie) für die Dauer Ihres Trades. Der Ausstieg erfolgt bei Erreichen Ihres Ziels, wenn Sie ausgestoppt werden oder zum Ende Ihrer Handelszeit.

Zwei Fragen, die Sie in Bezug auf das Thema Handelszeit beantworten sollten:

- Wann haben Sie Zeit zu traden, also wann ist Ihre **Handelszeit**?
- Wann hat der Markt Zeit?

Berechtigterweise sagen Sie: »Handel ist doch ständig möglich.« Gerade das ist der *Casus knacksus*. Wann ist Schluss? Ein Handballspiel dauert 60 Minuten. Ist die Uhr runtergelaufen, war's das. Das Ergebnis steht fest, z. B. 29 zu 27. Sind Sie Spieler? Dann gehen Sie zum Duschen, als Zuschauer verlassen Sie die Halle. Und der Bezug zum Trading? Festgelegte Handelszeiten (von ... bis ...) machen Ihr Trading messbar. Wenn Ihr Handelszeitende 11.00 Uhr ist, Ihre Position bis dahin weder Stopp noch Ziel erreicht hat, dann könnte das Ergebnis um 10.56 Uhr 230 Euro, bei Handelsschluss 310 Euro und um zwei Minuten nach elf 320 Euro sein.

Vielleicht sagen Sie sich: »Super, dass ich mein Handelszeitende verschlafen habe, so habe ich einen Zehner mehr.« Gerade eben nicht, weil in Ihrem Trading so Willkür einen Platz in der ersten Reihe bekommt und Sie sich für Ihre Disziplinlosigkeit auch noch belohnt fühlen.

Denken Sie an einen gefüllten Kühlschrank. Sie könnten 24 Stunden essen. Tun Sie aber nicht, übrigens aus verschiedenen Gründen. Sie könnten satt sein, Sie könnten schlafen oder auch nicht zu Hause sein.

Eine Strategie könnte Ihnen im Prinzip auch 24 Stunden lang Signale liefern. Kommt natürlich auf die Strategie an. Nehmen wir an, Sie bekommen im Schnitt ein Signal pro Stunde. Angenommen, Sie hätten Zeit, dieses Signal zu traden. Das heißt aber noch lange nicht, dass es sinnvoll ist. Die Frage »Wann hat der Markt Zeit?« lässt sich leicht mit den Öffnungszeiten beantworten. Diese sind klar geregelt. In einen Supermarkt gehen Sie auch nur, wenn er geöffnet hat. Ansonsten stehen Sie vor verschlossenen Türen und können sich Ihre geplanten Käufe abschminken. Die Öffnungszeiten von Finanzmärkten ermöglichen den Handel. Allerdings gibt es Zeiten, in denen sich das Geldverdienen anbietet und vermutlich auch einfacher ist.

Es ist von Vorteil, Positionen einzugehen, wenn Volumen da ist. Handelszeit heißt also im wahren Sinn des Wortes: die Zeit, in der gehandelt wird.

Daneben gibt es noch Tage, an denen vieles anders ist, weil z. B. Finanznachrichten dafür sorgen, dass Händler zunächst abwarten oder aber die Schwankung des Marktes besonders hoch ist, weil eine Entscheidung z. B. von europäischer Wichtigkeit erwartet wird und dies für große Unsicherheit sorgt. Das bedeutet, selbst wenn Sie wissen, was Sie traden wollen, Zeit haben, der Markt geöffnet hat, viele Händler für hohe Umsätze sorgen, kann es immer noch sein, dass es besser ist, an bestimmten Tagen nicht zu traden.

Trading-Zeitfenster

Immer wieder stelle ich fest, dass meine Klienten oft überhaupt keine Zeit zum Traden haben. Dennoch besteht ein starker Wunsch danach. Bei der Aufgabe sich zu überlegen, wo überhaupt freie Zeitfenster verfügbar sind, kehrt oft Ernüchterung ein. Viele haben einfach keine Zeit.

Die folgende Aufgabe ist vor allem für Day-Trader und Trader, die Positionen wenige Tage halten, aufschlussreich.

- Nimm dir einen handelsüblichen zweiseitigen Kalender, in dem du zunächst die Ferienzeiten markierst: Weihnachten, Winter oder Karneval, Ostern, Pfingsten, Sommer und Herbst.
- Dann trägst du die Feiertage ein, weitere freie Tage und möglicherweise auch Freitage, an denen sich Trader anders verhalten als von Montag bis Donnerstag.
- Du guckst dir Deine Arbeitswoche an und machst einen Plan, wann du Zeit zum Traden hast.

Personal-Trader-Coaching: *Wann hast du Trading-freie Zeit? Weitere Aufgabe in Kapitel 6.4.4.*

Wie sieht ein perfekter Handelstag aus?

Gibt es überhaupt einen perfekten Handelstag? Vermutlich sieht dieser für jeden Trader anders aus. 100 Trader haben 100 verschiedene Vorgehensweisen (Strategien, auf die Persönlichkeit abgestimmtes Trading) und 100 unterschiedliche Tagesabläufe, was auch den persönlichen Lebenssituationen geschuldet ist. Einfach ausgedrückt, spielen Vorbereitung, Trading-Praxis und Nachbereitung eine Rolle. Dann ist natürlich wichtig: »Wie viel Zeit nehmen Sie sich überhaupt, um zu traden?« Vollzeit, nebenberuflich oder gehören Sie zu denjenigen, die ihren Traum vom Trading in den wenigen kleinen Zeitfenstern verwirklichen, die Beruf, Privatleben und Freizeitgestaltung übrig gelassen haben?

Unter einem Handelstag stellen sich viele einen Arbeitstag von acht bis zwölf Stunden vor. Das ist aus meiner Sicht viel zu lang. Zwei bis vier Stunden sind völlig ausreichend. Der Handel an sich ist ja nicht spektakulär. Sie fällen eine Entscheidung, die Sie auf Ihrer Handelsplattform umsetzen, und das Ergebnis liefern die Märkte von ganz allein.

Meine Klienten haben mittlerweile verinnerlicht, dass dem »**Ankommen**« eine große Bedeutung zukommt. Letztlich lassen sie die »Welt« hinter sich, um sich mit uneingeschränkter Konzentration dem Trading zu widmen. Das Ankommen kann mit einer Achtsamkeitsübung verbunden werden (z. B. mit einer Atemübung, einer Meditation oder Musik). Wenige Minuten reichen aus. Dann dreht sich alles um die **Durchführung.** Ob Sie Strategie- oder Gelegenheits-Trader sind (vgl. Kap. 2.6) hängt von Ihrer Persönlichkeit ab. Ihre Risikobereitschaft und Ihre Gewinnziele sollten Sie festgelegt haben. Für die Risikoseite heißt das, dass Sie Zahlen für das Risiko einzelner Trades und auch für Ihr Konto (max. Drawdown) bestimmt haben sollten. Gewinnziele sollten ebenfalls abgesteckt sein. Darüber hinaus sollte von vornherein feststehen, ob und wie Sie weitere Trades eingehen, wenn Sie Ihre Trade-Ziele erreicht haben oder ausgestoppt worden sind. Zeit für die **Nachbereitung** (z. B. Trading-Tagebuch führen) sollte auch eingeplant werden.

Letzten Endes sollte Trading als fortlaufender Prozess verstanden werden, indem Ihre Erfahrung mit jedem weiteren Handelstag wächst.

6.4.3 Haltedauer Ihrer Trades

Im Folgenden lesen Sie eine kurze Beschreibung verschiedener Trading-Stile, deren Vorteile, Herausforderungen und Auswirkungen auf das Nervensystem. Die Stile sind auf die Haltedauer zurückzuführen. Dabei unterscheide ich in Day-Trader, Trader, die Positionen wenige Tage halten, und die Gruppe der mittel- bis langfristigen Trader. Zunächst aber zu den Scalp-Tradern, einer besonderen Gruppe unter den Day-Tradern.

1. **Scalp-Trader**: Skalpieren ist ein vertrautes Wort aus der Indianersprache und bedeutet »etwas herausschneiden«. Scalper machen Gewinne, indem sie Sekunden bis Minuten einer Kursbewegung folgen. Ihre Trades sind meistens auf wenige Ticks, Punkte oder Cent beschränkt. Gängige Charteinstellungen sind Tick, eine Minute oder fünf Minuten. Der Gewinn von Scalp-Trades ist limitiert. Daher sind überdurchschnittliche Trefferquoten und viele Gelegenheiten (Trading-Signale) ausschlaggebend. Scalper folgen dem Grundsatz »Viele kleine Stücke ergeben schlussendlich auch einen großen Kuchen.«

Mit Scalp-Trading sind viele Vorteile verbunden. Die hohe Handelshäufigkeit verstärkt das Gefühl von Arbeit. Durch das ständige Training sollte die Zahl der Trading-Fehler gegen Null gehen. Dispositionseffekte werden vermutlich auch schneller abgebaut. Strategien mit positivem Erwartungswert führen zu einer stetigen Kapitalentwicklung. Scalp-Trader tragen kein Übernachtrisiko. Neben entspanntem Schlaf wird auch das Sicherheitsgefühl gestärkt. Das vergleichsweise niedrige Trade-Risiko ist psychologisch genauso interessant wie eine hohe Trefferquote. Beides stärkt das Gefühl von Erfolg.

Natürlich ist Scalp-Trading auch mit Herausforderungen verbunden. Die größten sind eine mögliche Suchtgefahr und die Erhaltung der Gesundheit, da Scalp-Trading vor allem für Anfänger, aber auch Trader ohne Strategie als Stress empfunden werden könnte. Scalp-Trader müssen lernen, Verluste genauso schnell zu realisieren wie Gewinne. Das erfordert Disziplin.

2. **Day-Trader:** Day-Trader öffnen und schließen Positionen innerhalb eines Tages, unabhängig von Gewinn oder Verlust. Sie arbeiten z. B. mit Charteinstellungen von 15 Minuten, 30 Minuten, 60 Minuten oder 240 Minuten. Die Haltedauer von Trades ist durchschnittlich länger als bei Scalpern. Die Vorteile und Herausforderungen sind vergleichbar. Day-Trader können unmittelbar auf Finanznachrichten reagieren. Die größten Gefahren lauern in impulsiven Trades und falscher (ohne Bezug zum gehandelten Markt) oder fehlender Stoppsetzung. Gerade Anfänger verzichten gerne auf Stopps, so dass sie von Zeit zu Zeit mit einem einzigen Trade viele kleine Gewinne »erledigen«. Day-Trader müssen lernen, ihren Tag aktiv zu gestalten, sobald sie ihr Ziel erreicht haben. Das kann ein Tagesziel sein oder auch der letzte Trade, mit dem das gewünschte Wochen- oder Monatsziel vollendet wird (Abb. 6.5).

Trader, die ihr Ziel erreicht haben, haben zwei Aufgaben: **1.** das Trading sofort einzustellen und **2.** den weiteren Tag aktiv zu gestalten.

Gerade diese Aufgaben stellen viele Day-Trader vor größere Herausforderungen. Dass Trader möglicherweise nach wenigen Minuten oder nicht einmal einer Stunde ihre Arbeit beenden können, ist für viele gewöhnungsbedürftig. Letztlich ist es eine Frage der Disziplin, ob Sie aufhören oder weitertraden. Wenn es Ihnen schwer fällt, sich sofort anderen Dingen, Menschen oder Aufgaben zuzuwenden, finden Sie die Gründe dafür.

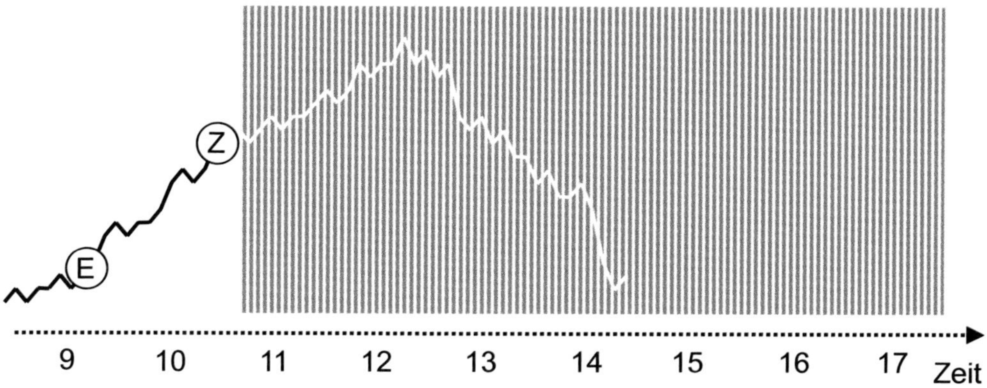

Abb. 6.5: Day-Trader: Tagesgestaltung nach Erreichen des (Tages)-Ziels, schraffierte Fläche = freie Zeit, E = Einstieg, Z = Ziel

Nach Erreichen Ihres Trading-Ziels haben Sie auch Feierabend. Wenn Sie jetzt weiterarbeiten, bekommen Sie die eingesetzte Zeit nicht vergütet, schlimmstenfalls zahlen Sie sogar drauf. Daher ist es umso wichtiger, Ihren Tag aktiv zu gestalten. Erinnern Sie sich an die Abbildung mit den beiden Trades (Kap. 6.3). Der erste Trade entspricht dem in Abbildung 6.5 gezeigten. Der Positionseinstieg erfolgte gegen 9.15 Uhr, das Gewinnziel wurde gegen 10.30 Uhr erreicht. Die schraffierte Fläche steht für das Zeitfenster, das Sie durch Ihre Arbeit als Trader gewonnen haben. Bei vielen Menschen beginnt die schraffierte Fläche erst am Abend. Genauso wie Sie Ihr Trading planen, sollten Sie also die schraffierte Fläche lebendig gestalten. Die Antworten von Seminarteilnehmern auf die Frage »Was tun Sie, wenn Sie Ihre Trading-Ziele erreicht haben?« sind vielfältig: leben, Geld ausgeben, putzen, Rad fahren, baden, Buch schreiben, Kinder besuchen, im Garten arbeiten, Freundin treffen, Sport treiben, den Hund ausführen u. v. a. m.

3. **Trader, die Positionen mehrere Tage halten:** Wesentlicher Unterschied zum Day-Trading ist, dass offene Positionen Übernachtrisiken ausgesetzt sind. Diese Trader fällen ihre Entscheidungen z. B. auf Tages- oder 15-Minuten-Charts. Die Positionen werden meistens nicht länger als zehn Tage gehalten.

Einstiege werden mit Technischer Analyse ermittelt, z. B. nach einem Rücksetzer in Erwartung einer Trendfortsetzung oder an Stellen, wo mit einer Trendumkehr zu rechnen ist. Der Vorteil liegt darin, dass Sie mit einzelnen Trades wenig riskieren und sehr viel mehr gewinnen können, weil der Stopp nahe am Einstieg gesetzt werden kann.

Die Trefferquote, die für viele aus psychologischer Sicht wichtig ist, liegt oft unter 50 Prozent. Viele kleine Verluste werden durch wenige große Gewinne wettgemacht, da die CRVs in der Regel höher als zwei sind.

Einzelne Trades werden wie kurzzeitige Projekte wahrgenommen. Das fühlt sich für viele gut an, weil es einen Anfang und vor allem ein geplantes Ende gibt. Außerdem sind die gegenüber mittel- bis langfristigem Trading geringeren Drawdowns interessant. Meistens spielen Kommissionen keine große Rolle, weil ihr Anteil am Trading-Ergebnis unerheblich ist. Der Einfluss von Slippage (der Unterschied zwischen erwarteter und tatsächlicher Orderausführung) ist ebenfalls zu vernachlässigen. Einstiege können mit dem Tagesschlusskurs bestimmt werden, so dass es möglich ist, Aufträge vor der Markteröffnung zu erteilen. Meistens werden viele Märkte gleichzeitig beobachtet werden. Dennoch ist der Zeiteinsatz vergleichsweise gering.

Die größte Herausforderung liegt im Übernachtrisiko, weil es das Trading unkalkulierbar macht. Ihre Positionen sind ungeschützt, selbst wenn Sie einen Stop-Loss gesetzt haben. Ihre Stopp-Order wird beim Erreichen dieses Kurses zu einer Market-Order, so dass die Position zum nächstmöglichen Kurs aufgelöst wird. Dieser kann erheblich von dem von Ihnen gesetzten Stop-Loss-Kurs abweichen.

4. **Mittel- bis langfristiges Trading:** Trader, die ihre Positionen mittelfristig oder länger halten, brauchen vor allem Geduld. Gefahren lauern im Festhalten an Entscheidungen, fehlenden Regeln für den Ausstieg und durch »ungünstige Zufälle«, die die Märkte in starke Bewegung versetzen. Konkrete Ziele sind bei dieser Art von Trading meistens nicht vorhanden. Daher sollte klar sein, wann es an der Zeit ist, eine Position aufzulösen. Regeln verhindern ein (zu) frühes Mitnehmen von Gewinnen und ein längeres Aussitzen von Verlusten. Diese sollten so angelegt sein, dass Sie mit einer Position möglichst lange an einem Trend teilhaben. Vielleicht verringern Sie auch bei einer bevorstehenden Trendwende Ihr Risiko, indem Sie Ihren Stop-Loss näher an den aktuellen Kurs ziehen.

Trading-Entscheidungen erfolgen oft auf der Grundlage von Finanznachrichten oder Fundamentalanalyse. Die Auswahl von Märkten ist wichtiger als die Einstiege. Diese werden mit Technischer Analyse ermittelt. Sie erfolgen an markanten Punkten, die eine Trendumkehr oder -fortsetzung nahelegen. Das können z. B. Hochs, Tiefs, Widerstände oder Unterstützungen sein. Der Chart ist auf

Tag, Woche oder sogar Monat eingestellt. Schwankungen auf dem Konto wird geringe Bedeutung beigemessen.

Eine große Herausforderung liegt bei dieser Art von Trading darin, dass Ihr Kapital u. U. sehr lange in Verlustpositionen gebunden ist, der Verlust allerdings erst nach Wochen oder Monaten realisiert wird. Darüber hinaus kann es sein, dass Ihr Geld bei Seitwärtsbewegungen längere Zeit auf den nächsten Einsatz warten muss. Von regelmäßiger Trading-Praxis kann wegen der stark schwankenden Zahl an Einstiegsmöglichkeiten keine Rede sein.

Trendfolgepositionen und -Strategien können zu herausragenden Gewinn-Trades führen. Deswegen sollten Trendfolger jedes Signal befolgen, um keinen großen Trend zu verpassen. Langfristiges Trading unterscheidet sich von der Geldanlage dadurch, dass Trader Stopps verwenden, die nachgezogen werden.

Was wird als stressiger empfunden? Day-Trading, die Position über ein paar Tage oder sogar einige Wochen zu halten?

Das wird von Trader zu Trader unterschiedlich empfunden. Day-Trader mit Strategie geraten selten unter Stress. Ohne Strategie ist Day-Trading anstrengend, allein schon durch den ständigen Entscheidungsdruck »Long oder short gehen?« oder »Position vergrößern, abbauen oder auflösen?«

6.4.4 Trading ist langweilig

Trading kann sich zu einem Geduldsspiel entwickeln. Im Alltag von Tradern sind immer wieder Zeiten, in denen Trades keinen Sinn machen. Dieser Zustand wird von vielen als unangenehm empfunden und als langweilig wahrgenommen. Die Bewältigungsstrategien in diesen Situationen sind unterschiedlich. **Eigentlich geht es darum, nichts zu tun.**

Anfänger vertreiben Langeweile dadurch, dass sie ihr **Risiko erhöhen** z. B. durch Verdopplung der Stückzahl einer Turbo-Bull-Position oder der Kontraktzahl beim Futures-Handel. Bei Letzterem könnten Margin-Calls die Folge sein, vor allem, wenn auf dem Konto durch die doppelt so hohe Sicherheitsleistung wenig freies Kapital verfügbar bleibt (vgl. Kap. 2.2.1).

Wer auf Stoppkurse gänzlich verzichtet, bekommt dafür völlig kostenfrei eine emotionale Achterbahnfahrt, die von der Volatilität des Marktes bestimmt wird. Die Intensität dieser Empfindungen hängt natürlich auch von der persönlichen Trading-Erfahrung ab. Abwechslung ist auch garantiert, wenn Sie vor Bekanntgabe wichtiger Wirtschaftsnachrichten Positionen in den davon betroffenen Märkten halten.

Die Möglichkeiten, das Gefühl von Langeweile zu umgehen, treffen durchweg Ihren Geldbeutel. Sie halten zwar Ihren Geist auf Trab, doch hat die Sache einen Haken. Sie können den Bedürfnissen Ihres Körpers keine Rechnung tragen. Menschen waren früher 20 Kilometer am Tag unterwegs. Die Beschäftigung bestand in Jagen, Sammeln oder vielleicht auch Kämpfen. Feinde oder wilde Tiere waren Ursache für den Ausstoß von z. B. Adrenalin, das allerdings sofort durch körperliche Aktivität im Kampf oder auf der Flucht abgebaut wurde. Der Überlebenskampf des Traders findet vorwiegend im Kopf statt. Das ist nur die halbe Wahrheit. Die körperlichen Reaktionen bei Stress sind immer noch die gleichen. Stresshormone werden gebildet, verbleiben allerdings im Körper, weil Trader oft unter Bewegungsmangel leiden. Das könnte ihre körperliche wie auch geistige Gesundheit langfristig beeinträchtigen.

- Kennst du das Gefühl von Langeweile?
- Woher kommt es, dass du dich langweilst?
- Weichst du einer anstehenden Aufgabe aus, weil sie dich nicht erfüllt?
- Wieso hältst du Langeweile (dich) kaum aus?
- Wie schaltest du das Gefühl von Langeweile aus?
- Wie verhältst du dich? (bewusste oder unbewusste Reaktion?)
- Wiederholst du ein bestimmtes Verhalten? (zu viele Trades, zu hohes Risiko?)
- Wie begegnest du dem Gefühl von Langeweile ab sofort?

Personal-Trader-Coaching: *Wie begegnest du Langeweile? Weitere Aufgabe in Kapitel 7.1.1.*

Im Prinzip bin ich eher dafür, Nüsse zu knacken, anstatt Windeier zu legen.

- Hans-Georg Dujat, deutscher Gymnasiallehrer für Philosophie, Religion, Latein und Sport

7 ENTWICKLUNG DURCH TRADING

7.1 Herzhaft traden

Dem Herzen ist ein ganzes Kapitel gewidmet, weil es offensichtlich mehr Einfluss auf das Trading nimmt als vielfach angenommen. Vor allem der Aspekt, dass das Trading mit guter Herzschlagwahrnehmung die Ertragskraft steigert, überrascht Sie vielleicht. Das Herz ist allein schon dadurch bedeutsam, dass es in einem sehr frühen Entwicklungsstadium gebildet wird.

7.1.1 Weniger sympathisch kommt besser

Das **autonome Nervensystem** (ANS) besteht aus dem sympathischen und dem parasympathischen Nervensystem. Die meisten lebenswichtigen Organfunktionen (z. B. Atmung, Kreislauf, Stoffwechsel) werden von beiden Systemen gesteuert, die als Gegenspieler einander ergänzend wirken und dadurch eine abgestimmte Regulation der Organtätigkeit ermöglichen. Durch den **Sympathikus** werden vorwiegend Körperfunktionen innerviert, die nach außen gerichtet sind, den Körper in erhöhte Leistungsbereitschaft versetzen und den Abbau von Energiereserven zur Folge haben. Dazu zählen z. B. körperliche Arbeit oder die Reaktion auf Stressfaktoren (z. B. Kampf, Flucht). Unter Stressfaktoren versteht man alle inneren und äußeren Reize, die ein Mensch als Stress empfindet und auf die er mit einer aktiven Anpassung reagiert. Der **Parasympathikus** dagegen innerviert hauptsächlich Körperfunktionen, die der Regeneration und dem Aufbau von Energiereserven dienen. Er dominiert und steuert die unbewusst ablaufenden nach innen gerichteten Organfunktionen (z. B. Atmung, Stoffwechsel und Verdauung).

In Tabelle 7.1 sehen Sie Beispiele, die zur Steigerung des sympathischen oder parasympathischen Nervensystems führen. Die Sympathikusaktivität wird vor allem durch unser **Tun** gesteigert, also Bewegung, Handlung, Aktionen und Reaktionen. **Fühlen** führt zur Steigerung der parasympatischen Aktivität. Darunter ist alles das zu verstehen, was den Körper, aber auch Geist und Seele, entspannt, ruhig und langsam macht. Ein Gleichgewicht zwischen Sympathikus und Parasympathikus ist erforderlich, damit unsere Organfunktionen bestmöglich ablaufen können. Energie verbrauchende und Energie liefernde Prozesse, Anspannung und Entspannung sollten sich abwechseln und unter dem Strich die Waage halten. Das nennt man Balance.

Sympathikusaktivität	**Parasympathikusaktivität**
vermindertes Atmen	bewusstes Atmen
wenig Schlaf	ausreichend Schlaf
vorgegebenes Zeitmanagement	eigene Rhythmen leben
übermäßig viele Sinnesreize	Ruhe, verringerte Sinnesreize
unterdrückte Gefühle	Meditation
überaktive Augenmotorik	Weite sehen und spüren
denken, planen, organisieren ...	hingebungsvoll-künstlerischer Ausdruck

Tab. 7.1: Sympathikus- und Parasympathikusaktivität

Die Trading-Praxis regt in erster Linie das sympathische Nervensystem an. So führen z. B. die vielen oft auch überflüssigen Informationen zu erhöhter Aktivität. Trader müssen daher lernen, sich auf die für sie wichtigen Informationen zu begrenzen und sich selbst folgenden Auftrag zu erteilen: »**Ich entspanne, werde langsam und entscheide mich bewusst, welchen Informationen ich mich aussetze.**«

Exkurs

Signale von Herz, Bauch und Kopf

Immer wieder höre ich von Tradern, die auf Tippgeber vertrauen und gekauften oder von Handelssystemen erzeugten Signalen mehr Gewicht geben als Ihren persönlichen Signalen vom Gehirn, aus dem Herz und aus dem Bauch. Vielfach fehlt es an Balance, u. a. weil die Leistungen vom Gehirn überbewertet, die wichtigen Signale von Bauch und Herz dagegen stiefmütterlich behandelt werden (Abb. 7.1).

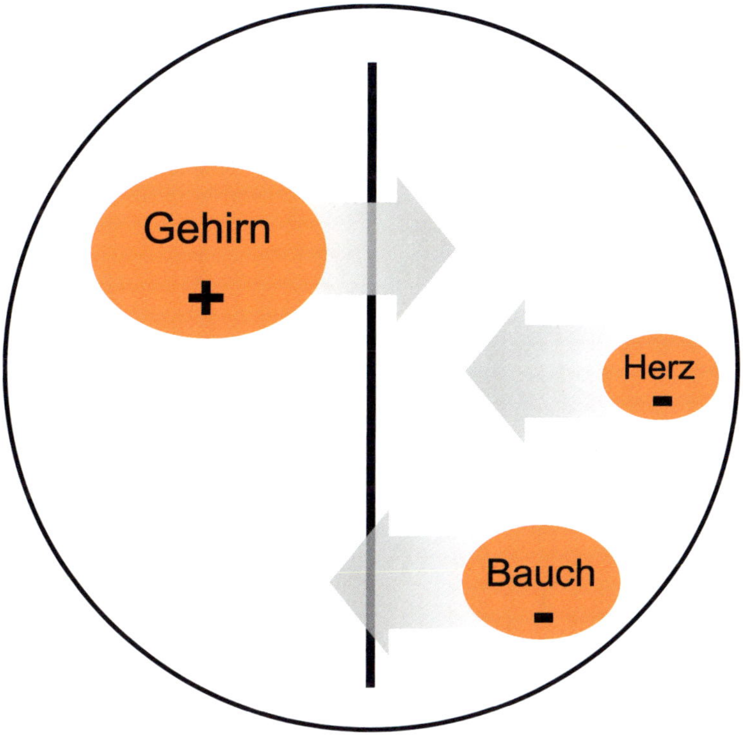

Abb. 7.1: Disbalance von Gehirn, Herz und Bauch

Körpersignale wahrnehmen

Das **Gehirn** steuert vor allem Körperfunktionen, bewertet Informationen und verarbeitet diese zu Reaktionen. Das komplexe Gebilde enthält bis zu 100 Milliarden Nervenzellen, von denen jede einzelne über Synapsen mit weiteren 100 bis 10 000 netzwerkartig verknüpft ist. Durch ihre elektrische Erregbarkeit und Leitfähigkeit können Nervenzellen Impulse weiterleiten, Informationen verarbeiten und speichern. Ihr Gehirn entscheidet für Sie »long oder short« und setzt den Entschluss überdies auch praktisch um, indem es Sie bei der Bedienung der Software unterstützt. Inwieweit vorwiegend kopfgesteuerte Entscheidungen sinnvoll sind, sollte jeder für sich selbst beantworten. Trader sollten ebenso in der Lage sein, ihr **Bauchgefühl** wahrzunehmen. Die über 100 Millionen Nervenzellen, die den Verdauungstrakt umgeben, sind in Bezug auf Zelltypen, Wirkstoffe und Rezeptoren mit denen des Gehirns vergleichbar. Der Bauch sendet vermutlich weit mehr Signale zum Gehirn als umgekehrt. Das ist leicht einsehbar, da er entwicklungsgeschichtlich älter ist. Der Bauch denkt und fühlt also völlig unabhängig vom Großhirn. Auch das **Herz** beeinflusst das Gehirn. Es mischt ebenso bei Trading-Entscheidungen mit.

Vor allem Gelegenheits-Trader sollten Gehirn, Herz und Bauch in Balance bringen, um einen reibungslosen Informationsfluss herzustellen (Abb. 7.2).

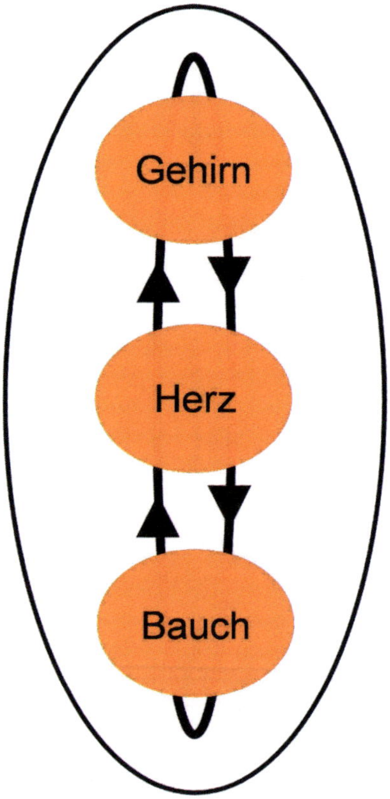

Abb. 7.2: Gehirn, Herz und Bauch in Balance

Praktische Übungen zum Balancing können Sie dabei unterstützen. Sie haben folgende Möglichkeiten, in sehr kurzer Zeit Balance herstellen: _

1. **Atmen Sie bewusst**: Stimmen Sie sich auf Ihr Trading ein, indem Sie sich auf Ihren Atem konzentrieren. **Atemübungen** fördern Ihre Kreativität, weil der Kontakt mit höheren Bewusstseinsebenen über die Atmung hergestellt wird. Zudem

ist tiefe Bauchatmung die wirksamste Methode, um das Lymphsystem zu stimulieren und zu reinigen (Shields 1992). Daneben regt diese Ihr Immunsystem an. Regelmäßige Atemübungen werden zu Ihrer inneren Klarheit beitragen, was Sie dabei unterstützen wird, das Marktgeschehen mit Abstand zu betrachten.

2. **Spüren Sie Ihren Herzschlag**: Wenn Sie Ihr Körperbewusstsein steigern und z. B. Ihre Herzschläge besser wahrnehmen, sollte das Ihre Finanzen beflügeln (vgl. Kap. 7.1.3). Folgende Übungen können Sie dabei unterstützen:
Zählen Sie die Schläge Ihres Herzens bis 10 und beginnen Sie wieder von vorne.
Sprechen Sie ein Mantra im Takt Ihres Herzschlages (»Ich bin …« oder »Om mani padme hum«). »Om mani padme hum« ist ein Mantra in Sanskrit. Im Wiederholen dieses Mantras drückt sich der Wunsch nach Befreiung aller Lebewesen aus dem Kreislauf der Wiedergeburten aus.
Singen Sie im Takt Ihres Herzschlages.
3. **Nehmen Sie Ihren Herzrhythmus wahr**: Bei Stress, Depression oder Wut wird die Pulsfrequenz bei Menschen ungleichmäßig und chaotisch. Wohlbefinden, Mitgefühl und Dankbarkeit dagegen führen zu gleichmäßigem Puls (Kohärenz). Sie sollten sich in der Trading-Praxis vorwiegend in einem kohärenten Zustand befinden. Dieser kann durch Übungen zur Herzintelligenz erreicht und gefestigt werden (vgl. Kap. 7.1.4).
4. **Lernen Sie »defokussiert« zu sehen**: Konzentrieren Sie sich z. B. auf ein geschriebenes Wort und schauen Sie dann in die Ferne, aus dem Fenster und wenn möglich bis zum Horizont. Nehmen Sie den Unterschied rund um Ihre Augen wahr und spüren Sie ihn für ein paar Minuten. Vergleichbares erleben Sie, wenn Sie die zunächst verborgenen dreidimensionalen Bilder aus der Buchreihe »Das magische Auge« (Magic Eye) erkennen.
5. **Machen Sie eine dreidimensionale Hautmeditation**: Spüren Sie Ihre Hautoberfläche. Beginnen Sie an den Fußsohlen und wandern Sie mit Ihrer Aufmerksamkeit nach oben bis zur Kopfkrone. Bleiben Sie mit Ihrer Wahrnehmung immer an der Hautoberfläche. Lassen Sie dabei ein Bewusstsein für ein »innerhalb Ihres Körpers« und ein »außerhalb« entstehen.
6. **Führen Sie eine Zonenmeditation durch**: Diese Art von Meditation führt Sie bewusst in die verschiedenen Räume, die Sie umgeben und in denen Sie sich aufhalten. Verweilen Sie jeweils eine Minute in den einzelnen Zonen. Jede in ihrer Ausdehnung größere beinhaltet die kleinere Zone. Beginnen Sie mit einer dreidimensionalen Hautmeditation, nehmen Sie dann den Raum 30 bis 40 Zentimeter um Ihren physischen Körper wahr, anschließend den Raum (Zimmer), in dem Sie sich befinden und schließlich den Raum bis zum Horizont.

Literatur

Shields, J.: Lymph, lymph glands, and homeostasis. Lymphology 25, 1992, 147–153

- Du atmest bewusst.
- Du spürst deinen Herzschlag.
- Du nimmst deinen Herzrhythmus wahr.
- Du übst, »defokussiert« zu sehen.
- Du machst dreidimensionale Hautmeditationen.
- Du erlernst die Zonenmeditation.

Personal-Trader-Coaching: *Wie du dich in Balance bringst. Weitere Aufgabe in Kapitel 7.1.2.*

7.1.2 Trading mit offenem Herzen und starker Leber

Abb. 7.3: Trader: offenes Herz und starke Leber

Das Herz: Ein entspanntes, erfülltes Herz ist die Voraussetzung für ein glückliches Leben. Das Herz hat durch seine verschiedenen Qualitäten eine besondere Bedeutung. Zu den Herzqualitäten zählt z. B., dass es unser innerer Ruhepol ist. Im Herzen sind die Energien ausgeglichen. Das bedeutet Parasympathikus und Sympathikus sind im Gleichgewicht. Das Herz ist der Schlüssel zur Balance, dem Zustand, aus dem Trader handeln sollten. Eng mit dem Herzen verbunden ist auch das Thema annehmen (sich und auch andere).

Das Herz nimmt wahr, es wertet nicht. Da der Chart oft als Gegenüber oder Kommunikationspartner (fast wie ein Mensch) angesehen wird, ist es umso wichtiger, der Realität ins Auge zu sehen, da Projektionen oder auch verzerrte Wahrnehmungen zu finanziell schädigenden Entscheidungen führen können. Das Herz ist auch das Zentrum, von dem aus Vergebung erfolgt. Für viele ist es schwierig, sich selbst zu vergeben. Anderen Menschen fällt das leichter. So sind es oft die eigenen Trading-Fehler, die besonders schmerzen und so lange wiederholt werden, bis die Lektion verstanden ist. Das Herz ist auch der Schlüssel, um sich auf Neues einzulassen. Die Bereitschaft, sich zu verändern, ist für Trader sehr bedeutsam. Daneben ist es der Sitz unseres Mitgefühls und der neutrale Ort, der unseren Kopf und Bauch »beobachtet« und notwendige Veränderungen einleitet. Daher ist es sinnvoll, sich mit dem Herz auseinanderzusetzen und das Herz zu stärken.

Die Leber: Sie wird embryologisch betrachtet aus Herzzellen gebildet. Im Gegensatz zum Herzen, bei dem wir sofort spüren, wenn es unterversorgt oder krank ist, zeigt die Leber keine klaren Symptome. Ein Herz kann sich schwer fühlen, aufgeregt oder gebrochen sein, die Leber tut noch nicht einmal weh. Sie sucht sich andere Wege, um deutlich zu machen, dass sie sich nicht im Gleichgewicht befindet. Das kann sich z. B. in Hüftproblemen, Seitenstechen, Atemnöten oder auch Rückenschmerzen äußern. Ebenso können ein hormonelles Ungleichgewicht oder Übersäuerung eine kranke Leber anzeigen.

Die Leber ist deshalb so wichtig, weil sie es uns möglich macht, uns abgrenzen zu können. Sie ist der Ursprung dafür, dass wir Nein sagen können. Gerade das ist für Trader besonders wichtig. Nein zu sagen, bedeutet Grenzen zu setzen. Das geschieht, indem Stopps gesetzt werden. Damit Sie die Kraft haben, diese in der Trading-Praxis konsequent zu verwenden, braucht es Ihre starke Leber.

Leber	**Herz**
Lage: rechter Oberbauch	Lage: linker / mittlerer Brustkorb
Entgiftung	Bluttransport
Nährstoffproduzent	Selbstversorger (Herzkranzgefäße)
»Nein«, Abgrenzung	»Ja«, Offenheit
aktiv: 1–3 Uhr, passiv: 11–13 Uhr	aktiv: 11–13 Uhr, passiv: 23–1 Uhr

Tab. 7.2: Leber und Herz: Lage, Themen, Eigenschaften

Das **Zwerchfell** ist das Herz und Leber verbindende Gewebe. Es handelt sich dabei um eine Muskel-Sehnen-Platte, die bei Menschen Brust- und Bauchhöhle voneinander trennt. Das Zwerchfell ist unser wichtigster Atemmuskel und gilt als Motor der Bauchatmung (Zwerchfellatmung). Das Zwerchfell leistet 60 bis 80 Prozent der zur Einatmung benötigten Muskelarbeit.

- Spüre und ertaste dein Herz.
- Ertaste deine Leber.
- Nimm wahr, wo es für dich besser ist, »Nein« zu sagen und wo ein »Ja« sinnvoller ist.

Personal-Trader-Coaching: *Ertaste dein Herz und deine Leber. Weitere Aufgabe in Kapitel 7.1.4.*

7.1.3 Herzschlagwahrnehmung steigert die Ertragskraft

Spannende Forschungsergebnisse liefert ein wissenschaftlicher Aufsatz, der im Original »Interoceptive Ability Predicts Survival on a London Trading Floor« heißt (Kandasamy *et al.* 2016). Die Ergebnisse sind für jeden Trader bedeutsam. Der englischsprachige Begriff »Interoception« bedeutet so viel wie Wahrnehmung von physiologischen Körpersignalen, wie z. B. Hunger, Schmerz oder Herzschlag. Die Wissenschaftler baten 18 männliche Parketthändler (Hochfrequenz-Trader, Haltedauer der Futures-Positionen: Sekunden bis Minuten), ihre Herzschläge zu zählen, ohne dabei auf Hilfsmittel zurückzugreifen (z. B. indem sie die Hand aufs Herz legten oder den Puls maßen).

Die beeindruckenden Ergebnisse geben dem Thema »**der (Trading)-Intuition folgen**« neue Nahrung. Richtige Trading-Entscheidungen werden offensichtlich durch physiologische Signale angeregt: Die Hochfrequenz-Trader nahmen ihre Herzschläge besser wahr als die Vergleichsgruppe (48 männliche Studierende der Universität Cambridge).

Noch interessanter allerdings war die Tatsache, dass von den interozeptiven Fähigkeiten auf die Ertragskraft und das Überleben an den Finanzmärkten geschlossen werden konnte. Daneben spielte auch die Dauer der Berufsausübung eine Rolle. Die Gruppe der Trader wurde in »bis zu vier«, »fünf bis acht« und

»mehr als acht« Jahre Berufserfahrung eingeteilt. Die alten Hasen hatten mit Abstand die beste Wahrnehmungsrate: 85,3 Prozent gegenüber 76,3 (fünf bis acht Jahre), 68,7 (bis zu vier Jahre) und 66,9 Prozent (Vergleichsgruppe).

Die Studie belegt, dass Menschen mit besserer Herzschlagwahrnehmung in risikoreichen Situationen eher richtige Entscheidungen fällen. Die finanziell erfolgreichsten Hochfrequenz-Trader besaßen auch die höchsten interozeptiven Fähigkeiten.

Obwohl ich jedem Anfänger rate, eine auf seine Persönlichkeit zugeschnittene Stratege zu entwickeln, können für Fortgeschrittene, also erfahrene Trader, andere Dinge entscheidender sein. Wenn die Strategie einmal in Fleisch und Blut übergegangen ist, könnten **Intuition** (z. B. in Bezug auf die Höhe des Kapitaleinsatzes bei einem Trade nach Strategie), **Erfahrung und Einfühlungsvermögen in Körpersignale das Zünglein an der Waage** sein.

In den Seminaren, die ich mit **Tina Knicky**, einer Spezialistin für die Anregung der Selbstheilungskräfte, gehalten habe, waren das Herz und Übungen zur Herzschlagwahrnehmung immer ein großes Thema. Bei vielen Teilnehmern hatte ich allerdings das Gefühl, dass Übungen, in denen Wettbewerb, Schnelligkeit oder Dynamik eine Rolle spielten, als bereichernder empfunden wurden. Diese gerade beschriebene Studie hat neben dem Zusammenhang von Körpergefühl und finanziellem Erfolg weitere Strahlkraft: Im Prinzip hätte das finanzielle Ergebnis der Hochfrequenz-Trader vorausgesagt werden können, weil ein direkter Zusammenhang zwischen niedriger Pulsfrequenz, niedrigem Body-Mass-Index (BMI) und Herzschlagwahrnehmung gegeben ist. Das sollte für jeden Leser das Signal zum sofortigen Beginn mit regelmäßiger Körperarbeit oder Übungen zur Selbstwahrnehmung sein (vgl. Kap. 5.6, 5.7 und 7.1.1).

Literatur

Kandasamy, N. *et al.*: Interoceptive ability predicts survival on a London trading floor. Scientific Reports 6, 2016, Artikelnummer 32986

7.1.4 Herzintelligenz entdecken und nutzen

Das Thema Herzfrequenz ist seit vielen Jahren Forschungsgegenstand im 1991 gegründeten Heartmath Institute (HMI) in Kalifornien. In einer bahnbrechenden Studie wurden Herzschläge und Gehirnwellen von Menschen gemessen, während diese sich Bilder von Wasserfällen, Tieren, Bäumen u. a. ansahen. Die »friedlichen« Bilder wurden immer wieder für Sekundenbruchteile durch die Einblendung verstörender oder Angst auslösender Bilder (z. B. zischende Schlange, Autounfall) unterbrochen. Das Spektakuläre war, dass diese Bilder sich bereits fünf bis sieben Sekunden vorher durch erhöhte Ausschläge im EEG ankündigten. Somit war der Beweis erbracht, dass unsere Herzen sich intuitiv in naher Zukunft liegender Ereignisse bewusst sein können.

Fünf bis sieben Sekunden sollten allemal ausreichen, Positionen bei Gefahr aufzulösen. Diese Erkenntnis ist vor allem für intuitive und erfahrene Gelegenheits-Trader interessant. Bei Anfängern würden vermutlich auch keine 20 Sekunden ausreichend sein, weil diese immer den Weg der größtmöglichen persönlichen Entwicklung wählen. Geld zu verdienen, ist zunächst zweitrangig, was Anfängern allerdings erst mit der Zeit bewusst wird.

Die Herzfrequenzforschung sollte aus verschiedenen Gründen ein Pflichtthema für Trader sein. Anhand des Buches der beiden Herzfrequenzforscher **Doc Childre** und **Martin Howard** (2016) können Sie Folgendes lernen:

1. Das **Herz beeinflusst** das **Gehirn** und nimmt somit Einfluss auf das Denken und Fühlen.

2. Trader, die innerlich nicht gefestigt sind, sich durch Nebensächliches ablenken oder sich durch impulsive Bewegungen der Märkte mitreißen lassen, könnten die physiologischen Vorteile der sogenannten **Herzintelligenzübung** nutzen. Diese Übung macht in wenigen Minuten aus dem HB-Männchen-Trader (»Halt mein Freund, wer wird denn gleich in die Luft gehen? Greife lieber zur ... Herzintelligenzübung«) einen Menschen, der wieder klar fokussiert ist und festen Boden unter den Füßen hat. Die Wirkung der Übung ist durch Messungen von Herz, Puls und Atmung belegt. Die Übung kann neben dem Effekt sofortiger Abwendung grenzwertiger körperlicher Zustände auch regelmäßig angewendet zur Balance beitragen (Ward 2008). Neun private und zehn Berufs-Trader hatten nach sechswöchiger Anwendung in allen gemessenen Bereichen bessere Werte, z. B. weniger Angst, mehr Entscheidungsfreude und größere mentale Klarheit.

3. Childre und Martin belegen auch eine weitere bedeutende Sache: Das EKG-Signal (der Herzschlag) einer Person kann im Elektroenzephalogramm (EEG; in den Gehirnwellen) und an anderen Stellen im Körper der anderen Person nachgewiesen werden. Dieses Forschungsergebnis macht ein Bewusstsein umso wichtiger dafür, wer sich gerade im Umfeld befindet und so Einfluss auf Sie und damit auf die Trading-Praxis nehmen könnte.

Literatur

Childre, D.; Martin, H.: Die Herzintelligenz-Methode: Gesundheit stärken, Probleme meistern – mit der Kraft des Herzens. VAK 2016

Ward, S.: Das Herz und die Verbesserung der Trading-Performance. Traders' 1, 2008, 62–65

www.heartmath.com

www.heartmath.org

- Schreibe die Namen der Menschen (auch Unternehmen, Verbände, Institutionen) auf, denen du dankbar bist.
- Notiere auch diejenigen, bei denen du das Gefühl hast, sie haben im negativen Sinn Spuren hinterlassen.
- Mit welchem Familienmitglied (tot, lebend) fühlst du dich am stärksten verbunden, welches lehnst du am stärksten ab?

Personal-Trader-Coaching: *Wofür bist du dankbar? Weitere Aufgabe in Kapitel 7.3.*

7.2 Trading ist Flow-Erfahrung

Hebelprodukte haben bekanntlich die interessante Eigenschaft, dass mit geringem Kapitaleinsatz viel bewegt werden kann. Die Bewegung allein sagt noch nichts darüber aus, ob Sie damit langfristig zu einem Gewinner oder Verlierer werden. Beim persönlichen Hebel »Bewusstseinsarbeit« profitieren Sie fraglos sofort.

Abb. 7.4: Eisberg: Verhältnis von Bewusstem zu Unbewusstem

Bildlich gesprochen zeigt das Eisberg-Modell die Verhältnisse von Unbewusstem zu Bewusstem. Wir alle sollten daran arbeiten, Teile des Unbewussten ins Bewusstsein zu holen. Um bei diesem Bild zu bleiben, bedeutet dieses, mehr Eis sichtbar zu machen. Durch ein größeres Bewusstsein über sich selbst resultiert eine größere und schnellere Handlungsfähigkeit, die man auch als **Flow** beschreiben kann. Sie reiten auf der Welle, anstatt immer wieder über eigene (unbewusste) Steine (Themen) zu stolpern. Trading ist eine Möglichkeit, Flow zu erleben, wenn folgende Voraussetzungen erfüllt sind:

1. Klare und bewusste Trading-Ziele sind vorhanden.

2. Die Rückmeldung (Gewinn/Verlust) über augenblickliche Tätigkeit (Trading) erfolgt sofort.

3. Die Handlungsanforderung und das -potenzial (auf die Persönlichkeit abgestimmtes Trading, Risiko- und Money-Management, die Bedienung der Handelsplattform ...) sind in Balance.

4. Die Fähigkeit zur Konzentration ist z. B. durch Meditation gegeben.

5. Vertrauen kennzeichnet die Situation. Sie wird »beherrscht«, anstatt Angst zu haben.

6. Nur das Jetzt (Gegenwart) zählt.

7. Man ist eins mit seinem Tun.

8. Die Flow-Erfahrung ist autotelisch, das heißt, sie trägt das Ziel in sich selbst bzw. sie ist das Ziel.

Exkurs

Perfekte Wellen durch Mentalsysteme

Gehirntuning für Trader

Informationen strömen im Sekundentakt auf Trader ein. Trader arbeiten mit einem oder mehreren Monitoren, auf denen Charts in verschiedenen Zeitfenstern abgebildet sind. Dazu kommen Wirtschaftsnachrichten, Newsticker, optische und akustische Alarme, Tabellen, die Fenster für offene Aufträge und Positionen u. v. m.. Menschen gelingt es ohnehin, Informationen nur in einem sehr beschränkten Umfang aufzunehmen und zu verarbeiten. Trader werden obendrein mit gegenläufigen Informationen versorgt, wie z. B. fundamentale Meldungen, die nicht wirklich zum aktuellen Chart passen, oder auch unterschiedliche Indikatoren, die zeitgleich widersprüchliche Signale liefern.

Trading wird als Stress empfunden

Trader werden immer wieder mit Verlusten und den damit verbundenen Ängsten konfrontiert. Hohe Volatilität oder ein starkes Momentum tragen ihr Übriges dazu bei,

Trader aus ihrem Gleichgewicht zu bringen. Erschwerend kommen die vielen unerwarteten Situationen hinzu, die Hormonkaskaden in Gang setzen und die Produktion von Stresshormonen anregen, die letztlich in einen Zustand von Dauerstress führen. Erfolgreiches Trading setzt allerdings voraus, dass Trader entspannt sind – ein Zustand, bei dem die Wirkungsweise von Mentalsystemen ansetzt.

Beta-, Alpha-, Theta- und Delta-Wellen

Die elektrische Aktivität des Gehirns wird durch EEGs gemessen. Vier Frequenzbereiche mit unterschiedlichen Eigenschaften werden unterschieden (Tab. 7.3).

Frequenzbereich [Hz]	Wellentyp	Eigenschaften
13–40	Beta	**positiv**: aufmerksam, konzentriert **negativ**: ängstlich, gestresst, innere Unruhe
8–12	Alpha	kreativ, Erlernen von neuen Informationen, Fakten
4–7	Theta	Superlearning, Zugang zum Unbewussten
0,5–3	Delta	Schlaf, Ausschütten heilender Wachstumshormone, zelluläre Regeneration

Tab. 7.3: Gehirnwellentypen: Beta, Alpha, Theta und Delta

Körperliche und geistige Aktivität ist mit **Beta-Wellen** (13–40 Hz) verbunden. Alpha- und Theta-Wellen kennzeichnen vor allem Entspannungszustände (z. B. Meditation).

Alpha-Wellen (8–12 Hz) zeigen geistige und körperliche Entspannung an. Sie stehen vor allem für eine erhöhte Aufnahmefähigkeit. Menschen im »Alpha-Zustand« sind besonders kreativ, fantasievoll und hoch intuitiv. Alpha-Wellen fördern die parasympathischen neuralen Funktionen und unterstützen die Integration von rechter und linker Gehirnhälfte. Das wiederum könnte die Gehirnleistung und den Intellekt steigern. Alpha-Wellen unterstützen überdies auch Heilungsprozesse.

Theta-Wellen (4–7 Hz) treten während des Einschlafens auf. Das Denken des Menschen verlässt dabei zusehends die gewohnten Bahnen. Theta-Wellen sorgen für ein Gleichgewicht zwischen Parasympathikus und Sympathikus.

Der Physiker **Robert Beck** hat weltweit die Gehirnströme von Heilern unterschiedlichster Kulturen und Religionszugehörigkeiten untersucht. Dabei stellte er fest, dass Ärzte, Heilpraktiker und Therapeuten während des Heilvorgangs das gleiche Gehirnwellenmuster von 7,8 bis 8 Hertz aufwiesen (unabhängig von der Heilmethode). Die gemessenen Frequenzen entsprachen den Schwankungen des Erdmagnetfeldes (7,83 Hz). Die Heilkundigen schienen sich also in das Erdmagnetfeld »einzuklinken«. **John Zimmermann** vom Bio-Electro-Magnetics Institut in Reno, Nevada, befasste sich eingehend mit »Einklink«-Vorgängen. Seine Vermutung ist, dass sich Heilkundige in Übereinstimmung mit dem Erdmagnetfeld bringen. Dabei harmonisieren die rechte und linke Gehirnhälfte, die dann beide im Alpha-Zustand synchron mit dem Erdmagnetfeld pulsieren. Durch Handauflegen wird der Rhythmus auf den Patienten übertragen, so dass sich seine Gehirnwellen ebenfalls synchronisieren. So könnten Patienten an das gewaltige Energiereservoir des Erdmagnetfeldes angeschlossen werden.

Delta-Wellen liegen in einem Frequenzbereich unterhalb von 4 Hertz (0,5–3 Hz). Sie werden beobachtet, wenn Menschen schlafen oder sich in tranceartigen und/oder tiefenhypnotischen Zuständen befinden. Innerhalb des Delta-Schlafs setzt das Hormonwachstum ein, daneben regenerieren die Zellen.

Was sind Mentalsysteme?

Mentalsysteme sind kleine Computer, die so programmiert sind, dass sie visuelle Muster und akustische Signale in stimulierenden Frequenzen produzieren. Die Übertragung der nach neurophysiologischen Gesichtspunkten programmierten Muster erfolgt durch Kopfhörer und Brille.

Wie wirken Mentalsysteme?

In den 1960er-Jahren entwickelte **Robert Monroe** die Theorie der sogenannten Frequenzfolgereaktion, die sehr vereinfacht besagt, dass das menschliche Gehirn einem länger anhaltenden akustischen oder optischen Reiz folgt und schließlich in dem elektrischen Wellenmuster eben dieser Frequenz zu schwingen beginnt. Wenn ein Klang in einer ganz bestimmten Frequenz erzeugt wird, dieser in einen Rhythmus gebracht wird und dann fortlaufend wiederholt wird, passen sich die Gehirnfrequenzen an. Trader können also durch regelmäßige Wiederholung von bestimmten Programmen ihre Konzentrationsfähigkeit langfristig steigern, ihr Gedächtnis trainieren oder ihre emotionale Stabilität fördern. Gehirntraining durch Mentalsysteme kann mit der Erhöhung von Ausdauer oder dem Aufbau von Muskeln durch regelmäßigen Sport verglichen werden.

Was Trader und Hochleistungssportler verbindet

Trading ist genau genommen ein leistungsorientiertes Unterfangen. Trader sollten es angehen wie Sportler. Sinn der Sache ist es, wie auch beim Sport, zu gewinnen. Der größte Gegner, dem sich ein Trader gegenübersieht, ist er selbst. Mentale Eigenschaften, wie Zielstrebigkeit, Konzentrationsfähigkeit, psychische Stärke, Gelassenheit, Selbstbewusstsein, sind entscheidend. Aus dem Sportbereich ist bekannt, dass es diejenigen am weitesten bringen, die konsequent im mentalen Bereich arbeiten.

Trading setzt Stresshormone frei

Der Körper bildet Stresshormone zur Bewältigung von Leistungen, die über das normale Maß hinausgehen. Das war in früheren Zeiten auf der Jagd, beim Kämpfen oder auch auf der Flucht von Vorteil. Sobald die Beute erlegt oder der Gegner besiegt war, ging die Konzentration der Stresshormone wieder nach unten, sie wurden abgebaut. Der Körper kehrte in seinen Normalzustand zurück. Auf Anspannung folgte Entspannung, ein Rhythmus, den die Natur vorgesehen hat. Trader lassen ihren Stress nicht durch körperliche Aktivität los, ihr Überlebenskampf findet vorwiegend im Kopf statt. Das könnte die körperliche wie auch geistige Gesundheit langfristig beeinträchtigen. Die wenigsten Trader nehmen sich die Zeit zu entspannen. Die Konzentration der Stresshormone bleibt hoch, der Körper konzentriert sich ausschließlich aufs Kämpfen und richtet sich auf diese Weise selbst zugrunde.

Stressabbau durch Mentalsysteme

In Mentalsystemen sehe ich ein wertvolles Hilfsmittel. In einem dreimonatigen Test habe ich mich von der positiven Wirkung mit dem Mentalsystem »Laxman« überzeugt (www.mylaxman.de). Regelmäßige Anwendungen »erfrischen« das Gehirn und führen zu tiefster Entspannung in immer kürzeren Zeitabständen. Besonders gute Erfahrung habe ich mit Theta-Programmen gemacht (Abb. 7.5).

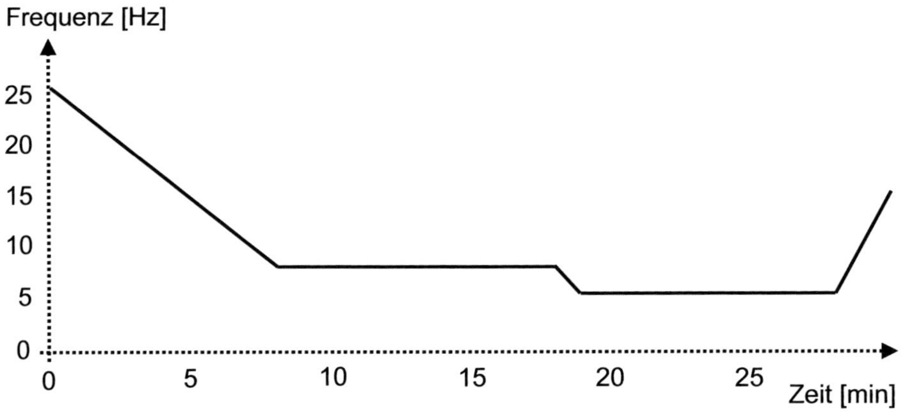

Abb. 7.5: Tiefenentspannung durch ein Theta-Programm

Das Programm startet mit einer Frequenz von 25 Hertz, senkt darauf die Frequenz gleichmäßig auf 7,83 Hertz. Nach zehn Minuten bei dieser Frequenz erniedrigt es auf 5 Hertz, bevor die Frequenz innerhalb der letzten zwei Minuten auf 15 Hertz erhöht wird. Der abgebildete Programmverlauf führte während der Stimulation mit 7,83 Hertz zu deutlichen Zunahmen in den Theta- und Alpha-Frequenzbereichen. Bei der Stimulation mit 5 Hertz wurden vermehrt Alpha-Wellen gemessen. Studienteilnehmer wiesen nach dreiwöchiger Anwendung eines Theta-Programms stark verbesserte Werte für Entspannung (+22 %) und Konzentration (+14 %) auf (Gabriel 2009).

Vorteile im Trading-Alltag

Die Vorteile von Mentalsystemen sind bei regelmäßiger Anwendung in folgenden Bereichen nachweisbar:

- Steigerung von kognitiven Leistungen (Denken, Analyse und Verarbeitung)
- mentale Klarheit gewinnen
- höhere Konzentration erlangen
- gesteigerte Fähigkeit, mit Rückschlägen, Fehlern und Verlusten umzugehen
- weniger Stress und Angstgefühle
- verbesserter Schlaf

Literatur

Gabriel, S.: Auswirkungen des Laxman auf kognitive Leistungen und psycho-vegetative Anspannung. Institut für Neurophysiologie der Charitè Berlin 2009

7.3 Du bist Trader!

Trader, die aufhören, Dinge zu tun, die nicht funktionieren, vergrößern ihre Chancen, langfristig erfolgreich zu sein. Im Prinzip geht es nur darum. Dazu ist es unerlässlich wahrzunehmen, dass ein Zusammenhang zwischen Trader und Trading-Ergebnis besteht. **Sie sind das Trading-Ergebnis.**

Trader schädigen sich selbst meistens auch finanziell, wenn sie diese Dinge (die nicht funktionieren) weiterhin tun. Sie sollten dann schnellstens die Gründe dafür finden. Eigenschaften, die dafür förderlich sind: Offenheit, Begeisterung und Freude an persönlicher Entwicklung.

Die Eigenschaften, die erfolgreiche Menschen (Trader) kennzeichnen: **Sie ...**

1. ... tun Dinge, die funktionieren.
2. ... gehen Herausforderungen sofort an (kein »aber«, kein Konjunktiv ...).
3. ... reagieren flexibel auf Situationen.
4. ... trainieren (Situationen und sich selbst).
5. ... wissen, dass (finanzieller) Erfolg der Spiegel der Persönlichkeit ist.
6. ... finden die tieferen Gründe (Ebene 1, 2, ...).

7. ... setzen Grenzen (Stopps) und verfolgen Ziele (Trading-Plan, -Strategie).

8. ... können sich (dem Markt) anpassen.

9. ... nehmen wahr, ohne zu bewerten.

10. ... fällen keine Entscheidungen.

11. ... leben bewusst im persönlichen Rhythmus, sind geduldig.

12. ... haben Balance zwischen Geist- (Computer) und Körperarbeit.

13. ... leben im Jetzt.

Die meisten Punkte der Aufzählung sind selbsterklärend. Der Punkt, dass Menschen keine Entscheidungen fällen sollten, ist hervorragend im Buch »Karmic Management« erläutert (Roach *et al.* 2010). Nur so viel, Entscheidungen führen immer zu weiteren Entscheidungen. Diese erfolgen aber unter Risiko und Unsicherheit. So gesehen führt jede weitere Entscheidung zu noch mehr Risiko und Unsicherheit.

Spüren Sie stattdessen, was Ihnen gut tut, und handeln Sie intuitiv. Sicherlich müssen Trader eine Entscheidung fällen, ob sie an einem bestimmten Tag traden. Die Entscheidung, ob Sie long oder short gehen, sollte Ihnen Ihre Strategie oder das auf Ihre Persönlichkeit abgestimmte Trading bereits abgenommen haben, z. B. durch eingefärbte Hintergründe im Chart, die auf mögliche Long- oder Short-Einstiege hinweisen. Als Trader sollten Sie sich gute Gewohnheiten zulegen, die Sie an jedem einzelnen Trading-Tag in der Praxis umsetzen.

Wer Entscheidungen trifft, muss sich ein klares Bild von der Zukunft machen können. Das ist beim Trading nicht möglich, da die Finanzmärkte ihren eigenen Rhythmen folgen. Allein deshalb sind Stoppkurs und Gewinnziel wichtig, um die Zukunft klarer zu gestalten. Im Prinzip bewerten Entscheider Situationen, um sich den unter den gegebenen Möglichkeiten größten Nutzen zu verschaffen. Daher ist es an sich schon sinnvoll, Informationen über die Zukunft zu gewinnen, was für Trader bedeuten kann, eine Statistik über die Vergangenheit zu führen (Trading-Tagebuch).

Die persönliche Verantwortung des Traders

Coaching ist vermutlich die beste Art, wie Sie zu mehr Erfolg und höherer Lebensqualität gelangen. Ein erfahrener Coach unterstützt Sie auf dem Weg zu Ihren Zielen durch Zuhören, Fragen, Anregungen und praktische Tipps. Durch Coaching verändert sich Ihre Wahrnehmung und vielleicht auch Ihre Einstellung zum Geld. Die Frage, ob Sie sich darauf einlassen, können Sie letztlich nur selbst beantworten. Ich finde es an sich sinnvoll und habe mich vor vielen Jahren fürs Lernen mit der Hilfe anderer entschieden, weil sich durch die Arbeit an mir mein Leben zunehmend freier und fließender anfühlt. In vielen Bereichen können Sie sich auch selbst coachen.

Letztlich gibt es zwei Wege, sich zu entwickeln. **1.** Sie machen sich auf den Weg, finden für Ihre Themen geeignete unterstützende Begleiter oder nehmen an Seminaren teil (Abb. 7.6) und / oder **2.** Sie begeben und bewegen sich in einem **nährenden Umfeld** (Abb. 7.7).

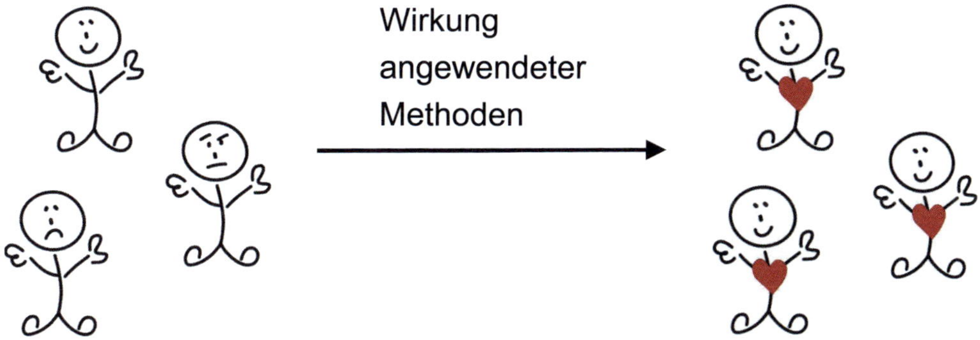

Abb. 7.6: Persönlichkeitsentwicklung: Anwendung von Methoden

Methoden, die Sie auf Ihrem Weg unterstützen können, haben Sie bereits im Kapitel 5.7 »Körper und Geist entspannen« kennengelernt. Bestenfalls erleben Sie natürlich beides. Finden und arbeiten Sie mit Lehrern, die Ihnen weiterhelfen können, unabhängig vom Weg, den Sie dafür auf sich nehmen müssen, und auch von den Kosten. Lernen Sie immer von den für Sie Besten.

Coachings, Trainings, Beratungen und Therapien können einen inneren Veränderungsprozess anregen, auslösen und unterstützen. Die Aufgabe von Trainern, Coaches, Beratern und Therapeuten besteht darin, die passenden Bedingungen zu schaffen, so dass die innere Kraft von Tradern wirken kann.

Das Gedächtnis des Körpers

Gene steuern Menschen und heutzutage weiß man auch, dass Menschen ihre Gene steuern. Die sogenannten Risiko- oder Krankheitsgene werden bei weitem überschätzt. Gene sind kein Schicksal, sie sind veränderlich. Die **Einflüsse des Umfeldes** sind sehr viel wichtiger als bislang angenommen, da es die auf den Genen liegenden (epigenetischen) Informationen sind, die das Verhalten von Genen steuern. Letztlich machen also Reize aus der Umwelt »schlau«, weil sie die Gene beeinflussen. Diese tragen zu ihrer Veränderung bei. Der Glaube an biologische Einschränkungen oder sogar Vorbestimmung verhindert vielfach, Verantwortung zu übernehmen, und fördert zudem die Bequemlichkeit, so dass es vermieden wird, Schritte zur Veränderung anzugehen.

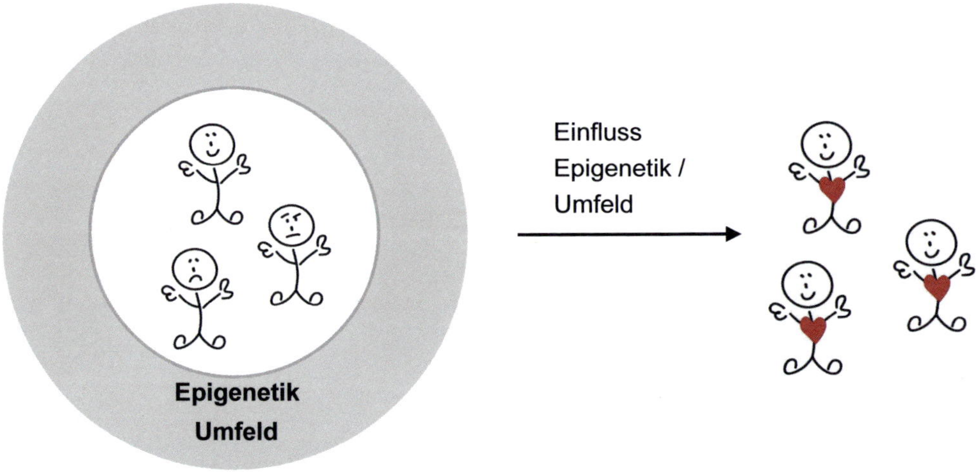

Abb. 7.7: Persönlichkeitsentwicklung: Einfluss der Umwelt

Der **Lebensstil** also beeinflusst epigenetische Prägungen, das heißt, er steuert die Gene und entscheidet mit, welche seelischen und körperlichen Eigenschaften entstehen. Neben vielfältigen Erfahrungen sind es z. B. das **Ernährungsverhalten** und die **körperliche Aktivität** (Bewegung), die zu kurzfristigen Veränderungen beitragen können. So beeinflussen z. B. **Meditieren und Entspannen** die Aktivität von Nervenzellen und Gehirnstruktur.

Somit lohnt es sich auch für Trader, durch ein **nährendes Umfeld** Einfluss auf ihre Gene zu nehmen. Sie sollten sich den durch die Trading-Praxis zeigenden Themen zeitnah widmen und klären. Unaufgelöstes im Familienfeld hat gewaltigen Einfluss auf das Empfinden, Erleben und vor allem Verhalten von Tradern.

Solange im Umfeld offensichtliche oder auch unausgesprochene Vorbehalte bestehen, bleiben Nebenwirkungen auf die Trading-Praxis nicht aus.

Schlussendlich geht es beim Trading um **zwei grundlegende Fragen**:
1. »Was macht eine erfolgreiche Trading-Praxis aus?« Diese Frage beinhaltet auch »Wie schaffe ich es mit Gelegenheits-Trading erfolgreich zu sein?« und 2. »Wie verhält sich ein erfolgreicher Trader?«

- **Was macht eine erfolgreiche Trading-Praxis aus** (allgemein)?
- Hast du dein Trading auf deine Persönlichkeit abgestimmt?
- Bist du ein Strategie-Trader?
- Bist du ein Gelegenheits-Trader (intuitiv)?

- **Wie verhält sich ein erfolgreicher Trader** (allgemein)?
- Wie verhältst du dich?
- Was erreichst du mit deinem Verhalten (finanziell/persönlich)?
- Was tust du für deinen Erfolg?

»**Du bist Trader!**«, *die zwei grundlegenden Fragen: Was macht eine erfolgreiche Trading-Praxis aus? und Wie verhält sich ein erfolgreicher Trader?*

Beim Schreiben dieses Buches hatte ich immer wieder das Gefühl, für jeden Trader eine persönliche Ansprache finden zu müssen. Für mich als Trainer ist es wichtig, dass meine Klienten ihre Selbstwahrnehmung steigern, um Zusammenhänge zu erkennen und z. B. auf Fragen umfassend antworten zu können. Antworten, die in Alltagsgesprächen auf die Frage »Wie geht es dir?« von vielen hingenommen werden, sind im Trader-Coaching unbefriedigend. Da reicht ein einfaches »gut« oder »muss ja« nicht aus. Trading-Ergebnisse über einen längeren Zeitraum gesehen bilden das Innere von Tradern ab. Da spielen Gewinn oder Verlust einzelner Trades keine Rolle, sondern die gesamte Kapitalentwicklung.

Trader sollten die Trading-Praxis stets aufmerksam durchführen und sich mit den an die Oberfläche gespülten Themen auseinandersetzen. Trading fördert die Persönlichkeitsentwicklung. Möglicherweise muss die Vorgehensweise immer wieder angepasst werden, weil Muster aufgespürt oder Glaubenssätze erkannt wurden.

Gefühle wahrnehmen, akzeptieren und den Umgang mit ihnen zu lernen, ist für Trader eine Herausforderung, der sie sich fortwährend widmen sollten. Daneben zahlt es sich für Sie aus, Ihr Körpergefühl zu steigern. Körperwahrnehmung und finanzieller Erfolg gehen Hand in Hand.

Nehmen Sie sich neben dem Trading immer auch Zeit, um Ihre Herzensprojekte zu verwirklichen. Setzen Sie einen Teil Ihrer Gewinne in Maßnahmen zur Erhaltung Ihrer Gesundheit ein und lassen Sie andere an Ihren Erfolgen teilhaben.

8 VERZEICHNISSE

8.1 Personen

8.2 Stichworte

8.3 Abbildungen

Fotos

Kind, ©Fotolia

Mutter mit Kind, ©Fotolia

Kuh, ©Shutterstock

Schafe, ©Shutterstock

Diaprojektor, ©Shutterstock, Teil einer Abbildung

Stahlhelm, ©Shutterstock, Teil einer Abbildung

Haus brennend, ©Shutterstock, Teil einer Abbildung

Flucht, ©Shutterstock, Teil einer Abbildung

Familienbaum, ©Shutterstock

Anker, ©Shutterstock, Teil einer Abbildung

Umfeld, ©Shutterstock, modifiziert

Aura einer Person, ©Fotolia

Aura von zwei Personen, ©Fotolia

Yoga, ©Fotolia

Zahlenbaum, ©Fotolia

Eisberg, ©iStock, Ausschnitt modifiziert

Vorfahrt achten, ©Shutterstock, Teil einer Abbildung

Hochhäuser, ©Shutterstock, Teil einer Abbildung
Häuser, ©Shutterstock, Teil einer Abbildung
Erdkugel, ©Shutterstock, Teil einer Abbildung
Religionssymbole, ©Shutterstock, Teil einer Abbildung
Innerer Schweinehund, ©Stefan Frädrich, »Günter, der innere Schweinehund«, 20. Auflage, Offenbach, GABAL Verlag
Ergonomisch sitzen, ©www.blitzrechner.de
Dr. Raimund Schriek, ©Jan Dettmering, www.jan-dettmering.com

Icons
Glühbirne, ©Shutterstock
Mensch, ©Shutterstock
Mikrofon, ©Shutterstock
Trillerpfeife, ©Shutterstock
Klemmbrett, ©Shutterstock

Grafiken, die mit diesem Icon versehen sind, wurden 2016 im Rahmen der Webinar-Reihe »Einfach handeln, umsichtig handeln« ermittelt oder waren Ergebnisse einer S Broker-Online-Umfrage.

Die **Charts** wurden mit der Nanotrader-Plattform von WH Selfinvest erstellt (www.whselfinvest.de).

Abbildungen aus wissenschaftlichen Aufsätzen

Kapitel 3.3, Abb. 9:

Originalabbildung veröffentlicht in Berns, G. S.; McClure, S. M.; Pagnoni, G. und Montague, P. R.: Predictability modulates human brain response to reward. The Journal of Neuroscience 21, 2001, 2793–2798; Nutzung gestattet durch die Society for Neuroscience.

Kapitel 4.1, Abb. 2:

Originalabbildung veröffentlicht in Nummenmaa, L.; Glerean E.; Hari, R. und Hietanen, J. K.: Bodily maps of emotions. Proceedings of the National Academy of Sciences of the United States of America (PNAS) 111, 2014, 646–651; PNAS übernimmt keine Verantwortung für die richtige Übersetzung.

9 ÜBER DEN AUTOR

Dr. Raimund Schriek bringt Theorie und Praxis auf den Punkt. Als vielseitiger Experte hat er in Biochemie, Stressforschung, Neuro- und Ernährungswissenschaften geforscht und gelehrt. Wissenschaftsmanagement und die Rolle als Geschäftsführer eines universitätsübergreifenden Netzwerks haben ihn in die Finanzwelt geführt.

Mit seinem außergewöhnlichen Hintergrund verbindet er tiefgehendes Wissen mit praktischer Relevanz. Er ist Mitglied in der Akademie für neurowissenschaftliches Bildungsmanagement (AFNB).

Als erfolgreicher Autor und Wegbereiter der Finanzpsychologie hat er zahlreiche Schriften verfasst, darunter auch das Werk „Besser mit Behavioral Finance: Finanzpsychologie in Theorie und Praxis".

Sein Faible für Zyklen und Marktmuster zeigt sich in seinem umfassenden E-Book „Geld verdienen mit Markteffekten".

Mitreißend und inspirierend vermittelt er vielfältige Themen in Seminaren, Webinaren und Events – in Zusammenarbeit mit führenden Banken, Brokern, Emittenten und Trading-Communities.

In seine kreative Arbeit als Trader-Coach lässt er Einflüsse aus Systemaufstellungen, Körpertherapie und die effektive Anwendung von Biophotonenpflastern einfließen. Daneben integriert er die Human Design Methode in seine Coachings, um maßgeschneiderte Lösungen für seine Klienten zu entwickeln.

Der erfahrene Numerologe ist Experte in der Analyse von Namen, Zahlen und Rhythmen.

Dr. Raimund Schriek – gefragter Referent und Vordenker: inspirierend, ganzheitlich, nachhaltig.

Weitere Informationen und Kontaktdaten finden Sie unter

www.raimundschriek.com.

10 DANKSAGUNG

Der Grundstein für »Du bist Trader!« wurde vor 15 Jahren gelegt, als mich Kent Gärtner (damals FinanzBuch Verlag) zu meinem Erstlingswerk »Besser mit Behavioral Finance: Finanzpsychologie in Theorie und Praxis« angeregt hat und sich mir so die Tür in die World of Trading öffnete. In der Folgezeit waren es in erster Linie Stefan Fröhlich (heute WH Selfinvest), Lothar Albert (Herausgeber vom Traders' Magazin) und das Team der kurs plus um Till Oberle, die mir die Zusammenarbeit mit namhaften Banken, Brokern und Emittenten ermöglicht haben.

Kerstin Gillmeister (kurs plus) hat mir dazu verholfen, gemeinsam mit Tina Knicky ein Trading-Seminar zu geben, bei dem Yoga, Körper- und Aufstellungsarbeit eingebunden waren (»Persönlichkeitstraining für Trader«). In den Folgejahren war es Thomas Kümmerle (heute MVG), der mich meine Vielseitigkeit auf Roadshows, in Seminaren (»Wir machen Sie zum Trader«), Webinaren und Vorträgen ausleben ließ.

Daneben sind es vier weitere Projekte, durch die ich wertvolle Erkenntnisse für »Du bist Trader!« erlangt habe:

Für die seit 2010 jährlich stattfindende S-Broker-Webinar-Reihe »Einfach handeln, … handeln« erschließe ich immer neue Themen für Trader. Herzlicher Dank gilt Maik Thielen, der es möglich gemacht hat, dass Ergebnisse von Umfragen in diesem Buch gezeigt werden können.

Dankbar bin ich auch für die langjährige Zusammenarbeit mit UBS und dem Team der Werbeagentur excellents, die es mir seit einigen Jahren ermöglicht, Impulse als Trainer beim mehrfach ausgezeichneten Trading-Masters-Börsenspiel zu geben und meine Fähigkeiten als Trader-Coach einzubringen.

Durch das von Elisa Hoheneder (kurs plus) angeregte Trader-Coaching-Projekt im Rahmen von »Trading für Berufstätige und Vielbeschäftigte« mit der DZ BANK habe ich in ca. 150 Telefon-Coachings sehr viel gelernt. Vielen Dank auch dafür.

Zu guter Letzt waren es die Begegnungen mit Tobias Heitkötter (Freiraum Strategen), unsere intensiven Gespräche und gemeinsamen Seminare, die zu einer Klarheit über Trading geführt haben, die ich selbst nicht für möglich gehalten hatte.

Dankbar bin ich auch über die Zusammenarbeit mit der Deutschen Börse und allen anderen, die dieses Buchprojekt finanziell oder durch ein Interview unterstützt haben.

Die Zusammenarbeit mit dem Team von Georg Hodolitsch (Programmleiter FinanzBuch Verlag) war sehr angenehm, konstruktiv und durch kurze Reaktionszeiten geprägt.

Vieles, was Sie in diesem Buch lesen, habe ich gemeinsam mit Tina Knicky erlebt, erarbeitet und vertieft. Sie hätte große Teile dieses Buches selbst schreiben können. Ihr und Gotthard Lange danke ich von Herzen dafür, dass sie sich die Zeit fürs Lektorat genommen haben, und für die vielen wertvollen und einfallsreichen Anregungen.

Ich bin auch den namentlich nicht genannten Menschen dankbar, die zu meiner Entwicklung beitragen. Dieses Buch zu schreiben, war eine intensive Erfahrung, bei der ich mir nicht immer sicher war, ob ich das Buch entwickele oder das Buch mich.

TRADER wählen den Broker
WH SELFINVEST
Futures
CFD-Forex
Multi-Märkte Konto
+ Hervorragende Plattform
+ Günstige Konditionen
+ Legendärer Service